AF617827

MANUAL DE CONTRATACIÓN TURÍSTICA

MANUAL DE CONTRATACIÓN TURÍSTICA

Tercera edición

Juan Franch Fluxá
(Director)

Autores
Nuria Fernández Pérez
Belén Ferrer Tapia
Mª del Mar Gómez Lozano
Inmaculada González Cabrera
Enrique Moreno Serrano
Achim Puetz
Luis Sánchez Pérez

Colección: Manuales universitarios

Santa Dorotea 8, 08004 Barcelona
e-mail: editorial@atelierlibros.es
www.atelierlibrosjuridicos.com
Tel. 93 295 45 60

I.S.B.N.: 978-84-10174-11-5
Depósito legal: B 3164-2024

Diseño y composición: Addenda, Pau Claris 92, 08010 Barcelona
www.addenda.es

Impresión: PODIPRINT

A nuestros maestros

ÍNDICE

A LA TERCERA EDICIÓN

Anotar esta tercera edición es un privilegio que debo agradecer a todos los autores y también a cada uno de los estudiantes que durante estos años han utilizado este manual que, desde el primer momento, ha sido elaborado y pensado para ellos. A pesar de esta vocación, es una grata sorpresa comprobar que también ha sido consultado por compañeros que han dedicado tiempo y estudios a una disciplina tan rica y transversal como el derecho del turismo. Sin lugar a duda, las cuestiones legales que envuelven la actividad y empresa turística deben ser relevantes cuando el sector tiene un importante peso en el PIB nacional y si hemos contribuido a su pedagogía nos sentimos sobradamente satisfechos. En esta tercera edición, como en las anteriores, los autores de cada tema han gozado de absoluta libertad para proceder a lo que se ha realizado: actualizar, suprimir, destacar y reestructurar. Obviamente se han incorporado los cambios legislativos y también las nuevas interpretaciones ante un aluvión de leyes que es incesante y abundante. Hubiera preferido no mencionar la Covid, pero debe quedar constancia que entre una y otra edición hemos sufrido la circunstancia extraordinaria más inesperada para todos: una devastadora pandemia mundial. Incomprensible y lamentablemente —también durante la revisión de estas lecciones— se acentúan las guerras, que demuestran que el ser humano tiende más a lo que nos separa que a lo que nos une. El turismo, afortunadamente, sale invencible de todas estas indeseadas situaciones que, como era de esperar, han pasado factura a la industria, sus operadores y también contratos. No hemos querido darle un mayor protagonismo a la cláusula *rebus sic stantibus* y deseamos que de todo lo negativo e imprevisible puedan sacarse enseñanzas que doten de una mayor solidez y seguridad a nuestra sociedad y a nuestro derecho. Al final el derecho es un instrumento que pretende y está al servicio del bienestar general, incluso cuando hablamos de relaciones privadas y de contratos de consumo. Y el turismo aparece como una aspiración necesaria y su estudio se convierte en una manera de dar luz y sentido a todos los retos y dudas que plantea. Este es nuestro cometido y el de cada una de las diez lecciones que componen este manual y que podrían ser más, pero nos arriesgábamos a que sea poco práctico y útil para los alumnos y los cuatrimestres nos exigen optimizar el tiempo, clases y temarios al máximo. Aspiramos, desde su concepción, a que la lectura sea amena y que aporte elementos presentes o futuros para reflexionar o resolver cuestiones. Por ello siempre indico a los alumnos que subrayen el manual y que si van a dedicar su vida profesional al turismo se guarde en algún lugar de sus hogares. Puede que durante el grado estos contenidos sean una obligación, pero anhelamos que con el tiempo se conviertan en una pasión vinculada a una trayectoria laboral donde nuestros alumnos usen sus conocimientos para evitar la litigiosidad y contribuyan a una maquinaria de felicidad cada vez más perfecta y sofisticada. Parafraseando a Kavafis vamos a pedir que el camino de este manual sea largo y que muchas sean las mañanas que nos permitan llegar con alegría a puertos nunca vistos antes.

Andratx, noviembre de 2023

LECCIÓN 1
EL TURISMO COMO FENÓMENO OBJETO DE REGULACIÓN

Nuria Fernández Pérez
Catedrática de Derecho Mercantil
Universidad de Alicante

SUMARIO

I. CONSIDERACIONES INTRODUCTORIAS: RÉGIMEN JURÍDICO APLICABLE AL FENÓMENO DEL TURISMO

1. El turismo como objeto de regulación por el Derecho Público y el Derecho Privado

Sobre el fenómeno del turismo no existe una definición unívoca, puesto que de entrada es un fenómeno complejo, al venir constituido por prestaciones diferentes que, además, están en constante evolución. Con todo, podría considerarse como una actividad de índole económica que prestan los empresarios turísticos y que puede venir constituida por prestaciones de servicios de muy diferente clase, aun cuando, tanto en su ori-

gen como en la actualidad, las principales vienen relacionados con los desplazamientos y estancias en lugares diferentes al lugar habitual de residencia (AURIOLES). De facto, la definición de turismo que recoge el Diccionario de la Lengua española lo define como «la afición a viajar por placer».

En efecto, son los desplazamientos de personas junto con sus pertenencias, de un lugar a otro, lo que determinó la adopción de las primeras medidas, de índole administrativa, dirigidas, por un lado, a garantizar la seguridad de los viajeros, y por otro, a controlar la actividad de quienes prestaban el servicio desde un punto de vista económico-fiscal. También en algunos aspectos muy parciales, tanto el Código Civil como el Código de Comercio recogieron el régimen jurídico privado aplicable a las relaciones entre el empresario turístico y el turista.

A medida que el turismo se fue popularizando, lo que sucede con carácter general después de la segunda guerra mundial, se va consolidando la industria turística, cuya incidencia en el ámbito económico no ha dejado de crecer hasta nuestros días. La intervención de la Administración a partir de ese momento ha sido muy significativa y se ha dirigido a regular el mercado turístico, estableciendo los requisitos de establecimiento de las empresas, la ordenación del territorio, la protección del medio ambiente y la protección de los turistas.

Por tanto, **puede decirse que en la regulación del fenómeno del turismo hay una clara imbricación del Derecho Público y del Derecho Privado, por lo que el derecho que lo regula resulta igualmente un conjunto de normas, y principios que disciplinan, desde un punto de vista subjetivo a los sujetos que intervienen en sus distintas facetas en el ámbito turístico (administración, empresarios y turistas), a los contratos de prestación de servicios turísticos (alojamiento, transporte, viajes combinados, restauración, etc.) y los aspectos relativos a la protección y ordenación del territorio (aspectos medio-ambientales, protección del patrimonio histórico, costas, etc.)** (BLANQUER). Se trata de un fenómeno semejante a la protección a los consumidores, cuyo régimen jurídico se nutre de normas jurídico-públicas y privadas. Por ello, puede traerse a colación la Sentencia del Tribunal Constitucional 71/1982, de 30 de noviembre, al aludir al «carácter interdisciplinario o pluridisciplinario del conjunto normativo que, sin contornos precisos, tiene por objeto la protección del consumidor», y aplicarla al fenómeno del turismo y, por ende, a la protección del turista, pieza clave en el desarrollo del mismo.

Por otra parte, en el ámbito del turismo, como en otros, puede advertirse claramente dos fenómenos que son propios de la evolución y adaptación del Derecho a la realidad económico-social (BLANQUER). De un lado, asistimos a una **publificación del Derecho Privado, básicamente Mercantil**, motivado por el incremento de las normas dirigidas a proteger a los turistas, en su mayoría debido a su condición de consumidores y usuarios. Y ello se realiza no solo a través de leyes, como es el Texto Refundido de la Ley General para la Defensa de los consumidores y Usuarios, sino también a través de un ingente número de normas reglamentarias de la más diversa índole. Por otra parte, **se asiste al fenómeno inverso, por cuanto las Administraciones Públicas acuden a las posibilidades de creación de personas jurídicas (sociedades públicas, agencias de turismo, etc) a las que les resulta de aplicación un régimen de Derecho Privado,** que les permite un funcionamiento más ágil y adaptado al contexto económico en el que se desenvuelven.

2. El turismo en el siglo XXI

Vivimos en un mundo global en el que resulta ya una realidad la consolidación de la denominada economía de la plataforma, vinculada, a su vez, a la también denominada economía de los datos. Enmarcadas ambas en el amplio contexto de la cuarta revolución industrial. Todas las industrias, por tanto, también la del turismo, están en un proceso de profundo cambio motivado por la irrupción y desarrollo exponencial de nuevos modelos de negocios, que facilitan de forma extraordinaria las posibilidades de contratación en cualquier momento y situación y que permiten una contratación cada vez más personalizada atendiendo a los gustos y preferencias de los turistas.

Debemos tener presente que fruto del importante desarrollo de las tecnologías de la información y la comunicación, se ofrecen a través de los más diferentes medios de comunicación a distancia continuamente ofertas para contratar productos y servicios de todo tipo: estancias en hoteles, viajes combinados, compra de billetes, compra de entradas para espacios culturales etc.

Refiriéndonos en particular ahora a la contratación electrónica, puede afirmarse que este tipo de contratación está desempeñando un papel esencial en todos los sectores de la contratación, y en particular en el ámbito turístico. Las ventajas que supone para el oferente de servicios turísticos son evidentes: abaratamiento de los costes comerciales y poder prescindir de establecimientos abiertos al público. Esto a su vez, también es ventajoso para los turistas, porque pueden beneficiarse de la reducción de costes, y además pueden contratar sin ningún tipo de limitación horaria o espacial y tienen la posibilidad de comparar entre un número de ofertas sin realizar ningún desplazamiento.

Este contexto da lugar a un nuevo ámbito de ejercicio de la actividad mercantil, una suerte de mercados virtuales alejados de los tradicionales mercados geográficos y materiales. El cambio operado, por tanto, desde un punto de vista jurídico en la contratación mercantil, y en la turística en particular, reviste notable importancia. El hecho de que los prestadores materiales de los servicios turísticos (piénsese en las empresas de alojamiento turístico, compañías de transporte aéreo, etc.) puedan contratar directamente con los turistas, transforma claramente el papel desempeñado por las tradicionales agencias de viajes, que conviven con nuevos operadores (centrales de reserva, etc). Es más, en algunos servicios, como es el caso paradigmático de los viajes combinados, la contratación por internet da lugar a un nuevo contexto de relaciones entre operadores que es contemplado en la nueva Directiva sobre viajes y servicios de viaje combinados.

En este contexto, debe situarse la irrupción de un nuevo modelo de economía basada en la intervención de plataformas que ponen a contacto a quienes ofertan y a quienes demandan productos turísticos y que está teniendo una especial incidencia en el ámbito del turismo. En particular, debe aludirse, dado el volumen de negocio que representan, a la generalización del uso de plataformas para el alquiler de viviendas turísticas (entre las que la más característica es Airbnb) y también en el ámbito del transporte (entre las que la más significativa es Uber). La importancia en cuanto a popularidad y cifras que ha asumido explica igualmente la controversia generada en los sectores del alojamiento reglado, básicamente hoteles y apartamentos turísticos, y en el del transporte, en el sector del taxi. ello, porque la cuestión a dilucidar es si en todos estos casos y de forma generalizada puede hablarse de economía colaborativa o si puede hablarse de un modelo nuevo de hacer negocios. En definitiva, si realmente solo se ha digitalizado los negocios entre particulares que se han venido haciendo toda la vida, o si puede hablarse de un modelo diferente, en el que entra en juego un acusado componente empresarial, con las consecuencias que de ello se derivan desde un punto de vista jurídico. Y que ha concluido con importantes sentencias del Tribunal de Justicia de la Unión Europa. En el caso de Uber (Sentencias de 20 de diciembre de 2017 y de 10 de abril de 2018), para indicar que realmente se trata de una empresa de transporte. En el caso de AIRBNB (sentencia de 19 de diciembre de 2019), para concluir que se trata de un intermediario que pone en contacto al oferente de alojamiento y a quien lo demanda.

Por esta razón, si en un primer momento se hablaba de turismo colaborativo o turismo «peer to peer» (p2p)., en la actualidad resulta evidente que nos encontramos con un nuevo modelo de negocio, que nos permite hablar de «economía de plataforma», expresión más amplia que permite englobar una casuística mucho más compleja. Se trata, sin duda, de una de las tendencias más importantes del siglo XXI, por cuanto se manifiesta de forma global, y por cuanto está dando lugar a una transformación sin precedentes en el modo tanto de viajar como de consumir.

Además, otro de los aspectos más importantes en la evolución del sector turístico, es la importancia creciente que asume la aplicación de técnicas como la inteligencia artificial y el Big Data que permiten realizar una oferta personalizada a los turistas. Esto plantea nuevos desafíos vinculados con la transparencia de la información que se proporciona y con la protección de los datos de carácter personal de los turistas.

Así las cosas, el marco jurídico de protección de los turistas en este tipo de contratación viene conformado por un conjunto de normas con diferente ámbito de aplicación. De un lado, resulta de aplicación la normativa en materia de comercio electrónico, constituida básicamente por la Ley 34/2002, de 11 de junio, de Servicios de la Sociedad de la Información y del Comercio electrónico (LSSICE). Esta norma dedica su Título IV (arts. 23 a 29 LSSI) a establecer el régimen en el ámbito de la contratación electrónica, y resulta aplicable, por tanto, en el ámbito de la comercialización por medios electrónicos de servicios turísticos, en tanto que esta materia no resulta expresamente excluida de su ámbito de aplicación o sometida a su normativa específica. Por otro, cuando en la contratación intervienen consumidores resulta de aplicación el Texto refundido de la Ley General para la Defensa de los Consumidores y Usuarios y otras leyes complementarias, aprobado por el Real Decreto Legislativo 1/2007, de 16 de noviembre. Sin perjuicio, lógicamente, de la aplicación de otras normas de carácter sectorial. Finalmente, en lo tocante al derecho a la protección de los datos de los turistas, resulta aplicable la Ley Orgánica 3/2018, de 5 de diciembre, de protección de datos y garantía de los derechos digitales. Así, lógicamente, como los Reglamentos de la Unión Europea de aplicación directa y a los que se alude en el epígrafe siguiente.

3. Incidencia de la normativa comunitaria en la regulación del turismo

La importancia que el turismo juega, en términos económicos en la Unión Europea resulta incuestionable. De hecho, y a pesar de que en el siglo XXI el turismo europeo se ha ya enfrentado a una serie de desafíos, como la crisis económica, el cambio demográfico, la globalización y fenómenos naturales, la Unión Europea sigue siendo el primer destino turístico en el mundo y el sector turístico es el tercer mayor sector económico de la UE.

Pese a ello, lo cierto es **que no puede hablarse de la existencia, en sentido estricto, de una política comunitaria en materia de turismo, sino de un marco normativo que está en constante evolución** y que comenzó básicamente en la década de los ochenta con normas no vinculantes, a modo de recomendaciones, llegando en épocas recientes a adoptar la forma de Directivas, Reglamentos y Decisiones. Por otra parte, y como ya se ha indicado, no podemos obviar que se trata de un sector de naturaleza transversal en el que inciden políticas tan diversas como la de protección de consumidores y usuarios, la de transportes, la libre circulación de personas, mercancías y servicios, el medio ambiente, la fiscalidad, etc.., por lo que las normas en estos ámbitos también le resultan de aplicación.

Si bien originariamente en el Tratado constitutivo de la Comunidad Económica Europea, no había ninguna mención al turismo, posteriormente, y en particular, con la ratificación del Tratado de Lisboa, el turismo pasa a tener carta de naturaleza, con la inclusión de un nuevo Título XXII dedicado al turismo, así como un artículo 195, en el que se alude a la cooperación en este sector. De todos modos, no consolida este ámbito como política propia, en todos los aspectos que implica, y que vinculan no sólo al sector empresarial, que efectivamente es uno de los ejes sobre los que gira el turismo, sino también y de forma fundamental, sobre la figura del turista y su protección, que como tal no aparece mencionada.

Precisamente, los dos ámbitos específicos de regulación en materia turística se han producido en aquellos sectores en los que los turistas han demandado protección y han dado lugar a una intervención legislativa especial. Es el caso de los viajes combinados, regulados por la Directiva 90/314/CEE del Consejo, de 13 de junio de 1990, relativa a los viajes combinados, las vacaciones combinadas y los circuitos combinados, cuyo fundamento jurídico, al no existir todavía la política de consumidores y usuarios en los Tratados, fue la del mercado interior. La segunda iniciativa es la Directiva 94/47/CE del Parlamento Europeo y del Consejo, de 26 de octubre de 1994, relativa a la protección de los adquirentes en lo relativo a determinados aspectos de los contratos de adquisición de un derecho de utilización de inmuebles en régimen de tiempo compartido. Ambas Directivas han sido objeto de revisión, al objeto de adaptarlas a la evolución de las figuras, así como de satisfacer en mejor medida las demandas de protección de los usuarios de los servicios turísticos, dando lugar a la Directiva 2008/122/CEE, del Parlamento Europeo y del Consejo, de 14 de enero de 2009, relativa a la protección de los consumidores con respecto a determinados aspectos de los contratos de aprovechamiento por turno de bienes de uso turístico, de adquisición de productos vacacionales de larga duración, de reventa y de intercambio. Y a la Directiva (UE) 2015/2302 de 25 de noviembre de 2015, relativa a los viajes combinados y servicios de viaje combinados.

Ahora bien, **un marco político para el turismo europeo no puede dejar de basarse en un claro marco jurídico de los derechos y obligaciones de sus diversos interesados, en particular de las empresas turísticas y de los propios turistas. Estos últimos son la pieza decisiva, puesto que son los sujetos activos de la actividad turística. Las relaciones que entablan con las empresas turísticas, en la mayoría de las ocasiones, entran claramente dentro del ámbito del Derecho del Consumo.**

Y en este sentido, debe indicarse que la protección al consumidor sí que ha sido una constante que ha informado las diferentes políticas europeas. Considerado el turista como consumidor y usuario, es evidente que la política comunitaria en materia de protección de consumidores tiene una incidencia directa sobre el turista. Y en este sentido, debemos mencionar las Directivas 2011/83/UE del Parlamento Europeo y del Consejo de 25 de octubre de 2011, sobre los derechos de los consumidores, y Directiva (UE) 2019/2161 del Parlamento Europeo y del Consejo de 27 de noviembre de 2019 por la que se modifica la Directiva 93/13/CEE del Consejo y las Directivas 98/6/CE, 2005/29/CE y 2011/83/UE del Parlamento Europeo y del Consejo, en lo que atañe a la mejora de la aplicación y la modernización de las normas de protección de los consumidores.

Por otra parte, y en el marco de la economía de plataforma a la que se hizo anteriormente alusión, debe tenerse en cuenta el Reglamento 2022/2065 del Parlamento Europeo y del Consejo de 19 de octubre de 2022 relativo a un mercado único de servicios digitales (Digital Services Act), que modifica la Directiva sobre Comercio Electrónico, actualizando el régimen de las plataformas intermediarias en línea; y el Reglamento 2022/1925 de 14 de septiembre de 2022 sobre mercados disputables y equitativos en el sector digital (Digital Markets Act), que establece normas para asegurar que se conceden opciones apropiadas de transparencia, de equidad y de reclamación a los usuarios profesionales de servicios de intermediación en línea, así como a los usuarios —por tanto, a los turistas—, que utilizan sitios web y motores de búsqueda para realizar la contratación. También, Reglamento 2016/679 de 27 de abril, materia de protección de datos de carácter personal.

Finalmente, y habida cuenta *«del frecuente carácter internacional de las transacciones turísticas»* (AURIOLES), puesto que en numerosas ocasiones el turista realiza viajes a países diferentes al suyo, debe ser tenido en cuenta el Reglamento (CE) nº 593/2008 del Parlamento Europeo y del Consejo, de 17 de junio de 2008, sobre la ley aplicable a las obligaciones contractuales (Roma I), en virtud del cual los contratos de consumo entre consumidores y profesionales se regirán por la ley del país en que el consumidor tenga su residencia habitual, siempre que el profesional ejerza o dirija sus actividades comerciales a ese país. Basándose en la libertad de elección, las partes también podrán acordar que el contrato se rija por otra ley, siempre que esta ofrezca el mismo nivel de protección a los consumidores que la de su país de residencia habitual.

II. MARCO NORMATIVO EN ESPAÑA

1. La distribución de competencias en materia turística entre Estado y CC.AA

La regulación del turismo en España estuvo estrechamente ligada a la necesidad de establecer unas bases mínimas de estructura administrativa que permitieran sostener y promover el turismo como creciente y potencial industria en nuestro país. Por ello, es en la década de los sesenta donde se encuentran las primeras manifestaciones legislativas dirigidas a ordenar, desde un punto de vista administrativo, el fenómeno del turismo. Así, cabe mencionar la ley 48/1993, de 8 de julio, sobre Competencia en materia de turismo; y el Decreto 231/1965, sobre el Estatuto Ordenador de las Empresas y de las Actividades Turísticas Privadas, en la que se contiene un marco general acerca de la actividades turísticas empresariales, delimitando el concepto y régimen de las «empresas turísticas privadas» y de las «actividades turísticas privadas».

La promulgación de la Constitución supuso, no obstante, un punto de inflexión en la regulación del fenómeno turístico. Su artículo 148.1.18, reserva a las Comunidades autónomas la competencia exclusiva en materia de «promoción y ordenación del turismo en su ámbito territorial», mediante la atribución expresa de la misma a través de los Estatutos de autonomía. El Estado, en cambio, no se reserva ninguna competencia directa en materia de turismo. El hecho, además, de que cada Comunidad Autónoma haya legislado en materia turística, ha impedido la aplicación de la cláusula prevista en el artículo 149.3 CE, en virtud de la cual, el legislador estatal puede regular en las materias que no hayan sido asumidas por los legisladores autonómicos.

Estos artículos deben ponerse, a su vez, en consideración con el artículo 149.1. 6º en el que se atribuye al Estado en exclusiva la competencia en materia mercantil, con todas las consecuencias que ello tiene en relación con los sujetos que intervienen en la actividad turística y con la prestación de servicios que realizan. Además, la Constitución Española de 1978, a diferencia de lo que solía ocurrir con las Constituciones liberales del siglo XIX y de forma semejante a lo que sucede en más recientes Constituciones europeas, existen varias normas destinadas a proporcionar el marco jurídico fundamental para la estructura y funcionamiento de la actividad económica; el conjunto de todas ellas compone lo que suele denominarse la Constitución Económica. Ese marco implica la existencia de unos principios básicos del orden económico que han de aplicarse con carácter unitario. Por otra parte, hay determinados supuestos en los que retiene en poder del Estado, también con carácter exclusivo, la competencia para fijar solamente las «bases», como ocurre con en el artículo 149.1.13 (bases y coordinación de la planificación general de la actividad económica). La noción de bases ha de ser entendida como noción material y, en consecuencia, esos principios o criterios básicos, estén o no formulados como tales, son los que racionalmente se deducen de la legislación vigente. De ahí que, aunque «las Cortes deberán establecer qué es lo que haya de entenderse por básico», «en caso necesario será el TC el competente para decidirlo, en su calidad de intérprete supremo de la Constitución» (STC de 28 de julio de 1981).

Y esto es lo que ha ocurrido ante diversos conflictos de competencias planteados entre el Estado y las Comunidades Autónomas en materia de normativa turística, al tratarse de aspectos transversales en los que inciden competencias que tiene reservadas el Estado. Es el caso, por ejemplo, de la ya aludida en el artículo 149.1.13 (planificación de la actividad Económica), sobre la que el Tribunal Constitucional hubo de pronunciarse en su famosa sentencia STC 75/1989, de 21 de abril. En ella el Alto Tribunal alude a la capacidad del Estado para incidir en el sector turístico sobre la base de la competencia general para ordenar la economía; pero a la vez, indica que hay que hacer una interpretación restrictiva para no vaciar de contenido las competencias de las CCAA. Semejantes consideraciones en relación con la competencia reservada al Estado en materia de comercio exterior (art. 149.1.10), que dio lugar a la STC 125/1984, de 20 de diciembre; o en materia de relaciones internaciones (art. 149.1.3) con la STC 175/1995, de 5 de diciembre.

Por tanto, y en resumen, la legislación en materia turística en nuestro país se compone básicamente de normas autonómicas, en las que se regulan aspectos relativos al desarrollo de la actividad turística, a la ordenación del turismo y de los sujetos que intervienen en el turismo. Esto último supone un problema en la medida que es frecuente encontrar en las normas autonómicas disposiciones que regulan aspectos mercantiles propios de una ley estatal. Un ejemplo de ello es la regulación efectuada por las Comunidades Autónomas en sus respectivas leyes de turismo, recogidas en el apartado siguiente, en relación con los aspectos jurídico-privados de las relaciones entre los arrendadores y arrendatarios que establecen su relación a través de una plataforma.

2. Normativa autonómica

La primera Ley de Turismo fue la del País Vasco, y a esta le fueron sucediendo las demás. Esta legislación se caracteriza, en palabras de AURIOLES, por ser una «legislación de aluvión» en el sentido de que cada ley posterior tiende a reproducir e incorporar los contenidos de las diferentes leyes autonómicas que le han precedido.

Como se ha indicado con anterioridad, todas las comunidades autónomas tienen su propia ley autonómica reguladora del turismo. Son las siguientes:

- Andalucía: Ley 13/2011, de 23 de diciembre, del Turismo de Andalucía.
- Aragón: Ley 1/2016, de 26 de julio del Gobierno de Aragón, por el que se aprueba el Texto Refundido de la Ley de Turismo de Aragón.
- Asturias: Ley 7/2001, de 22 de junio, modificada en 2004 y por la ley 10/2010 de 17 de diciembre (ley ómnibus asturiana)
- Illes Balears: Ley 8/2012, de 19 de julio del turismo de de las Illes Balears que sustituye a la Ley 2/1999, de 24 de marzo, que había sido modificada en 2002, 2009 y por la Ley 12/2010 de 12 de noviembre, ley ómnibus balear y por la Ley 6/2017.

— Canarias: Ley 7/1995, 6 abril, de Ordenación del Turismo de Canarias, modificada por la Ley 14/2009, 30 diciembre. Como complemento, la Ley 2/2012, de 8 de mayo, de ampliación temporal de la Ley 6/2009, de 6 de mayo, de medidas urgentes en materia de ordenación territorial para la dinamización sectorial y la ordenación del turismo, en cuanto a los límites que establece al otorgamiento de las autorizaciones turísticas.
— Cantabria Ley 5/1999 de 24 de marzo, de ordenación del turismo de Cantabria. Modificada por la Ley 11/2010, de 23 de diciembre, de acompañamiento de los presupuestos generales para 2011 y por la Ley de Medidas Fiscales y Administrativas de Cantabria.
— Castilla-La Mancha: Ley 8/1999, de 26 de mayo, de ordenación del Turismo de Castilla-La Mancha. Modificada por la Ley 7/2009, de 17 de diciembre, ómnibus castellano-manchega.
— Castilla y León: Ley 14/2010, de 9 de diciembre, de Turismo de Castilla y León que sustituye a la Ley 10/1997, de 19 de octubre, de Turismo de Castilla y
— Cataluña: Ley 13/2002, de 21 de junio, de turismo de Cataluña, modificada por el Decreto Legislativo 3/2010, de 5 de octubre, norma ómnibus catalana.
— Comunitat Valenciana: Ley 15/2018, de 7 de junio de la Generalitat, de turismo, ocio y hospitalidad de la Comunitat Valenciana
— Extremadura: Ley 2/2011 de 31 de enero de desarrollo y modernización del Turismo de Extremadura que sustituye a la Ley 2/1997, de 20 de marzo, de turismo. Modificada por el Decreto-Ley 1/2012, de 25 de junio, (ley ómnibus extremeña)
— Galicia: Ley 7/2011, de 27 de octubre, del Turismo de Galicia, que sustituye a la Ley 14/2008, de 3 de diciembre, de turismo de Galicia.
— La Rioja: Ley 2/2001, de 31 de mayo, de Turismo de La Rioja, modificada por la Ley 6/2009, de 15 de diciembre, de acompañamiento de los presupuestos generales para el año 2010. Desarrollada por el Decreto 14/2011, de 4 de marzo, por el que se por el que se aprueba el Reglamento de desarrollo de la Ley 2/2001, de 31 de mayo, de Turismo de La Rioja
— Madrid: Ley 1/1999, de 12 de marzo, de Ordenación del Turismo de la Comunidad de Madrid. Modificada por la Ley 8/2009, de 21 de diciembre, de Medidas Liberalizadoras y de apoyo a la Empresa Madrileña.
— Melilla: Decreto nº 351, de 19 de julio de 2010. Reglamento de turismo de Melilla.

- Murcia: Ley 12/2013, de 20 de diciembre, de Turismo de la Región de Murcia que sustituye a la Ley 11/1997, de 12 de diciembre, de Turismo de la Región de Murcia.
- País Vasco: Ley 13/2016, de 28 de julio de Turismo del País Vasco.

Junto a estas normas cabe mencionar una prolija regulación reglamentaria que incide sobre diferentes aspectos o tipos de actividades turísticas. Así, es común la existencia de reglamentos que regulen el turismo rural, el turismo activo, etc. Por otra parte, también existen regulaciones diferentes en relación con los diferentes establecimientos hoteleros. Por no referirnos a las normas relativas a la seguridad e higiene, así como en materia de prevención.

3. Normativa sectorial

Desde un punto de vista jurídico-privado, sólo se regulan por ley estatal, dado su carácter mercantil, dos relaciones jurídico-contractuales: la de los viajes combinados, regulados en el Libro IV del Texto Refundido de la Ley General para la Defensa de los consumidores y usuarios y por la Ley 4/2012, de 6 de julio de contratos de aprovechamiento por turno de bienes de uso turístico, de adquisición de productos vacacionales de larga duración de reventa y de intercambio.

En el resto de supuestos, nos encontramos con que los servicios turísticos se articulan a través de contratos atípicos, véase el contrato de catering, el de alojamiento, etc.. Habrá de estar, por tanto, a las reglas propias derivadas de la autonomía de la voluntad (art. 1255 CC) y a la aplicación, según el caso, de las reglas establecidas en el Código Civil o el Código de Comercio.

III. LOS SUJETOS DE LA ACTIVIDAD TURÍSTICA

1. Empresas turísticas

1.1. La aplicación del estatuto del empresario mercantil

La aproximación al régimen jurídico de las empresas turísticas debe hacerse desde un doble punto de vista: de un lado, como empresas mercantiles; y de otro, como empresas caracterizadas porque las actividades que constituyen su objeto social se insertan en el ámbito del turismo. Por esta razón, debe traerse a colación tanto el régimen general previsto para el empresario individual o social en las normas mercantiles, así como el conjunto de normas, de carácter esencialmente administrativo dictadas por las Comunidades Autónomas en el desarrollo de la competencia atribuida por la Constitución a la que se aludía en apartados anteriores. Y es en este ámbito autonómico donde precisamente encontramos diferentes regulaciones, dado que ponen el acento en el tipo de actividades y servicios turísticos que llevan a cabo las empresas, y que no siempre aparecen catalogados del mismo modo, independientemente de su vestidura jurídica como un tipo u otro de empresario individual o social.

Bajo la primera perspectiva, nos encontramos con empresarios y como tales sujetos a la aplicación del estatuto del empresario. Puede tratarse de empresarios individuales, que desarrollan en nombre propio, por sí o por medio de delegados, las actividades anteriormente descritas y dirigidas a la prestación de servicios turísticos. O bien pueden constituirse como empresarios sociales, debiendo optar en este caso por una de las formas jurídicas reconocidas en nuestro Ordenamiento Jurídico, a saber, de personas o de capitales, y dentro de estas últimas, básicamente la de sociedad anónima o limitada. Todavía además puede hablarse de otras formas sociales que se corresponden con empresas de economía social, tales como las cooperativas.

El tipo de los servicios o actividades a realizar hace probable que sea una sociedad la fórmula más acabada para llevar a cabo la actividad turística. Máxime cuando se admiten las sociedades de un único socio. En cuanto a al tipo concreto, resulta claro que la fórmula debe ser la de las sociedades de capital, habida cuenta de la responsabilidad limitada que asumen los socios por las deudas sociales, lo que no significa por otra parte, un menoscabo para la protección de terceros, pues recordemos que sobre las mismas existe una regulación detallada y garantista en la Ley de Sociedades de Capital. Si bien es cierto que dentro de estas encontramos dos tipos de sociedades diferentes, lo cierto es que tanto la sociedad de responsabilidad limitada como la sociedad anónima cerrada pueden de forma similar servir como instrumentos organizativos adecuados. A la hora de optar por un tipo social u otro, deberemos tener en cuenta el capital con el que cuenta, el régimen de entrada y salida de socios que podría interesar. En principio, la sociedad limitada suele ser la fórmula utilizada para la constitución de pequeñas sociedades, atendiendo a que su capital es menor y a que su estatuto viene dotado de mayor flexibilidad en algunos aspectos, lo que permite el abaratamiento de algunos costes asociados a su funcionamiento que si se dan en las sociedades anónimas.

Pero es precisamente el ámbito y el conjunto de las actividades que llevan a cabo, en definitiva su objeto social, el que permite caracterizar a estas sociedades y diferenciarlas de otras, al margen de cuál sea finalmente la concreta forma social elegida. Se trata de empresas que realizan actividades relacionadas con el turismo.

En cuanto empresario, les resulta de aplicación las normas propias del estatuto del empresario, que recordemos vienen fijadas por ley estatal. Además, le resultan de aplicación otras normas dirigidas a disciplinar la actuación de los empresarios dentro del mercado, como son la Ley 15/2007, de 3 de julio de defensa de la competencia y la Ley 3/1991, de 10 de enero de competencia desleal. Igualmente, en el ámbito del sector turístico resulta de particular importancia la protección de los signos distintivos del empresario, en particular de las marcas, por lo que resultará de aplicación la Ley 17/2001, de 7 de diciembre de Marcas. Y, no podemos olvidar, el peso cada vez más importante, sobre todo para el turismo gastronómico o enológico, de las denominaciones de origen reguladas por la Ley 6/2015, de 12 de mayo.

1.2. La aplicación de la normativa autonómica: aspecto jurídico-administrativos

Junto a esta perspectiva, en la que como se ha visto, la normativa aplicable en tanto que mercantil, es estatal, debemos centrarnos en la normativa autonómica relativa a los requisitos de establecimiento y régimen de funcionamiento desde un punto de vista administrativo de las empresas turísticas. En realidad, la propia denominación de empresa turística aparece por vez primera en la Ley de Competencias en materia de turismo de 1963. En desarrollo de la misma, se aprueba el Estatuto Ordenador de Empresas y Actividades turísticas. A través de esta primera norma preconstitucional, se introdujo un concepto técnico de empresa turística. Su delimitación venía dada por la enumeración de aquellas actividades y servicios que daban lugar a esta calificación. Y para este tipo de empresas, se estableció un conjunto mínimo de normas administrativas aplicables a las mismas. En la actualidad, sólo se encuentran menciones muy concretas al estatuto de la empresa turística en la normativa autonómica. **La mayoría de las normas realizan definiciones de empresas turísticas aludiendo a las actividades o servicios que realizan, y que también enumeran. En algunos casos con carácter exhaustivo y en otros, posibilitando que por vía reglamentaria se delimiten servicios o actividades cuya realización podría considerarse turística a los efectos de la aplicación de la normativa autonómica correspondiente**. Dos ejemplos: la normativa balear y la de la Comunitat Valenciana

En cuanto a la normativa en Baleares, se define (art. 3) la Empresa turística como *«cualquier persona física o jurídica que, en nombre propio, de manera habitual y con ánimo de lucro, se dedica a la prestación de algún servicio turístico o a la explotación de algún recurso o establecimiento turístico». y se define Actividad turística como «la destinada a proporcionar a los usuarios los servicios de alojamiento, restauración, intermediación, información, asistencia u otras actividades de entretenimiento, recreo o deportivas y la prestación de cualquier otro servicio relacionado con el turismo»* y Servicio turístico: *«la actividad que tiene por objeto atender algún interés o necesidad de los usuarios de actividades identificables por separado cuando se venden a consumidores y a usuarios y que no están necesariamente ligadas con otros productos y servicios en el desarrollo de la actividad turística».*

En el caso de la Comunitat Valenciana, constituye una empresa turística, a tenor del artículo 3 de la norma autonómica «la personas física o jurídicas que, en nombre propio, de forma permanente o temporal y con ánimo de lucro, se dedica al desarrollo de una actividad turística o a la prestación de algún servicio turístico. Y a tenor de esas actividades y servicios (artículo 52) las empresas turísticas pueden ser de: *«a) alojamiento; b) organización, intermediación y comercialización del producto turístico. c) organización, prestación o realización de servicios de turismo activo; d) restauración; e) entretenimiento, salud, terapéuticas, deportivas, ocupacionales, culturales, congresuales y cualquiera que conlleven esparcimiento y ocio, así como otros servicios complementarios cuando se ofrezcan con fines turísticos, o puedan conllevar dichos fines; f) difusión, asesoramiento e información sobre recursos y manifestaciones históricas, artísticas, culturales o cualesquiera otras de carácter turístico de la Comunitat Valenciana. Profesión de guía oficial de turismo y mediador turístico»*.

El hecho de que se su objeto social sea el desarrollo de alguna actividad o servicio turístico, conlleva la aplicación de un régimen jurídico-administrativo especial. Como es sabido, no se exige en nuestro Ordenamiento Jurídico autorización para la constitución de sociedades, de la misma forma que existe libertad a la hora de optar entre uno u otro tipo societario. No obstante lo anterior, que se predica con carácter general, para la realización de ciertas actividades resulta preceptivo la sujeción a ciertos controles de orden administrativo, así como en algunos casos específicos se exige la adopción de una forma social determinada.

Estas empresas no están sujetas a la actualidad a un régimen de autorización administrativa previa para el desarrollo de la actividad turística, tras la supresión de este requisito administrativo por la Ley 17/2009 de 23 de noviembre de libre acceso a las actividades de servicios, que supone la incorporación a nuestro ordenamiento de la Directiva 2006/123/CE, de 12 de diciembre, relativa a los servicios en el mercado interior. La previa autorización administrativa correspondía a la administración autonómica correspondiente ha sido sustituida por la obligación de realizar una comunicación a la autoridad correspondiente bajo la forma de «declaración responsable». A través de la misma, la empresa pone de manifiesto que cumple los requisitos exigidos, facilitando la información necesaria para que se pueda llevar a cabo, en su caso, por la autoridad competente, el control de su actividad (Arts. 5 y 7 de la Ley 17/2009). Así, aparece recogido en las diferentes legislaciones autonómicas.

No obstante lo anterior, en las diferentes regulaciones autonómicas se exige la inscripción en el registro de Turismo correspondiente. Por ejemplo, en el caso de les Illes Balears, en cada isla existirá un registro de empresas, actividades y establecimientos turísticos cuya organización corresponderá al consejo insular correspondiente. Y además existe el Registro General de empresas, actividades y establecimientos turísticos de las Illes Balears cuya gestión corresponde a la consejería competente en materia de turismo del Gobierno de las Illes Balears o en el caso de la Comunitat Valenciana, el Registro General de Empresas, Establecimientos y Profesiones Turísticas de la Comunitat Valenciana, o el Registro de Turismo de Andalucía. Dependerá de las comunidades, aunque en todas resulta de obligatoria inscripción los establecimientos de alojamiento turístico, las agencias de viaje. En otros supuestos dependerá de la normativa autonómica. Así, por ejemplo, en relación con las empresas de turismo activo, esto es aquellas que existen claras diferencias en las diferentes normas reglamentarias. Desde el carácter voluntario de la inscripción (Comunidad de Madrid) hasta su carácter obligatorio en todo caso (Aragón y Navarra); pasando por aquellas que la inscripción depende del carácter reiterado o estacional de las actividades (Comunitat Valenciana).

Tienen además otra serie de «deberes» tal y como vienen catalogados en las diferentes normativas autonómicas, de una forma similar. Básicamente, podríamos hablar de la exigencia, atendiendo al tipo de actividad, del mantenimiento de un seguro y otras garantías; prestar la debida información sobre el tipo de establecimiento de que se trata, así como ofrecer un producto o servicio de calidad; hay también obligaciones relativas al mantenimiento de las instalaciones o equipamientos, así como en general asegurar un funcionamiento adecuado de los servicios; tener hojas de reclamaciones a disposición de los clientes; En algunas, se añaden deberes relacionados con la preservación del medio ambiente como es el caso de la balear.

La clasificación de empresas turísticas viene determinada por el tipo de actividad o servicio que se presta, y suelen resultar bastante homogéneas en las normas autonómicas, sobre todo en relación con los servicios más característicos, como son el alojamiento y la intermediación. Así, encontramos empresas de alojamiento turístico, empresas de mediación (agencias de viaje), empresas de restauración, y después empresas que prestan otros servicios turísticos, y aquí podemos encontrar, por ejemplo las empresas de turismo activo, o las empresas de turismo rural, etc.

En relación con la contratación de productos y servicios turísticos a través de las plataformas en línea se plantean toda una serie de cuestiones jurídicas de importante calado. Con todo y con carácter general, **la más importante es delimitar si nos encontramos con negocios entre particulares**, entre los cuales la función de las plataformas es, meramente la de un servicio de la sociedad de la información, lo que eliminaría los problemas relacionados con el derecho de la competencia; **o por el contrario, tanto los oferentes de alojamiento como las propias plataformas actúan como empresarios**, lo que determina la aplicación de un régimen más restrictivo, incluida la normativa de protección a los consumidores, la relativa al Derecho de la competencia, más la normativa autonómica correspondiente.

2. El turista

2.1. Concepto de turista. Su consideración como consumidor o usuario

Si bien en sus orígenes, la condición de turista aparecía en buena medida unida a la idea de ser promotor del propio viaje, lo cierto es que la evolución económica y social, ha llevado a la aparición y consolidación de una importante actividad económica vinculada a la prestación de servicios turísticos de muy diversa índole, tales como alojamiento, transporte, visitas culturales, etc. (TORRES LANA).

El hecho de que se lleve a cabo esa contraprestación coloca al sujeto, que técnicamente adquirirá la condición de turista cuando comience el desplazamiento, en la posición de adquirente de un servicio, y por lo tanto, de un usuario o consumidor. En este sentido y, aun cuando no existe como tal una noción jurídica general de turismo y, por lo tanto de turista, en la medida que en la mayoría de las legislaciones autonómicas optan mayoritariamente por enumerar, de forma más o menos prolija, las actividades que integran tal concepto, podemos encontrar como denominador común que se trata de actividades relacionadas con el desplazamiento y permanencia de las personas fuera de su lugar de domicilio.

Partiendo de esta noción general, un concepto restringido nos llevaría a excluir tales actividades si en las mismas hay «motivaciones lucrativas» para el turista. No obstante lo anterior, lo cierto es que, como acertadamente se ha señalado, la noción de turismo, y por lo tanto de turista, no puede únicamente descansar en la motivación subjetiva del viajero (AURIOLES). **La diversidad de los servicios, así como de la forma de disfrute de los mismos, aconseja optar por una orientación más amplia, como de hecho están acogiendo las leyes autonómicas más recientes en las que la nota caracterizadora es la realización de actividades en lugares diferentes a las del entorno habitual, por un período determinado, y con independencia del motivo de las mismas**, En esta línea, La ley de Turismo de las Illes Balears, define en su artículo 3. a) el turismo como « las actividades que realizan las personas durante sus viajes y estancias en lugares distintos a los de su entorno habitual, cualquiera que sea su finalidad y por periodos temporales determinados. Incluye la combinación de actividades, servicios e industrias que completan la experiencia turística, tales como transporte, alojamiento, establecimientos de restauración, tiendas, espectáculos, oferta de entretenimiento, ocio y recreo y otras instalaciones para actividades diversas».

Aunque en la mayoría de las ocasiones, ese motivo resultará ser lúdico, lo cierto es que no tiene por qué serlo en exclusividad, como ocurre en el denominado «turismo de negocios» o «turismo de congresos».

Estas consideraciones deben ponerse en relación con el «Concepto general de consumidor y de usuario» que recoge en el artículo 3 el Texto Refundido de la Ley General para la Defensa de los consumidores y usuarios tras su reforma por la Ley 3/2014, de 17 de marzo, por la que se adapta nuestro Ordenamiento a la Directiva 2011/83/UE sobre derechos de los consumidores. En él se alude, por un lado, a las personas físicas que «*actúen con un propósito ajeno a su actividad comercial, empresarial, oficio o profesión*»; y por otro, considera que «*son también consumidores a efectos de esta norma las personas jurídicas y las entidades sin personalidad jurídica que actúen sin ánimo de lucro en un ámbito ajeno a una actividad comercial o empresarial*». Con ello el legislador, pretende delimitar el concepto, extendiendo sólo la tutela a personas jurídicas sin finalidad lucrativa, seguramente pensando en asociaciones culturales, deportivas, comunidades de propietarios etc., si bien puede plantear algún problema el hecho de que un sujeto sea considerado como consumidor atendiendo al contrato que celebra y no lo sea desde el punto de vista de la contratación a distancia o viceversa.

Bien es cierto, que en algunos ámbitos la repercusión es menor, como ocurre, por ejemplo, en el de los servicios, y en particular de los turísticos. Sobre la base de las consideraciones anteriores, el turista será aquel que contrata o recibe un servicio turístico, entre los que con carácter general podrían mencionarse los de alojamiento, restauración, intermediación, información, asistencia u otras actividades de entretenimiento, recreo o deportivas. Al aludir al turista, podemos enfocarlo desde un doble punto de vista: el de la persona que contrata el servicio turístico, y el de quien disfruta del mismo. Ambas generalmente coincidirán, aunque podría no ser así. Como hemos señalado puede contratar una persona jurídica, pero por razones obvias, únicamente una persona física puede disfrutar del servicio (del alojamiento, del servicio de restauración, etc).

Esto se aprecia con claridad en el ámbito de los viajes combinados, donde se considera consumidor «a cualquier persona en la que concurra la condición de contratante principal, beneficiario o cesionario» (art. 151). Si bien, el contratante principal puede ser una persona jurídica, no así el beneficiario o cesionario, que dado el contexto del que se trata, debe ser necesariamente una persona física.

Sigue sin contemplarse en la normativa sobre consumidores aludida el supuesto en el que se destine el bien o servicio a fines mixtos, es decir, tanto a satisfacer necesidades personales como profesionales, comerciales (por ejemplo, un viaje de negocios que también se utiliza como vacaciones). Dado que la Directiva 2011/83 en su Considerando 17 apunta a que, en los casos de contratos con doble finalidad, si el contrato se celebra con un objeto en parte relacionado y en parte no relacionado con la actividad comercial de la persona y el objeto comercial es tan limitado que predomina en el contexto general del contrato, dicha persona deberá ser considerada como consumidor». Nuestra norma no lo recoge expresamente, pero lo sensato parece es adoptar este criterio, como ya ha sido asumido por la jurisprudencia comunitaria (STJCE 20.1. 2005. Asunto C-464/01).

2.2. El estatuto del turista

El turista en cuanto usuario o consumidor de bienes y servicios prestados por las empresas turísticas es objeto de protección por el Ordenamiento Jurídico y en particular, por el Texto Refundido de la Ley General para la Defensa de los Consumidores y Usuarios El prototipo del turista (AURIOLES), es un usuario especialmente vulnerable en la medida que se encuentra en un lugar diferente de su residencia habitual, y sujeto, probablemente a unas reglas consuetudinarias diferentes; lo que se hace especialmente evidente cuando las estancias se realizan en el extranjero.

Resulta claro **que una parte, sin duda esencial, de esa protección se referirá a la seguridad física del propio turista**. Así aparece recogido tanto en la normativa en materia de consumidores, como en las diferentes normativas autonómicas.

Por otra, es preciso garantizar la seguridad jurídica para el turista, que normalmente es la parte contratante débil frente al empresario turístico. Esta tutela, con carácter general, atendiendo a lo dispuesto en el TRLGDCU se articula estableciendo un conjunto de medidas en las diferentes fases de la contratación del servicio turístico: en la fase previa a la contratación; en la fase de formalización del contrato; en la fase de ejecución.

En relación con la primera fase, la protección se articula en torno a la información que debe recibir el turista, que debe ser no sólo suficiente, sino también, adecuada, de modo que no sea errónea o genere confusión al turista (art. 60 TRLGDCU). Y también debe garantizarse una correcta publicidad, que juega un papel clave en el ámbito del turismo. as.

En relación con la formalización del contrato, se establece un régimen de confirmación documental en el artículo 63, que establece el derecho de los consumidores y usuarios, a recibir la factura en papel. La expedición de la factura electrónica, tan habitual en la actualidad, estará condicionada a que el empresario haya obtenido previamente el consentimiento expreso del consumidor. La solicitud del consentimiento deberá precisar la forma en la que se procederá a recibir la factura electrónica, así como la posibilidad de que el destinatario que haya dado su consentimiento pueda revocarlo y la forma en la que podrá realizarse dicha revocación. Además, el derecho del consumidor y usuario a recibir la factura en papel no podrá quedar condicionado al pago de cantidad económica alguna». Además, entra en juego el régimen de las condiciones generales de contratación, y en particular, respecto a los consumidores el régimen de cláusulas abusivas recogido en el TRLGDCU (arts. 80 a 91).

En cuanto a la fase de ejecución, hay normas en materia de confirmación documental de la contratación realizada, así como en relación con el derecho de desistimiento; aunque en relación con este último, hay importantes excepciones en el ámbito turístico.

En el caso de que la contratación fuera a distancia, y en particular, por vía electrónica se incrementan las garantías para los turistas, en la medida que aspectos que pueden parecer básicos en la contratación tradicional, asumen fundamental importancia cuando se realiza por estos medios, máxime a través de redes abiertas como Internet: por ejemplo, asegurar la identidad de los intervinientes, la integridad y la confidencialidad del mensaje. Podría apuntarse finalmente otros aspectos de relevancia como la propia seguridad del pago electrónico, la asunción de responsabilidad en casos de conflicto, así como los riesgos de potenciales abusos que el uso de los medios telemáticos puede originar (transferencias fraudulentas de fondos..) En este caso, junto con las medidas ya señaladas se introducen otras relativas a los prestadores de los servicios de la sociedad de la información, así como en relación con la seguridad del contratante y del pago que se realiza.

La circunstancia de que este sistema la contratación se realice directamente con los propietarios de los recursos, con ayuda de la intermediación de una web desde el punto de vista de crear un lugar de encuentro entre oferta y demanda, facilita la comunicación entre los oferentes y los clientes y agiliza tanto los trámites como la recepción de las informaciones. Se suele decir que de este modo existen menores costes de transacción y además disminuyen los inconvenientes de información asimétrica. No obstante, debe ponerse de manifiesto que es posible que los que ofertan sus servicios no digan siempre la verdad, quedando la supervisión y control de posibles fraudes normalmente en manos de las propias páginas que gestionan esta clase de alojamiento. Por tanto, frente a la ventaja que supone que hay un acceso directo a la información por parte de los demandantes de un servicio, se señala como inconveniente la posibilidad, convertida en hecho cierto en ocasiones, de que los sistemas de reputación se manipulen. En definitiva, del mismo modo que para los turistas tradicionales, es preciso establecer los mecanismos para que además lógicamente de garantizar la seguridad física —aspectos de salubridad—, se garantice la seguridad jurídica. Y esta, pasa en la actualidad, también por la adecuada protección de los datos de carácter personal que los turistas de forma consciente, pero también inconsciente, ceden a las plataformas y que son utilizados por estas para fines diversos.

LECTURAS COMPLEMENTARIAS

AAVV, (Directores García,R./ Recalde, A.), *Lecciones de Derecho del Turismo,* Tirant lo Blanch, 2000.

AURIOLES, A., *Introducción al Derecho Turístico,* Tecnos, 2006.

BLANQUER, D., *Derecho del Turismo,* Tirant lo Blanch, Valencia, 1999.

CORCHERO, M., *Derecho del Turismo,* Iustel, 2008.

FERNÁNDEZ PÉREZ, N., *El alojamiento colaborativo,* Tirant lo Blanch, Valencia, 2018

TORRES LANA/TUR FAÚNDEZ/JANER TORRENS, *La protección de turista como consumidor,* Tirant lo Blanch, Valencia 2003.

SENTENCIAS

Sentencias del Tribunal Constitucional

STC 75/1989, de 21 de abril.
STC 125/1984, de 20 de diciembre.
STC 175/1995, de 5 de diciembre.

Sentencias del Tribunal de Justicia de la Unión Europea

STJUE 20 de enero de 2005. Asunto C-464/01.
STJUE 20 de diciembre de 2017. Asunto C-434/15
STJUE 10 de abril de 2018. Asunto C-320/16
STJUE 19 de diciembre de 2019. Asunto C-390/18

LECCIÓN 2
EL CONTRATO[1]

María Belén Ferrer Tapia
Profesora Titular de Derecho Civil.
Universidad de las Islas Baleares

I. INTRODUCCIÓN Y FUENTES

En la actual regulación del Derecho de obligaciones y contratos coexisten y se solapan normas de procedencia muy variada; de este modo, a las leyes estatales sobre la materia, se les une las normas de origen autonómico y el Derecho comunitario europeo. Este último se ha ocupado en especial de establecer una política jurídica de protección a los consumidores incluida en los tratados constitutivos de la Unión Europea. Esta política protectora se ha ar-

---

1. Nota de la autora: La pretensión de este capítulo se limita a ofrecer a los alumnos unos «apuntes de clase». De ahí su simplicidad y sistemática.

Las ideas que aparecen recogen el estudio de los grandes civilistas como los profesores De Castro, Díez Picazo, Gullón, Albaladejo, o Lacruz, cuyas ideas se reflejan en estas páginas. La única aportación de la autora ha sido tratar de conjugar los conceptos básicos del Derecho del contrato con las particularidades de los contratos turísticos, para tratar de ofrecer una visión del contrato más acorde a los destinatarios del capítulo.

ticulado a través de una serie de Directivas y Reglamentos de la Unión Europea que paulatinamente, en el caso de las Directivas, han sido objeto de transposición a nuestro ordenamiento jurídico.

II. CONCEPTO Y CARACTERES DE LOS CONTRATOS. LOS PRINCIPIOS QUE RIGEN LA CONTRATACIÓN

A. Concepto

El concepto de contrato se puede extraer de la conjugación de tres factores: el **contrato** es el instrumento utilizado por el Derecho privado a través del cual se articula el intercambio de bienes y servicios entre las personas; es fuente de obligaciones; además de un acuerdo de voluntades. Así se recoge en el artículo 1254 del C. civ.

Esta idea inicial de contrato bien puede servir de referencia a la hora de concretar en la figura de los contratos turísticos privados, y en las relaciones entre las empresas turísticas y sus clientes y empresas turísticas entre sí. Estas relaciones de intercambio se realizan a través del contrato, que permite que un empresario y sus clientes puedan permutar entre ellos los servicios turísticos y su precio.

B. Caracteres

Dependiendo de los **sujetos obligados** en virtud de un contrato, éste puede ser unilateral o bilateral. Es unilateral cuando a través del contrato sólo queda obligado a dar alguna cosa, o a prestar algún servicio, o a realizar alguna obra, una sola de las partes contratantes. Es bilateral cuando del contrato surgen obligaciones para ambas partes contratantes. Esta clasificación también permite diferenciar entre contratos onerosos y gratuitos. El contrato es oneroso cuando hay un intercambio de prestaciones, de modo que el sacrificio que realiza una de las partes aparece jurídicamente compensado por el que asume la otra. Es gratuito cuando el beneficio de una de las partes no aparece acompañado por un sacrificio que suponga su contrapartida.

De conformidad con la **forma de celebración** de los contratos éstos pueden ser formales o no formales. Lo normal es que los contratos sean no formales o consensuales. Son la mayoría de ellos y se caracterizan porque lo importante es que las partes que intervienen presten su consentimiento, y no la forma en que este consentimiento se manifiesta. De esta manera los contratos consensuales o no formales son válidos desde el momento en que las partes dan el consentimiento con independencia de su forma. Por el contrario, los contratos formales son aquellos en los que el consentimiento necesariamente se tiene que manifestar de una forma determinada. En este tipo de contratos es tan importante la forma que, como se verá, su falta provoca la nulidad del contrato.

Gracias al juego del **principio de autonomía de la voluntad**, al que se hará una referencia más adelante, los contratos pueden ser típicos o atípicos. Los contratos típicos son los que aparecen regulados por una Ley. Los contratos atípicos carecen de una regulación legal y son fruto de los pactos que llevan a cabo las partes intervinientes, que son las que se ocupan de elaborar su contenido.

Estos son los principales caracteres de los contratos, predicables también a los contratos turísticos que se van a analizar a los que, además, se tendrán que añadir sus características propias.

C. Los principios que rigen la contratación

En la ordenación de los contratos privados es imprescindible atender a los grandes principios que rigen la contratación privada (autonomía de la voluntad o autonomía privada, libertad de forma, relatividad contractual y buena fe); pero también es preciso que estén en regla los elementos imprescindibles para que exista contrato: consentimiento, objeto y causa.

A los principios y a los elementos esenciales voy a dedicar las siguientes líneas.

En materia de contratos el Derecho ha tratado siempre de salvaguardar dos ideas o principios esenciales: la libertad en la negociación, bajo el **principio de autonomía de la voluntad o de autonomía privada**, recogido en el artículo 1255 del CCiv; y **la igualdad formal entre las partes** que intervienen en el contrato, tratando de evitar que ninguna de ellas aparezca en una situación de superioridad con respecto de la otra, previsto en el artículo 1256 del CCiv.

La idea de que el particular, tanto empresario como cliente, puede establecer reglas con un valor jurídico análogo a las leyes proviene del Derecho romano. De esta manera el particular puede crear las reglas por las que quiere regir su relación contractual. Así una parte del contrato está constituida por estos pactos particulares alcanzados en una negociación. Esto es así por aplicación del principio de autonomía privada, que permite que las partes puedan llegar a acuerdos que suponen introducir en el contrato las cláusulas o pactos que tengan por conveniente, con el único límite de que tales acuerdos no sean contrarios a lo establecido en una ley imperativa, a la moral, o al orden público.

Además de la libertad en la negociación, en el Derecho de la contratación se ha puesto especial atención en tratar de salvaguardar un **equilibrio formal** que debe regir siempre entre las partes que intervienen en el contrato. No se debe olvidar que en toda negociación puede quebrar esa idea de igualdad, sobre todo cuando se enfrentan un empresario y su cliente. Esto es así porque el empresario, de entrada, goza de un estatuto personal, se trata de un profesional, bien de una pequeña empresa, bien de una multinacional; pero, en todo caso, se trata de una persona con una formación y experiencia que, en la mayoría de los casos, le coloca en una situación de predominio en relación con su cliente. Éste, por el contrario, es un particular, más en concreto un consumidor, en nuestro caso, un usuario de unos determinados servicios, los turísticos. Todos somos consumidores, en el sentido de que no se requiere una particular cualificación para actuar en el tráfico como consumidor o usuario.

Con esto se quiere resaltar que esta relación, de entrada, puede suponer un desequilibrio por la posición dominante del empresario frente al consumidor y, como consecuencia de ello, es necesario que jurídicamente se proceda a reestablecer este equilibrio perdido. Es decir, es preciso poner en marcha una serie de mecanismos jurídicos presididos por la idea de proteger al más débil, en este caso al consumidor o usuario.

El eje de esta protección radica, además de en determinados artículos del Código civil, como el 1256, en la Ley de defensa de los consumidores y usuarios (Ley 3/2014, de 27 de marzo. Modifica el texto refundido de la Ley General para la Defensa de los Consumidores y Usuarios y otras leyes complementarias, aprobado por el Real Decreto legislativo 1/2007, de 16 de noviembre) y, si estamos ante un contrato turístico, en el resto de nomas específicas de Derecho del turismo.

Piensen que, en la mayoría de estos contratos, el consumidor se encuentra ante un gran empresario (compañía aérea, cadena hotelera, agencia de viajes,...) que, como es lógico, quiere imponer sus condiciones. Para lograr sus objetivos los empresarios cuentan además con una importante herramienta que son **las condiciones generales de la contratación**. Se trata de unas cláusulas que pasan a formar parte del contrato por voluntad del empresario que, además es quien se encarga de redactarlas. Como se podrán imaginar a través de estas cláusulas, que no se negocian con el cliente, el empresario puede imponer claramente sus condiciones y preferencias. Por este motivo, la Ley se ha ocupado especialmente de controlar el contenido de estas cláusulas sobre todo porque, a través de ellas, el empresario puede imponer obligaciones excesivas al consumidor, o establecer condiciones que le perjudican, o liberarse de responsabilidad, ... Por este motivo cuando, a través de este tipo de cláusulas se produce, en perjuicio del consumidor, un desequilibrio importante de sus derechos y obligaciones, la ley de consumidores y usuarios establece la nulidad de dicha cláusula. Por tanto, en estos casos, la nulidad afecta a las cláusulas abusivas, mientras el resto del contrato sigue siendo válido y eficaz.

De este modo en un contrato turístico pueden figurar las siguientes cláusulas:

- — Las cláusulas que las partes que intervienen en el contrato han negociado y que son fruto del principio de autonomía de la voluntad. Son las denominadas cláusulas negociadas.
- — Las condiciones generales de la contratación, que consisten en unas cláusulas predispuestas que son introducidas en el contrato a voluntad

exclusiva de una de las partes contratantes, de tal manera que la otra parte contratante no tiene otra opción que aceptarlas si quiere contratar el servicio.

— El contenido de la promoción publicitaria que, aunque no figure expresamente recogida en el contrato, es exigible por los consumidores. Por lo tanto, es parte integrante del contrato que el consumidor suscribe tal y como establece la Ley de consumidores y usuarios.

Como se puede apreciar los principios de autonomía privada y de igualdad formal entre las partes contratantes son, junto con el principio de libertad de forma que se verá más adelante, claves en la contratación en general y de servicios turísticos en particular.

Es el momento ahora de abordar uno de los principales principios que rigen nuestro Derecho de contratación: **el principio de libertad de forma**. En el momento de la celebración del contrato, nuestro Derecho se ha preocupado más por procurar que las personas se pongan de acuerdo, que en la forma en que materializa el acuerdo. De este modo, si lo importante es que concurran las declaraciones de voluntad de las partes que intervienen en el contrato, y no la forma en que éstas se llevan a la práctica, el contrato será válido cualquiera que sea la forma en que se ha celebrado. Para ello basta que en el contrato concurran los requisitos esenciales que, como se verá a continuación, son el consentimiento de las partes y el objeto y la causa del contrato, con independencia de cómo se ha prestado dicho consentimiento. Esta es la idea que recoge el artículo 1278 del CCiv, *«Los contratos serán obligatorios, cualquiera que sea la forma en que se hayan celebrado, siempre que en ellos concurran las condiciones esenciales para su validez»*.

De lo anterior se puede deducir que la forma en que se presta el consentimiento es irrelevante a la hora de declarar la validez y eficacia del contrato celebrado. Ahora bien, la forma no es indiferente cuando de lo que se trata es de demostrar la existencia del contrato. Si el consentimiento ha quedado reflejado de forma escrita, será mucho más sencillo probar su efectiva celebración y sus condiciones.

Es preciso advertir que en la mayoría de contratos turísticos la Ley exige su materialización por escrito. Por ejemplo, la Ley que regula el contrato de viaje combinado obliga a que éste se realice por escrito, pero como se acaba de decir se trata de un medio de prueba. Por tanto, la existencia de un documento donde se recoja el acuerdo de las partes, por ejemplo, un billete de avión, no quita ni pone validez al contrato, sino que el contrato de transporte celebrado devino válido y eficaz desde el momento en que las partes prestaron su consentimiento, con anterioridad al cumplimiento de la forma, que se lleva a cabo con la emisión del billete. Por ejemplo, en la contratación del transporte aéreo por teléfono el contrato es válido y eficaz desde el momento en que las dos partes contratantes prestan su consentimiento, en este caso de forma verbal y, una vez que la empresa transportista verifica el pago del precio, remite al pasajero el documento donde constan las condiciones del contrato. Lo que cabe plantear aquí es ¿para qué sirve el billete en el transporte aéreo, o el documento que recoge el consentimiento de las partes y las condiciones del contrato? De entrada, se puede decir que desempeña dos funciones básicas: sirve para probar la celebración del contrato; y sirve para que el titular que está en posesión de este documento puede exigir la ejecución del contrato y la posible responsabilidad por su incumplimiento.

En los contratos concluidos a través de dispositivos electrónicos es preciso tener presente lo que la Ley de servicios de la sociedad de la información y de comercio electrónico (modificada por la Ley de medidas de impulso de la sociedad de la información) dispone; de este modo, normalmente no se aparta de las reglas generales de la perfección del contrato y prevé que, para que los contratos celebrados por vía electrónica produzcan efectos, es preciso que concurra el consentimiento, el objeto y la causa. Añade esta Ley que en los casos en que sea necesaria la celebración del contrato por escrito, se cumple este requisito siempre que el contrato o la información figuran en un soporte electrónico.

Estas ideas que se acaban de señalar sobre la forma de celebración de los contratos son predicables respecto de la inmensa mayoría de contratos de la órbita privada, turísticos o no, de manera que son contados los contratos o negocios jurídicos que requieren que el consentimiento contractual se preste cumpliendo determinados requisitos formales a efectos de su validez.

El **Principio de relatividad contractual** afecta directamente a la eficacia del contrato; de este modo **la eficacia del contrato entre las partes contratantes** tiene fuerza de ley, a tenor del artículo 1091 del C. civ.; produce efectos entre los otorgantes, que no se limitan sólo a lo pactado, sino que de conformidad con el artículo 1258 C.civ. se incluye, además, toda consecuencia derivada de la buena fe, los usos y la ley. Por este motivo, la validez y el cumplimiento del contrato puede depender de la voluntad de uno de los contratante, de manera que la simple voluntad de una de las partes contractuales no puede liberarle de sus obligaciones, limitándose el Principio de resolución unilateral del contrato a las relaciones contractuales duraderas de carácter indefinido (véase como ejemplo los artículos 1700.4 y 1705 a 1707 del C. civ.); a relaciones contractuales personalísimas; y a aquellas en las que el desistimiento contractual se acompaña de una indemnización de daños (véanse como ejemplos los artículos 1153 y 1454 del C. civ.). Llegados a este punto es necesario recordar que, de conformidad con los artículos 68 y 79 así como los artículos 102 a 108 de la Ley General para la Defensa de Consumidores y Usuarios, se concede a los consumidores y usuarios un derecho de arrepentimiento, esto es un tiempo de reflexión durante el cual puede devolver el producto o rechazar el servicio. Esto, en referencia a la eficacia del contrato entre las partes contratantes; porque cuando se trata de la eficacia del contrato respecto de terceros, es preciso mencionar que de acuerdo con lo que dispone el artículo 1259 del C. civ. un contrato obliga a las partes, no a los derechos y deberes de terceros; lo que no implica que un contrato ajeno pueda beneficiar o perjudicar indirectamente a terceros.

El **Principio de buena fe**, recogido en el título preliminar del Código civil, con el alcance que esto tiene, mantiene que los derechos deben ejercitarse de conformidad con la idea de buena fe.

III. LAS PARTES DEL CONTRATO

A través del contrato los sujetos que intervienen en él consienten en obligarse a dar algo o a hacer alguna cosa. Dicho de otra manera, el contrato civil es un acuerdo de voluntades que genera obligaciones (artículos 1254 y 1258 CCiv).

Al ser preciso un acuerdo de voluntades, es preciso también la intervención en el contrato de dos partes contratantes que consienten: el comprador y el vendedor, el arrendador y el arrendatario, el establecimiento de alojamiento y el cliente, la compañía aérea y el pasajero...

Las relaciones jurídicas que se entablan entre los sujetos que intervienen en los contratos civiles pueden alcanzar dos situaciones diferentes. Con ello queremos decir que es civil el contrato que se realiza entre un particular y otro particular, por ejemplo: Juan compra a Pedro, que vende, un código civil a cambio de 12€. Pero también es civil un contrato que se efectúa entre un empresario y un particular, que resulta ser un consumidor o usuario, por ejemplo, Juan, usuario, compra a la compañía aérea X, que vende, un billete de avión por 100€.

Sucede, como se verá más adelante que en relación con los contratos turísticos, que constituyen una parte importante de los contratos con consumidores o usuarios, esta bilateralidad en cuanto al número de partes intervinientes puede, en ocasiones, complicarse. No se quiere decir con ello que no se mantenga en los contratos turísticos la presencia de dos partes contratantes, sino que hay veces en que es preciso determinar con claridad de quiénes se trata; y esto sucede cuando en la contratación interviene un intermediario.

Esto es así porque en la contratación de un servicio turístico pueden intervenir diferentes sujetos: los intermediarios en la contratación, el adquirente, y el prestador del servicio turístico, de tal manera que el adquirente de un servicio turístico puede contratar bien directamente con el prestador definitivo del servicio, compañía aérea, empresa de alojamiento,...; bien a través de un intermediario en la contratación, generalmente una agencia de viajes.

En cualquier caso, **el adquirente del servicio turístico**, con independencia de con quien contrate (agencia de viajes, prestador del servicio turístico), y con independencia también de la forma que utilice para llevar a cabo la contratación (*on line, off line*) es siempre el destinatario del servicio turístico. Es decir, un consumidor, es decir, un turista.

Bajo la denominación «**prestadores de servicios turísticos**» se engloba a todas aquellas empresas, de alojamiento, de transporte, de alquiler de vehículos, de guías turísticos,... que son las que se encargan de ejecutar el contrato turístico, esto es las que van a proporcionar al consumidor los servicios turísticos que previamente ha contratado.

Si el turista contrata el servicio directamente con la empresa turística, pongamos por ejemplo que el turista contrata con una compañía aérea unos vuelos, las partes que intervienen en la contratación son el turista consumidor por un lado y la compañía aérea por el otro lado. A través de este contrato ambas partes han asumido una serie de obligaciones que deben llevar a la práctica. Esto es importante a la hora de depurar las responsabilidades derivadas de la no prestación o de la prestación defectuosa del servicio turístico contratado (por ejemplo, la habitación del hotel no reúne las condiciones contratadas, o se sufren daños personales o materiales a lo largo del viaje, o el vuelo contratado sufre un retraso importante en relación a la hora de salida prevista,...). En este caso el consumidor podrá exigir judicialmente, en el ámbito del Derecho civil, a la empresa prestadora del servicio turístico su responsabilidad en función de la legislación vigente. Esta legislación resulta muy variada dependiendo del contrato celebrado.

Son principalmente las agencias de viajes, y en la actualidad también las grandes plataformas en línea, las que se encargan de actuar como **intermediarias en la contratación** de los servicios turísticos. Esto se produce cuando el turista contrata el concreto servicio turístico a través de una agencia de viajes o de una plataforma en línea, en vez de hacerlo directamente con la empresa prestadora del servicio, por ejemplo, cuando el turista contrata con una agencia de viajes un vuelo con una compañía aérea, o con AIRBNB la estancia en un apartamento. Cuando esto sucede es preciso plantear una cuestión básica: si se produce algún tipo de incumplimiento o cumplimiento defectuoso a la hora de ejecutar el contrato ¿quién responde frente al turista? ¿La compañía aérea o la agencia de viajes? ¿El dueño del apartamento o AIRBNB?

Al carecer de una regulación específica hay dos factores imprescindibles en la determinación de la responsabilidad de las agencias de viajes en la contratación de servicios turísticos. Por un lado, el tipo de contrato suscrito por las agencias de viajes y la regulación jurídica aplicable a cada contrato; por otro lado, el contenido de sus cláusulas, que en gran medida dependerá de la fuerza negociadora de las partes.

Además, es preciso mencionar que el modo de contratar los servicios turísticos está cambiando. Si hasta hace poco tiempo la mayoría de las contrataciones se realizaban mediante la personación del interesado en la agencia de viajes o en la empresa prestadora del servicio, en la actualidad es cada vez mayor el número de personas que contratan directamente con el proveedor del servicio o con una agencia de viajes a través de su página *web*, o por teléfono. La aparición de las plataformas digitales (Airbnb, BlaBlaCar, Homeaway...) ha revolucionado la forma de contratar los servicios turísticos; plataformas que en principio responden del incumplimiento de su actividad mediadora.

IV. EL ITER CONTRACTUAL

Si en la vida de una persona podemos distinguir diferentes etapas, niñez, madurez y vejez, lo mismo sucede en la vida de un contrato. En ella el contrato pasa por distintas fases: la fase de formación del contrato, la fase de perfección del contrato, y la fase de ejecución del contrato.

A. Fase de formación

La fase de formación del contrato consiste en una serie de actos que preceden o pueden preceder a la perfección del contrato y que son llevados a cabo por las partes contratantes con esta finalidad. Como se ha dicho son actos que preceden o pueden preceder a la fase de perfección del contrato por lo que pueden no ser necesarios. De hecho, estos actos no son precisos cuando la perfección del contrato es instantánea, es decir, cuando la perfección del contrato se lleva a cabo sin necesidad de realizar trámite previo alguno; por ejemplo, cuando voy a una máquina expendedora y aprieto el botón de Coca-cola; se puede complicar un poco más cuando voy a Zara, elijo el jersey que me gusta, me lo pruebo, y pago su precio.

Sin embargo, puede ocurrir que la celebración del contrato no sea tan sencilla y sea necesario que las partes interesadas en realizar la contratación se vean obligadas a tener que entablar una serie de negociaciones previas, llevadas a cabo siempre con la intención de poder celebrar el contrato. Esas negociaciones constituyen los denominados **«tratos preliminares»** que no son más que una serie de actos que tienen por objeto discutir, elaborar, perfilar, o concretar los elementos de un futuro contrato, siempre que no se alcance un acuerdo global definitivo sobre el mismo, ya que si éste se alcanzara supondría la perfección del contrato. Los matices son aquí muy importantes, por ejemplo cuando contratamos un servicio de transporte aéreo, las conversaciones relativas a los horarios, las tarifas, el aeropuerto de destino,... son tratos preliminares, son negociaciones en el sentido de que no habrá contrato hasta que no se llegue a un acuerdo global definitivo sobre el objeto, que implica que éste se encuentre totalmente diseñado y perfilado.

Es importante señalar que, con carácter general, si el contrato no llega a celebrarse, los tratos preliminares mantenidos por las partes no generan responsabilidad. Esto se debe a que no tienen valor de contrato, no suponen la fijación de una oferta contractual, no vinculan a quienes los mantienen, no obligan a contratar.

Además de la posibilidad de mantener tratos preliminares, en esta fase de formación del contrato es imprescindible tener en cuenta el contenido de la publicidad, sobre todo en materia turística, donde ésta juega un papel fundamental.

La **publicidad** constituye una fuente de información para el consumidor o usuario. Su finalidad consiste en incentivar a sus destinatarios para que inicien tratos preliminares, que pueden desembocar en la perfección de un contrato.

El valor de la publicidad tiene especial relevancia en contratos celebrados por un consumidor o usuario. Esto se debe a que la Ley de consumidores y usuarios contiene unas normas específicas sobre esta materia. Debido a esto en los contratos turísticos la publicidad juega un papel muy importante, básicamente por dos motivos:

— porque constituye la oferta contractual de la parte contratante que la efectúa; es decir, constituye una declaración de voluntad, unilateral, recepticia, y reveladora de un propósito serio de contratar. Como se verá, la oferta debe reunir todos los requisitos necesarios para que, su aceptación por la otra parte contratante, configure el consentimiento e implique la perfección del contrato.

— Porque en los contratos turísticos, esta oferta que se realiza a través de la publicidad es exigible por los consumidores y usuarios.

Con ello se quiere decir que la empresa turística que se vale de la publicidad para promocionar sus productos queda vinculada por su contenido, es decir está obligada a cumplir con todo lo expuesto en su publicidad. Además, es necesario que la oferta contenida en la publicidad se mantenga durante un periodo de tiempo razonable, para que pueda ser conocida por el mayor número de destinatarios posible. Esto no es más que una exigencia que se deriva del principio de buena fe, de la necesidad de actuar de forma honesta prevista en los artículos 7.1 y 1258 del C.civ

Es la Ley de consumidores y usuarios quien introduce la publicidad en el contenido del contrato que se celebra con un consumidor o usuario. Se trata ahora de profundizar un poco más en esta idea que viene impuesta de forma expresa en el artículo 61 de esta norma. De conformidad con el precepto señalado, la publicidad supone que la empresa anunciante queda vinculada por su contenido. Es más, de acuerdo con este precepto la publicidad es exigible, aunque ésta no figure recogida en el contrato celebrado o en el documento o comprobante recibido. Esto implica que, si la empresa anunciante omite en el contrato alguna información contenida en el mensaje publicitario, puede ser exigida por el consumidor. Sin embargo, existe una excepción a esta regla, de manera que si las condiciones que se recogen en el contrato son más beneficiosas para el consumidor que las contenidas en la oferta publicitaria, aquellas prevalecerán sobre éstas.

La trascendencia de este precepto es muy grande. Como se puede observar este artículo 61 obliga a analizar una por una las distintas cláusulas del contrato y compararlas con el contenido de la publicidad, de tal modo que si éste difiere de aquellas, se podrá determinar cuál prevalece por resultar más beneficioso para el consumidor. Si el contrato no contempla alguna de las ventajas que la oferta publicitaria contiene, como ésta es vinculante, es exigible por el consumidor o usuario. El mensaje es claro: la publicidad vincula al que la utiliza.

En este mismo sentido se pronuncia, en relación con la celebración de un viaje combinado, el artículo 154 del Real Decreto Ley 23/2018 por el que se transpone a nuestro Ordenamiento jurídico, entre otras, la Directiva 2015/2302 relativa a los viajes combinados y a los servicios de viaje vinculados; en este sentido señala que la información facilitada al viajero formará parte integrante del contrato de viaje combinado y no se podrá modificar salvo que las partes contratantes acuerden expresamente lo contrario.

En esta fase de formación del contrato puede suceder también que una persona, interesada en la contratación, realice una **oferta contractual**. Como ya se ha dicho la oferta es la declaración de voluntad de una de las partes del contrato. En concreto del oferente, del que realiza la oferta, que la emite con la intención de celebrar un contrato. Por el hecho de constituir la declaración de voluntad del oferente, debe contener todos los elementos necesarios para que, con la mera aceptación de la otra parte contratante, el contrato quede perfeccionado. Por este motivo la oferta debe ser precisa, definitiva, y completa en el sentido de contener una declaración de voluntad que supone que quiere vincularse contractualmente; esto es, la oferta debe revelar sin lugar a dudas el propósito de su autor.

Si la oferta es la declaración de voluntad del oferente supondrá que, con su aceptación, el contrato queda perfeccionado, esto es el contrato es válido y eficaz. Por ello es preciso que la oferta esté vigente durante un periodo de tiempo, precisamente para que pueda ser conocida por los posibles aceptantes. Si la aceptación de la oferta se realiza una vez que ha dejado de estar vigente, el contrato no es válido. Por esto la aceptación tiene que realizarse dentro de un tiempo prudente durante el cual la oferta está vigente.

Una cuestión no exenta de dificultad y que se va a intentar abordar es tratar de calificar, desde el punto de vista del Derecho, la reserva turística.

¿Quién no ha hecho alguna vez una reserva con una compañía aérea, o con una empresa de alojamiento turístico? Sin duda nadie se escapa, tanto si la reserva se ha realizado *on line* como *off line*.

Las preguntas que se plantean sobre esta figura son múltiples y las posibles respuestas a las mismas también lo son. Sin embargo, se va a tratar de exponer las posibles soluciones y la opinión que, en principio merecen, con las salvedades pertinentes.

Preguntas como las que a continuación se formulan se plantean constantemente. ¿Qué es una reserva?, ¿Es un contrato, un trato preliminar, una oferta contractual, un precontrato,...? ¿Qué consecuencias jurídicas tiene? ¿Vincula a quienes la realizan, no vinculan? Su incumplimiento ¿genera responsabilidad? Ésta ¿es contractual o extracontractual?

En principio todos sabemos cómo se realiza una reserva, nos desplazamos a la oficina de la empresa turística, por ejemplo una cadena de hoteles, o entramos en su página *web*, nos informamos y empezamos a proporcionar los datos que nos solicitan: acreditación, fecha de entrada, fecha de salida, servicios que incluye el precio por el alojamiento, servicios complementarios que ofrece la empresa, precio,... Estos datos se van registrando en un documento que se denomina reserva.

Pero esta situación descrita precisa ser calificada desde el punto de vista del Derecho.

En los trámites iniciales el concepto de reserva bien puede encuadrarse dentro de los denominados tratos preliminares o preparatorios de un contrato, en el caso del ejemplo propuesto serían tratos previos mantenidos antes de celebrar un contrato de alojamiento. Pero esto sólo puede ser así siempre que no se alcance un acuerdo global definitivo, porque si éste se alcanza supone la celebración del contrato, no el mantenimiento de unos tratos previos a su realización. Estaríamos en este caso ante un contrato porque habría recaído el acuerdo de voluntad de las partes implicadas. Pero mientras no se llegue a ese acuerdo definitivo, la celebración de tratos preliminares no vincula a las partes que los mantienen. Esto es no están obligados a mantenerlos, y mucho menos, obligados a contratar. Esto implica que la renuncia a continuar con la reserva o su cancelación no generaría ningún tipo de responsabilidad, porque no tiene valor de contrato. Sólo en los casos en que la actuación de alguna de las partes que mantiene los tratos preliminares se haya llevado a cabo sin la presencia de la buena fe imprescindible en toda actuación jurídica, y esta actuación produjese daños, se podría exigir la reparación de los mismos a través de las reglas de la responsabilidad precontractual, entendida ésta como extracontractual, es decir fuera de la responsabilidad que genera el incumplimiento de un contrato.

Otra posible opción es considerar que una reserva supone una oferta contractual. Ya se ha tenido ocasión de señalar que, para que se pueda considerar una oferta, es preciso que ésta sea completa, precisa, definitiva, y debe revelar sin género de dudas la voluntad de quien la realiza de vincularse contractualmente. En definitiva, la oferta es el consentimiento de una de las partes contratantes. Una oferta bien pudiera ser el documento en papel o el soporte electrónico que contiene la declaración de voluntad de la empresa de alojamiento, con su objeto totalmente definido, sin que sea necesaria ninguna precisión posterior, y con su causa que la sostiene, de tal manera que la aceptación, completa y sin matices del consumidor, supondría la celebración del contrato. Por lo tanto, esa reserva que contiene la oferta de la empresa de alojamiento, una vez aceptada por el cliente, se convierte en un contrato de reserva de alojamiento. A diferencia del caso anterior (tratos preliminares) si hablamos de la reserva como una oferta, su incumplimiento con daños lleva aparejado la necesidad de reparar el daño causado, a través de las reglas de la responsabilidad contractual.

Otra opción pudiera ser calificar la reserva como un precontrato o promesa de contrato. Lo primero que se debe advertir sobre esta figura es que todo sobre ella es discutible y está discutido, hasta su concepto. Existen numerosas opiniones doctrinales al respecto y todas ellas encuentran aval en la jurisprudencia. No se trata aquí de exponer todas o alguna de ellas, sino de tratar de ofrecer una definición de esta figura. Parece que la tesis más admitida considera que el precontrato consiste un contrato único y definitivo que nace desde el momento en que las partes prestan su consentimiento, pero éstas se reservan, ambas o una de ellas, la facultad de exigir en un momento posterior su puesta en vigor, sin tener que otorgarlo de nuevo.

Después de lo expuesto es preciso aventurar una opinión sobre la idea jurídica de la reserva. A mi entender la reserva constituye un contrato desde el momento en que contiene todos los requisitos necesarios del mismo: consentimiento, objeto y causa; y la calificación del mismo sería la de un contrato de reserva de un servicio turístico, en el caso del ejemplo, un contrato de reserva de alojamiento. Por supuesto, como contrato que es, obliga a las partes a llevar a la práctica todas las obligaciones que se derivan del mismo; así como a responder por los daños que el incumplimiento de las mismas haya causado. Se trata de un contrato, de cumplimiento normalmente aplazado para una o para las dos partes.

B. Fase de celebración o de perfección

Cuando concurren la oferta y la aceptación el contrato es válido y eficaz. En este momento nos encontramos ya en la etapa de perfección del contrato. Así lo prevé el artículo 1.258 CCiv «*Los contratos se perfeccionan por el mero consentimiento, y desde entonces obligan, no sólo al cumplimiento de lo expresamente pactado sino también a todas las consecuencias que, según su naturaleza, sean conformes a la buena fe, al uso y a la ley*» y 1.262.1, «*El consentimiento se manifiesta por el con-*

curso de la oferta y de la aceptación sobre la cosa y la causa que han de constituir el contrato».

Como se ha tenido ocasión de mencionar, es muy frecuente que **los contratos turísticos se celebren a través de una página *web***. En esta forma de celebración es preciso determinar cuándo se produce la concurrencia de las declaraciones de voluntad de las partes intervinientes, decisiva para considerar que el contrato se ha perfeccionado. Esto es así porque, entre la emisión de la aceptación y su conocimiento por el oferente, media un lapso de tiempo jurídicamente relevante. Para ello se debe atender a lo dispuesto en la Ley de servicios de la información y del comercio electrónico (Ley 56/2007, de 28 de diciembre, de Medidas de impulso de la Sociedad de la Información y del comercio electrónico). Esta norma, cuya entrada en vigor modificó el artículo 1.262.1 del CCiv, considera que el concurso de las declaraciones de voluntad de las partes que contratan a través de Internet se produce desde el momento en que el oferente conoce la aceptación. Añade este precepto que también se considera perfeccionado el contrato desde el momento en que el aceptante envía su respuesta y el oferente no puede ignorarla sin faltar a la buena fe. Se pretende con esto último no dejar en manos del oferente determinar cuándo se produce la aceptación del contrato, que dependería del momento en que el oferente tiene a bien abrir el correo del aceptante. De no ser así se estaría actuando en contra de lo dispuesto en el artículo 1256 del CCiv, y se estaría dejando al arbitrio de una de las partes, el oferente, la validez del contrato.

C. Fase de ejecución

Una vez que el contrato ha quedado perfeccionado, porque han recaído las declaraciones de voluntad de las partes del contrato, se inicia la fase de perfección. Ésta supone trasladar a la realidad los pactos que han quedado reflejados en el contrato. Las partes, a través de los actos de cumplimiento, deben poner en práctica el contrato.

Que la realidad se ajuste a lo pactado depende del comportamiento de las partes. Es decir, según su conducta existen diversos grados de adecuación de los pactos contractuales a su cumplimiento.

El **cumplimiento** supone la realización de las obligaciones asumidas. En este caso lo pactado coincide plenamente con lo realizado y esto supone la liberación del deudor, y la extinción del contrato.

En oposición al cumplimiento perfecto se sitúa el **incumplimiento** total en el que la parte no realiza ninguna actuación tendente a cumplir con sus obligaciones, o los actos que realiza carecen de relevancia.

Entre el incumplimiento total y el cumplimiento perfecto existe el llamado **cumplimiento defectuoso** en el que el cumplimiento se lleva a cabo pero no coincide completamente con lo pactado.

Se volverá sobre ello en el epígrafe relativo al cumplimiento e incumplimiento del contrato.

V. LOS REQUISITOS DEL CONTRATO. LOS VICIOS DEL CONSENTIMIENTO

De conformidad con lo previsto en el artículo 1261 del CCiv los requisitos del contrato son el consentimiento, el objeto y la causa. De la redacción de este artículo se pueden extraer dos ideas fundamentales:

— para que el contrato exista es preciso que en él concurran estos tres requisitos;
— si un contrato carece de consentimiento, de objeto, o de causa, carece de validez, es decir no despliega sus efectos.

Procedamos ahora a apuntar algunas ideas en relación con los tres requisitos esenciales del contrato civil.

A. El objeto

El objeto del contrato es la realidad sobre la cual incide el contrato. Significa esto que constituyen el objeto del contrato los bienes o servicios sobre los que versa el mismo. Siendo esto así, el objeto del contrato puede ser de muy diversa variedad, desde un objeto corporal cualquiera: un coche, un vestido, un danone, un complejo hotelero, un título valor; hasta sustancias incorporales: la obra intelectual, una canción, energías naturales; pasando por cualquier servicio: un corte de pelo, la estancia en un hotel, el asesoramiento de un abogado, un transporte en taxi,... En la SAP de Málaga, de 29 de julio de 2005 se considera que un descuento promocional del viaje combinado forma parte del precio y éste es un elemento esencial del contrato.

Para que el bien o servicio pueda ser objeto de contratación es preciso que reúna unos requisitos que se van a exponer de forma muy breve. En este sentido tiene que ser posible, lícito y determinado.

Posible en el sentido de que su materialización, si se trata de un bien, se pueda consolidar; o su realización, si se trata de un servicio, se pueda llevar a la práctica. Sin embargo, es preciso advertir aquí que el artículo 1272 del CCiv, aunque impide que sean objeto de contrato las cosas o servicios imposibles, por ejemplo, encontrar un anillo en el fondo del mar, permite que el objeto de un contrato esté constituido por una cosa futura. Es decir, un objeto que, en el momento en que las partes celebran el contrato, todavía no existe; por ejemplo, la compraventa de un piso sobre planos, cuando se efectúa la compra, el piso no existe, el edificio todavía no se ha construido. Aunque inicialmente la idea puede «chirriar», la compra de ese piso, que no existe todavía, es válida siempre que se cumpla alguno de estos dos requisitos: que una de las partes contratantes asuma el riesgo de que la cosa futura no se produzca, que el piso no se construya; o que el contrato quede en suspenso, para producir efectos cuando la cosa futura sea una realidad, cuando el piso se construya.

Además de posible, el objeto del contrato tiene también que ser lícito. Establece el artículo 1271 del CCiv que no pueden ser objeto de contrato las cosas que están fuera del comercio de los hombres, así como los servicios que sean contrarios a las leyes o a las buenas costumbres. En el sentido señalado por la Ley no pueden ser objeto de contrato los bienes y servicios que están prohibidos por el ordenamiento jurídico, la compraventa de un riñón, el tráfico de armas, de personas, de drogas, de embriones, etc.

Además de posible y lícito la Ley establece que el objeto del contrato tiene que estar determinado en cuanto a su especie, por ejemplo, manzanas golden, aunque puede carecer de determinación en cuanto a su cantidad. Con ello se quiere decir que el consentimiento de las partes debe recaer sobre un objeto ya determinado cuando consienten porque, si la indeterminación del objeto requiere un nuevo pacto o acuerdo de las partes, supondría el no haber alcanzado un acuerdo global definitivo sobre el objeto y la causa, que es lo que la Ley exige para que se pueda decir que nos encontramos ante un contrato. Esto conduce a tener que diferenciar entre contrato y tratos preliminares.

B. La causa

El concepto de causa de los contratos es uno de las más polémicos y discutidos por la doctrina. Quedémonos con la idea de que la causa es el fin propio del contrato, es decir si contratamos la estancia en un hotel la causa del contrato para el empresario, el motivo por el que se compromete a ceder el uso de una habitación, será la obtención del precio, y la causa, el motivo por el cual el cliente se compromete a pagar ese dinero, será que le presten el servicio de alojamiento que ha contratado.

Al igual que sucede con el objeto, la causa requiere el cumplimiento de una serie de requisitos para que pueda constituirse como un elemento contractual válido. En este sentido, el CCiv nos recuerda que los contratos deben basarse en una causa, esto es debe existir una causa verdadera y lícita, en el sentido de que no se oponga a las leyes ni a la moral.

C. El consentimiento

Para que un contrato sea válido, para que exista, es preciso que los sujetos que intervienen en el mismo lo consientan, es decir, que den su aprobación, que se pongan de acuerdo, que manifiesten su conformidad para realizar un negocio jurídico.

Esta idea expuesta aparece reflejada en numerosos artículos del CCiv como el 1262.2, 1254, 1258, 1278. Por tanto, se puede afirmar que no basta con la voluntad interna de las partes contratantes de querer vincularse a través del contrato, sino que es preciso que esa voluntad se dé a conocer, se materialice, se manifieste, se exteriorice.

Es a partir del momento en que recae el consentimiento de las partes sobre el objeto y la causa cuando el contrato es válido, despliega sus efectos, esto supone que las partes están obligadas a cumplir todos sus compromisos contractuales.

Es preciso señalar también que para aprobar o permitir algo, en definitiva, para prestar el consentimiento se debe tener la capacidad de obrar necesaria, entendiendo por capacidad de obrar la que permite que las personas físicas puedan realizar actos jurídicos válidos. Ésta depende de dos circunstancias: la edad y la ausencia de incapacitación. Con carácter general se manifiesta sobre ello el artículo 1263 del CCiv.

El consentimiento contractual es tan importante que el Ordenamiento jurídico se ha preocupado de proteger que esta manifestación de voluntad sea prestada de forma libre y consciente. Por este motivo ha recogido una serie de vicios que le pueden afectar.

En concreto ha señalado como **vicios** que afectan al conocimiento de las partes, el error y el dolo; y como **vicios** que afectan a la voluntad de las partes, la violencia y la intimidación. Vamos a analizarlos de forma muy breve.

Un **error** es una equivocación. En el contrato este error vicia la voluntad del sujeto de tal manera que, si no hubiese existido, «si no hubiese estado equivocado», no habría contratado, o lo habría hecho en otros términos.

Ahora bien, no todo error puede ser considerado como un vicio que afecta al consentimiento porque, de ser así, se estaría vulnerando el principio que rige la contratación y que no permite que la validez y el cumplimiento del contrato pueda depender de la voluntad de una de las partes contratantes. Es decir, si el contrato dependiera del hecho de que alguna de las partes alegara algún tipo de error, se estaría dejando el contrato a expensas de que cualquiera de las partes, bajo la excusa de alegar cualquier tipo de error, pudiera decidir sobre su futuro.

Por este motivo la Ley ha señalado algunos requisitos que debe cumplir el error para que pueda afectar a la validez del contrato. La STS de 4 de octubre de 2013, como consecuencia del ejercicio de una acción de anulación del contrato, analiza pormenorizadamente los requisitos que fijan la ley y la jurisprudencia para invalidar el consentimiento. En este sentido, el error debe recaer sobre alguna cualidad esencial del objeto del contrato, ya sea una cosa o una persona. Por ejemplo, creo que estoy comprando un anillo con un diamante y en realidad se trata de una circonita, creo que estoy reservando una habitación en un hotel de cinco estrellas y se trata de un hotel de categoría inferior. En este sentido, como señala la referida Sentencia el error debe ser esencial, esto es, determinante de la voluntad declarada. El error sufrido también tiene que ser inevitable en el sentido de que no se ha podido evitar utilizando una diligencia media, con esto se pretende no proteger con el error a quienes han sido negligentes en la contratación, en este sentido, la Sentencia señala que el error tiene que ser inexcusable. De este modo para que el error sea relevante e invalide el contrato es preciso la concurrencia de los dos requisitos: la esencialidad y la inexcusabilidad.

El **dolo**, como vicio del consentimiento, consiste en un engaño. Se asemeja al error porque, al igual que él, el dolo supone una equivocación; lo que sucede en este caso la equivocación de uno de los contratantes se produce porque la otra parte contratante le ha engañado. Para que el dolo sufrido pueda afectar a la validez del contrato debe reunir también una serie de requisitos. En este sentido debe ser grave en el sentido de que debe haber una intención consciente y deliberada de engañar. Esto hace que se diferencie el *dolus bonus* del *dolus malus* en el sentido de que no es dolo el manifestar las maravillas y excelencias del bien o servicio que se está ofertando, promocionando o publicitando, ya que cada persona debe saber valorarlo en su justa medida. Además, el dolo debe inducir a la otra parte a celebrar el contrato, en el sentido de que, si no hubiese padecido el dolo, el engaño, no habría contratado, o lo habría hecho en otros términos. Es esclarecedor en este sentido el Fundamento jurídico quinto de la SAP de Palma de Mallorca, de 10 de septiembre de 2004, en el que se señala que los requisitos que se exigen para que el dolo pueda actuar en la realización de los contratos son:

- — Una conducta insidiosa dirigida a provocar la declaración negocial.
- — Que la otra voluntad negociadora quede viciada en su libertad y conocimiento por tal conducta.
- — Que todo ello determine la actuación negocial.
- — Que sea grave.
- — Que no se haya causado por un tercero, ni empleado por las dos partes contratantes.

La **violencia** supone el empleo de la fuerza para que una de las partes consienta. La fuerza puede ser utilizada por una de las partes contratantes o por un tercero, lo importante es que la voluntad de un contratante haya sido manifestada bajo signos de fuerza, como sujetar el brazo a una persona para que firme un contrato.

La **intimidación** consiste en una amenaza que tiene que ser injusta en el sentido de no estar contemplada por el Derecho; por ejemplo, no supone intimidación la amenaza de ejecutar la hipoteca cuando no se paga la deuda. La amenaza puede consistir en provocar un mal en la persona o bienes de la otra parte contratante, o en personas o bienes de personas con las que ésta guarda una estrecha relación.

La incidencia de cualquiera de los vicios mencionados en la validez del contrato no es la misma. Como regla general el contrato cuyo consentimiento es prestado bajo alguno de los vicios señalados es válido pero anulable. Sin embargo, hay ocasiones en que el vicio que sufre el contrato tiene tal relevancia que provoca una inexistencia absoluta de consentimiento, y éste es un requisito esencial del contrato, lo que lleva a considerar el contrato nulo. Se verá más adelante, cuando se haga referencia a las acciones legales derivadas del contrato.

Un contrato turístico es más susceptible, si cabe, de sufrir alguno de los vicios del consentimiento descritos, entre otras razones por la condición de turista que ostenta una de las partes implicadas en el mismo, considerado como un contratante que puede considerarse en inferioridad de condiciones que la empresa con la que contrata.

Esto, unido al empleo por parte de los empresarios del sector de técnicas comerciales y de *marketing* ilegítimas que ponen de relieve la agresividad de quienes hacen uso de ellas, es especialmente sangrante en determinados contratos como en los casos de aprovechamiento de un inmueble a tiempo compartido. Contratos que, además, reúnen la característica de celebrarse en lugares que poco o nada tienen que ver con un establecimiento mercantil, de ahí que, en numerosas ocasiones, al posible cliente la opción de contratar «le pille por sorpresa», es decir, no esté preparado para iniciar una relación contractual.

Un ejemplo de la utilización de técnicas de venta agresiva como la insistencia agobiante de la venta, la oferta momentánea, la promesa de premios, el aislamiento, la premura en la firma de los documentos esenciales de la venta, ... se pueden encontrar en el caso que resuelve la SAP de Las Palmas de Gran Canaria, de 6 de julio de 1999. En esta sentencia se considera que la utilización de estas técnicas comerciales puede distorsionar la realidad y viciar el consentimiento prestado por el consumidor con la proyección prevista en el art. 1300 del Código civil en orden a la nulidad del contrato celebrado (arts. 1265 y 1266 del Código civil).

Los métodos empleados por algunas empresas son verdaderamente significativos a la hora de encuadrarlos en la figura contractual de un determinado vicio del consentimiento. El gran problema, a la hora de aplicar la posible consecuencia jurídica es, en gran medida, la prueba de los mismos.

A continuación, se va a citar alguno de estos métodos empleados extraídos de la jurisprudencia.

— Las «víctimas», demandantes en el pleito que se siguió, fueron abordados mientras paseaban por la calle con la excusa de realizarles una encuesta en la que se les ofrecía, como premio a su colaboración, una estancia en un apartamento en Baqueira-Beret. Dos días más tarde se les convocó a una entrevista donde se les comunicó que habían ganado el premio, por lo que acudieron a las oficinas de la empresa donde se les ofreció una charla y más regalos. Los empleados les presionaban para que se decidiesen rápidamente, evitando contactos con otros posibles compradores. Las «víctimas» firmaron un impreso de un contrato de compraventa de una cuota de 1/48 parte de un apartamento. El consentimiento se prestó sobre la base de un documento con el condicionado particular en blanco, que se rellenaría posteriormente sin la presencia de los actores, reflejando un préstamo al consumo.

— En los folletos publicitarios se utilizaba constantemente la palabra «propiedad», induciendo en los demandados el error de creer que estaban adquiriendo un derecho de propiedad sobre un inmueble, cuando en realidad lo que adquirían era el derecho de aprovechamiento por turnos de un bien inmueble.

— En el contrato, que se denomina «contrato de compraventa», se compra una acción y se describe un apartamento, pero nada se dice sobre los derechos que adquieren los compradores; sólo al final del contrato, y mezclado con una cláusula de abono de los gastos anuales, aparece una sola referencia al uso de una semana. Con el contrato de compraventa no se entrega ninguna otra documentación, sino que ésta aparece con posterioridad, una vez que el contrato se ha firmado. En este momento se les remite el certificado de pertenencia al Club, que es lo que realmente han adquirido, mientras que la propiedad de los apartamentos pertenece a una sociedad.

VI. CUMPLIMIENTO E INCUMPLIMIENTO DEL CONTRATO

Hacer referencia al cumplimiento o incumplimiento de un contrato implica que éste ya se ha celebrado, ya ha recaído el consentimiento de las partes implicadas. Esto supone que se ha superado la fase de celebración del contrato y nos encontramos de lleno en la de su ejecución; esto es, en aquella fase en que las partes contratantes tienen que hacer efectivos los compromisos que han asumido al celebrar el contrato, que no es más que trasladar a la realidad todo aquello recogido en las cláusulas contractuales a través de las actuaciones que las partes llevan a cabo con la finalidad de cumplir sus obligaciones.

La idea general es que **los contratos nacen para ser cumplidos**. Una vez que las partes cumplen sus obligaciones contractuales, el contrato se extingue por su pago o cumplimiento. Así lo prevé el artículo 1156 CCiv, que hace sinónimos el pago o cumplimiento, como el modo normal de liberarse de las obligaciones, y extinguir de este modo el contrato. Sin embargo para que esto sea así, y el pago o cumplimiento libere a las partes de sus obligaciones contractuales, es preciso una coincidencia total entre la prestación que se ha asumido en el contrato y la que se lleva a cabo en ejecución del mismo. En este sentido el CCiv señala que el pago o cumplimiento tiene que ser íntegro, idéntico e indivisible, de tal manera que debe haber un engranaje perfecto entre lo pactado y lo realizado. Sólo de este modo las partes quedan totalmente liberadas de sus compromisos.

Sin embargo, pueden darse situaciones que impiden que esta idea general se lleve a la práctica. Se va a atender aquí a dos situaciones distintas; la primera es aquella en que alguna de las partes o ambas, no han realizado ningún acto tendente a poner en práctica la prestación debida, se habla en este caso de **incumplimiento contractual**; la segunda es aquella en que las partes han llevado a cabo una serie de actuaciones dirigidas a cumplir sus obligaciones, pero éstas no coinciden con las previstas al constituir el contrato, estamos ante un **cumplimiento defectuoso**.

En los contratos turísticos se produce un claro predominio de los supuestos de cumplimiento defectuoso o inexacto, de tal manera que el cumplimiento se realiza, pero su ajuste con lo pactado no es total. Estos supuestos pueden ser muy variados, pero, en general, obedecen, bien a la prestación de servicios no acordes a la categoría y calidad contratadas, bien a la no prestación de servicios accesorios o complementarios incluidos en el contrato. Sin embargo, debido a la complejidad turística se puede dar situaciones en las que una misma prestación, en función del ámbito al que afecte el cumplimiento defectuoso, puede tener consecuencias jurídicas distintas. Por ejemplo, el *overbooking* en el contrato de transporte aéreo está permitido, o por lo menos tolerado; en cambio en el contrato de alojamiento está prohibido.

Los supuestos de incumplimiento total son menos probables en los contratos turísticos y, generalmente, son imputables al turista, por desistimiento del contrato o no presentación (*no shows*); aunque también cabe imputarlos al empresario cuando cancela el servicio turístico contratado, por ejemplo, el vuelo, o el viaje combinado. Por ejemplo, en la SAP de León, de 17 de julio de 2009 se considera que una enfermedad grave en un pariente muy próximo del viajero, con un agravamiento crítico que provoca el fallecimiento, es causa suficiente para justificar el desistimiento del viaje combinado por parte del viajero; otros ejemplos de desistimiento del viajero en un viaje combinado lo constituyen la SAP de Bilbao, de 22 de septiembre de 2010, o la SAP de Zaragoza, de 1 de abril de 2005. Los supuestos de cancelaciones de servicios turísticos se producen, sobre todo, en el contrato de transporte aéreo cuando la compañía aérea decide cancelar el vuelo contratado por el pasajero como sucede, por ejemplo, en los casos que resuelven la SAP de Bilbao, de 1 de junio de 2015 o la SAP de La Coruña, de 21 de diciembre de 2017.

Además de los casos de incumplimiento o cumplimiento defectuoso del contrato es preciso aludir a la mora o el retraso cualificado que, en los contratos turísticos, cobra una especial relevancia, sobre todo porque el tiempo en que ha de realizarse la prestación debida por parte de la empresa turística es fundamental para que el contrato se pueda considerar cumplido. Por este motivo es precisa una breve explicación que aclare y diferencie entre los casos de retraso, de mora, y de incumplimiento del contrato.

Para ello hay que partir de lo dispuesto en el artículo 1101 CCiv *«Quedan sujetos a la indemnización de los daños y perjuicios causados los que en el cumplimiento de sus obligaciones incurrieren en dolo, negligencia o morosidad, y los que de cualquier modo contravinieren al tenor de aquella»*. Dejando a un lado las consecuencias jurídicas del incumplimiento de las obligaciones contractuales, a las que se hará referencia en el epígrafe siguiente, en este precepto se están fijando los supuestos de incumplimiento del contrato, y los criterios de imputación del incumplimiento al deudor.

Son supuestos de incumplimiento la mora y la contravención.

Son criterios de imputación el dolo y la culpa.

Pero profundicemos un poco más en la idea de la **mora**. Ésta supone que, aunque el cumplimiento de la obligación es urgente, su cumplimiento tardío sigue resultando de interés, sigue teniendo utilidad para el acreedor; dice la Ley *«Cuando por su naturaleza y circunstancias resulte que la designación de la época en que había de entregarse la cosa o hacerse el servicio fue determinante para establecer la obligación...»*. Por tanto, la mora presupone que el interés del acreedor, aunque tardíamente, puede todavía realizarse. De no ser así, si el cumplimiento tardío de la obligación careciese de interés para el acreedor, no estaríamos ante un supuesto de mora, sino de incumplimiento de la obligación.

Además, hay que tener en cuenta que la idea de mora, en términos jurídicos, no coincide con la idea de simple retraso en el cumplimiento de las obligaciones, sino que, para determinar si nos encontramos ante un supuesto de mora, y poder aplicar las consecuencias legales previstas para la misma, es preciso que concurran determinadas circunstancias que vienen precisadas en el artículo 1100 del CCiv.

De este modo la Ley distingue, a la hora de determinar los requisitos de la mora, entre obligaciones unilaterales y obligaciones recíprocas. En las primeras, además del retraso por el deudor en el cumplimiento de su obligación, es preciso el requerimiento judicial o extrajudicial del acreedor. Es a partir de este momento cuando se desencadenan los efectos jurídicos de la mora. En las segundas, obligaciones recíprocas, basta que uno de los obligados cumpla su obligación para que el otro se encuentre en situación de mora. Se trata de un caso de mora automática que sólo se aplica a las obligaciones de cumplimiento simultáneo. En las obligaciones recíprocas en las que se ha establecido un tiempo en el cumplimiento de una de las obligaciones se aplica el régimen general de la interpelación.

Ya se ha dicho que la mora es un retraso cualificado, tanto en sus requisitos como en sus efectos jurídicos. Éstos suponen que quien incurre en mora está obligado, además de cumplir con su obligación asumida, a la indemnización de los daños y perjuicios que ésta ha ocasionado.

En resumen, en el incumplimiento de las obligaciones contractuales pueden darse tres situaciones distintas en función del tiempo en que se traslada a la realidad el cumplimiento de las obligaciones:

- — El retraso, cuya consecuencia jurídica consiste en que el deudor sigue obligado a cumplir, aunque algunos autores consideran y algunas sentencias condenan al deudor a indemnizar los daños en los supuestos de retraso culpable, para ofrecer una solución más equitativa y adecuada a la realidad, cuando el retraso no ha ido acompañado de la reclamación del acreedor; y en deudas de dinero, cuando el incumplimiento no es por falta de liquidez.
- — La mora, que obliga al deudor a cumplir la obligación y al abono de los daños y perjuicios causados.
- — El incumplimiento de la obligación que, como se verá, obliga o bien a exigir el cumplimiento, o bien a resolver el contrato. Tanto si se opta por exigir el cumplimiento como si se opta por resolver el contrato, se puede solicitar el abono de intereses, y una indemnización por los daños y perjuicios causados.

VII. RESPONSABILIDAD

La responsabilidad civil, en general, consiste en la sujeción de una persona que vulnera un deber de conducta a la obligación de reparar el daño causado. En función del deber de conducta que se vulnera, la responsabilidad puede ser contractual o extracontractual. Éstas se distinguen, entre otros motivos, en que en la responsabilidad contractual, el comportamiento que provoca el daño deriva del incumplimiento de alguna de las obligaciones que las partes implicadas han asumido previamente, generalmente en un contrato, de tal manera que el acreedor y el deudor se hallan vinculados por el contrato que realizaron. Un ejemplo de responsabilidad contractual se puede encontrar en un retraso en la entrega del equipaje facturado. De este modo la compañía aérea está incumpliendo una de las obligaciones que asumió en el contrato de transporte aéreo que celebró con el pasajero.

En la **responsabilidad extracontractual** entre la persona que lleva a cabo el comportamiento que provoca un daño y la persona dañada no existe ninguna vinculación previa, no estaban relacionados. Por ejemplo, del piso de Pedro se cae una maceta a la calle que provoca unos daños a Juan. Entre Pedro y Juan no existía ninguna vinculación previa, por este motivo la responsabilidad civil que se desencadena aquí es extracontractual. Por tanto, aquí, el acto dañoso no consiste en el incumplimiento de una obligación asumida con anterioridad, generalmente a través de un contrato, sino que consiste en la omisión, o el incumplimiento de un principio general del Derecho, que nos afecta a todos, y que nos obliga a comportarnos de la forma correcta en nuestras relaciones con los demás para que la convivencia sea posible. Se trata del principio del *neminem laedere* o del *alterum non laedere*. Cuando se hace referencia a un comportamiento correcto se está aludiendo a la necesidad de comportarnos con la diligencia debida en nuestras actuaciones. Si no actuamos diligentemente y, como consecuencia de ello, ocasionamos un daño, el Derecho nos obliga a repararlo.

Por la materia objeto de este tema, el contrato, se va a centrar la explicación en la **responsabilidad civil contractual**. En este sentido, sus presupuestos son los siguientes:

— Es preciso que exista una obligación previa que vincula al acreedor y al deudor.
— Es preciso también un comportamiento, bien una acción, bien una omisión, que supone el incumplimiento de alguna de las obligaciones que las partes han asumido en el contrato. Este comportamiento puede comprender la pura y simple abstención (una de las partes no realiza ninguna actuación tendente a cumplir su obligación), la prestación inexacta o defectuosa, o la mora.
— Deben concurrir también unos criterios de imputación, esto es unos criterios que permiten atribuir el hecho dañoso a los obligados en el contrato. Estos criterios son, con carácter general, el dolo y la culpa o negligencia pero puede haber otros, como el riesgo.
— Como consecuencia del comportamiento descrito antes tiene que producirse un daño. Hay un nexo de unión muy fuerte entre el comportamiento y el daño, de tal manera que sólo serán indemnizables los daños que sean consecuencia directa del comportamiento.
— Para que se desencadenen las consecuencias de la responsabilidad civil es necesario que no concurra ninguno de los criterios de exoneración previstos en la Ley, que vienen señalados con carácter general en el CCiv y que son el caso fortuito y la fuerza mayor, aunque puede haber otros.

La enumeración de los presupuestos de la responsabilidad contractual requiere una breve explicación de, por lo menos, los conceptos de la culpa o negligencia, el dolo, el daño y los supuestos de exoneración.

La **culpa o negligencia**, entendida como criterio de imputación, consiste en la falta de la diligencia debida en el cumplimiento de las obligaciones. Esta diligencia viene matizada por el artículo 1104 CCiv, que señala que es la naturaleza de la obligación la que determina o exige la diligencia; también deja la posibilidad de que sea la obligación, a través de un pacto entre las partes, la que exprese el grado de diligencia que debe prestar el deudor; en última instancia se exige la diligencia del «buen padre de familia», concepto que ha matizado la jurisprudencia como «la regla de conducta que una sociedad normal espera de un hombre razonable».

En la culpa el Derecho «castiga» el hecho de que no se hayan puesto los medios necesarios para evitar el acto injusto, de manera que en la actuación con culpa no hay un elemento volitivo que quiere provocar el acto injusto, no se ha querido el efecto, pero éste podría haberse evitado con una mayor diligencia.

El concepto de **dolo**, como criterio de imputación, no viene recogido en el CCiv.

El artículo 1102 señala que *«La responsabilidad procedente del dolo es exigible en todas las obligaciones. La renuncia de la acción para hacerla efectiva es nula»*. Con esto la Ley establece que el deudor doloso responde de todos los daños que conocidamente se deriven de la falta de cumplimiento de la obligación; y que no puede haber pacto para matizar o determinar esta responsabilidad. El dolo es la infracción deliberada y antijurídica del deudor. A diferencia de lo que sucede con la culpa en el dolo sí que interviene el elemento volitivo; sin embargo, no es necesario que éste alcance a la intención de causar daño, ni siquiera es preciso que el deudor doloso sea consciente del daño que causa. Basta con que de forma deliberada trate de sustraerse de sus obligaciones, su voluntad se dirige a infringir la obligación que recae sobre él. En el dolo el Derecho «castiga» porque se ha querido un acto injusto.

El **daño** es uno de los requisitos para que se desencadenen los efectos del incumplimiento contractual. Sin daño no hay indemnización. Además, para que el daño sea indemnizable tiene que ser consecuencia del incumplimiento de alguna de las obligaciones que las partes han asumido en el contrato. Este hecho se pone de relieve en determinados contratos turísticos como el contrato de transporte aéreo donde la jurisprudencia es muy escrupulosa a la hora de cuantificar el daño material y exige siempre una prueba detallada de su existencia y de su cuantía; lo reduce siempre al directamente derivado del incumplimiento.

El CCiv regula el daño patrimonial resarcible. En este sentido establece que se debe resarcir cualquier lesión patrimonial, y que ésta comprende tanto el daño emergente como el lucro cesante. El daño emergente abarca aquellos gastos que genera la obligación incumplida; por ejemplo, en un contrato de reserva de plazas en régimen de contingente, si la agencia de viajes incumple su obligación de ocupación de las plazas reservadas, deberá indemnizar al hotel el daño emergente abonando el precio de la plaza no ocupada. El lucro cesante consiste en las ganancias que el acreedor deja de obtener; en el ejemplo señalado la agencia de viajes tendría que abonar al hotel, a través de un cálculo estimativo, los beneficios que éste deja de obtener al no tener alojado al cliente en su establecimiento, los consumos en bebidas, comidas, asistencias a espectáculos, ...

Pero la indemnización por daños no abarca sólo al patrimonial, sino que también es indemnizable el denominado daño moral, de contenido extrapatrimonial. El hecho de que la compañía aérea cancele el vuelo que teníamos contratado y, como consecuencia de ello, no lleguemos a tiempo a la boda de un familiar, ocasiona un daño moral que la jurisprudencia considera que se debe indemnizar. Por lo tanto, además de los gastos patrimoniales indemnizables, el precio pagado por el billete, tendríamos que solicitar una cantidad en concepto de daño moral. El problema que este tipo de daño plantea consiste en que su estimación depende de la discrecionalidad del juzgador.

Sea de contenido patrimonial y/o moral no basta con alegar que el incumplimiento del contrato ha ocasionado unos daños, sino que hay que probar su realidad. En principio es el perjudicado quien tiene que probar esta realidad, sin embargo, en numerosas ocasiones, y ante la dificultad que entraña para el perjudicado la prueba del daño, se admite la inversión de la carga de la prueba, mediante la que se traslada la prueba de los daños al productor de los mismos.

Volviendo al ejemplo del incumplimiento en el contrato de transporte aéreo, la Ley establece a la compañía aérea la obligación de probar que ha sido diligente en su actuación. Por ejemplo, en el supuesto de retraso en la salida de un vuelo, la Ley considera que es la compañía aérea quien tiene la carga de probar que ha hecho todo lo posible para evitar el retraso. Esto es así porque, ante la dificultad que entraña para el pasajero tener que probar que la compañía aérea no ha actuado de la forma adecuada para impedir el retraso, se traslada la carga de esta prueba del pasajero que alega el retraso, a la compañía aérea, que tiene que probar que ha sido diligente. Por ejemplo en la SAP de Málaga, de 20 de junio de 2006 la turista sufrió un resbalón en la bañera del hotel que le ocasionó determinadas lesiones, sin embargo el hotel consiguió probar que había cumplido con la normativa vigente al respecto y que había adoptado todas las medidas que razonablemente se le podían exigir al establecimiento hotelero de estas características con el objeto de reducir los accidentes de este tipo y minimizar sus consecuencias; por el contrario en el caso resuelto en la SAP de Asturias, de 15 de mayo de 2002, el hotel no consiguió probar que su actuación fue diligente y tuvo que indemnizar al cliente que sufrió una caída en el camino adoquinado en los jardines del hotel, provocada por un tropezón con un adoquín que estaba desnivelado y suelto.

En todo caso la indemnización de los daños patrimoniales no es incompatible con la indemnización de los daños morales derivados del incumplimiento.

La explicación de la responsabilidad contractual no quedaría completa si no se hiciese alusión a los **supuestos de exoneración** de responsabilidad. Esto es, supuestos en que hay un incumplimiento por parte del deudor de su obligación contractual, pero en su incumplimiento concurre alguna circunstancia que hace que no tenga que responder por él o que retrase el cumplimiento de la obligación, que revivirá cundo dejen de producirse los efectos de las circunstancias que concurren en el incumplimiento.

Con carácter general el CCiv señala dos causas de exoneración de responsabilidad que, aunque con diferencias, podemos considerar como sucesos imposibles de prever o que, previstos, son imposibles de evitar. Son la fuerza mayor y el caso fortuito y requiere, para que eximan de responsabilidad, que se realicen sin la intervención de deudor, y que exista un vínculo de causalidad entre el acontecimiento y el daño. Por ejemplo, una gran nevada, que hace que se tengan que cancelar y/o retrasar la salida de los vuelos programados. Por ejemplo, en la SAP de Valencia, de 13 de junio de 2007 se considera que el empeoramiento extremo que provoca la situación clínica de fase terminal al niño de dos años de edad, sobrino del actor, y que acontece en los dos días inmediatos a tener que iniciarse el viaje concertado, supone una situación justificativa del desistimiento en el viaje combinado. Además de estos supuestos que el CCiv señala como generales de exoneración, las leyes que regulan los distintos contratos pueden establecer otros.

VIII. ACCIONES LEGALES DERIVADAS DE LOS CONTRATOS

El concepto de **acción** está muy cuestionado por la doctrina procesalista. No parece adecuado aquí exponer y desarrollar las distintas teorías al respecto, pero sí ofrecer una idea, aunque aproximada, de este concepto. Cuando un particular compra a una compañía aérea un billete y la compañía lo cancela, a partir de este momento nace para el pasajero la acción para exigir el cumplimiento del contrato. En este sentido el pasajero, amparado por una norma jurídica, tiene derecho a que un juez le «dé la razón», esto es le reconozca y conceda lo que solicita al amparo de esa norma jurídica. Es decir, el pasajero tiene derecho a que un juez dicte una sentencia reconociendo su pretensión. Esto se conoce como derecho a la acción.

Para poder reclamar a los tribunales el pasajero tendrá que iniciar un proceso judicial, interponiendo la correspondiente acción para que el juez determine si tiene derecho a su pretensión.

Por tanto, de conformidad con su pretensión se tendrá que ejercitar la acción correspondiente. A continuación, se van a exponer las distintas acciones en función los problemas que pueden surgir en la celebración y ejecución de un contrato. De este modo se va a ceñir la explicación a los supuestos estudiados. En este sentido se ha hecho referencia a los casos siguientes:

- — Falta de alguno de los requisitos esenciales del contrato: consentimiento de las partes, objeto y causa.

— Vicios en el consentimiento contractual.
— Falta de la capacidad de obrar necesaria para prestar el consentimiento contractual.
— Incumplimiento o cumplimiento defectuoso de las obligaciones asumidas en un contrato.

Como ya se ha dicho, en todos estos casos la persona afectada puede dirigirse al juez a través del ejercicio de la correspondiente acción.

A. Acción de anulación

En general se puede ejercitar la acción de anulación del contrato cuando la declaración de voluntad de querer contratar se ve afectada por alguno de los vicios del consentimiento, o cuando alguna de las partes contratantes, que carece de la capacidad de obrar exigida, presta su consentimiento contractual.

Esta acción consiste en un medio jurídico que el Derecho pone a disposición de determinadas personas, titulares de determinados intereses jurídicos, que pueden verse afectados, y que son dignos de tutela.

Un contrato que adolece alguna de las causas de anulabilidad (vicios en el consentimiento, o falta de la capacidad de obrar exigida por la Ley) es un contrato válido, pero con un defecto tal que se puede anular a través del ejercicio de la acción de anulación. Anulado el contrato deja de ser válido, de producir los efectos a los que está llamado.

De este modo, están facultados para el ejercicio de esta acción las personas cuyos intereses se han visto afectados por el contrato, esto es la parte contratante que sufre el vicio o que carece de la capacidad de obrar suficiente. Esto es así porque, como se ha dicho, se trata de una acción que trata de proteger los intereses vulnerados de determinadas personas. La demanda de anulación del contrato se interpondrá contra la otra parte contratante (la que no sufre el vicio, la que tiene la capacidad de obrar necesaria). La Ley establece un plazo de cuatro años para que el afectado pueda solicitar su pretensión.

La anulación del contrato produce una serie de consecuencias jurídicas. Así, obliga a las partes a la restitución de las prestaciones realizadas a partir del momento de su anulación, restitución que comprende también la devolución de los frutos y de los intereses generados por la cosa. Sin embargo, no habrá obligación de restituir cuando la anulación provenga de la incapacidad de uno de los contratantes, éste sólo estará obligado a devolver aquello con lo que la cosa o su precio le enriqueció.

Los contratos anulables se pueden confirmar. Esto supone purificar al contrato de todos sus vicios y defectos. La confirmación del contrato la pueden realizar las mismas personas que pueden ejercer la acción de anulación. En resumen, la confirmación de un contrato lo convierte es válido y eficaz, y extingue la posibilidad de ejercitar la acción de anulación.

B. Acción de nulidad

Al exponer las causas de anulabilidad del contrato se ha hecho referencia a la existencia de vicios en el consentimiento de las partes o de alguna de ellas, y a la capacidad limitada de alguna de las partes contractuales. Es el momento de profundizar un poco más sobre estas cuestiones. Determinados vicios o determinadas capacidades limitadas pueden provocar no sólo un consentimiento defectuoso, lo que supondría el ejercicio de la acción de anulación, sino la inexistencia del consentimiento. Imagínense el caso de un hijo que obliga a su madre anciana a ir a un notario para que firme un documento de donación que el propio hijo ha redactado. Además, se asegura de que dos médicos certifiquen que, en el momento de realizar la donación, su madre se encuentra en pleno estado de salud mental. ¿Creen que aquí hay un consentimiento viciado o hay una falta de consentimiento? La apreciación es importante porque difiere la acción a ejercitar en un caso y en otro.

Esto nos lleva a tener que admitir la existencia en Derecho de reglas generales que, normalmente, están acompañadas de numerosas excepciones. En el caso que se plantea, si bien la regla general prevé que anula en contrato la capacidad limitada y el consentimiento prestado con vicios, se puede afirmar que es preciso analizar caso por caso. Si en una subasta pública, en el momento de la puja, la persona que está sentada a mi lado coge mi brazo y lo levanta bruscamente, ¿se puede hablar de intimidación? ¿Se puede explicar que la intimidación es un vicio del consentimiento y que el consentimiento viciado anula el contrato? Aquí, en realidad, hay una falta de consentimiento y, como se verá, hace que el contrato sea completamente nulo. Cuando bajo una amenaza real de muerte, me obligan a vender mi finca no hay consentimiento, el miedo a sufrir el mal obliga a prestar un consentimiento que, sin ese miedo, no se prestaría. Del mismo modo cuando el grado de incapacidad de una persona o la inmadurez provocada por la falta de edad es tan grande, el contrato realizado carece de consentimiento, por lo que es nulo.

Lo anterior conduce a señalar la solución que el Derecho concede cuando el problema que se plantea es la falta del consentimiento de una de las partes contratantes, la falta de objeto del contrato, la falta de su causa, o la falta de forma en los contratos solemnes. Cuando esto sucede, la acción a ejercitar es la de nulidad del contrato. Ésta implica que el contrato no produce ninguna consecuencia jurídica, no produce ninguno de los efectos a los que está llamado. Las diferencias con la anulabilidad son llamativas, la nulidad obliga a la restitución de los posibles desplazamientos patrimoniales causados por la ejecución del contrato nulo, pero no desde el momento en que ésta se declara, sino desde el momento en que se perfeccionó el contrato. Es decir, se trata de volver a la situación existente antes de la celebración del contrato. Además, un contrato nulo no se puede sanar con su confirmación.

Las diferencias también se pueden apreciar a la hora de ejercitar la acción de nulidad, que puede hacerse por cualquier persona que ostente un interés legítimo, ya sean aquellas que intervienen en el contrato, o un tercero interesado. Su ejercicio no está sometido a ningún plazo. Las principales causas de nulidad son la inexistencia de algún elemento esencial del contrato, en los contratos solemnes o formales el incumplimiento de la forma exigida, y los contratos contrarios a las normas imperativas, moral y orden público.

Hasta ahora se han analizado las acciones que se pueden ejercitar en los supuestos en que se produce un vicio en el consentimiento contractual, éste es prestado por una persona que carece de la capacidad de obrar exigida por la Ley, o falta algún elemento esencial del contrato. Queda pues por ver la acción a ejercitar en los casos en que se produce un incumplimiento de las obligaciones asumidas en el contrato.

C. Acciones derivadas del incumplimiento del contrato

En los contratos bilaterales, aquellos en los que las dos partes que intervienen tienen que realizar alguna prestación, por ejemplo el comprador tienen que pagar el precio de la cosa y el vendedor tiene que entregar la cosa, cuando alguna de las partes no cumple, la Ley concede a la otra parte, la que sí ha cumplido con sus obligaciones, lo siguiente: o bien que opte por exigir a su deudor el cumplimiento forzoso de su obligación, por ejemplo, el vendedor que ha entregado la cosa puede exigir al comprador que le pague su precio; o bien que opte por resolver el contrato. Esto último supone dejar sin efectos el contrato celebrado, lo que implicaría que su deudor le devolviese aquello que ha recibido como consecuencia del mismo, esto es la devolución o restitución de las cosas, es decir que el comprador le devuelva la cosa. Pero, además, tanto si el acreedor opta por el cumplimiento forzoso o por la resolución tiene derecho también a reclamar a su deudor que le abone los daños y perjuicios que su incumplimiento le ha ocasionado. Incluso la Ley permite que, si lo debido es una cantidad de dinero el acreedor solicite a su deudor que le abone los intereses generados.

En resumen, la acción de incumplimiento contractual supone, a su vez, que el acreedor pueda ejercitar de las siguientes acciones:

- La acción de cumplimiento forzoso, más es abono de intereses, más la indemnización de los daños y perjuicios que el incumplimiento ha causado; o

— la acción de resolución del contrato más es abono de intereses, más la indemnización de los daños y perjuicios que el incumplimiento ha causado.

El acreedor tiene un plazo de quince años para reclamar a su deudor, sin embargo, es preciso advertir que las leyes especiales que regulan los contratos pueden prever un plazo distinto.

BIBLIOGRAFÍA CONSULTADA

ALBALADEJO, *Derecho civil,* Bosch, 2011.

BERCOVITZ Y RODRÍGUEZ-CANO (Coord.), *Manual de Derecho civil: obligaciones,* Bercal, 2011.

DE CASTRO, *El negocio jurídico,* Civitas, 1985.

DE CASTRO, *Temas de Derecho civil,* Marisal, 1972.

DÍEZ PICAZO, *Fundamentos del Derecho civil patrimonial,* Thomson-Civitas, 2012.

DÍEZ PICAZO-ANTONIO GULLÓN, *Sistema Derecho civil,* Tecnos, 2012.

LACRUZ, *Elementos de Derecho civil,* Dykinson, 2009.

MARTÍNEZ DE AGUIRRE ALDAZ y otros, *Curso de Derecho civil,* Colex, 2000.

PUIG PEÑA, *Compendio de Derecho civil español,* Tomo III, Vol. I, Barcelona, Pirámide, 1966.

PUIG PEÑA, «Tratado de Derecho civil español. IV Obligaciones y contratos. 2 Teoría general de la obligación», Editorial *Revista de Derecho privado,* 1974.

TORRES LANA, *Contrato y Derecho de opción,* Trivium, 1987.

TORRES LANA, «Métodos agresivos de venta y multipropiedad», *Revista Aranzadi Civil,* Vol. III, 2000, pág. 1499 a 1515.

LECCIÓN 3
CONTRATOS TURÍSTICOS

Juan Franch Fluxá
Profesor Contratado Doctor de Derecho Mercantil
Universidad de las Islas Baleares
Mª del Mar Gómez Lozano
Profesora Titular de Derecho Mercantil
Universidad de Almería

I. PANORAMA ACTUAL DE LA CONTRATACIÓN EN EL SECTOR TURÍSTICO

A. Los servicios turísticos como objeto de contratación

Los operadores que desarrollan su actividad en el sector turístico necesitan utilizar determinadas figuras contractuales como medio que les permita prestar esos servicios turísticos, bien distribuyéndolos a través de intermediarios o bien poniéndolos directamente a disposición de los usuarios como destinatarios finales. Pero también, como cualesquiera otros participantes en el mercado, pueden suscribir otros contratos que les auxilien en la prestación de estos servicios. En estos casos estas relaciones contractuales no contienen ninguna especialidad relevante que exija el establecimiento de reglas específicas fundamentadas en el sector en el que se desarrollan. Así, es común que los operadores y los propios usuarios recurran a otras figuras contractuales básicas, como los contratos de arrendamiento, compraventa o financiación. Cabe destacar, por su importancia, el recurso de la industria turística al contrato de arrendamiento (entre otras, SAP Las Palmas de Gran Canaria, Sección 5, de 30 de noviembre de 2012; SAP Madrid, sección 20ª, de 23 de mayo de 2013 y STS, Sala 1ª, de 15 de octubre de 2014, supuesto este último en el que se aplica la cláusula «rebus sic stantibus» —estando así las cosas— como medio de establecer de forma equitativa el equilibrio de las prestaciones ante un cambio de circunstancias, como las derivadas de una crisis económica). De especial relevancia ha resultado la aplicación de esta cláusula en la contratación turística como consecuencia de los inevitables e inesperados cambios causados por la pandemia. Así por ejemplo ha ocurrido en los casos en los que se ha solicitado un ajuste de las rentas en relación con el alojamiento turístico (ver, por ejemplo, la SAP Barcelona, sección 4, de 30 de mayo de 2022).

La especialidad en materia contractual viene marcada, por tanto, cuando el objeto de estas relaciones recae sobre los que se denominan ***«servicios turísticos»***. Así, partiendo de lo que se establece en cada una de las normas autonómicas que regulan con carácter general la actividad turística y tomando como ejemplo de entre todas ellas la *Ley 13/2011, de 23 diciembre, del Turismo de Andalucía* (LTA), se entiende por servicio turístico *«la actividad que tiene por objeto atender alguna necesidad, actual o futura, de las personas usuarias turísticas o de aquellas otras personas que lo demanden, relacionada con su situación de desplazamiento de su residencia habitual y que, asimismo, haya sido declarada por esta Ley o por sus reglamentos de desarrollo»* [art. 2, letra c)]. Esta disposición se completa con el artículo 28 de la misma norma, que detalla los servicios que tienen la consideración de turísticos, que son los siguientes: **alojamiento**, **intermediación**, **información turística**, **organización de actividades de turismo activo**, **restauración** y **catering** y **actividades dirigidas a la organización de congresos**, convenciones u otro tipo de eventos vinculados a la actividad empresarial. Así, la relación contractual que vincula a las partes que intervienen como prestadora, intermediaria o usuaria en cada una de estas concretas actividades dará lugar a contratos específicos, pues a través de sus cláusulas se establecerá el contenido concreto del contrato, en especial en lo que afecta a los derechos y obligaciones de las partes, que vendrán determinados, como se ha indicado, por las características singulares de la prestación (ver, por ejemplo, la SAP Barcelona, S. 16ª, de 28 de septiembre de 2010, sobre extinción de un contrato turístico de acampada). Además, por su calificación como esenciales para la prestación de servicios turísticos, quedarían incluidos los servicios de **transporte** (AURIOLES).

La contratación de estos servicios turísticos ha dado lugar a la categoría de **contratos turísticos**, aún no sancionada legalmente, pero a la que doctrinalmente sí se ha dedicado atención (PÉREZ DE LA CRUZ; AURIOLES). Son las peculiaridades de estos servicios las que han permitido delimitar los que podrían ser los **caracteres de los contratos turísticos**:

1º) las prestaciones se realizan fuera del lugar de residencia habitual del turista, en circunstancias que se consideran no equiparables a las del residente, por lo que la ejecución de los servicios turísticos exige del acreedor el **desplazamiento** al lugar donde se recibe la prestación

2º) tiene un significado especial la motivación vacacional o de esparcimiento, por lo que puede ser objeto de indemnización en caso de incumplimiento o cumplimiento defectuoso del contrato (es lo que se ha denominado «**ingrediente lúdico**»)

3º) el usuario de servicios turísticos sí reclama una protección excepcional, especialmente por el hecho de que la contratación del servicio turístico se habrá realizado con cierta antelación al momento en que se espera recibirlo (**reserva anticipada de plazas**), o incluso con **desembolso de cantidades a cuenta** del precio de los servicios contratados (de especial relevancia en caso de concurso de la empresa turística).

Como se acaba de indicar, los contratos turísticos como tales no gozan de reconocimiento legal actualmente, quizás porque existen ciertos **problemas en torno a su regulación**. Tradicionalmente, una de las clasificaciones generales que se ofrece de los contratos consiste en distinguir entre «contratos típicos» (los que tienen una regulación jurídica) y «contratos atípicos» (los que carecen de una regulación expresa). Esta dicotomía se observa de forma acusada en lo que respecta a los contratos turísticos. Así, de una parte, los contratos entre empresas y consumidores cuentan en gran parte con regulación expresa (viaje combinado, aprovechamiento por turno de bienes inmuebles y transporte), mientras que es en el ámbito de las relaciones contractuales entre empresas donde no existe ninguna disposición específica que regule el contenido de estos contratos. Las diversas figuras contractuales que encontrarían encaje en este grupo no están tipificadas en ninguna norma. Por ello, el problema de la regulación de los contratos turísticos ha de abordarse desde una doble perspectiva.

En lo que respecta a los contratos inter-empresariales, debe ser destacado el debate surgido en torno a la ***Propuesta de Código Mercantil*** (PCM) elaborada por la Comisión General de Codificación en 2013 y cuya última versión es de 2018, que incluía en el Libro V (De los contratos mercantiles en particular), Título III (De los contratos de prestación de servicios mercantiles y sobre bienes inmateriales) un capítulo específico dedicado a los «**Contratos de servicios turísticos**», incluyendo la regulación (más o menos amplia) de cinco figuras contractuales: a) el contrato de plazas de alojamiento en régimen de contingente; b) el contrato de gestión de establecimientos de alojamiento turístico; c) el contrato de viaje combinado; d) el contrato de intermediación de servicios turísticos sueltos o aislados y e) el contrato de alojamiento.

La inclusión de estas modalidades contractuales típicas del sector turístico en este texto se justificaba precisamente en la exposición de motivos en el hecho de carecer de regulación legal (salvo el contrato de viaje combinado), y por la gran importancia práctica y económica de éstos si se atiende a la *«extraordinaria trascendencia que el Derecho turístico tiene en nuestro país»*. Sin embargo, en el Anteproyecto de Código Mercantil aprobado por el Consejo de Ministros en el año 2014, esta regulación específica de los contratos turísticos fue suprimida, a petición de la Secretaría de Estado de Turismo del Ministerio de Industria, Turismo y Comercio. Los motivos alegados para la supresión tienen que ver, fundamentalmente, con las siguientes consideraciones: 1ª) se dificulta la libertad de los operadores económicos para realizar transacciones comerciales; 2ª) no se mejora la seguridad jurídica; 3ª) la propuesta de regulación no responde a necesidades del sector ni a ningún tipo de demanda social; 4º) en el Derecho Comparado no se encuentran regulaciones de los contratos turísticos en los Códigos Mercantiles; y 5ª) que en el ámbito comunitario ya se trabaja en la modificación de la normativa sobre viaje combinado, por lo que no debe incluirse ninguna referencia a él en el Código (MARTÍNEZ NADAL).

Y en lo atinente a los contratos con consumidores, debe apostarse por una regulación muy protectora, de manera que los derechos de los consumidores queden garantizados por ley. No obstante, es claro que la fuerte irrupción de las nuevas tecnologías en la contratación obliga a revisar los presupuestos de esta regulación, como ha ocurrido en el caso de los contratos de viaje combinado [Real Decreto-ley 23/2018, de 21 de diciembre, de transposición de directivas en materia de marcas, transporte ferroviario y viajes combinados y servicios de viaje vinculados que incorpora la Directiva (UE) 2015/2302 del Parlamento Europeo y del Consejo, de 25 de noviembre de 2015, relativa a los viajes combinados y a los servicios de viaje vinculados, por la que se modifican el Reglamento (CE) nº 2006/2004 y la Directiva 2011/83/UE del Parlamento Europeo y del Consejo y por la que se deroga la Directiva 90/314/CEE del Consejo]. Recientemente se ha hecho pública una nueva Propuesta de Directiva del Parlamento Europeo y del Consejo por la que se modifica la Directiva (UE) 2015/2302 para hacer más eficaz la protección de los viajeros y simplificar y aclarar determinados aspectos de la Directiva [COM(2023) 905 final, de 29 de noviembre de 2023].

En el momento actual, debe destacarse además que la contratación turística se suele realizar de forma mayoritaria sin la presencia simultánea de los usuarios y de los prestadores de los servicios, utilizando o no intermediarios. Es por ello que tienen una relevancia de primer orden en este sector las reglas que al respecto se han establecido en la *Ley 34/2002, de 11 de julio, de servicios de la sociedad de la información y de comercio electrónico* (LSSI) y en el *Real Decreto Legislativo 1/2007, de 16 de noviembre, por el que se aprueba el texto refundido de la Ley General para la Defensa de los Consumidores y Usuarios y otras leyes complementarias* (TRLGDCU), en especial en lo relativo a los contratos celebrados a distancia (Libro Segundo, Título III). A esta problemática específica se dedicará el epígrafe II de este capítulo.

En el marco del denominado softlaw, merece ser destacada la aprobación por la Organización Mundial del Turismo (OMT) en el año 2022 del Código internacional para la protección de los turistas, que dedica su Capítulo tercero a «La protección de los turistas en los contratos», dónde se contempla la protección de los turistas en relación con la información precontractual y contractual, con la terminación del contrato de servicios turísticos antes del inicio del servicio, con la no ejecución o ejecución incorrecta, con la protección en caso de insolvencia del prestador del prestador del servicio turístico y en relación con el derecho de acceso a la justicia. Igualmente, en el Código ético mundial para el turismo (OMT) se incluyen diversas obligaciones de los agentes del desarrollo turístico en relación con estos aspectos (art. 6).

B. Los sujetos de la contratación turística: de los contratos interempresariales a los contratos entre consumidores

Tomando de nuevo como referente la normativa ordenadora de la actividad turística, se puede indicar que los sujetos que intervienen en estas relaciones específicas del sector son las **empresas turísticas** [definidas como «*cualquier persona física o jurídica que, en nombre propio y de manera habitual y con ánimo de lucro, se dedica a la prestación de algún servicio turístico*», art. artículo 2, letra f) LTA] y los **usuarios turísticos**, que son aquellas personas físicas que, como destinatarias finales, reciben algún servicio turístico [artículo 2, letra i) LTA]. Especial consideración merece la labor de las agencias de viajes como intermediarios en la contratación de estos servicios (PÉREZ DE LA CRUZ).

Entre las obligaciones que se imponen por estas normas de carácter administrativo a las empresas turísticas en la esfera contractual, cabe destacar las calificadas como «**obligaciones de información**» (art. 26), figurando las relativas a los aspectos siguientes: 1º) las condiciones y cláusulas generales utilizadas; 2º) el precio del servicio y 3º) las principales características y condiciones de prestación del servicio ofertado. La propia norma prevé que las prestaciones de los diferentes servicios turísticos se lleven a cabo sin que exista contrato por escrito, lo que no exime a las empresas del cumplimiento de estas obligaciones de información, expresando diversas formas de poner a disposición de los usuarios dichas informaciones (en el lugar de celebración del contrato, por vía electrónica o incluyéndola en la documentación informativa). Debe recordarse que el incumplimiento de estas obligaciones de información podrá ser sancionado por la administración turística competente por su carácter de infracción.

En contraposición y de forma complementaria, las propias normas administrativas también fijan determinados derechos y obligaciones de los usuarios turísticos en relación con la contratación de estos servicios (arts. 21 y 22 LTA). Así, tendrán derecho a: 1º) «*Recibir información veraz, suficiente, comprensible, inequívoca, racional y previa a la contratación sobre los servicios que les oferten, así como sobre el precio final completo, incluido los impuestos, desglosando, en su caso, el importe de los incrementos o descuentos que le sean de aplicación a la oferta*»; 2º) «*Obtener los documentos que acrediten los términos de su contratación*»; 3º) «*Recibir los servicios turísticos en las condiciones ofrecidas o pactadas*»; 4º) «*Recibir factura o tique con el contenido previsto en la normativa vigente del precio abonado por el servicio turístico prestado*»; 5º) «*Formular quejas y reclamaciones y obtener información sobre el procedimiento de presentación de las mismas y su tratamiento*» y 6º) «*Acudir a un sistema de mediación en materia de turismo a través de mecanismos de naturaleza arbitral*». Como principal obligación en relación con los diversos contratos (art. 22 LTA), destaca la de «*pagar los servicios contratados en el momento de la presentación de la factura o en el plazo pactado, sin que el hecho de presentar una reclamación implique la exención de pago*».

Por su relevancia, es interesante poner de manifiesto que en estas **normas administrativas** se establecen algunas reglas concretas en relación con el contrato de alojamiento, como uno de los principales servicios turísticos que prestan las empresas. Así, en la LTA, de una parte, se fija la obligación de los usuarios de «*respetar la fecha pactada de salida del establecimiento dejando libre la unidad ocupada*» [art. 22, letra c)]; y de otra, se impone la prohibición que afecta a los titulares de establecimientos de alojamiento turístico de «*contratar plazas que no puedan atender en las condiciones pactadas*» (sobrecontratación) [art. 25]. Respecto a esta última, *la Ley 7/1995, de 6 de abril, de Ordenación del Turismo de Canarias* (LOTC), regula en su artículo 37 las consecuencias jurídicas y las obligaciones que ha de soportar el empresario hotelero si se produjera una situación de sobrecontratación.

Además de estas reglas específicas de protección de los usuarios turísticos, no hay que olvidar la aplicación adicional de la normativa general contenida en el TRLGDCU. Así, el artículo 8, al establecer cuáles son los derechos básicos de los consumidores y usuarios, contempla la protección de sus legítimos intereses económicos y sociales, en particular frente a las prácticas comerciales desleales y frente a la inclusión de cláusulas abusivas en los contratos. Precisamente en el sector del transporte aéreo se ha declarado el carácter abusivo de algunas cláusulas contenidas en los contratos, como las referidas a la ley aplicable y a la jurisdicción, a los documentos exigidos para la identificación de los pasajeros, a los precios exigidos por reimpresión de tarjeta de embarque, a las transacciones en efectivo o con tarjeta de crédito o a la denominada cláusula «*no show*» (ver, entre otras, SJM núm. 2 de Bilbao, de 26 de noviembre de 2013; SAP Barcelona, Sección 15ª, de 21 de octubre de 2013; SJM núm. 5 Madrid, de 30 de septiembre de 2013; SJM núm. 12 de Madrid, de 11 de septiembre de 2012; SJM núm. 8 de Barcelona, de 23 de mayo de 2012; STS, Sala Primera, de 12 de diciembre de 2011; STS, Sala primera, de 13 de noviembre de 2018 y; SJM núm. 3 Gijón, de 8 de enero de 2019; SJM núm. 2 de Barcelona, de 26 de mayo de 2022 y SJM núm. 18 de Madrid, de 28 de abril de 2023).

Siendo uno de los principales derechos el de la protección de los legítimos intereses económicos, uno de los elementos más relevantes de los contratos de servicios turísticos es el precio, que dado que se trata de actividades que cuentan con normas de ordenación, tendrán que hacerse públicos (AURIOLES). Así, por ejemplo, según se dispone en el artículo 32 LTA, los precios de los servicios turísticos son libres, pero se exige que las tarifas de precios estén siempre a disposición de las personas usuarias, incluyendo impuestos y con desglose de incrementos o descuentos que sean de aplicación, así como los gastos adicionales. En cuanto al medio de pago empleado, si el consumidor opta por el pago con tarjeta, ha de tenerse en cuenta que el hecho de utilizar dicho medio **no puede ya penalizarse con un recargo** al estar prohibido legalmente (art. 12 *Real Decreto Ley 8/2014, de 4 de julio, de aprobación de medidas urgentes para el crecimiento, la competitividad y la eficiencia*).

Se han ofrecido diversas clasificaciones de los contratos turísticos, según el sector en el que se practiquen (alojamiento, viajes combinados, transporte, etc.), o según su carácter preparatorio o definitivo para la prestación del servicio al consumidor final. Así, se ha indicado que los contratos turísticos inter-empresariales cumplen una función preparatoria de la futura prestación efectiva de servicios al turista y vinculan únicamente a las empresas que los conciertan, mientras que los de consumo, tienen por objeto la prestación de un servicio turístico al usuario final (AURIOLES). Siguiendo la clasificación ofrecida por PÉREZ DE LA CRUZ, en el marco de los contratos relacionados con el mercado de servicios, la categorización de los contratos turísticos podría ser la siguiente: a) **contratos preparatorios de actividad turística** (contrato de gestión hotelera y contrato de reserva de un cupo de plazas de alojamiento); b) **contratos relativos al alojamiento** (hospedaje y aprovechamiento por turno de bienes inmuebles); c) **contratos relativos al transporte** (contrato de pasaje y transporte de personas); d) **contratos relativos al avituallamiento** (catering); y e) **contratos de servicios combinados** (crucero turístico y viaje combinado). A estas figuras contractuales habría que añadir las nuevas modalidades que de la práctica van surgiendo, como ocurre con la figura del condohotel (muy relevante desde la perspectiva de la inversión), que quedaría incluido en la categoría de contratos relativos al alojamiento.

De la interrelación entre estos sujetos, se puede concluir que, en el sector turístico, se mantienen relaciones contractuales tanto entre empresas turísticas (**contratos turísticos inter-empresariales – B2B**) como entre empresas turísticas y los usuarios de los servicios por ellas ofertados (**contratos con consumidores – B2C**). Actualmente destaca también un grupo importante de **relaciones contractuales entre los propios consumidores** aunque se encuentran fuera del alcance de la propia normativa turística, lo que lleva a dudar de su legalidad (son las denominadas iniciativas de «**consumo colaborativo**» – **C2C y P2P**, que afectan fundamentalmente a los servicios de alojamiento y transporte). A analizar las diversas figuras contractuales que vinculan a los empresarios turísticos o a los empresarios con los consumidores se dedican los capítulos siguientes de este libro.

Adicionalmente, debe destacarse que tanto en la contratación entre empresarios como en la contratación con consumidores que se lleve a cabo en este sector, es imprescindible el respeto del conjunto normativo que disciplina el mercado. En él pueden incluirse, con carácter general, la *Ley 15/2007, de 3 de julio, de Defensa de la Competencia* (LDC), la *Ley 3/1991, de 10 de enero, de Competencia Desleal* (LCD) y la *Ley 34/1988, de 11 de noviembre, General de Publicidad* (LGP). Estas normas deben ser cumplidas tanto si la prestación de servicios y la contratación se llevan a cabo utilizando medios tradicionales como si tiene lugar a través de la sociedad de la información.

En el sector turístico se han sancionado algunos comportamientos relevantes en relación con los contratos de transporte y alojamiento, como el cobro a clientes de un cargo adicional idéntico en concepto de «emisión de billetes» y reparto de mercado por operadores de transporte aéreo y agencias de viajes (RCNC de 26 de julio de 2006) o las declaraciones realizadas en FITUR recomendando una subida de precios de los hoteles españoles para el año 2011 (RCNC de 26 de septiembre de 2012).

Una mención independiente merece el asunto de la prestación del servicio de transporte entre usuarios a través de aplicaciones para dispositivos móviles, cuya consideración como comportamiento desleal por infracción de normas resulta controvertida (entre otras resoluciones, ver el AJM núm. 2 Madrid, de 9 de diciembre de 2014 y la SJM núm. 3 de Barcelona, de 10 abril de 2018, asunto UBER). Además, resulta relevante el establecimiento de diferencias entre las distintas plataformas a efectos de su consideración jurídica como verdadero ejemplo de economía colaborativa (ver SJM núm. 2 de Madrid, de 2 de febrero de 2017 y SAP de Madrid de 18 de febrero de 2019, asunto BLABLACAR). La distinta actividad desarrollada por las plataformas queda de manifiesto para el caso del transporte en la STJUE (Gran Sala) de 20 de diciembre de 2017, que considera que el servicio que presta UBER debe quedar comprendido en el ámbito de los transportes (no de los servicios de la sociedad de la información) y por tanto debe ser objeto de autorización y puede ser regulado. En España, debe tenerse en cuenta el Real Decreto-ley 13/2018, de 28 de septiembre, por el que se modifica la Ley 16/1987, de 30 de julio, de Ordenación de los Transportes Terrestres, en materia de arrendamiento de vehículos con conductor, cuya disposición adicional primera habilita al desarrollo normativo por parte de las Comunidades Autónomas (en el caso de Cataluña, el Decreto ley 4/2019, de 29 de enero, de medidas urgentes en materia de transporte de viajeros mediante el alquiler de vehículos con conductor y en el caso de las Illes Balears, el Decreto-ley 1/2019, de 22 de febrero, de medidas urgentes sobre la explotación y el control de la actividad de alquiler de vehículos con conductor y otras medidas en materia de transportes terrestres). La regulación estatal se ha completado con la Resolución de 15 de marzo de 2019, de la Dirección General de Transporte Terrestre, por la que se anuncia la entrada en funcionamiento del Registro de Comunicaciones de los Servicios de Arrendamiento de Vehículos con Conductor y sus condiciones de uso.

Los problemas de la economía colaborativa derivados de la prestación de los servicios de alojamiento o transporte y el encaje de estos nuevos modelos de negocio en nuestro sistema legal han generado también diversas reformas legislativas y resoluciones de nuestros tribunales. En relación con el alquiler de viviendas vacacionales, el Real Decreto-ley 7/2019, de 1 de marzo, de medidas urgentes en materia de vivienda y alquiler, modifica la letra e) del artículo 5 de la Ley 29/1994, de 24 de noviembre, de arrendamientos urbanos, que excluye de su ámbito de aplicación «*la cesión temporal de uso de la totalidad de una vivienda amueblada y equipada en condiciones de uso inmediato, comercializada o promocionada en canales de oferta turística o por cualquier otro modo de comercialización o promoción, y realizada con finalidad lucrativa, cuando esté sometida a un régimen específico, derivado de su normativa sectorial turística*».

Las plataformas son protagonistas en la distribución turística *online* y las normas generales que regulan la actividad turística se han adaptado a esta realidad. Así, por ejemplo, el artículo 62 (*De los servicios de particulares y de los nuevos modelos de prestación de servicios a usuarios turísticos*) de la Ley 15/2018, de 7 de junio, de turismo, ocio y hospitalidad de la Comunitat Valenciana, expone que las obligaciones legales han de cumplirse por particulares y plataformas así como también los deberes de colaboración con las administraciones. Su posición dominante y las transformaciones que han impulsado han generado una respuesta social y normativa (un buen ejemplo es la influencia de Airbnb en las ciudades). Por ello todas las comunidades autónomas tienen ya una regulación sobre las estancias en viviendas, siendo las CCAA con mayor PIB turístico (Illes Balears, Comunidad de Madrid o Catalunya) las más restrictivas frente a las que, como Extremadura, buscan atraer más turistas y nuevas formas de turismo y alojamiento que proponen estos gigantes *online*.

La sala de lo Social del Tribunal Supremo en sentencia de 20 de abril de 2022 (RJ 2022\2043) ha manifestado que Airbnb es una «empresa que ofrece una plataforma de software dedicada a la oferta de alojamientos a particulares y turísticos mediante la cual los anfitriones pueden publicitar y contratar el arriendo de sus propiedades con sus huéspedes» (Fundamento 4º).

Entender y analizar la cuestión de la **economía colaborativa** (*sharing economy*) y su relevancia en la prestación de servicios turísticos es de especial importancia para el correcto desarrollo del principio de libre competencia. La heterogeneidad y variedad de plataformas de economía colaborativa que existen (y que se crearán en un futuro), complican su regulación normativa hasta el punto de que podrían escapar al control regulatorio. Por ello las plataformas y operadores tradicionales han planteado existencia de competencia desleal al no exigírseles las mismas limitaciones o requisitos tasados que a éstos (por ejemplo, no pagar determinados impuestos). Este problema ha generado que la Comisión Nacional de los Mercados y la Competencia (CNMC) tras analizar cuáles son los efectos de estos nuevos modelos económicos en el mercado y publicar diversos informes, vigila y garantiza que las normas que se dicten al respecto, tanto por el Estado como por las Comunidades Autónomas, sean respetuosas con la libre competencia, con el objetivo de que dichas regulaciones se centren en proteger y mejorar los servicios para los consumidores y usuarios. En materia de transporte y la implantación de UBER y VTCs la CNMC junto a los principales operadores del sector presentó recurso contra el Real Decreto 1057/2015, de 20 de noviembre, por el que se modifica el Reglamento de la Ley de Ordenación de los Transportes Terrestres, aprobado por Real Decreto 1211/1990, de 28 de septiembre, en materia de arrendamiento de vehículos con conductor, para adaptarlo a la Ley 9/2013, de 4 de julio, por la que se modifica la Ley 16/1987, de 30 de julio, de Ordenación de los Transportes Terrestres. Las CCAA siguen imponiendo restricciones en sus normativas a pesar de la labor de la CNMC para que se eliminen las restricciones en materia de transporte de pasajeros mediante vehículos de alquiler con conductor. A modo de ejemplo, el Tribunal Supremo, en Sentencia de 13 de febrero de 2023, núm. 496/2023, confirma la nulidad de dos artículos del Decreto vasco que obligaba a contratar los VTC con 30 minutos de antelación y prohibía su geolocalización.

También en este sector son importantes las denominadas «**prácticas comerciales desleales**» (arts. 19 y ss. LCD). Se trata de conductas que pueden distorsionar de manera significativa el comportamiento económico del consumidor afectando a su decisión de compra o adquisición de un producto o servicio. Especialmente deberían ser tenidas en cuenta las prácticas comerciales desleales engañosas que puedan afectar al precio y a las características del servicio turístico.

Por último, debe mencionarse la **relevancia que adquiere la publicidad** en relación con los servicios turísticos y su contratación, dado que se exige que los folletos de viajes contengan una información veraz y no publicidad engañosa que pueda llevar al consumidor a error o engaño sobre las características de lo contratado (SAP Madrid, Sección 21, de 27 de febrero de 2007). Este carácter vinculante y la exigencia de veracidad también despliegan sus efectos en acciones de responsabilidad. Así, la SAP Cáceres, Sección 1ª, de 18 julio de 2012, condena a un empresario de alojamiento que anuncia casas rurales adaptadas para minusválidos en su página web no siendo esta circunstancia verídica y produciéndose una lesión con una escalera de acceso no adaptada.

II. RELEVANCIA DE LA CONTRATACIÓN *ONLINE*

A. Introducción: contexto económico

La primera norma que afrontó las transacciones comerciales virtuales fue la *Directiva 2000/31/CE, de 8 de junio de 2000, sobre comercio electrónico*, que con detalle regula los contratos que se celebran por vía electrónica (arts. 9 a 11). Esta norma fue traspuesta al ordenamiento jurídico español por medio de la *Ley 34/2002, de 11 de junio, de servicios de la sociedad de la información y de comercio electrónico* (LSSI). **En estas normas no se excluye la materia turística**. Además de esta ley, los contratos electrónicos se regirán por: los Códigos Civil y de Comercio y por las restantes normas civiles o mercantiles sobre contratos, en especial, las normas de protección de los consumidores y usuarios y de ordenación de la actividad comercial.

También hay que tener en cuenta la *Directiva 97/7/CE del Parlamento Europeo y del Consejo, de 20 de mayo, relativa a la protección de los consumidores en materia de contratos a distancia* (en vigor hasta el 13 de junio de 2014) que fue derogada por la *Directiva 2011/83/UE del Parlamento Europeo y del Consejo, de 25 de octubre de 2011, sobre derechos de los consumidores*. Esta norma sí **deja fuera de su ámbito de aplicación** los siguientes contratos con relevancia para el sector turístico: a) los contratos sobre viajes combinados; b) los contratos de aprovechamientos por turnos de bienes inmuebles y c) los contratos de servicios de pasajeros. En consecuencia, todos ellos se regirán por su normativa específica (que se analiza en las lecciones 5, 6 y 8). No obstante, debe criticarse que las directivas que regulan estos contratos no contienen disposiciones específicas para la contratación a distancia de estos servicios turísticos.

Ya el *Informe sobre comercio electrónico B2C 2013* (presentado por el Observatorio Nacional de las Telecomunicaciones y del Sociedad de la Información) califica a los **productos turísticos**, que lideran el comercio *online*, como los «más maduros». La adquisición de productos y/o servicios turísticos por Internet genera así un tercio del volumen de dichos ingresos. En 2018 las estadísticas de comercio electrónico sitúan a **agencias de viajes y operadores turísticos**, con el 16,5% de la facturación total; seguidos por el **transporte aéreo**, con el 10,1%, y los **hoteles y alojamientos similares**, con el 5,5%. Según el European E-comerce Report 2023 elaborado por Ecommerce Europe con la colaboración de Adigital. comercio electrónico B2C ha seguido experimentando un impulso muy superior a la media europea: **el e-commerce creció en España un 31% en 2022, hasta 72.000 millones de euros.** De esta forma, **España se sitúa como el cuarto país europeo**, de los 37 analizados en el informe, con **mayor volumen de negocio online**, solo superado por Reino Unido, Francia y Alemania. La aportación del ecommerce al PIB español es igualmente superior a la media europea: en 2022, **el comercio *online* representó el 5,42% del PIB en España.**

Los **servicios de la sociedad de la información** se definen en el anexo de la LSSI como *«todo servicio prestado normalmente a título oneroso, a distancia, por vía electrónica y a petición individual del destinatario»*. En sentido amplio hablaríamos de las actividades económicas que se desarrollan en línea por los prestadores de servicios de la sociedad de la información. Estas actividades pueden ser de pago o gratuitas (vídeo bajo demanda y distribución de contenidos bajo petición individual, organización y gestión de subastas, gestión de compras, envío de comunicaciones comerciales, suministro de información por vía telemática). Precisamente, en el ámbito turístico destaca la utilización de este medio electrónico para publicitar los productos y/o servicios turísticos que ofrece en el mercado otro empresario que es el prestador final del servicio (piénsese la estrecha relación entre las cadenas hoteleras o aerolíneas con *Booking, Trivago, Rumbo...*).

No se considerarán servicios de la sociedad de la información los prestados por medio de telefonía vocal, fax o télex, el intercambio de información por correo electrónico u otro medio de comunicación electrónica para fines ajenos a la actividad económica, los de radiodifusión televisiva y sonora, y el teletexto televisivo y guías electrónicas de programas ofrecidas por plataformas televisivas.

En el debate sobre la responsabilidad y naturaleza de las plataformas de alojamiento es relevante hacer mención a los casos que afectan a Airbnb tanto a nivel nacional como a nivel europeo. Como la normativa que impera es europea la doctrina y decisión del TJUE de 19 de diciembre de 2019 (C-390/18, Airbnb Ireland) que ha sido aplicada por los tribunales nacionales. Según interpreta y califica el Tribunal de Justicia de la Unión Europea Airbnb es un «servicio de la sociedad de la información», sin que pueda modificarse la calificación jurídica de su actividad, para llegar a esta conclusión entiende que

Airbnb no ejerce una «influencia decisiva en las condiciones de prestación de los servicios de alojamiento a los que está vinculado su servicio de intermediación» (apartado 68), puesto que: a) El servicio prestado por la citada compañía no resulta indispensable para llevar a cabo la prestación de servicios de alojamiento, ya que los arrendatarios y arrendadores disponen de muchos otros cauces distintos a la plataforma para ponerse en contacto (apartado 55). b) El «servicio de intermediación es disociable de la transacción inmobiliaria propiamente dicha» (apartado 53) c) No figura en autos «que Airbnb Ireland determine o limite el importe del alquiler solicitado por los arrendadores que utilizan su plataforma» (apartado 56) d) Además, Airbnb no selecciona a los arrendadores ni los alojamientos que ofrece en su plataforma (apartado 68). Por ello, Airbnb es una empresa tecnológica y no se puede considerar «parte integrante de un servicio global cuyo elemento principal sea un servicio de alojamiento» (apartado 57). Todo este razonamiento se recoge por ejemplo en la sentencia del Tribunal Supremo de 7 de enero de 2022, núm. 2/2022 y confirma la revocación de sanciones impuestas por CCAA en el ámbito turístico como ocurrió en Illes Balears y Cataluña donde su Tribunal Superior de Justicia ya resolvió a favor de las plataformas contra sanciones impuestas sin tener en cuenta esa condición de prestador de servicios de la sociedad de la información.

Es evidente que **el turismo ha sido uno de los sectores que más se ha beneficiado del uso de Internet. Precisamente, donde se ha notado con más intensidad ha sido en la comercialización *online* de servicios turísticos,** siendo los canales de venta *online* la primera opción en la comercialización de estancias hoteleras. De este medio participan activamente tanto proveedores finales (compañía aérea, hotel), como los intermediarios. Precisamente en la actividad de intermediación *online* han aparecido nuevos tipos de prestadores de servicios, entre los que destaca principalmente la agencia de viajes *online* (*Online Travel Agencies* - OTA) a la que deben sumarse portales y centrales de reservas, comparadores, metabuscadores, bancos de camas etc.

Precisamente, en el ámbito de la actividad de intermediación, el uso generalizado de Internet (últimamente marcada por la geolocalización en dispositivos móviles), ha supuesto una revolución en el modelo de negocio. El resultado es la progresiva **desaparición de las agencias presenciales** tradicionales, cuyo volumen de negocios se está convirtiendo en residual. Especialmente son las centrales de reservas las que han sufrido un importante auge y cabe preguntarse si existen diferencias entre éstas y las agencias de viajes *online*.

Las **centrales de reservas** son únicamente mencionadas en algunas legislaciones turísticas autonómicas, y no han recibido la atención y desarrollo característico de las agencias de viajes (regulando sus funciones, la tipología, los requisitos exigibles para poder operar etc.). Por el contrario, las centrales de reservas pasan desapercibidas para el legislador o en la práctica se identifican con las agencias de viajes *online*. Así ocurre en el Decreto 56/2007, de 8 de mayo, de Ordenación de las Agencias de Viajes y Centrales de Reservas de Castilla-La Mancha donde se indica que tanto agencias como centrales de reservas (empresas de mediación turística) «*podrán realizar sus funciones de reserva o venta de servicios y productos turísticos por cualquier procedimiento electrónico, ajustándose a la legislación vigente en la materia. Estas empresas no están obligadas a disponer de establecimientos abiertos al público, si bien deberán cumplir, en todo caso, con el resto de los requisitos y condiciones establecidos en el presente Decreto, en las disposiciones sobre ordenación del comercio y demás normativa aplicable a la contratación telefónica o electrónica*». No obstante, debemos apuntar que jurídicamente no tienen las mismas funciones ni deberían identificarse. Así se extrae de normas como las vigentes en La Rioja (*Decreto 14/2011, de 4 de marzo, por el que se por el que se aprueba el Reglamento de desarrollo de la Ley 2/2001, de 31 de mayo, de Turismo de La Rioja*) que regula las agencias de viajes de ventas a distancia y las centrales de reservas (artículos 163 a 165). Las diferencias entre ambas quedan patentes cuando en la regulación de las agencias de viajes *online* se indica que «*las centrales de reserva no podrán realizar ninguna actividad propia o exclusiva de las agencias de viaje, salvo la organización de excursiones de un día*». La legislación de Cantabria (*Decreto 49/2011, de 19 de mayo, por el que se regula la actividad de mediación turística desarrollada por agencias de viajes, centrales de reservas y organizadores profesionales de congresos en el ámbito de la Comunidad Autónoma de Cantabria*), añade: «*Las centrales de reservas no pueden percibir contraprestaciones económicas por parte de los consumidores o usuarios turísticos, ni cobrar en nombre y por cuenta de los prestadores de los servicios que hayan reservado*».

En cuanto a las **funciones que las centrales de reserva** pueden desarrollar, la normativa de La Rioja, ya mencionada, enumera: a) facilitar al consumidor o a las agencias de viajes información sobre proveedores de servicios turísticos que tengan en sus bases de datos; b) poner en contacto a los consumidores y agentes de viajes con los prestadores de servicios turísticos; c) formalizar las reservas entre los demandantes y los prestadores de servicios turísticos; y d) facilitar información sobre los recursos turísticos de la Comunidad Autónoma de La Rioja.

El poder de estos nuevos agentes o *players* es tan destacable que incluso imponen determinadas cláusulas de paridad (*Booking*) o de mejor precio (*HRS Hotel Reservation Service*) a los empresarios hoteleros cuyas habitaciones distribuyen. La primera práctica (que, por ejemplo, afectaría al hotelero que rebajase la cantidad que publicitó en el portal), ya está siendo analizada por las instituciones europeas y los tribunales alemanes han sentenciado en contra de la obligación, a través de una cláusula de mejor precio, impuesta a los hoteles de ofrecer el precio más bajo o condiciones mejores a través de su portal *hrs.de*.

En cualquier caso, encontramos un régimen de responsabilidad bastante desarrollado para el caso de las agencias, más disperso en el caso de las centrales y apenas inexistente en el caso de los exitosos **metabuscadores o comparadores** cuya única función es seleccionar información y presentar links que posteriormente visitará el internauta. El TJUE ya ha analizado estas herramientas que se definen a partir de su funcionamiento. Así en sentencia de 19 de diciembre de 2013, asunto C-202/12, describe esta práctica de la siguiente forma: «*al usuario final le basta entrar en el sitio de Internet del metamotor de búsqueda dedicado para acceder simultáneamente al contenido de todas las bases de datos cubiertas por el servicio de este metamotor, ya que una búsqueda efectuada por dicho metamotor proporciona la misma lista de resultados que la que habría podido obtenerse por medio de búsquedas efectuadas por separado en cada una de esas bases de datos, lista que, sin embargo, se presenta bajo la apariencia del sitio de Internet del metamotor de búsqueda dedicado. El usuario final ya no necesita visitar el sitio de Internet de la base de datos, salvo que encuentre entre los resultados mostrados un anuncio cuyos detalles desee conocer. No obstante, en ese caso, es dirigido directamente al propio anuncio y, como consecuencia de la agrupación de las duplicaciones, es incluso muy posible que lo consulte en otra base*».

La *Australian Competition and Consumer Commission* afirma que los comparadores web pueden generar ahorro y otros beneficios a los consumidores. No obstante, a pesar de su valiosa función de aportar información en la toma de decisiones, genera una cierta preocupación en el organismo australiano la falta de transparencia en los siguientes aspectos: a) ámbito de la comparativa; b) ahorro conseguido usando el comparador; c) comparadores que sean objetivos imparciales o independientes; d) relaciones comerciales no divulgadas que afecten a las recomendaciones hechas a consumidores y d) contenido y control de calidad de la información del producto.

Por último, debe hacerse referencia al uso de las nuevas tecnologías en el ámbito del sector público, en el que destacan diversos tipos de actuaciones en materia de comercio electrónico e implantación de las TIC al turismo: a) ayudas y subvenciones para la implantación de nuevas tecnologías. Un claro ejemplo es el plan red.es que establece **ayudas para incentivar la innovación y el emprendimiento tecnológico** en el marco de la economía digital, fijando que al menos el 30% de dicho programa y sus presupuestos tienen que ser de aplicación en el sector turístico o en el del comercio minorista; b) creación de herramientas tácticas para gestionar el *branding* de un destino como es el caso del «*Tourism intelligent escaparate*» (Illes Balears) y c) creación de canales de comercialización como «*travel open apps*» (Comunitat Valenciana).

B. Aspectos legales de los contratos *online*

El contrato de compraventa o de prestación servicios celebrado en línea tiene lugar cuando el comerciante, o el intermediario del comerciante, haya ofrecido mercancías o servicios a través de un sitio de Internet o por otros medios electrónicos y el consumidor haya encargado dichas mercancías o servicios en dicho sitio de Internet o por otros medios electrónicos. También debe aplicarse a los casos en que el consumidor acceda al sitio de Internet o a otro servicio de la sociedad de la información mediante un dispositivo electrónico móvil como, por ejemplo, un teléfono móvil (así lo dispone el artículo 4.1 e del Reglamento (UE) núm. 524/2013 del Parlamento Europeo y del Consejo, de 21 de mayo de 2013, sobre resolución de litigios en línea en materia de consumo).

El ejercicio de la actividad comercial, profesional o empresarial por Internet no puede eludir el cumplimiento de las obligaciones exigibles a los que desarrollan su actividad empresarial en el comercio o entorno tradicional. Por ello, en todo contrato celebrado por vía electrónica se producirán todos los efectos previstos por el ordenamiento jurídico cuando concurran el consentimiento y los demás requisitos necesarios para su validez ya explicados en la lección 2.

El comercio electrónico, concretamente el B2C, también nos sitúa ante **la contratación a distancia** que, según el contenido de la TRLGDCU, abarca todos los casos en que los contratos se celebran entre el empresario y el consumidor y usuario en el marco de un sistema organizado de venta o prestación de servicios a distancia, exclusivamente mediante el uso de una o varias técnicas de comunicación, como pueden ser la venta por correo, Internet, teléfono o fax, hasta el momento en que se celebra el contrato y con inclusión de ese momento. Dicha definición abarca también las situaciones en las que el consumidor y usuario únicamente visita el establecimiento mercantil de la empresa con el propósito de recabar información sobre los bienes o los servicios y la negociación y celebración subsiguiente del contrato tienen lugar a distancia (por ejemplo consulta de folletos en una agencia y conclusión del contrato en el domicilio utilizando un dispositivo conectado a la red). El concepto de **sistema organizado de prestación de servicios o de venta a distancia** incluye los sistemas ofrecidos por un tercero distinto del empresario pero utilizado por éste, como una plataforma en línea. No obstante, no cubre los casos en los que las páginas web ofrecen información solamente sobre el empresario, sus bienes o servicios y sus datos de contacto.

En cuanto a la **oferta *online*** debe afirmarse que introducida por el empresario **resulta vinculante**, pues toda la publicidad es contrato (CAVANILLAS). Por lo tanto, la publicidad y las ofertas realizadas en Internet no presentan ninguna particularidad y deben someterse al artículo 61 TRLGDCU en lo relativo al contenido de la oferta, promoción o publicidad, es decir, es exigible por el consumidor, «aún cuando no figuren expresamente en el contrato celebrado o en el documento o comprobante recibido y deberán tenerse en cuenta en la determinación del principio de conformidad con el contrato».

El proceso de contratación suele dividirse en dos fases: inicialmente el consumidor debe realizar la búsqueda y selección de los productos o bien introducir aquellos datos que le sean requeridos para, en segundo lugar, mostrar nuevamente la recapitulación o resumen (por ejemplo «carro de la compra», condiciones...), donde antes de la perfección del contrato, se presentan toda la información contractual para que el usuario pueda modificar los datos, desistir de la operación o confirmar su pedido.

El click del consumidor una vez concluido todo el proceso se entenderá como consentimiento y perfecciona el contrato. Ello supone también la aceptación de las condiciones generales de contratación de la empresa a las que se adhiere el primero. Encontramos este razonamiento en sentencia del Juzgado de lo Mercantil núm. 2 de Palma, de 7 de noviembre de 2016 (núm. 346/2016), que falla contra el usuario turista sosteniendo que «una vez seleccionados los vuelos, introducidos los datos del comprador y especificado el precio de la operación, que al hacer «clic» en la casilla correspondiente, se acepta el pago del precio consignado, lo que conlleva la prestación del consentimiento por el adquirente, constando al pie de la página el acceso a las condiciones de uso de la web. No consta en las actuaciones que el sistema permita otra forma de venta del producto ni que se active el proceso de forma automática por lo que, activada la tecla correspondiente al acepto, debe entenderse prestado el consentimiento necesario para la celebración del contrato».

Entre las **diversas técnicas comerciales utilizadas por las empresas 2.0 que afectan al turista o al proceso de contratación** ha sido resuelta judicialmente el uso de la herramienta informática denominada *«screen scraping»*. Como se expone en dos de las resoluciones de referencia que analizan este asunto (Sentencias AP Barcelona, Sección 15ª, de 17 diciembre de 2009 y de 5 diciembre 2009, las agencias virtuales «Atrápalo» y «Edreams» accedían a la página web de Ryanair como un usuario, y mediante aquel software ideado para leer patrones y métodos de búsqueda de Ryanair, extraían directamente la información que le solicitaba el usuario de estos sitos web para visualizarla a éstos. Esto es, cuando un usuario acude a estos buscadores pidiendo información sobre vuelos, estas agencias *online* ofrecen no sólo los resultados que obtiene de las centrales de reservas (en concreto Galileo), sino también las que ofrecen algunas compañías *low cost*, en este caso Ryanair, directamente a sus usuarios en sus respectivos sitios web.

Ryanair ha defendido *«que la extracción sistemática y puesta a disposición de los contenidos de su web mediante la técnica del «screen scraping» y cobro de «sobreprecio» es un auténtico acto desleal de aprovechamiento indebido del esfuerzo competitivo de la recurrente por ofrecer billetes a los precios más económicos del mercado, sin intermediarios que sobrecarguen el precio de forma engañosa y sin autorización «a cambio de nada», montando un negocio paralelo y parasitario incurriendo en tergiversaciones y engaños varios que en nada contribuyen a fomentar la eficiencia o la competencia económica»*. El tribunal afirma que el titular de un sitio web goza de una serie de facultades para permitir y restringir el acceso al mismo, la singularidad de la red Internet hace que constituya una contradicción el ofrecimiento público de facto sin restricciones y, al mismo tiempo, la pretensión de discriminar el acceso de los usuarios en atención a si son particulares o empresas que intervienen directamente, o si son agencias que intervienen por cuenta del particular o la empresa interesada en el vuelo.

El acceso a una información que responde a estrictos intereses técnicos y comerciales que los usuarios de Ryanair obtienen en su web, cuando formulan una búsqueda de un vuelo de dicha compañía, no forma parte de una base de datos protegido por las normas de propiedad intelectual. La información comercial ofrecida por una empresa sobre sus servicios no debe entenderse como base de datos, sino un programa de ordenador que permite obtener la información solicitada, al generarla sobre la base de los parámetros previamente introducidos. Esta interpretación sobre el acceso y uso de la información ofrecida a través de la web de la aerolínea fue confirmada por el Tribunal Supremo (STS, Sala de lo Civil, de 30 octubre de 2012). El TJUE, en la citada sentencia de 19 de diciembre de 2013 en el asunto C-202/12, ha indicado también que la protección de las bases de datos se dará cuando la obtención, la verificación o la presentación de dicho contenido representen una inversión sustancial desde el punto de vista cuantitativo o cualitativo. Concretamente la sentencia concluye que será ilegal la reutilización de la información de bases de datos de terceros cuando el metabuscador incurra en: a) proporcionar al usuario final un formulario de búsqueda que ofrece, esencialmente, las mismas funcionalidades que el formulario de la base de datos; b) traducir «en tiempo real» las órdenes de búsqueda de los usuarios finales al motor de búsqueda del que está equipada la base de datos, de modo que se explotan todos los datos de dicha base y c) presentar al usuario final los resultados encontrados con la apariencia exterior de su sitio de Internet, agrupando las duplicaciones en un solo elemento, pero siguiendo un orden basado en criterios comparables a los empleados por el motor de búsqueda de la base de datos de que se trate para presentar los resultados.

La comercialización *online* de servicios turísticos exige una breve consideración al **derecho de la propiedad industrial** y la protección de marcas y signos distintivos. Como en otros sectores económicos la reputación empresarial (también *online*) y el peso de determinadas marcas en el ámbito turístico genera situaciones de posición de dominio y usos indebidos por terceros. Como indica la jurisprudencia del Tribunal Supremo (p.ej. STS de 26 de junio de 2003) la marca confiere al titular un derecho de uso exclusivo que presenta un aspecto negativo (no puede ser utilizada por terceros) y otro positivo (el titular puede aplicarla tanto en la venta como en la publicidad). La protección de las marcas se extiende también a los nombres de dominio usados en internet que frente a la territorialidad de las marcas tienen la condición de ser unívocos y universales. En este sentido podría revocarse el registro de un nombre de dominio hecho con anterioridad a que lo hiciera el titular de la marca si fuera fruto de la mala fe y con un mero fin especulatorio o de venta futura. Como indica la SAP de Zaragoza (Sec. 5ª) de 21 de mayo de 2007, «los nombres de dominio son las llaves electrónicas de las puertas virtuales que constituyen las páginas web, las cuales, asimismo, conforman un escaparate, a modo de local comercial, donde se exponen los productos o servicios de las empresas o particulares». Debido a la común práctica de realizar búsquedas a través de motores como *Google* conviene examinar brevemente el uso de *keywords* en el proceso de posicionamiento en buscadores (términos, nombres de dominio, perfiles demográficos para una mejor contextualización de la publicidad para que sea mostrada en las webs que permitan un mayor éxito y efectividad), y *adwords* (*Adwords* es la fuente principal de ingresos de *Google* y es su programa de publicidad patrocinada a través de los resultados de las búsquedas).

El uso de estas herramientas —fundamentales en el marketing *online*— ha sido analizado detalladamente en STJUE de 23 de marzo de 2010, asuntos acumulados C-236/08, C-237/08 y C-238/08, asuntos promovidos, entre otros, por la prestigiosa marca Vuitton. En el ámbito turístico encontramos el caso del portal alemán de reservas HRS que reclamó judicialmente que tras introducir en el buscador Google las letras «HRS» apareciesen entre los resultados de búsqueda otras páginas relacionadas con la reserva de hoteles. Analicemos, pues, la legalidad de los enlaces patrocinados y en general, de cualquier servicio de alojamiento en el que el prestador tenga interés directo en que los usuarios accedan a las páginas web y hagan clic en los enlaces y en los anuncios.

En **materia de búsquedas** los tribunales sostienen que hay que distinguir entre: a) los resultados patrocinados y los b) resultados de la búsqueda, producto de algoritmos automáticos que aplican criterios objetivos para generar sitios web que puedan ser de interés para el usuario de Internet. No obstante, la evolución del marketing turístico es mucho más compleja y requeriría un estudio autónomo. El SEO (Search Online Optimization) son aquellas acciones que se realizan para que las páginas y sitios web aparezcan en los primeros puestos de las páginas de resultados de búsqueda, de forma orgánica. Es decir, entre los resultados SEO no aparecen los anuncios de pago. El SEM (Search Engine Marketing) incluye algunas técnicas que utiliza el SEO (por ejemplo, la búsqueda de palabras clave) y también toda una serie de estrategias de anuncios y de pago, cuyo objetivo es atraer tráfico desde las páginas de resultados de búsqueda, aunque en esta ocasión, desde la sección de resultados de pago. El SEM utiliza estrategias de PPC (Pay Per Click), una versión de la publicidad digital en la que se paga por cada clic que hace el usuario en el anuncio. Ante este entorno dinámico de prácticas de comercialización el TJUE entiende que los prestadores de servicios que pretenden quedar exentos de responsabilidad en virtud de la Directiva sobre el comercio electrónico deben mantener una posición de neutralidad con respecto a la información que transportan o almacenan. Sin embargo, existe responsabilidad cuando los anuncios ofrecidos por *Google* son producto de su relación con los anunciantes y se participa en la redacción del mensaje comercial que acompaña al enlace promocional o en el establecimiento o la selección de palabras clave. En consecuencia, podrá sostenerse que *AdWords* no es un vehículo de información neutral porque *Google* tiene un interés directo en que los usuarios de Internet hagan clic en los enlaces de los anuncios, en contraposición a los resultados naturales presentados por el motor de búsqueda. No obstante, concluyó que *Google* no ha violado el derecho de marcas al permitir que los anunciantes seleccionen, en *AdWords*, **palabras clave que coinciden con las marcas**. Para eximir su responsabilidad se exige que *Google* no tenga conocimiento o control de los datos introducidos en su sistema por los anunciantes y grabados en su servidor; en estos casos, ofreciendo exclusivamente links, goza del régimen de exclusión de responsabilidad de los artículos 16 y 17 de la LSSI. La sentencia del TJUE de 23 de marzo de 2010, en el caso Google France, analiza las infracciones de marca ajena tanto en la puesta a disposición de los clientes anunciantes de palabras claves que puedan coincidir con marcas de titularidad ajena (uso interno), como en la proyección de esos resultados en el sitio web del motor de búsqueda (uso externo). Desde entonces el TJUE sí reconoce en diversas sentencias el derecho del titular de la marca frente al competidor que haga publicidad a partir de una palabra clave idéntica a esa marca cuando pueda aprovecharse de la reputación, menoscabe su carácter distintivo o su notoriedad. En definitiva, con determinadas prácticas desleales y que provocan la confusión de los consumidores destinatarios se produciría el efecto de debilitar la marca y con ello la identificación de los productos o servicios asociados a ella como lo confirma la sentencia de la Audiencia de Granada de 14 de marzo de 2014 (en el conocido caso de la marca MasAltos).

El Tribunal Supremo en Sentencia de 20 de abril de 2022, núm. 320/2022, considera que el uso de una marca como palabra clave (keyword) puede ser constitutivo de infracción, concediendo una indemnización de más de medio millón de euros en aplicación de la regla española del 1%. En el fallo considera que el uso de una marca ajena (clinicas ortodoncis) como palabra clave puede ser constitutivo de infracción si el anuncio patrocinado no permite claramente al usuario comprobar que dicho anuncio no está vinculado económicamente en modo alguno con el titular de la marca.

Esta Sentencia aclara que la regla del 1% de facturación, única en España, para la cuantificación de los daños y perjuicios se aplica a todos los productos o servicios ilícitamente marcados, y no sólo a aquellos productos o servicios efectivamente vendidos o prestados a los consumidores que los adquirieron tras considerar la publicidad infractora.

Esta interpretación debería desincentivar estas prácticas publicitarias basadas en referencias ajenas por ser claro ejemplo de las graves consecuencias a las que podrían enfrentarse aquellas empresas cuyos anuncios no se ajustan a la legislación sobre marcas. En conclusión cabe recordar que existen diversos pronunciamientos judiciales (por ejemplo sentencia del Tribunal Supremo de 15 de febrero, núm 94/2017 caso Orona) que amparan la utilización de marcas ajenas como palabras clave de búsqueda, siempre y cuando el contenido del anuncio en cuestión cumpla una serie de requisitos: a) no induzca a un usuario medio a pensar que los productos publicitados proceden del titular de la marca; b) no incluya las marcas de terceros; c) no genere la impresión de que existe un vínculo comercial entre el anunciante y la marca ajena; d) no desacredite o denigre la marca ajena; e) no presente el producto como imitación o réplica del que lleva la marca ajena.

C. Protección del usuario *online*

Como se ha indicado, el turista es el usuario que, como destinatario final, adquiere los servicios turísticos. La evolución en los métodos de comercialización, publicidad y venta de los servicios turísticos han popularizado la denominación e-turista. No obstante, los **servicios siguen siendo físicos (prestándose *offline*)** y los retos en torno al correcto cumplimiento de las obligaciones no difieren excesivamente del panorama de hace unas décadas (es aplicable el artículo 1157 CCiv que exige el cumplimiento exacto de lo pactado y contratado). Es incuestionable que la distancia, la ausencia de trato directo y la realización futura de los servicios han marcado la regulación de algunos contratos turísticos (aprovechamiento por turnos donde se exige un exhaustivo régimen de información y formalidades al empresario).

La protección del consumidor *online* se encuentra en diferentes normas y también puede calificarse de incompleta ante los excesivos retos que plantea la **desconfianza** de los consumidores ante las transacciones y **pagos *online***. Desde 2018 la Directiva (UE) 2015/2366 (conocida como la Directiva de servicios de pago revisada o PSD2) proporciona la base jurídica para seguir avanzando en el desarrollo de un mercado interior más integrado de pagos electrónicos en la Unión Europea (UE). Esta norma se completa y desarrolla por otras— desarrolla medidas exhaustivas para los servicios de pago, con el fin de garantizar unas normas armonizadas para la prestación de servicios de pago en la UE y un nivel elevado de protección de los consumidores. Busca lograr una apertura de los mercados de pagos para permitir que entren nuevos actores, lo que aumenta la competencia y ofrece más opciones y mejores precios a los consumidores para dinamizar el mercado *online*. derechos del consumidor se refuerzan; a) se reduce la responsabilidad por pagos no autorizados de 150 a 50 EUR; b) se otorga un derecho incondicional de reembolso de débitos directos en euros durante un período de ocho semanas; c) se eliminan los recargos por la utilización de las tarjetas de crédito o de débito del consumidor. En esa necesidad de proteger al usuario *online* la ya conocida Directiva de Comercio Electrónico indica, en su considerando número 11, que los requerimientos de información que exige a los prestadores de servicios completan la información que ya exigen otras directivas de protección a los consumidores. Con el fin de propiciar un entorno de confianza y seguridad se aprobó el Reglamento (UE) núm. 910/2014, de 23 de julio de 2014, *relativo a la identificación electrónica y los servicios de confianza para las transacciones en el mercado interior*; Este reglamento europeo define los estándares y normas para la firma electrónica simple, firma electrónica avanzada y firma electrónica cualificada, la emisión de certificados cualificados y los servicios de confianza *online*. Del mismo modo, regula las transacciones electrónicas y su gestión. En 2023 ya se ha preparado un Borrador de la Comisión Europea para la tercera directiva de servicios de pago (conocido como PSD3) que actualizará la que está en vigor desde 2018 y pretende ampliar lo ya implementado, sobre todo en lo que respecta a la autenticación reforzada de clientes y los protocolos bancarios abiertos. Entre los objetivos a conseguir destacamos: A) Acabar con el fraude de identidad y la seguridad informática en las transacciones de pagos y relacionadas gracias a la autenticación ampliada B) Aumentar los derechos de los ciudadanos y dar un mayor control sobre sus datos. C) Democratizar la entrada a un ecosistema bancario más sencillo y estandarizado a bancos y entidades no bancarias que han nacido como startup FinTech. En conclusión, la normativa propuesta tiene como finalidad reforzar los mecanismos de autenticación de los usuarios, para reducir el fraude y garantizar la confianza en los pagos en línea.

En España, la LSSI también establece un régimen especial de responsabilidad de los prestadores de los servicios de la sociedad de la información (concretamente en sus artículos 13 a 17) donde el conocimiento efectivo y la participación en la elaboración de los contenidos pasan a ser los elementos claves.

En cuanto a contenidos relevantes a la hora de contratar, el artículo 27 de la LSSI prevé, además, la **obligación de informar sobre los trámites** que deben seguirse, si el documento electrónico se archivará o su accesibilidad, los medios técnicos para identificar y corregir errores en los datos, y sobre la lengua o lenguas en que se podrá formalizar el contrato. Toda la fase contractual y las diversas acciones que se desarrollen *online* tendrán especial significado en la ejecución o el incumplimiento del contrato.

En materia de información al consumidor es aplicable el artículo 20. 1 c) TRLGDCU. Así se deberán indicar de un modo adecuado al medio de comunicación utilizado, además de los datos relativos a la identificación del empresario responsable de la oferta comercial, las características esenciales del bien o servicio (características del medio de transporte o alojamiento, tipo de establecimiento hotelero con indicación del régimen de pensión o las limitaciones a las que el servicio pueda estar sometido), así como el precio final completo del mismo (impuestos que lo gravan, los gastos de gestión así como cualesquiera otros gastos adicionales que puedan derivarse de la prestación del servicio). En cuanto a la **documentación e información una vez realizado el contrato *online*** debemos sumar a los artículos 63 y 98 de la TRLGDCU el artículo 28 de la LSSI que obliga a confirmar el contrato (correo electrónico u otro medio equivalente o bien el utilizado para realizar la contratación). En materia de documentación electrónica conviene recordar que el artículo 3 de la *Ley 59/2003, de 19 de diciembre, de firma electrónica*, reconoce a los documentos electrónicos su plena validez como evidencia en juicio. Por último, ya existen resoluciones que admiten el uso de este tipo de documentos como prueba, como puede ser el Auto del Tribunal Supremo 2501/2013 de 21 de marzo.

Sin embargo, conviene subrayar que Internet, como herramienta que caracteriza la denominada sociedad de la información, ha permitido conocer de forma inmediata la disponibilidad de los servicios y tras ello poder concluir su contratación sin necesidad de posteriores confirmaciones. Ello, sin duda, ha agilizado los procedimientos de contratación pues como han puesto de manifiesto diversas sentencias, aplicando el artículo 23 LSSI, el contrato de compraventa queda perfeccionado y es válido por la aceptación de la oferta por el precio fijado en la página web, o sea tras el último click de aceptación del pedido por consumidor. Obviamente no se establecen diferencias entre la información que pueda estar disponible consultando un determinado link o bien un folleto físico. La ley únicamente exige la *mera cognoscibilidad* por parte del destinatario de los contenidos.

La publicidad en el entorno 2.0 no siempre se manifiesta de una manera tan clara como en los medios tradicionales (prensa o televisión). El uso de redes sociales, banners, mailings, comentarios o publicidad encubierta pueden dificultar la **identificación de un determinado texto o imagen como publicidad**. Por este motivo el artículo 20 LSSI establece que «*las comunicaciones comerciales realizadas por vía electrónica deberán ser claramente identificables como tales, y la persona física o jurídica en nombre de la cual se realizan también deberá ser claramente identificable*» (por ejemplo, en redes sociales se indica que un contenido está promocionado o se permite denunciar publicidad encubierta).

Las denominadas cookies o metadatos para insertar publicidad en un sitio web es otro de los aspectos que han necesitado una adaptación de la normativa. Esta nueva forma de publicidad, ahora muy dinámica y adaptada a las costumbres del consumidor, debe ser respetuosa con las normas que regulan el **derecho fundamental a la protección de datos** amparado principalmente por el Reglamento (UE) 2016/679, del Parlamento Europeo y del Consejo, regula la protección de las personas en cuanto al tratamiento y protección de sus datos personales y a la libre circulación de los mismos y la Ley Orgánica 3/2018, de 5 de diciembre, que regula la protección de datos personales y la garantía de los derechos digitales. Merece una mención el *Real Decreto-ley 13/2012, de 30 de marzo, por el que se transponen directivas en materia de mercados interiores de elec-*

tricidad y gas y en materia de comunicaciones electrónicas, y por el que se adoptan medidas para la corrección de las desviaciones por desajustes entre los costes e ingresos de los sectores eléctrico y gasista, que modifica el artículo 22.2 LSSI en materia de ***cookies*** exigiendo el expreso consentimiento del internauta y haber sido informados de forma clara y completa sobre el tratamiento y finalidad de los datos (de ello también se ocupa la ley 22/2007, de 18 de octubre, de conservación de datos relativos a las comunicaciones electrónicas y a las redes públicas de comunicaciones). En aplicación del artículo 22.2 LSSI y el art. 5 de la *Ley Orgánica 15/1999, de 13 de diciembre, de Protección de los Datos de Carácter Personal* (LOPD), la **Agencia Española de Protección de Datos** ha impuesto, desde 2013, sanciones por **no informar correctamente** respecto a las *cookies* utilizadas en sus sitios web. Ello nos lleva a recordar que las *cookies* no solo son elementos de simple publicidad o información en la propia web porque su uso puede conllevar también la transmisión de información a un tercero.

La privacidad y la intimidad se proyectan en el uso de determinados ficheros, bases de datos (por ejemplo, ASNEF) e información al alcance de terceros localizada en páginas web. Sobre la prevalencia del «*derecho al olvido*» (un aspecto fundamental del derecho a la protección de datos), debe tenerse en cuenta la STJUE, de 13 de mayo de 2014 (asunto C-131/2012), que determina que el gestor de un motor de búsqueda está obligado a eliminar de la lista de resultados obtenida tras una búsqueda efectuada a partir del nombre de una persona vínculos a páginas web, publicadas por terceros y que contienen información relativa a esta persona, también en el supuesto de que este nombre o esta información no se borren previa o simultáneamente de estas páginas web, y, en su caso, aunque la publicación en dichas páginas sea en sí misma lícita.

En la fiscalización de contenidos *online* ofrecidos por intermediarios o webs de alojamiento de información no se puede pretender que sean íntegramente conocidos por el responsable de la web. Imponer el control de todos los contenidos («conocimiento efectivo» o «conocimiento de hechos o circunstancias por los que la actividad o la información revele su carácter ilícito») implicaría la vulneración del artículo 15 de la Directiva de Comercio Electrónico (o en el mismo sentido el artículo 14 de la LSSI). Con carácter general diríamos que un portal que publica comentarios negativos no asume ninguna responsabilidad ya que dichos comentarios quedan amparados por la libertad de expresión de los consumidores que vierten su opinión en una web. No obstante, sí existe un **deber de supervisión de esos contenidos que provienen de terceros** (especialmente en casos donde se produce un menoscabo al derecho al honor como ha analizado el TS, sentencia de 7 de enero de 2014, asunto *Meristation*). Ello nos sitúa ante una cuestión que cobra especial importancia en el ámbito turístico. Se trata de las webs que ofrecen valoraciones y opiniones de usuarios sobre determinados servicios turísticos y que a su vez permiten contratar esos servicios, sea a través de la propia web o redireccionando al internauta. Es el caso de la compañía *Tripadvisor* que ya ha soportado diversas resoluciones de carácter tanto administrativo como judiciales centradas en las indemnizaciones por daños, competencia desleal o publicidad (recientemente sancionado por información falsa por *Autorità Garante della Concorrenza e del Mercato* en Italia). La cuestión que debemos plantear es si existe responsabilidad de la web que ofrece información falsa o no contrastada (Reino Unido ha prohibido comentarios de usuarios no acreditados), especialmente cuando el volumen de información pueda ser elevado (se estima que *Tripadvisor* recibe ciento quince valoraciones por minuto). Las condiciones generales de la compañía destacan que no es responsable de los comentarios y usos de los internautas y que la compañía «no provee ninguna garantía y/o representación en cuanto a la idoneidad del contenido del sitio web, o de cualquier parte del mismo, para cualquier propósito. el sitio web se proporciona «como está», y dentro de los límites permitidos por la ley, *Tripadvisor* expresamente excluye cualquier tipo garantía de comerciabilidad y/o de aptitud para un propósito o resultado determinado». Para estos casos será de aplicación el artículo 16 LSSI y el artículo 27.5 LCD que determina se considerarán desleales por engañosas las prácticas que «*afirmen de forma fraudulenta o creen la impresión falsa de que un empresario o profesional no actúa en el marco de su actividad empresarial o profesional, o presentarse de forma fraudulenta como un consumidor o usuario*».

Por otro lado, determinadas webs donde se estuviese manipulando la información o creando un estado de **opinión irreal o inexistente** («*likes*» o seguidores creados por herramientas automatizadas) serían prácticas desleales, según lo establecido en el artículo 26 de la ley dedicado a prácticas comerciales encubiertas. Los supuestos anteriormente explicados sí deberían legitimar un control administrativo cuando se pueda alterar la contratación de servicios turísticos mediante falsedades o manipulaciones intencionadas.

Sobre esta línea garantista a favor del consumidor se regula el envío de comunicaciones comerciales no solicitadas, imponiendo al empresario turístico que solicite el consentimiento del usuario sobre la recepción de correos, opción que suele ejercitarse mediante clic en la correspondiente casilla con dicha solicitud.

En cuanto a la **justificación de cualquier transacción realizada a través de una página web** se impone la obligación de enviar al consumidor justificación de la contratación efectuada, donde constarán todos los términos de la misma. El artículo 28 LSSI exige que se utilice alguno de estos medios: a) el envío de un acuse de recibo por correo electrónico u otro medio de comunicación electrónica equivalente a la dirección que el aceptante haya señalado, en el plazo de las veinticuatro horas siguientes a la recepción de la aceptación, o b) la confirmación, por un medio equivalente al utilizado en el procedimiento de contratación, de la aceptación recibida, tan pronto como el aceptante haya completado dicho procedimiento, siempre que la confirmación pueda ser archivada por su destinatario.

En cuanto a los **pagos en Internet**, existen nuevos medios y modalidades de pago que podríamos calificar como genuinamente tecnológicos o diseñados para ser utilizados en un entorno 2.0 (por ejemplo, los *bitcoins* o *paypal*). No obstante, el pago con tarjeta de crédito o débito sigue siendo el más utilizado para las transacciones *online*. Es sabido que los fraudes utilizando medios de pago electrónicos y a través de la red son frecuentes, una de las principales causas es que no son necesarias la presencia y utilización física de la tarjeta. Por ello, uno no de los temores más extendidos entre los internautas es el (mal) uso de las tarjetas bancarias de su titularidad. Concretamente, ¿qué ocurriría si tras adquirir un billete de avión nuestros datos fueran utilizados por un tercero? La solución la encontramos en el artículo 12 de la *Ley 22/2007, de 11 de julio, sobre comercialización a distancia de servicios financieros destinados a los consumidores*, que expresamente fija que los riesgos del uso fraudulento de una tarjeta no debe soportarlos el consumidor (al que también se exige que actúe con la máxima diligencia). Por lo tanto, quien **soportará las consecuencias de la utilización de un número de tarjeta ajena será o la tienda virtual, empresa titular de la web donde se utilice, o bien la entidad bancaria que expidió la tarjeta**. No es una cuestión cerrada y encontramos unas resoluciones en las que se ha establecido que los riesgos competen al establecimiento, comerciante o portal de venta (SAP Islas Baleares, Sección 3ª, de 24 mayo de 2007) y otras en las que se considera que es obligación de la entidad financiera evitar este tipo de fraudes y asegurar el correcto uso de las tarjetas [en este sentido, ver la SAP Madrid, Sección 13ª, de 4 marzo de 2011, en la que se indica que «*son plenamente legales, frecuentes, y plenamente aceptadas, las operaciones de compra de bienes y servicios por vía telefónica o por Internet facilitando los datos de una tarjeta de crédito, cuya autenticidad no puede comprobar más que la entidad expedidora o gestora de las mismas*» (F. J. 4º)].

Es una práctica generalizada que las empresas turísticas repercutan el coste de determinados medios de pago utilizados en comercio *online* a los consumidores con el correspondiente incremento el precio de los servicios. No obstante, esta práctica, realizada como recargo, ha sido moderada con la entrada en vigor de la *Ley 3/2014, de 27 de marzo, por la que se modifica el texto refundido de la Ley General para la Defensa de los Consumidores y Usuarios* (Ley 3/2014). En el supuesto de cobrar por el uso de medio de pago utilizado al realizar la compra (tarjeta de crédito o de débito), **sólo se puede cobrar el coste real soportado**, por lo tanto, el empresario no podrá cobrar al usuario un cargo superior a lo que le cueste el uso de ese medio según lo fijado por *Real Decreto-ley 8/2014, de 4 de julio, de aprobación de medidas urgentes para el crecimiento, la competitividad y la eficiencia*. Por otro lado, la nueva normativa obliga a desglosar del precio total todos los incrementos y descuentos que se apliquen incluidos los ocasionados, en su caso, por la utilización de los medios de pago u otras condiciones de pagos similares.

Otra novedad que recoge la Ley 3/2014 tiene especial relevancia para aquellos intermediarios turísticos que cobran una comisión por sus servicios (comparación y venta de un billete a través de un metabuscador o una OTA). Así, se obliga al empresario, con carácter previo a que el consumidor o usuario quede vinculado por un contrato u oferta, a obtener el consentimiento expreso del cliente para todo pago adicional a la remuneración acordada para la obligación contractual principal y si el empresario no ha obtenido el consentimiento expreso del consumidor y usuario, pero lo ha deducido utilizando opciones por defecto que el consumidor y usuario debe rechazar para evitar el pago adicional, éste tendrá derecho al reembolso de dicho pago (la conocida práctica de las casillas marcadas).

Las limitaciones del consumidor *online*, que no dispondrá de un establecimiento al que dirigirse, también han sido tenidas en cuenta a la hora de regular los canales de reclamación, queja o comunicación con la compañía. En lo relativo a los mecanismos de comunicación con los clientes en relación al contrato, se establece para las comunicaciones telefónicas que el uso de cualquier línea asignada no podrá suponer un coste superior al de la tarifa básica. Se entiende por tarifa básica el coste ordinario de la llamada de que se trate, siempre que no incorpore un importe adicional en beneficio del empresario. Ello restringe las prácticas de algunas compañías aéreas de bajo coste que ponían a disposición del cliente una costosa línea 807 o altas tarificaciones internacionales.

En cuanto a los **riesgos** para el usuario de servicios turísticos contratados *online*, basta con recordar el proceso de reserva de un billete de avión para afirmar que el error a la hora de contratar una prestación turística *online* puede presentarse con cierta frecuencia debido a unos **procesos de contratación a menudo complejos y prolongados** (pantallas emergentes, opciones preseleccionadas, selección y cumplimentación de datos en diversas páginas). El correcto uso y comprensión de las web o posibles problemas durante el proceso (como la interrupción de la conexión), pueden ser causa de contratación de productos indebidos y en determinados servicios turísticos será el cliente el que deberá soportar el error (por ejemplo, reserva de vuelos en una fecha no deseada), salvo que las circunstancias que lo originasen fueran debidas a la empresa.

Como indicábamos anteriormente, determinadas reticencias de los usuarios se deben a que entre los aspectos más controvertidos de la contratación *online* se encuentran el fraude o, con mayor gravedad, el uso de Internet para la comisión de delitos (ciber-criminalidad como pueden ser estafas, apropiación de datos personales...). En cuanto al fraude desde la Comisión Europea se han hecho barridos y estudios de webs con el fin de determinar su alcance en sectores como compañías aéreas (2007) o servicios de viajes (2013). El último en materia turística ha analizado la reserva de vacaciones en línea (2017) bajo el lema «La Comisión y las autoridades de protección de los consumidores toman medidas contra las páginas web de reservas de viajes que llevan a cabo prácticas engañosas» (disponible *online* con fecha 7 de abril de 2017 IP 17/844).

El Consejo de Europa aprobó (con la firma de 30 estados), el 23 de noviembre de 2001, el *Convenio Europeo sobre Cibercrimen*. Las ventas a distancia y la opacidad en la identidad de los prestadores convierten el entorno 2.0 en idóneo para el fraude. Así, es probable que el consumidor turista que decida utilizar Internet para contratar servicios relacionados con sus vacaciones o desplazamientos padezca prácticas que pueden considerarse delictivas. Los rasgos más destacados para poder entender que el **usuario ha sido víctima de un delito** serían: a) engaño suficiente para lograr el fin, es decir crear una apariencia como diseñar una web propia de un empresario de transporte aéreo; b) error de la realidad que sufre el consumidor, por lo tanto existe un nexo causal entre la acción del infractor y la del perjudicado; c) dolo por parte del infractor que en estos casos se traduciría en el ánimo de lucro o enriquecimiento injusto y d) un resultado punible, consistente en una pérdida patrimonial que generalmente se materializa con el pago del precio sin recibir contraprestación.

Para concluir, hay una serie de prácticas y conceptos de máxima actualidad que los internautas y consumidores digitales deben tener presente: la publicidad encubierta de youtubers e influencers, la publicidad engañosa en la web, correos electrónicos fraudulentos, exposición de casos de phishing, smishing, grooming, entre otras. La aplicación de la inteligencia artificial al turismo, actualmente en un estadio inicial pero veloz, será objeto de estudio en próximas ediciones

LECTURAS COMPLEMENTARIAS

AAVV., *Aspectos legales de la economía colaborativa y bajo demanda en plataformas digitales* (dir. Rodríguez Marín, S. y Muñoz García, A.), Bosch, Madrid, 2018.

AAVV., *Régimen jurídico del consumo colaborativo* (dir. GOSÁLVEZ PEQUEÑO, H.), Aranzadi, Cizur Menor, 2019.

AAVV., *Régimen jurídico del turismo colaborativo* (dir. GOSÁLVEZ PEQUEÑO, H.), Bosch, Madrid, 2019

AAVV., *Economía de plataformas: retos y normativa*, (Dir. J. Franch Fluxà), Atelier, 2021.

AAVV., *Derecho del turismo colaborativo* (Dir. H. GOSÁLBEZ PEQUEÑO), Cizur Menor, Aranzadi, 2022.

ÁLVAREZ ROYO-VILLANOVA, S., «Pandemia, fuerza mayor y cláusula rebus sic stantibus a la luz de la Jurisprudencia», *Diario La Ley,* Nº 9619, 2020 (edición electrónica)

AURIOLES MARTÍN, A., *Introducción al Derecho turístico: Derecho privado del turismo,* 2ª ed., Tecnos, Madrid, 2005.

BASTANTE GRANELL, V., «Contratos de arrendamiento turístico y hotelero: COVID-19 y cláusula "rebus sic stantibus"», *Revista General de Derecho del Turismo,* nº 4, 2021 (edición electrónica)

CAVANILLAS MUGICA, S., *Turismo y Comercio electrónico. La promoción y contratación «online» de servicios turísticos,* Comares, Granada, 2001.

FRANCH FLUXÀ, J., «La aplicación de la cláusula rebus a los contratos turísticos debido a la pandemia Covid», *La Ley mercantil,* nº 78 (marzo), 2021 (edición electrónica).

GIL MEMBRADO, C., *Privacidad y turismo: perfil del turista, big data y plataformas colaborativas,* Reus, 2019.

GONZÁLEZ CASTILLA, *Francisco, La economía colaborativa ante el derecho de la competencia,* Thompson-Reuters Aranzadi, 2019.

MÁRQUEZ LOBILLO, P., «El consumidor en la contratación electrónica de servicios turísticos», *Revista de derecho mercantil,* nº 282, 2011, págs. 209-242.

PASTOR SEMPERE, C., «Incidencia de las tecnologías de la información y comunicación (TIC'S) y de las políticas de la Unión Europea en materia de mercado interior y de defensa de los consumidores en la contratación de viajes combinados», *Revista de derecho mercantil,* nº 288, 2013, págs. 89-140.

PÉREZ DE LA CRUZ BLANCO, A., «Los contratos turísticos», en *Curso de Derecho mercantil,* (dirs. R. URÍA y A. MENÉNDEZ; coord. Mª L. APARICIO), vol. 2, 2006, págs. 291-312.

SABIDO RODRÍGUEZ, M., *Régimen jurídico de los contratos turísticos internacionales: la protección del turista-consumidor,* Navarra, Thomson Reuters Aranzadi, 2020.

LECCIÓN 4
EL CONTRATO DE ALOJAMIENTO

Juan Franch Fluxá
Profesor Contratado Doctor de Derecho Mercantil
Universidad de las Islas Baleares

I. INTRODUCCIÓN

El contrato de alojamiento turístico es una modalidad dentro de la categoría contratos turísticos de consumo, por tanto, interviene el turista como destinatario final de un servicio turístico. Retomando lo explicado en la Lección 2, este contrato reúne los requisitos esenciales exigidos por el artículo 1.261 del Código civil, pues existe consentimiento de los contratantes, manifestado en la oferta formulada y en la aceptación del cliente, porque hay un objeto cierto, que es el uso y disfrute del hotel y de las continuas prestaciones que realiza el empresario, y finalmente se da una causa, que para el hotelero es la remuneración por abono precio y para el cliente la utilización de la unidad alojativa y los servicios que se le ofrezcan (el cliente decide si los utiliza o no, pagándolos de manera independiente o estando incluidos en el precio final).

Concretamente, la prestación que fundamenta este contrato es proporcionar habitación o estancia a los usuarios que lo demandan, con o sin prestación de otros servicios. La actividad de alojamiento debe calificarse de compleja puesto que también englobaría los diversos servicios que se ofrecen o realizan en el seno de un contrato celebrado entre el cliente turista o usuario y el empresario que es titular de la explotación de un establecimiento de alojamiento (hotel, balneario, hotel rural, vivienda de uso turístico...). Así, con este contrato se cede, mediante precio, el uso de una unidad de alojamiento provista de mobiliario, equipo e instalaciones, se custodia el equipaje y objetos de valor que pueda portar el cliente, se revenden algunos objetos y energías (agua, luz, teléfono), y se prestan algunos de los siguientes servicios complementarios (conserjería, limpieza, alimentación, lavado y planchado de ropa, entre otros).

Existen, en función del establecimiento, diversos tipos de empresarios de alojamiento entre los que, sin duda, destaca el empresario hotelero. Aunque sea un contrato *sui generis* en el que convergen diversas prestaciones puede afirmarse que su contenido se fundamenta en una actividad esencial, **el hecho de alojarse** (implicando la cesión de una unidad de alojamiento o habitación) y que debemos considerar estrechamente vinculado al concepto de turista. Éste, como se ha indicado en la Lección 1, es toda persona que se traslade a un lugar distinto a aquel en el que tiene su residencia habitual por razones varias, siempre que dicho traslado supere las veinticuatro horas o pernocte en el lugar de destino.

Como otros contratos de consumo puede realizarse **de manera directa** entre la empresa de alojamiento y el turista, o bien a través de un **tercero intermediario** (central de reservas, agencia de viajes) que comercializa servicios ajenos ya sean sueltos o integrando un paquete turístico. Esta última opción nos lleva a recordar la conexión del alojamiento con otros contratos, que serán estudiados más adelante, como son el viaje combinado y el aprovechamiento por turnos.

II. REGULACIÓN Y NATURALEZA JURÍDICA DEL CONTRATO DE ALOJAMIENTO

El contrato de alojamiento u hospedaje debe distinguirse del contrato de arrendamiento regulado en la LAU. Estamos, esencialmente, ante un contrato de servicios. Fue definido en la abandonada propuesta de Código Mercantil (2013) como un contrato en virtud del cual el titular de un establecimiento de alojamiento se obliga frente a su cliente a **cederle el uso de una o varias habitaciones o dependencias**, así como a la **custodia de su equipaje**, y a prestarle **otros servicios**, a cambio de una contraprestación en dinero (art.

534-12). Esta definición guarda importantes similitudes con el artículo 4 de la Ley 48/1963 de 8 de julio, sobre competencia en materia turística que «entiende por empresa de hostelería la dedicada de modo habitual o profesional a proporcionar habitación o residencia a las personas, junto o no a otros servicios de carácter complementario». La SAP de Madrid de 30 de noviembre de 2004 con el fin de diferenciarlo de un subarriendo de vivienda, señala que en el hospedaje, además de cederse el uso y disfrute de la habitación, se le presta al huésped algún servicio más, como son los servicios de limpieza y arreglo de la habitación, lavado y planchado de ropa, manutención total o desayuno, etc. No existe tampoco ningún ánimo en que ese alojamiento se convierta en residencia. La existencia de la industria hotelera y el desarrollo de un estatuto propio del empresario de alojamiento también permiten reconocer la naturaleza mercantil de un contrato que tradicionalmente se ha regulado en el Código Civil. No obstante, es una cuestión abierta y aún discutida el **carácter mercantil o civil** de este contrato. De este modo, encontramos que los únicos preceptos vigentes sobre el contrato de hospedaje se contengan en el Código Civil (artículos 1783 y 1784 del Código civil sobre la responsabilidad del hostelero por los efectos introducidos en el establecimiento por los clientes y el artículo 1922 junto al 1967 que regulan el crédito preferente del hostelero y el plazo para cobrar las deudas derivadas del contrato de hospedaje). Por otro lado, la condición de empresario de quien explota un establecimiento —con finalidad de lucro y asumiendo los riesgos de su actividad comercial— justifican que se consideren mercantiles todos los contratos realizados por empresarios en el seno de su actividad.

La importancia de determinar la naturaleza jurídica se debe a la necesidad de fijar qué normas serán aplicables cuando los pactos entre las partes no permitan solucionar un problema o conflicto. Aunque es una cuestión controvertida (Ceballos) para abordar la cuestión de su naturaleza jurídica ha sido ampliamente aceptado lo dispuesto en la sentencia de **Sentencia del Tribunal Supremo de 20 de junio de 1995**, que establece que el contrato de hospedaje presenta una **naturaleza compleja**, configurándose como un contrato de tracto sucesivo en el que se combina arrendamiento de cosas, arrendamiento de servicios, de obra y depósito. La **atipicidad y complejidad** de este contrato se origina en las **diversas prestaciones que lo integran** y que, como se observa, pueden encajar en las distintas figuras que lo conforman, esencialmente incluibles dentro del contrato de servicios.

En cuanto a la normativa aplicable no existe una regulación sistematizada de las relaciones de carácter jurídico-privado, pero sí se detecta un aluvión de normativa de derecho público en torno a las empresas de alojamiento que abarcaría, fruto de la disparidad de materias que le afectan, normas de carácter estatal, autonómico y local (cabe advertir que el estatuto del empresario de alojamiento gravita sobre normas autonómicas tras la aprobación del Real Decreto 39/2010, de 15 de enero, por el que se derogan diversas normas estatales sobre acceso a actividades turísticas y su ejercicio).

A ello se suma la legislación europea, (contenida en normas como decisiones y recomendaciones) que afectaría, junto a las normas de cada estado miembro, a la propia explotación de la actividad cuando regulan cuestiones de seguridad, certificados ecológicos, información de los hoteles a terceros, recogida de información estadística.

Actualmente es incuestionable la proliferación de abundante legislación administrativa que afecta directamente a la actividad turística. Esta tendencia de **publificación del contrato de hospedaje** ya se origina desde las primeras normas (decretos y órdenes), que podrían considerarse precedente de las vigentes legislaciones autonómicas sobre la materia, promulgadas en la década de los sesenta configurando el Estatuto ordenador de las empresas y actividades turísticas (González Cabrera). Aunque nuestro enfoque es preferentemente contractual y de derecho privado, no debe olvidarse esta creciente incidencia del derecho público o *administrativización* del fenómeno turístico en general y, en particular, de uno de sus pilares, el contrato de alojamiento.

III. OBJETO

Es el propio hospedaje o alojamiento, que ha sido definido como un contrato atípico y mixto o complejo en cuanto que supone la conjunción de varios contratos, susceptibles de concertación separada. A cambio de una remuneración por el huésped se suceden contraprestaciones que se pueden identificar como contrato de arrendamiento de cosas (habitación), arrendamiento de servicios (servicios personales), de obra (comida y alimentación), depósito o custodia o, finalmente como reventa de ciertos objetos o energías industriales (luz o gas). Lo característico en el contrato de hospedaje es que ninguna de estas prestaciones diversas puede considerarse secundaria respecto de las otras, pues se trata de un conglomerado o acumulación de **prestaciones convergentes a la satisfacción de un interés unitario** (SAP Pontevedra, 24 febrero 2011)

El servicio de alojamiento turístico se presta **día por día** durante unas determinadas fechas (de entrada y salida) en los establecimientos colectivos organizados por habitaciones, en función de la modalidad y categoría de los establecimientos se podrán prestar u ofrecer unos determinados servicios y la actividad puede someterse a requisitos diferentes fijados por la normativa administrativa. Actualmente, por la demanda creciente del mercado, cabe también la comercialización de **habitaciones por horas**, si bien ello permite cuestionar la naturaleza turística de dichas cesiones.

Entre estos **otros servicios** que se ofrecen deben citarse: servicio de **manutención**, servicio de **limpieza y planchado**, servicio de **teléfono** o conexión a redes inalámbricas, servicio de **bar**, **restaurante** o **spa**, **aparcamiento** de vehículos en recinto o zona reservada o bien en aparcamiento externo con el que el hotel tenga concertado el servicio. Estos **servicios se abonarán por separado**, salvo que en el caso de que se contrate algún régimen de pensión alimenticia o se incluyan expresamente como prestaciones del contrato (acceso al spa o zonas deportivas).

El contrato suele **formalizarse** en la recepción del establecimiento con la entrada (*check in*) del huésped. Por lo general, esta información contractual relativa a la estancia se materializa en la entrega de la correspondiente tarjeta de entrada en la que constará el nombre y categoría del establecimiento, habitación o unidad de alojamiento que es asignada, precio de la misma, fechas de entrada y salida y, en su caso, instalación de cama supletoria por él solicitada y régimen alimenticio. Con la entrega de su identificación y la firma del parte o tarjeta de entrada el cliente asume las condiciones contractuales y los usos o normas de convivencia impuestas por el empresario de alojamiento.

IV. SUJETOS DEL CONTRATO

Tradicionalmente el contrato de hospedaje supone un vínculo jurídico entre el titular de un establecimiento de alojamiento de viajeros y sus clientes. Actualmente, y con la expansión del alojamiento privado, también puede generar una relación entre dos particulares, el titular de la vivienda y el turista. El Código Civil se refiere al empresario de alojamiento como fondista o posadero, manteniendo la denominación de momento en que se redactó, a finales del siglo XIX.

A. Empresa de alojamiento

Entre los prestadores de servicios turísticos encontramos a las empresas de alojamiento, que se caracterizan, como indicamos, por desarrollar una actividad consistente en la prestación de un servicio de alojamiento al público mediante precio, de forma profesional y habitual, bien sea de modo permanente como temporal, y con o sin la prestación de servicios complementarios. Esta actividad se realizará en un **establecimiento turístico** que se puede definir como «los locales o instalaciones abiertos al público y acondicionados de conformidad con la normativa en su caso aplicable, en los que las empresas turísticas presten alguno o alguno de sus servicios».

El ánimo de lucro que caracteriza a la mayoría de empresarios y la vocación turística del empresario obligan a realizar una delimitación negativa, **excluyendo de la normativa turística** las actividades de alojamiento que tengan, con carácter principal, fines institucionales, sociales, sanitarios, asistenciales, laborales, docentes o deportivos, y las que se desarrollen en el marco de los programas de la Administración dirigidos a la infancia, la juventud u otros colectivos necesitados de especial protección.

Las distintas normativas autonómicas han **categorizado los distintos tipos** de empresas turísticas y también las diferentes clases de empresas turísticas de alojamiento. Se regula su clasificación, requisitos, procedimientos de apertura, etc. Todas las CCAA establecen en su normativa turística una clasificación de establecimientos de alojamiento turístico, partiendo de la distinción entre **establecimientos hoteleros y extrahoteleros**. Entre las **categorías de establecimientos** más frecuentemente desarrollados: **a)** hoteles **b)** pensiones y hostales **c)** Apartamentos turísticos, **d)** Alojamiento de turismo rural en sus diferentes clases (casas rurales, pazos, aldeas de turismo rural...) **e)** Albergues, refugios, campamentos de turismo, zonas de acampada municipales **f)** Hospederías. A modo de cierre algunas legislaciones dejan abierta esta clasificación con la siguiente previsión «cualquier otro establecimiento de alojamiento turístico que se determine reglamentariamente».

El empresario hotelero es, sin duda, el más relevante y presenta una descripción unitaria frente a la diversidad en torno a los **alojamientos turísticos de carácter extrahotelero como** las villas, apartamentos turísticos, bungalows, chalets, ciudades de vacaciones, casas emblemáticas, casa rural y tantas otras categorías detalladas en las leyes turísticas autonómicas. No obstante, también empieza a segmentarse legalmente la clasificación del hotelero como ocurre en Canarias donde la modalidad hotelera está integrada por cuatro tipos de establecimientos, en función de la calificación del suelo en el que se asientan, servicios prestados, y diseño arquitectónico o tipología edificatoria, y que son los siguientes: hotel, hotel urbano, hotel emblemático y hotel rural.

Es incuestionable que, tradicionalmente, el sector hotelero también ha recibido una mayor atención por parte del legislador. La **excesiva reglamentación** *hotelera* plantea el problema de la limitación a la autonomía de la voluntad y la alteración de la relación entre las partes (hotel y cliente) desplazando su **protagonismo a favor de las administraciones**. Entendemos que las obligaciones jurídico-administrativas (establecidas a menudo en normas reglamentarias) originarían responsabilidades públicas del empresario hotelero y afectan, obviamente, al inicio y desarrollo de la actividad de alojamiento. Esta hiperactividad regulatoria presenta diversas manifestaciones como fijar la localización de los establecimientos, el número de los que puedan ser autorizados en una zona, la época de apertura y duración de su funcionamiento, las características de los servicios (pensión completa integral o *all inclusive*) etc. En muchas ocasiones **condicionando o restringiendo el ejercicio de las actividades turísticas**. Normativa que tiene que ser compatible con la de rango legal que debe regular el contrato de hospedaje nacido de una relación jurídico-privada. Este derecho administrativo, que afecta a la actividad turística, debe limitarse a fijar disposiciones que obliguen al empresario turístico a realizar sus servicios cumpliendo determinados requisitos y exigencias **justificados y en beneficio del interés general**. La vulneración de estas normas (hojas de reclamación, publicidad de precios, requisitos de seguridad...) se someterá al régimen de infracciones y sanciones propio de cada comunidad autónoma.

Pongamos un ejemplo de la situación anteriormente expuesta: no deja de ser paradójico que con base en criterios de calidad se requiera que los establecimientos cumplan complejas exigencias como las que ejemplifica el artículo 7 del Decreto canario 10/2001, de 22 de enero, por el que se regulan los estándares turísticos, que impone que los establecimientos turísticos de alojamiento deberán contar con los siguientes equipamientos mínimos: a) Aparcamiento privado de turismos en una proporción de una plaza por cada tres unidades de alojamiento (en subsuelo o al aire libre si estarán dotados de barrera vegetal arbolada y umbráculos que minimicen el impacto ambiental); b) Andenes situados dentro del recinto de la parcela, aptos para resolver la llegada y recepción de, al menos, un autocar y un turismo simultáneos, debiendo quedar resuelto el tráfico interno y su conexión con la red viaria pública (modificable para establecimientos turísticos de menos de 100 plazas de alojamiento o para los establecimientos turísticos existentes, que por imposibilidad técnica no pudieran cumplirlo); c) Superficie mínima de 9 metros cuadrados de parcela por plaza de alojamiento destinada a zonas ajardinadas. De ésta, 2 metros cuadrados podrán destinarse a zonas deportivas o recreativas.

Otro rasgo que identifica la actividad de las empresas de alojamiento es el principio de **unidad de explotación**. Este principio, recogido en la normativa de las distintas CCAA, no significa que deba existir un único propietario, pero sí que una única empresa es la que gestiona el establecimiento, o sea, titular de la explotación. Ésta será la que responderá frente al cliente o la administración. Una única empresa realiza la explotación turística, es decir, todas aquellas actividades de gestión, administración y dirección comercial propias de la prestación de los servicios de alojamiento turístico. La legislación canaria ha indicado que la unidad de explotación de alojamientos turísticos requiere: **a)** Destinar un número suficiente de personas a la explotación. **b)** Unas instalaciones destinadas a la recepción que sean suficientes y con atención permanente al cliente **c)** Mantener en dicha recepción y a disposición de los clientes un ejemplar de esta Ley y de los reglamentos vigentes en cada momento en materia de alojamientos turísticos, permiso de apertura turística y municipal y las hojas de reclamaciones (art. 40 Ley canaria 7/1995).

Al desarrollar este principio la legislación balear precisa que la «actividad consistente en la explotación de un establecimiento de alojamiento turístico tendrá la consideración de actividad única, pudiéndose ofrecer en el ejercicio de dicha actividad servicios complementarios a los usuarios de servicios turísticos, sin que sea preceptiva la obtención de una licencia de actividades para cada uno de los servicios complementarios que se presten» (art. 33 Ley 8/2012). Conviene apuntar que es común que la empresa hotelera integre en su estructura, o en los servicios que preste, actividades (salón de peluquería, zona de masajes o spa, actividades deportivas, y que ante la posible **práctica de subcontratación** u *outsourcing* de estos servicios prestados en el establecimiento se identificará a cada titular que los realice cuando no sea la empresa de alojamiento.

Por otro lado, a diferencia de otros inmuebles que puedan albergar actividades alojativas, hay que tener en cuenta que estos edificios se someten al **principio de uso exclusivo** por lo que no se puede compatibilizar el uso turístico con otros usos como residencial, industrial o comercial (a excepción del aprovechamiento por turnos y los condohoteles). Es decir, la totalidad de las unidades alojativas del conjunto unitario de construcciones o de un edifico habrán de estar destinadas en su totalidad a la actividad turística. Este principio no podrá ser aplicable, por ejemplo, a las viviendas turísticas vacacionales en edificios plurifamiliares ya que sería de imposible cumplimiento (basta que un vecino resida en su piso).

Por último, conviene recordar la trascendencia que tiene en la prestación de servicios y en la propia contratación (sea directa con consumidores o de reserva de plazas con agencias) los **criterios de categorización de los establecimientos**. Tradicionalmente se ha basado en parámetros físicos (metros cuadrados de habitación...), aunque actualmente se está dirigiendo la normativa a otros índices como puedan ser los servicios ofrecidos. En este sentido fue pionero el Decreto 20/2011, de 18 de marzo, por el cual se establecen las disposiciones generales de clasificación de la categoría de los establecimientos de alojamientos turísticos en hotel, hotel apartamento y apartamento turístico de las Illes Balears. Este decreto establece un **sistema de autoevaluación** por puntos que realiza el propio empresario a partir del cumplimiento de unos estándares arquitectónicos o de servicios mínimos que establece la norma.

Algunas otras comunidades como Andalucía o Catalunya se han sumado a este modelo, siendo un ejemplo más de fragmentación legislativa en nuestro país. Para superar las disparidades, no sólo entre comunidades autónomas, sino también entre estados miembros de la Unión Europea, las asociaciones hoteleras de distintos países han impulsado un movimiento para **promover una categorización homogénea en toda Europa** incluyendo también países como Luxemburgo o Suiza (para mayor información sobre esta iniciativa http://www.hotelstars.eu/).

B. Los consumidores o usuarios turistas

Como se ha indicado en la lección 1, se entiende por consumidor cualquier persona física o jurídica que actúen con un propósito ajeno a su actividad comercial, empresa, oficio o profesión (art 3 TRLGDCU). El cliente de cualquier tipo de alojamiento, sea en un establecimiento o en una vivienda turística de un particular, debería entenderse como un consumidor con arreglo a lo dispuesto a la legislación estatal y a las diferentes estatutos y leyes autonómicas aprobados en defensa de los consumidores. No obstante, debemos indicar que cabe que los viajeros por motivos profesionales no deban considerarse consumidores y usuarios como lo deja expresamente indicado el artículo 2 de Ley 3/2003, de 12 de febrero, del Estatuto de los Consumidores y Usuarios de la Comunidad Autónoma de Canarias («No tendrán la consideración de consumidores y usuarios quienes, sin constituirse en destinatarios finales, adquieran, utilicen o disfruten bienes, productos y servicios dentro del ámbito de una actividad empresarial o profesional»). Entendemos que los derechos del huésped deberían garantizarse con independencia de que el alojamiento se realice con un propósito privado o profesional.

Con carácter general el usuario turístico que se alojará en establecimientos reglados queda amparado por el TRLGDCU; cuando el alojamiento sea contratado como un servicio suelto (independientemente de otras prestaciones) será de aplicación el régimen previsto en su artículo 60. En el caso de que el alojamiento se incluya dentro de un paquete turístico se aplicará el Libro IV de dicha norma relativo a los viajes combinados cuyo régimen se analizará en otra lección.

Por el contrario, la relación de **alojamiento entre particulares** no está amparada por las reglas de consumo. A continuación analizaremos el alojamiento privado donde, más allá de los problemas de competencia, el turista recibe un tratamiento legal diferente, pues **no tendrá la consideración de consumidor**. Ciertamente, sí tendrá dicha consideración cuando el alojamiento se lo preste un empresario o profesional que se dedique al alquiler de tales viviendas vacacionales de forma habitual. Cuando el turista alquile habitación o la vivienda de un particular será el Código Civil la norma aplicable a los posibles conflictos que pudieran surgir.

La protección del turista (a la hora de alojarse, desplazarse...) ya no es una cuestión interna sino que se presenta como un interés general supranacional. Actualmente existe un marco de ley y buenas prácticas, a nivel internacional y nacional de cada país, que obliga a los establecimientos turísticos, a cumplir con los requisitos adecuados para proteger la salud de las personas. En este sentido se entiende que el turista es un consumidor vulnerable como indica, por ejemplo, la Ley 7/2014, de 23 de julio, de protección de las personas consumidoras y usuarias de las Illes Balears («En particular, son consumidores vulnerables los menores de edad, las personas mayores de 70 años, las personas con certificado de minusvalía por discapacidad intelectual y los turistas, entendiendo como tales aquellas personas no residentes en la comunidad autónoma de las Illes Balears y temporalmente desplazadas de su residencia habitual para hacer turismo»).

V. CARACTERÍSTICAS DEL CONTRATO DE HOSPEDAJE

a) Es un **contrato atípico**, carece de normativa propia y se regula en parte por las disposiciones del CC que le sean aplicables, por la costumbre, las prácticas del sector, y los pactos entre las partes. Su regulación también está condicionada por una excesiva normativa administrativa, que caracteriza el inicio y desarrollo de la actividad por el empresario turístico.
b) Es un **contrato consensual**, por lo tanto queda perfeccionado por el mero consentimiento entre las partes. No es necesaria ningún tipo de formalidad, por ejemplo, la entrada en la habitación sometiéndose a los precios fijados es una manifestación de dicha voluntad por el cliente.
c) Es un **contrato bilateral y sinalagmático**, es decir se generan obligaciones recíprocas para ambas partes.
d) Es un **contrato oneroso** puesto que el precio se ha convertido en el eje de la relación entre las partes y se incardina en el ánimo lucrativo de la industria hotelera. Ello no obsta a que la prestación pudiera realizarse de manera gratuita lo que no desvirtúa la general obligación de tener que pagar el servicio.
e) Es un **contrato complejo** debido a la diversidad de prestaciones y servicios que podrían llegar a producirse durante la realización del contrato.
f) Es un **contrato de tracto sucesivo**, pues perdura durante un período de tiempo en el cual se realizan los servicios o suministros por el hospedero y se disfruta el uso de la habitación por el cliente.
g) Es un **contrato de adhesión**, mediante el contrato el empresario impone sus condiciones, que son rechazadas o aceptadas por el cliente, por ejemplo con el mero hecho de llegar al hotel y firmar su parte de entrada. Condiciones que el cliente rara vez podrá negociar y afectan a medios de pago, horarios, régimen de comidas, espectáculos, régimen de responsabilidad etc.

VI. EL CONTRATO DE RESERVA

En la práctica el contrato de hospedaje viene precedido generalmente de un contrato de reserva (actualmente propiciado por el uso de portales online). El objeto de este contrato **es garantizar plaza(s) en un establecimiento**, por lo tanto cabe que el legislador o el juez impongan al empresario la obligación de poner las unidades de alojamiento reservadas a disposición del cliente.

En esta etapa precontractual cobra especial relevancia el art. 60 TRLGDCU que fija el derecho de información del usuario mediante una **información clara, comprensible, adaptada a las circunstancias, relevante, veraz y sufi-**

ciente. Por su parte, las cuestiones que se puedan plantear debido al ejercicio de la facultad de desistimiento del cliente encuentran respuesta en los usos, consolidándose como tal que el hotelero pueda compensarlo reteniendo el precio de la primera noche una vez pagado un porcentaje o el precio completo de la estancia por el turista. En cualquier caso, este tipo de penalizaciones deberán ser objeto de información y constar en las condiciones de contratación previas.

En cuanto al debate sobre su naturaleza jurídica debe afirmarse su **naturaleza contractual**. Nos encontramos ante un acuerdo que pretende propiciar un posterior contrato de alojamiento y que, de por sí, crea una relación generadora de derechos y deberes recíprocos. La opción de alojamiento que nace debe entenderse **a favor del cliente**, que finalmente podrá ejercitarla o no, so pena de la citada penalización por cancelación (también es práctica habitual que el establecimiento hotelero permita al cliente desistir del contrato antes de su inicio sin imponerle indemnización, salvo que en la información precontractual se determinaran otros términos). Algunas comunidades autónomas han recogido esta práctica en sus reglamentaciones hoteleras, teniendo como precedente la Orden de 15 de septiembre de 1978. Como veremos en la lección 7, las reservas pueden convenirse directamente por los clientes (en régimen individual) o bien a través de agencias (régimen de contingente o grupo).

En el caso de la reserva realizada por futuros clientes, el hotelero está obligado a ponerlas a disposición de aquellos en la fecha convenida. Es potestad del empresario exigir o no un **anticipo del precio en concepto de señal**, que se entiende como cantidad entregada a cuenta del precio final por los servicios prestados. En función del anticipo la reserva abarcará los días que quedasen cubiertos por la cantidad aunque, por lo general, únicamente suele mantenerse durante las primeras veinticuatro horas desde la hora en que el cliente pudo disponer de la habitación (check in).

VII. EL FENÓMENO DEL ALOJAMIENTO PRIVADO O DE ESTANCIAS EN VIVIENDAS

Datos del sector

El Instituto Nacional de Estadística (INE) mediante técnicas de screen scraping de las mayores plataformas consolida ya desde 2020 el número de viviendas turísticas por encima de las 300.000. Ello representa en torno al 31,5 % de la oferta de alojamiento en España y ligeramente superior al 1 % del parque total de viviendas. Los principales tipos de alojamiento en España en el primer semestre de 2023 fueron: hoteles (175,2 millones de pernoctaciones), apartamentos turísticos (39,8 millones de pernoctaciones), viviendas vacacionales (21,4 millones de pernoctaciones), casas rurales (14,9 millones de pernoctaciones) y campings (12,8 millones de pernoctaciones). Son datos estimatorios ante la dificultad de precisar la oferta ilegal y el impacto de la demanda de alojamiento en viviendas de familiares o amigos.

Sobre el impacto económico de las viviendas de uso turístico existen diversas iniciativas y estudios como el Barómetro HomeAway del Alquiler Vacacional en España.

Concepto

Actualmente se regula y está totalmente normalizado el fenómeno que en otras ediciones y momentos hemos denominado «nuevas modalidades de alojamiento» o «alquiler vacacional o turístico». Desde la reforma de la Ley de Arrendamientos Urbanos de 2013 todas las Comunidades Autónomas han incorporado o desarrollado en su normativa sectorial turística la regulación de las viviendas destinadas a uso turístico.

Debemos evitar hablar de alquiler turístico para propiamente hablar de estancias turísticas en vivienda. No se aplica la normativa del arrendamiento sino la normativa turística. El alojamiento turístico, según definición de la normativa comunitaria (Decisión de la Comisión Europea 1999/34/ de 9 de diciembre de 1.998), es «cualquier estructura empresarial que presta un servicio de alojamiento regularmente» y, además, distingue entre alojamiento colectivo y privado. El *alojamiento colectivo* es el ofrecido de manera regular por empresas turísticas (hoteleras o extrahoteleras) mientras que el *alojamiento privado* abarca alojamientos que **no son ofrecidos por empresas convencionales** y que disponen de una capacidad limitada (generalmente es oferta no reglada al no poder ser dados de alta en los Registros de Actividades y Empresas Turísticas).

Para no incurrir en confusiones es conveniente distinguir entre **alojamiento privado** (cuyo mayor exponente son los distintos tipos de viviendas vacacionales) y **alojamiento extrahotelero** (apartamentos turísticos, campings...). Ambos fenómenos muestran un importante crecimiento según indican informes o estudios diversos.

Evolución Normativa

Este tipo de oferta no es nueva ni para la normativa ni para el mercado, una clara muestra es la normativa estatal contenida en el Real Decreto 2877/1982, de 15 de octubre, de ordenación de apartamentos turísticos y de viviendas turísticas vacacionales, así como en la Orden de 17 de enero de 1967, del Ministerio de Información y Turismo, por la que se aprobó la ordenación de apartamentos, bungalows y otros alojamientos similares de carácter turístico (normas derogadas mediante el Real Decreto 39/2010, de 15 de enero). Por lo tanto, tradicionalmente la ordenación de apartamentos, bungalows, villas y otros establecimientos similares de carácter turístico se ha realizado dentro del denominado **alojamiento extrahotelero**. Tradicionalmente, tanto las derogadas leyes turísticas estatales como las vigentes legislaciones autonómicas, han desarrollado el alojamiento turístico extrahotelero. Esta oferta **nos sitúa ante las empresas dedicadas de forma profesional y/o habitual** a proporcionar a sus clientes, mediante precio, y en condiciones de uso inmediato, residencia en apartamentos turísticos, estudios, bungalows o chalets, siempre que comercialicen o promocionen esta actividad en canales de oferta turística y la realicen con finalidad lucrativa.

La (no) aplicación de la Ley de Arrendamientos urbanos

Como es obvio, también tiene carácter extrahotelero el alquiler de viviendas de particulares a turistas, fenómeno denominado alquiler vacacional. En estos casos el propietario cede, directamente o indirectamente, a terceros, de forma reiterada y a cambio de contraprestación económica, su vivienda para una estancia turística. La Ley de Arrendamientos Urbanos (LAU) no es aplicable a los alquileres turísticos que en su artículo 5.e quedan expresamente fuera de su ámbito de aplicación se excluye de su regulación en favor de las normativas autonómicas la «cesión temporal de uso de la totalidad de una vivienda amueblada y equipada en condiciones de uso inmediato, comercializada o promocionada en canales de oferta turística y realizada con finalidad lucrativa, cuando esté sometida a un régimen específico, derivado de su normativa sectorial».

La decisión del legislador se debe a que en los últimos años se viene produciendo un aumento cada vez más significativo del uso del alojamiento privado para el turismo, que podría estar dando cobertura a situaciones de intrusismo y competencia desleal, que van en contra de la calidad de los destinos turísticos; de ahí que la reforma de la Ley los excluya específicamente para que queden regulados por la normativa sectorial específica o, en su defecto, se les aplique el régimen de los arrendamientos de temporada, que no sufre modificación.

La normativa turística autonómica

Así es aplicable la normativa turística (y sus prohibiciones) cuando este fenómeno esté regulado ya sea en una ley o bien decreto autonómico. Y es el caso de la legislación turística de comunidades como Baleares (Ley 8/2012 de Turismo), Catalunya, (Decreto 159/2012, de 20 de noviembre, de establecimientos de alojamiento turístico y de viviendas de uso turístico) Madrid, (Decreto 79/2014, de 10 de julio, por el que se regulan los apartamentos turísticos y las viviendas de uso turístico de la Comunidad de Madrid) Valencia (Ley 15/2018, 7 de junio, de la Generalitat, de turismo, ocio y hospitalidad de la Comunitat y el Decreto 92/2009, de 3 de julio) que establecen la tipología de estas viviendas y los requisitos para su comercialización turística mientras que si no se contempla el único marco legislativo que les da cobertura es la Ley de arrendamientos urbanos (LAU) mediante el alquiler de temporada (paradojícamente dicha situación podría resultar más favorable para los propietarios al no poder incurrir en el régimen sancionatorio turístico).

Como hemos indicado la publificación del derecho turístico, especialmente las prohibiciones y cortapisas administrativas (a pesar de la Directiva sobre libre prestación de servicios conocida como Bolkestein), está resultando de máxima actualidad en el vivo debate sobre el alquiler de viviendas turísticas que actualmente afrontan algunas de las comunidades autónomas de nuestro país. Pólemica derivada por el notable crecimiento de Airbnb, y del denominado **P2P (peer to peer)** donde consumidores y propietarios se ponen en contacto a través de intermediarios que propician el intercambio. Nuevamente el contrato de hospedaje es uno de los máximos exponentes de intervención administrativa. Y este argumento ha sido utilizado por el sector hotelero que ha criticado los excesos regulatorios que le restarían competitividad frente al alojamiento extrahotelero (prestado por un empresario turístico) y también el alojamiento privado (prestado por un particular). Ciertamente los establecimientos hoteleros soportan multiplicidad de normas (de derecho público que reglamentan cuestiones de seguridad, infraestructura, prevención de riesgos, controles sanitarios...) y ello está identificando la regulación de estos nuevos modelos de negocio como más ventajosos, criticados por su mayor riesgo en términos de protección del consumidor.

Por lo tanto, los alquileres turísticos, propiamente **estancias turísticas en alojamientos privados** son uno de los retos de los legisladores autonómicos en lo relativo a la ordenación de la actividad turística. No obstante, la legislación relativa a los alojamientos privados y el reconocimiento de la vivienda vacacional es diferente en las distintas comunidades autónomas de nuestro país.

La normativa estatal y autonómica

El reparto competencial de la Constitución (artículos 148 y 149) impide una normativa turística que sea común y única para toda España. Ello lleva a la convivencia de normas autonómicas y locales que presentan un panorama muy confuso y caótico (por ejemplo, los pisos turísticos están prohibidos en Palma y permitidos en Madrid). El Estado ha limitado su actuación a los siguientes aspectos por una cuestión de respeto competencial conforme al artículo 149 de la Constitución:

a) Propuesta de una definición armonizada de VUT para toda España. Como no puede interferir en la ordenación turística se plantea a efectos de aplicación de normas como la LAU o la Ley de Propiedad Horizontal. Analizando las diversas legislaciones autonómicas podemos concluir que tienen la consideración de viviendas turísticas aquellos pisos, apartamentos o casas que, amueblados y equipados en condiciones de uso inmediato son comercializados y promocionados en canales de oferta turística, para ser cedidos en su totalidad por los propietarios o las empresas explotadoras que las gestionan a terceros, con fines de alojamiento turístico a cambio de un precio.

b) Cuestiones de Registro de huéspedes por motivos de seguridad y equiparando la normativa a las obligaciones de los establecimientos de hostelería que ya existía desde 1959. La norma aplicable a estos deberes de quienes explotan viviendas vacacionales se encuentra en el Real Decreto 933/2021, de 26 de octubre, por el que se establecen las obligaciones de registro documental e información de las personas físicas o jurídicas que ejercen actividades de hospedaje y alquiler de vehículos a motor.

c) Cuestiones relativas a la autorización por parte de la comunidad para el ejercicio de la actividad. Para ello se ha modificado la Ley de Propiedad Horizontal (LPH), en su artículo 17 de la Ley de Propiedad horizontal, estableciendo en su punto 12, que se pueda prohibir utilizar las viviendas como arrendamiento «turístico» por acuerdo de las 3/5 partes de la totalidad de propietarios y cuotas. Esta norma no tendrá carácter retroactivo siguiendo la interpretación judicial previa de que no cabe la modificación de Estatutos con efectos retroactivos para prohibir el uso turístico TSJ Cataluña, Sala de lo Civil y Penal, Sec. 1.ª, de 13 de septiembre de 2018. Con el mismo quorum 3/5 partes de la totalidad de los propietarios y cuotas podrán establecer cuotas especiales de gastos o un incremento en la participación de los gastos comunes de la vivienda en la cual se realícela actividad, siempre que no suponga un aumento superior al 20 %. Optar por la mayoría cualificada es un acierto y, sin duda, también más realista que imponer la unanimidad.

Combatir las externalidades negativas de la comercialización de estancias turísticas en viviendas ha generado respuestas y medidas tanto a nivel estatal como autonómico. Las legislaciones autonómicas, a menudo, han buscado la solución en la prohibición o las moratorias. Los principales problemas a afrontar son:

a) Acceso a la vivienda (en las Islas Baleares se ha introducido el término emergencia habitacional).
b) Incremento de las rentas de los alquileres.
c) Cuestiones de convivencia, colapso de infraestructuras y gentrificación en las ciudades
d) Inadecuación de los usos del suelo y calificación urbanística (zonificaciones)
e) Protección del consumidor y cuestiones de seguridad (oferta online fraudulenta)

Especialmente compleja, por sus diversas implicaciones con lo comentado, es la aceptación del uso o destino turístico de las **viviendas en edificios plurifamiliares** (pisos o apartamentos en fincas) donde algunas normativas como catalana, valenciana o madrileña las aceptaron como tipología y otras como la balear las han incluido (Ley 6/2017) tras haberlas prohibido expresamente. Ello se debe a las mencionadas cuestiones de convivencia en las que ya son diversos tribunales los que han apuntado que la actividad no es a priori nociva y perniciosa y que las comunidades de propietarios disponen del mecanismo previsto en el artículo art. 7.2 de la citada LPH, donde se establece «al propietario y al ocupante del piso o local no les está permitido desarrollar en él o en el resto del inmueble actividades prohibidas en los estatutos que resulten dañosas para la finca o que contravengan las disposiciones generales sobre actividades molestas, insalubres, nocivas, peligrosas o ilícitas.» y que permite promover la cesación por vía judicial.

La cuestión de la zonificación de la actividad, es decir que la calificación del suelo donde se encuentran las viviendas pueda determinar la explotación o no turística de la vivienda, ha sido especialmente debatida y analizada en las Islas Canarias a raíz de su Decreto 142/2010, de 4 de octubre, por el que se aprueba el Reglamento de la Actividad Turística de Alojamiento (contempla dentro del alojamiento extrahotelero las siguientes categorías o tipos: Apartamento, Villa, Casa Rural y Casa Emblemática). Posteriormente se aprobó el Decreto 113/2015, de 22 de mayo, por el que se aprueba el Reglamento de las viviendas vacacionales de la Comunidad Autónoma de Canarias. Allí se aprobó la prohibición de ofertar viviendas vacacionales que se encontraran situadas en las zonas turísticas su territorio y que fue declarada ilegal por ser contraria a los principios de libertad de empresa y a la libre prestación de servicios.

Debido a este y otros requisitos restrictivos fijados por la controvertida normativa canaria la *Asociación Canaria del Alquiler Vacacional* (<http://www.ascav.es/>) estimaba que podrían existir unas 53.000 viviendas vacacionales que no están regladas (lo que supone un 10% de las pernoctaciones). Las cuestiones por las cuales la mayoría de estas viviendas quedan fuera de ordenación pueden ser diversas y debería atenderse a la normativa propia de cada uno de esos tipos de alojamiento extrahotelero; por ejemplo, en ocasiones se debe a motivos de planificación urbanística como el caso de las islas de La Palma, la Gomera y el Hierro en las que la práctica totalidad de su territorio está calificado como rústico y sujetas a una normativa específica distinta del resto de islas para el desarrollo de la actividad turística, a su vez pendientes desde hace años de la promulgación de un decreto que tampoco se ha aprobado. La situación se agrava ya que no sólo las viviendas plurifamiliares sino muchas de las unifamiliares aisladas no satisfacen los requisitos urbanísticos impuestos por el legislador canario. En contra de la zonificación y las limitaciones urbanísticas impuestas se pronunció la CNMC en un Informe económico (puede consultarse el caso y en informe en la web de la CNMC <https://www.cnmc.es/file/106805/download>), la sentencia del Tribunal Superior de Justicia (TSJ) de Canarias de 21 de marzo de 2017 y finalmente, el Tribunal Supremo en Sentencia núm. 1766/2018,de 12 diciembre de 2018. No obstante lo indicado, cabe apuntar que actualmente el Tribunal Supremo ha permitido y consolidado las prácticas de zonificación turística, así la Sentencia núm. 109/2023 de 31 de enero de 2023 estima la zonificación realizada por el ayuntamiento de Palma al amparo de otras sentencias que afectan a Madrid, Barcelona o País Vasco (Sentencia del Tribunal Supremo de 19 de noviembre de 2020, recurso 5958/2019).

Las mencionadas legislaciones prohíben la comercialización mediante **canales turísticos** de las viviendas que no cumplan los requisitos para ser inscritas en el registro turístico independiente, so pena de sanción. Ni tampoco podrían alquilarse como arrendamiento de temporada conforme a la LAU que expresamente se manifiesta subsidiaria para regular alquileres turísticos, pues sería un abuso de derecho o una huida de una normativa turística que lo prohibe. La naturaleza turística del servicio de alojamiento extrahotelero permite rechazar, en base a los servicios complementarios, la calificación de cesión arrendaticia y consiguiente aplicación de la LAU (Aurioles).

El principio de unidad de explotación y la compatibilidad de usos han sido guía de las políticas turísticas autonómicas que han justificado la reticencia o imposibilidad de incorporar esta nueva oferta en el mercado. Si ya resulta conflictivo el reconocimiento legal del alquiler de unidades en edificios plurifamiliares mucho más resultará reconocer el carácter turístico del **uso turístico de habitaciones de una vivienda**. Que el contrato de hospedaje se fundamente sobre la prestación principal de ofrecer alojamiento ha legitimado el fenómeno «bed and breakfast» (B&B) que existe en diversas legislaciones y destinos. La postura de los legisladores autonómicos sobre esta materia es aún más severa y se prohíbe expresamente en la mayoría de CCAA de nuestro país (incluso en las que aceptan los pisos turísticos como Catalunya o Madrid). No obstante, la práctica de comercializar habitaciones a turistas crece en internet especialmente tras el apogeo del turismo colaborativo. Su único encaje normativo se fundamenta en la autonomía de la voluntad de las partes y la aplicación del Código Civil, pues como recuerda la Sentencia AP Madrid, núm 777/06, de 13 de diciembre de 2006, en el supuesto de arrendamiento de habitación con derecho a baño y cocina, no sería aplicable la LAU pues no hay arrendamiento de vivienda ya que el objeto arrendado no dispone de los servicios mínimos y esenciales —que serían imprescindibles— pues los mismos sólo se suplen mediante la concesión del derecho a utilizar de forma compartida otras dependencias simultáneamente utilizadas por los ocupantes.

Una cuestión controvertida es considerarlas como establecimientos turísticos (entre otras CCAA citamos Navarra, La Rioja, Comunidad de Madrid, Comunidad Valenciana), así, las viviendas turísticas además de someterse a la normativa sobre turismo están sujetas a las normas autonómicas de ordenación territorial y urbanística y también a los planes de los Ayuntamientos. Ello lo vincula a una calificación de suelo y unos requisitos que resultan incompatibles con su naturaleza de viviendas en **suelo residencial (en Madrid las viviendas deben radicar en suelo terciario y tener entrada independiente).** Muy vinculado a estas consideraciones, las viviendas de uso turístico no son sino meras viviendas ubicadas en suelo residencial cuyo destino primordial es proporcionar alojamiento permanente a las personas, es evidente que las mismas constituyen espacios en los que se desarrolla la vida privada o domicilios a efectos del art. 18.2 de la Constitución Española que desarrolla **derecho a la inviolabilidad del domicilio** y que se aplica por igual a cualquier unidad alojativa utilizada por turistas, ya sean habitaciones de hotel o pisos turísticos.

La normativa de las CCAA está siendo impugnada y revisada por los Juzgados y Tribunales que están interpretando e identificando aquellas medidas y requisitos que vulneran los derechos fundamentales y las libertades públicas recogidas, entre otros cuerpos normativos, en la Directiva 2006/123/CE del Parlamento Europeo y del Consejo, de 12 de diciembre de 2006, relativa a los servicios en el mercado. El art. 10. e) de la Ley 17/2009 de trasposición de dicha directiva, establece «En ningún caso se supeditara el acceso a una actividad de servicios en España o su ejercicio al cumplimiento de lo siguiente: requisitos de naturaleza económica que supediten la concesión de la autorización a la prueba de la existencia de una necesidad económica o de una demanda en el mercado, a que se evalúen los efectos económicos, posibles o reales, de la actividad o a que se haga una apreciación por la autoridad competente o a que se comercialicen productos o servicios de un tipo o procedencia determinada. Las razones imperiosas de interés general que se invoquen no podrán encubrir requisitos de planificación económica».

Del análisis de distintas normativas autonómicas existen lo que se han denominado «barreras de entrada» que también han sido identificadas y enumeradas por la Comisión Nacional de los Mercados y la Competencia (CNMC) en su reciente informe de 19 de julio de 2018, entre las que pueden identificarse:

1. Consideración de las Viviendas de Uso Turístico como establecimiento.
2. Establecimiento de un número máximo o mínimo de días de estancia por los que se puede ceder una Vivienda de Uso Turístico.
3. Sometimiento al principio de unidad de explotación.
4. Consideración del alquiler vacacional como actividad clasificada,
5. Prohibición del alquiler por estancias.
6. Distinción entre proveedores particulares y profesionales de alojamiento turístico.
7. Restricciones de tipo urbanístico, como moratorias, restricciones por usos de suelo, restricciones por zonas o barrios, restricciones por usos de

las viviendas en un mismo inmueble o requisitos técnicos y equipamientos mínimos de las viviendas de uso turístico.

Un buen ejemplo para entender los requisitos y limitaciones que se imponen a las viviendas se encuentra en las modificaciones realizadas en 2017 al artículo 50 («requisitos para la comercialización») de la Ley de turismo de Baleares que contiene un listado un listado de 22 puntos.

Las CCAA, en el ejercicio de sus respectivas competencias, obviamente sí pueden establecer **límites** al acceso a una actividad económica o su ejercicio pero deben respetar los principios de buena regulación del artículo 129 de la Ley 39/2015 de Procedimiento administrativo. Estas medidas que se puedan imponer a la actividad de alojamiento en viviendas;

- — Deberán estar **justificadas** y se **motivará su necesidad** con el fin de preservar alguna **razón imperiosa de interés general (RIIG)** de entre las comprendidas en el artículo 3.11 de la Ley 17/2009, de 23 de noviembre, sobre el libre acceso a las actividades de servicios y su ejercicio.
- — Cualquier límite o requisito que se establezca, deberá ser *proporcionado* a la razón imperiosa de interés general invocada.
- — La medida o límite no puede ser *discriminatorio*.
- — Dicho límite podrá imponerse siempre que sea el *menos restrictivo o distorsionador* para la actividad (STJUE de 2 de octubre de 2008, C-360/2006).

Tanto la Directiva de servicios como una amplia jurisprudencia del Tribunal de Justicia de la Unión Europea determinan qué se entiende por RIIG que incluiría, entre otras, orden público, protección del medio ambiente y del entorno urbano o la seguridad y la salud de los consumidores.

Ley de Propiedad Horizontal. Estatutos y acuerdo de propietarios

El Art. 17.12 de la Ley de Propiedad Horizontal (según redacción dada por el R.D.-ley 7/2019, de 1 de marzo) permite desde 2019 limitar o condicionar el uso turístico de los pisos siempre que lo decida la comunidad de propietarios por una mayoría cualificada de tres quintas partes del total de los propietarios que, a su vez, representen las tres quintas partes de las cuotas de participación. Juntas que se convocan con el fin de que la prohibición se incluya (o modifique) los estatutos de una Comunidad de Propietarios para que así podrán ser inscritos en el Registro de la Propiedad. Con dicha inscripción son directamente oponibles frente a terceros (por ejemplo, adquirientes con posterioridad del edificio). De este modo queda vetada la actividad turística cuando hubiera unos estatutos inscritos donde se incluya una cláusula similar a esta: «en los departamentos independientes del edificio —viviendas— no podrán ejercerse actividades profesionales, empresariales, mercantiles o comerciales de ningún tipo; reservándose su uso al de carácter exclusivamente residencial». La Sala de lo Civil del Tribunal Supremo ha dictado en 2023 dos sentencias en las que avala el veto de las viviendas turísticas en las comunidades de propietarios que prohíban expresamente en sus estatutos la utilización de las viviendas para ejercer una actividad económica. El tribunal considera al respecto que el alquiler de viviendas para uso turístico es una actividad económica (Sentencia de 27 de noviembre de 2023, núm. 1643/2023 y Sentencia 29 de noviembre de 2023, núm. 1671/2023). Para el TS es actividad económica —y con ello uso distinto al de vivienda— el alquiler de las viviendas que se ofrezcan o comercialicen como alojamiento por motivos turísticos o vacacionales, y que son cedidas temporalmente por la persona propietaria, explotadora o gestora y comercializadas directamente por ella misma o indirectamente, a terceros, de forma reiterada o habitual y a cambio de contraprestación económica.

La normativa urbanística de los ayuntamientos

La normativa urbanística ha ganado un gran peso en la regulación de este fenómeno. Aunque en Baleares y Canarias está principalmente en manos de los Consells y Cabildos son principalmente los municipios los que desarrollan esta corriente que llamamos turismo-urbanismo. Por poner dos ejemplos, en Madrid, el Plan Especial de Hospedaje (PEH) es una regulación específica cuyo objetivo es establecer normas y requisitos para garantizar la calidad y la legalidad de las viviendas destinadas al alojamiento turístico. Con el fin de evitar la masificación turística de la capital, se zonifica Madrid en anillos para aplicar dichas restricciones según la ubicación, y se impone el requisito de acceso independiente al edificio para evitar conflictos con la comunidad de vecinos. En Barcelona el PEUAT, Plan Especial Urbanístico de Alojamientos Turísticos, es otra norma restrictiva que procede a dividir Barcelona en zonas y permite la creación de nuevos alojamientos turísticos en la periferia. La Sentencia 109/2023 del Tribunal Supremo de 31 de enero de 2023 estima íntegramente el recurso de casación número 8318/2021, interpuesto por el Ayuntamiento de Palma de Mallorca contra la Sentencia de la Sala de lo Contencioso-Administrativo del Tribunal Superior de Justicia de Islas Baleares que declaraba ilegal la zonificación aprobada por acuerdo del Pleno del Ayuntamiento de Palma en 2018. La norma ratificada prohíbe la comercialización en toda la ciudad de estancias turísticas en edificios plurifamiliares, permitidas exclusivamente en viviendas unifamiliares.

Entre las razones que los Ayuntamientos esgrimen para combatir y prohibir las viviendas turísticas:

— Por suponer una modificación sustancial del concepto de vivienda. El uso turístico no es un uso propio de la vivienda, puesto que es residencial.

— Por el impacto de las Estancias Turísticas en Viviendas (ETH) en la actividad en la configuración y la convivencia social en los barrios.
— Por el impacto de las viviendas vacacionales en la disponibilidad de inmuebles para el arrendamiento para la población residente.
— Por los impactos negativos sobre el medio ambiente, los recursos naturales y las infraestructuras.

Ante esta última externalidad negativa cabe mencionar la actuación de algunas comunidades autónomas como la balear que entiende necesario el impulso de una economía circular que sea eficiente e implementada a corto plazo. El Parlamento de las Illes Balears aprobó la Ley 3/2022, de 15 de junio, de medidas urgentes para la sostenibilidad y la circularidad del turismo de las islas, que pretende avanzar hacia un impacto regenerativo de la actividad turística en todo su territorio y que marca una vía o tendencia que probablemente se extienda a otras CCAA.

VIII. OBLIGACIONES DE LAS PARTES

El contenido del contrato permite afirmar que los deberes que soportan las partes se fundamentan básicamente en: el disfrute de la habitación o unidad de alojamiento, el disfrute de los servicios complementarios que se hayan podido contratar y, finalmente, la necesidad de preservar la integridad del cliente y también de todas sus pertenencias (equipaje).

A. Deberes del empresario

1. Cumplimiento de la normativa turística. Entre otras, presentar, en tiempo y forma, las declaraciones responsables exigidas para la apertura, reforma, cambio de titularidad o cese de actividad de un establecimiento hotelero, así como cumplir, desde la apertura del establecimiento hotelero hasta el cese de su actividad, todos los requisitos exigidos en la normativa turística.

Cabe recordar que las normativas autonómicas de derecho público aplicables a los establecimientos turísticos imponen una serie de obligaciones para la tutela y defensa de los intereses generales. Por este motivo se imponen normas que afectan a la ejecución de la actividad de alojamiento y que suponen una excepción a la autonomía de la voluntad de las partes. El incumplimiento de estas normas de *ius cogens* supone la aplicación del régimen de infracciones y sanciones previsto en los diversos ordenamientos turísticos.

2. Facturar los servicios prestados de acuerdo con los precios establecidos o pactados, y entregar a los clientes los documentos acreditativos de dichos servicios, haciendo constar separadamente y con suficiente claridad cada uno de los conceptos facturados (alojamiento, servicios complementarios...). En la Ley 13/2011, de 23 de diciembre del Turismo de Andalucía queda reflejado que los precios de los servicios turísticos son libres.

3. Deberes de información, por ejemplo mantener actualizada la pagina web, si el establecimiento dispusiese de la misma, contestando las peticiones de información que lleguen a través de este instrumento de comunicación.

4. Deber de aceptar y alojar al cliente que ha contratado el alojamiento, es decir, reservar las habitaciones suficientes para poder satisfacer la demanda que ha sido comprometida bien directamente o a través de un intermediario. Algunas legislaciones autonómicas han reaccionado ante la generalizada práctica de la sobrecontratación (*overcontracting*) que podría determinar la denegación del alojamiento al cliente. Aunque estemos ante un incumplimiento entre las partes es la normativa de derecho público la que intentaría dar solución a este problema amparándose en la desigualdad de las partes y la protección del consumidor (art. 37 de la Ley 7/1995 de ordenación del turismo de Canarias sobre responsabilidades por sobrecontratación).

5. Deber de respetar la privacidad y de custodiar los objetos depositados por los huéspedes. El empresario velará la intimidad y privacidad de los clientes en todo el establecimiento y sobre todo en las habitaciones que constituyen domicilio. Como indica el Tribunal Constitucional en STC 10/2002, 17 de enero de 2002, «(...) Desde esta perspectiva, ni la accidentalidad, temporalidad, o ausencia de habitualidad del uso de la habitación del hotel, ni las limitaciones al disfrute de las mismas que derivan del contrato de hospedaje, pueden constituir obstáculos a su consideración como domicilio de los clientes del hotel mientras han contratado con éste su alojamiento en ellas., Siendo las habitaciones de los hoteles espacios aptos para el desarrollo o desenvolvimiento de la vida privada, siempre que en ellos se desarrolle, constituyen ámbitos sobre los que se proyecta la tutela que la Constitución garantiza en su art. 18.2: su inviolabilidad y la interdicción de las entradas o registros sin autorización judicial o consentimiento de su titular, fuera de los casos de flagrante delito (...)»

Uno de los problemas más frecuentes con que se enfrenta la jurisprudencia recaída en materia de alojamiento hotelero es el de la determinación de la responsabilidad por pérdida o deterioro del equipaje (Aurioles). Estamos ante una responsabilidad objetiva Según el Código Civil (regulando la cuestión en los artículos 1783 y 1784), la introducción de objetos en el establecimiento se califica como «déposito necesario» aún cuando no se entrega su posesión ni se contrata expresamente la custodia de los bienes. Es un servicio que presta el hotelero y por dicha introducción o entrega de objetos se deriva una responsabilidad que alcanza al empresario hotelero, a sus dependientes y a los extraños; luego existe la responsabilidad personal, la subsidiaria por los dependientes y empleados (*culpa in eligendo*) y la derivada de negligencia o culpa extracontractual (art. 1.902 del C. c.) cuando sean personas ajenas al establecimiento las que hayan originado el daño se haya producido por personas ajenas al hotelero pero no se acredite la diligencia de un buen padre de familia. Por lo tanto, el empresario responde en todos los supuestos de incumplimiento del deber de custodia de las pertenencias del cliente, salvo que la pérdida se origine en causas extrañas a su actividad empresarial o profesional como son casos de fuerza mayor o «robo a mano armada». El hotelero puede imponer prevenciones de cuidado y vigilancia sobre los bienes introducidos que el cliente debe respetar y que le convierten en responsable si las desatiende.

Los huéspedes deberán *poner en conocimiento del empresario o de sus empleados* los efectos introducidos en el establecimiento (inciso 2.º del artículo 1783). Pensar que la responsabilidad del empresario turístico pivota en ello demuestra, obviamente, la obsolescencia de este precepto, pues es prácticamente imposible y resulta poco operativo que el cliente realice un inventario completo de los objetos que porta consigo. No obstante sí deberá declarar aquellos objetos de especial valor con el fin de constituir prueba (irrefutable) de la preexistencia en el establecimiento en el hipotético caso de su desaparición (sobre la carga de la prueba de la preexistencia, art. 38 de la Ley 50/1980, de 8 de octubre, de Contrato de Seguro). La costumbre y los usos de comercio tienden a excluir las alhajas, el dinero y los valores de esta responsabilidad, así como, actualmente, las disposiciones expresas de los reglamentos o normas de régimen interior de los establecimientos de alojamiento. En estos casos también se impone la entrega y el uso de las cajas fuertes comunes que disponga el establecimiento. Esta custodia directa sí supone una responsabilidad plena del fondista/empresario de alojamiento que, recordemos, tiene dos obligaciones: la obligación de custodiar y la de restituir. La primera de estas obligaciones se configura netamente como una obligación de hacer, y es la que configura al contrato como un contrato de prestación de servicios.

Por otro lado, los viajeros también son responsables y deberán ser diligentes, imponiéndose el respeto de las prevenciones que les hubiesen hecho sobre el cuidado y vigilancia de los efectos (uso de cajas de seguridad, tarjetas magnéticas, cierre de puertas y accesos...). Del examen de una abundante jurisprudencia podemos decir que no existe una regla general y encontramos pronunciamientos en diversas direcciones. Lo que sí resulta indudable es importancia de los **aspectos probatorios** en estos supuestos, determinantes en la resolución del juzgador. Se trata en definitiva de preservar los intereses en juego: la protección y seguridad del huésped durante su estancia en el hotel que también alcanza sus pertenencias y la necesidad de limitar la responsabilidad y el deber de custodia del hotelero. Por ello ante la dificultad de poder probar qué ha ocurrido o qué bienes fueron introducidos (cuando no han sido declarados) debería generalizarse la solución de fijar límites a las cantidades compensatorias.

Debemos diferenciar entre el **uso de una caja fuerte individual**, a disposición del cliente en la habitación y la **caja central** del hotel instalada en una dependencia especifica y cuyo único acceso está permitido a determinados empleados. No existen fórmulas para resolver o responder la casuística en la primera de las situaciones pues encontramos sentencias en las que se entiende que con el uso por los clientes de una caja de seguridad en la que depositar los efectos no es necesario comunicar a la empresa hotelera los efectos depositados, haciendo responsable en todo caso a esta última de los daños causados a los efectos, por sus empleados o por terceras personas; no obstante en otras sentencias se estima que la solicitud de una caja de seguridad individual por el cliente de un hotel no supone la introducción de objeto alguno en el mismo ni tampoco la puesta en conocimiento de los efectos introducidos o de su valor [véanse SAP Málaga de 5 de diciembre de 2006 (AC 2007\882), SAP Málaga, 30 de julio 2001 (AC2002/328) SAP Cádiz, 27 de diciembre de 2002 (JUR 2003/113805)]. Sobre el uso de la caja fuerte de la habitación la Sentencia de la Audiencia Provincial de Málaga, núm. 122/23 de 21 de febrero de 2023 afirma que «la introducción en la misma de objetos, en este caso de considerable valor según se afirma, no supone una entrega al hotelero a modo de contrato de depósito y sobre las citadas cajas fuertes en cada habitación, no puede tampoco el Hotel desplegar una actividad de custodia concreta, resultando probada la advertencia de disposición de cajas individuales en recepción al efecto de una custodia específica por personal del hotel. El cliente pues, asume cierto riesgo utilizando la caja de la habitación, que carece de custodia directa, en detrimento de las cajas de seguridad de recepción, donde el hotel sí asume obligaciones de control y vigilancia».

6. Cuidar el buen funcionamiento y mantenimiento del inmueble y sus instalaciones en un estado adecuado es una de las obligaciones principales del empresario de alojamiento. Por ello la ausencia de reparaciones necesarias hace recaer sobre el propietario del edificio la responsabilidad por los daños causados por ruina de sus instalaciones, que como tiene dicho el Tribunal Supremo en sus Sentencias de 10 diciembre 1984 (RJ 1986\1147) **y 30 junio 1992** (RJ 1992\6550) «ha de configurarse objetivamente en atención al riesgo originado por el estado del inmueble». A su vez el empresario deberá prestar los servicios conforme a la calidad ofertada y la categoría del establecimiento (SAP Valencia, núm. 219/2012, 7 de junio de 2012).

7. Cumplir con múltiples obligaciones de carácter administrativo impuestas frente a terceros, como tener a disposición de los clientes hojas de reclamaciones o la documentar la identidad de quienes se alojan.

B. Deberes del consumidor

1. Pagar el precio estipulado. La obligación principal del cliente es pagar la factura según lo estipulado. El precio debe ser un precio final, incluyendo todas las prestaciones o servicios que se hayan contratado así como los impuestos que sean aplicables, como, por ejemplo, impuesto sobre el valor añadido o cualquier tipo de tributo (local o autonómico) sobre estancias.

Las normativas autonómicas han abordado la **publicidad y comunicación de los precios** a los clientes. Un ejemplo es la legislación valenciana que impone «Los precios de cada uno de los servicios prestados por los establecimientos de alojamiento deberán gozar de la máxima publicidad, y figurar en lugares de fácil localización y lectura por el público. Los precios de habitaciones y régimen alimenticio figurarán, con independencia de hacerlo donde lo considere necesario la dirección del establecimiento, en la recepción del mismo».

Este pago suele realizarse al finalizar la estancia, si bien las partes podrían pactar un pago por adelantado. En este punto es importante destacar que el impago de la estancia puede llegar a suponer un ilícito penal, concretamente una **estafa de hospedaje** (Gónzalez Cabrera), cuando existe un propósito defraudatorio antes o en el momento de celebrar el contrato y es capaz por ello de mover la voluntad de la otra parte, por ejemplo, que el cliente simule una apariencia de solvencia para alojarse y disfrutar de los servicios de un establecimiento que abandona sin abonar (STS de 27 de febrero de 2003). En conclusión, no todo impago tiene la condición de delito (SAP Barcelona, núm. 266/2012, de 21 marzo de 2012), por ejemplo cuando el cliente no ha cobrado una cantidad que esperaba recibir o bien cuando pensaba que podía pagar con bonos que finalmente no son aceptados y sí se aprecia delito de estafa como indica la SAP Barcelona 766/2023, 15 de septiembre de 2023, cuando existe dolo o intención de engaño que se desprenderá de la conducta probada («la conducta de los acusados, acredita que desde el inicio su intención era alojarse en el hotel sin abonar el importe del alojamiento, provocando un desplazamiento patrimonial por parte del establecimiento y un correlativo enriquecimiento injusto por parte de los acusados que pretendían alojándose en el hotel sin abonar la factura»).

Se plantea en este punto el debate sobre las posibles garantías ante un posible impago basadas principalmente en **retener los objetos** pertenecientes al cliente y el cargo en la tarjeta titularidad del hospedado que se haya facilitado o exija el hotel.

En cuanto a facilitar los datos de **una tarjeta de crédito o débito** (número, caducidad y código de verificación), a modo de prenda cabe indicar que ninguna norma, ni estatal, ni autonómica, obliga ni faculta a tal exigencia. Si bien es cierto que, en las Islas Canarias, en base al Decreto 23/1989, de 15 de Febrero, sobre la ordenación de apartamentos turísticos, cabe exigir una señal, que no el depósito de la tarjeta de crédito, cuya cuantía varía según las circunstancias. Tal práctica puede entenderse **abusiva respecto del consumidor** puesto que por ser la tarjeta de crédito un documento personalísimo e intransferible, creándose además una situación de riesgo para el titular de la misma, de cara a un posible extravío o utilización indebida, pero para entenderse abusiva debe analizarse conforme al TRLGDCU y la Ley 7/1998 sobre Condiciones Generales de la Contratación para determinar si la obligación es desproporcionada.

2. **Deber de diligencia respecto a las pertenencias depositadas en el hotel.** Como hemos comentado el extravío es un tema que genera diversas interpretaciones, en ocasiones se exige que el cliente deba notificar sus pertenencias para poder declarar la responsabilidad del hotelero (SAP Madrid, de 16 de julio de 2001 JUR 2002/9125) y en otras no sea necesario cuando sean efectos de uso personal sin especial valor (SAP Sevilla, de 2 de junio de 2004 AC 2004/1082). El aviso o advertencia por escrito que el hotel no responderá de alhajas, cantidades en metálico, documentos y objetos que dejen los clientes en las habitaciones que ocupen no es suficiente para descargarle de responsabilidad (Sentencia Audiencia Provincial de Málaga, núm. 697/1998, de 22 septiembre).

3. **Deber de identificarse con el fin de que los establecimientos hoteleros** colaboren con la exigencia de información a los Cuerpos y Fuerzas de Seguridad del Estado, debiendo aportar los datos personales identificativos de los clientes que se alojan de conformidad con lo establecido en la Ley Orgánica 1/1992 de 21 de febrero, sobre Protección Ciudadana. Los clientes serán informados de modo expreso, preciso e inequívoco sobre los puntos contenidos en el artículo 5.1 LOPD, estos son, entre otros, existencia de fichero, cesión de los datos, responsable del tratamiento, derechos de acceso (por ejemplo mediante un cartel informativo en recepción). Los empresarios **conservarán las hojas de admisión** a disposición del órgano competente en materia turística, durante un periodo mínimo establecido por la normativa.

4. **Observar y cumplir con las normas o reglas de urbanidad, higiene y convivencia** determinadas por la **normativa municipal o autonómicas** aplicable y someterse a las prescripciones particulares del **Reglamento de Régimen Interior** de las empresas turísticas cuyos servicios se contratan. Reglamento de Régimen Interior es el conjunto de normas, fijadas por el establecimiento, con objeto de regular, conforme a derecho, los detalles de la convivencia y la adecuada utilización de los servicios del hotel o, también, el respeto entre huéspedes. Como ejemplos de estos incumplimientos o inobservancias: no adaptarse a las especificaciones de indumentaria en el comedor o en la zona de spa o reglas de disfrute del «todo incluido» que *no implica que el viajero dispone a su libre arbitrio y decisión, hacer o realizar el régimen de comidas, aperitivos y bebidas que en número, clase y momento desee y de forma ilimitada, sino que ello tiene que atemperarse al uso determinado como habitual en el contexto del propio hospedaje. Así en cuanto a las bebidas, no puede confundirse con que tales consumos usuales estén incluidos en el precio del viaje, con el derecho a disfrutar de la denominada vulgarmente «barra libre»* (SAP Valencia, núm. 413/2005, de 5 de octubre de 2005)

5. **Abandonar el establecimiento según el horario que tenga fijado** (generalmente antes de las doce del día de salida). De no respetar el horario estipulado el establecimiento puede cobrar una penalización. Sobre la posibilidad de que el contrato de hospedaje pudiese prolongarse en el tiempo hasta convertirse en domicilio permanente, debemos tener presente que dicho contrato se pacta generalmente de fecha a fecha, procediéndose a su finalización a la realización de un nuevo contrato entre las partes. En el caso de que el cliente no abandone y se produzca una situación de «okupación hotelera» entendemos que la única opción *legal* para poder forzar el desalojo consistiría en una demanda judicial de desahucio, siempre notificando al huésped la carga económica que supone (por día) seguir en el mismo, perjuicios y cantidades adeudadas.

IX. INCUMPLIMIENTOS CONTRACTUALES Y RESPONSABILIDAD

El incumplimiento del contrato de hospedaje puede deberse al empresario o al cliente y en función de la causa justificará o no la extinción del contrato. Aunque no se disponga de una regulación sistemática que abarque todos los aspectos de este contrato puede afirmarse que la suma de las normas generales de las obligaciones y contratos junto aquellas cuyo objeto es la protección de los consumidores, especialmente el TRLGDCU 1/2007, son suficientes y apropiadas para resolver las controversias y problemas que suscita esta relación contractual. Los casos de incumplimiento derivados del contrato de hospedaje se solventan por los Tribunales aplicando el régimen del incumplimiento contractual del Código civil (entre otros, arts. 1081, 1101, 1124, 1157 CC).

Entendemos que predicar la responsabilidad objetiva e ilimitada del empresario de alojamiento, es decir que responda por todos los daños que se causen dentro del establecimiento con independencia de su diligencia, resulta excesiva y gravosa. La actividad probatoria, que deviene esencial para atribuir responsabilidades, queda condicionada y dificultada por la intimidad y privacidad de los huéspedes (derecho que precisamente caracteriza el contrato de alojamiento). Siguiendo la doctrina del TS debe apreciarse un *componente fáctico del nexo causal entre la conducta del agente y el daño recae sobre el demandante*, y que la reclamación de la responsabilidad civil en sede del art. 1.902 del C. Civil, «exige la existencia de un nexo causal entre el comportamiento del sujeto que se señala como responsable y el resultado producido», siendo requerida «la necesidad de una cumplida justificación del nexo causal entre la conducta del agente y el resultado no puede quedar desvirtuada por una posible aplicación de la teoría del riesgo, la objetivización de la responsabilidad o la inversión de la carga de la prueba, aplicables en la interpretación del artículo 1.902, pues el cómo y el por qué se produjo el accidente constituyen elementos indispensables en el examen de la causa eficiente del evento dañoso...» (STS núm. 1228/2006, de 29 de noviembre de 2006). Un buen ejemplo es el caso de la intoxicación de un niño alérgico a determinados alimentos en la que los padres contratan menús especiales y también la empresa de eventos organiza personal para custodiar a los menores. A pesar de la intoxicación del menor la sentencia de la Audiencia Provincial de Madrid, Sección 9ª, núm. 246/2021 de 13 Mayo de 2021, absuelve a la empresa porque el control de un extremo tan personal y particular (que un niño de seis años no tome alimentos a los que es alérgico) es una obligación de los padres; atendiendo a las especiales circunstancias, ya que se trataba de su boda, podrían haberse procurado la ayuda de familiares o amigos que vigilasen al menor, si ellos sabían que no iban a poder estar pendientes de él todo el tiempo, máxime a la vista de la ubicación separada de adultos y niños, como se ha demostrado, y de la edad del menor, seis años, que lógicamente hacía precisa una vigilancia estrecha. Pero no por ello (por tratarse de su convite de boda y por haber contratado una empresa que organice, prepare y sirva ese convite) puede deducirse que la obligación de cuidado del menor había sido transferida a esa empresa. La sentencia indica que no se ha contratado expresamente una actividad de vigilancia y control (no hay responsabilidad contractual) y que cuidar o vigilar al menor para que no ingiera alimentos a los que es alérgico no es un deber general que incumba a todos, luego no haber realizado esa vigilancia no constituye infracción del deber general de no dañar a otro, por lo que no puede generar responsabilidad extracontractual.

Hay que destacar que la responsabilidad del empresario de alojamiento tiene carácter contractual cuando el cliente contrata directamente servicios con él (por ejemplo, web de un hotel o cadena). En aquellos supuestos en los que el cliente se haya alojado tras contratar un viaje combinado o bien a través de un vendedor (organizador o intermediario) existe la posibilidad de reclamarle por la vía de la responsabilidad extracontractual. Además, la responsabilidad del prestador directo es solidaria con la del comercializador del viaje o paquete existiendo una responsabilidad extracontractual del primero y contractual del segundo.

Las causas de incumplimiento pueden sistematizarse conforme al siguiente esquema (Fernández Álvarez):

Incumplimiento por **causas justificadas**:

a) Fuerza mayor que puede afectar tanto al empresario como al turista: (incendio, fallecimiento de un familiar).
b) Causas que exclusivamente afectan al empresario: insolvencia, realización de obras necesarias, fallecimiento
c) Causas que exclusivamente afectan al cliente: accidente, enfermedad, muerte.

Incumplimiento por **causas injustificadas**:

a) Causas derivadas de la falta de la debida diligencia del industrial: sobreocupación, defectuosa prestación de servicios, interrupción de la prestación de servicios.
b) Causas imputables al cliente: incomparecencia (no show), abandono e impago, no observar las normas de conducta.

En aquellos supuestos de no prestación o prestación defectuosa la responsabilidad de la empresa de alojamiento aparece configurada de forma objetiva o cuasi objetiva, quedando muy limitada la posibilidad de exoneración. Pueden enumerarse como **causas de exoneración para el empresario de alojamiento** las siguientes:

a) Que el incumplimiento sea debido a causas de fuerza mayor, es decir una circunstancia anormal, imprevisible e inevitable a pesar de actuar con total diligencia (terremoto, golpe de Estado, atentado)
b) Que el incumplimiento, total o parcial, sea imputable a la conducta del usuario o de un tercero ajeno a la prestación del servicio
c) El caso fortuito, entendido a menudo de forma uniforme con la fuerza mayor, que se refiere a sucesos externos que no pertenecen a la esfera de control del prestador (actuando diligentemente no hubiera podido evitar).

Vamos a abordar aquellas reclamaciones que con mayor frecuencia se plantean por los usuarios de establecimientos de alojamiento, recordando que la responsabilidad respecto a las pertenencias depositadas en el hotel ya ha sido desarrollada al tratar el deber de diligencia del empresario. Las reclamaciones de responsabilidad suelen generarse por:

a) **Daños personales**: Son múltiples las sentencias que han analizado la indemnización por los daños sufridos en establecimientos hoteleros. Actualmente las zonas de *wellness y spa* han incrementado los riesgos, si bien ascensores, habitaciones y escaleras son zonas donde los clientes también han sufrido algún accidente con un resultado lesivo para el hospedado que se ha sometido a decisión judicial. En la Sentencia Tribunal Supremo, núm. 69/2003, de 6 febrero se sostuvo que la teoría o doctrina de la responsabilidad por riesgo solamente es aplicable a los supuestos de daños generados como consecuencia del desarrollo o ejercicio de actividades peligrosas. Por lo tanto, en situaciones propias de la normal actividad de un edificio dedicado a la hostelería (uso de escaleras), no cabría soportar las consecuencias derivadas de una situación de creación de peligro [STS (Sala de lo Civil, Sección 1ª), núm. 842/2009 de 5 enero, (RJ 2010\6)]. En esta línea la Sentencia de la Audiencia Provincial de Asturias de 22 de mayo de 2023 establece que no existe responsabilidad del hotel por caída de cliente al tropezar con escalón situado entre el cuarto de baño y el dormitorio por entender que de lo acreditado no hay prueba de una conducta culposa por parte del establecimiento demandado que permita hacerle un reproche culpabilístico, ni se le puede imputar responsabilidad alguna en la caída sufrida por la actora ni en sus consecuencias dañosas, al no resultar acreditada una omisión de las medidas de seguridad y de adaptación a la normativa por parte del establecimiento hotelero. De manera similar no es indemnizable un descuido o falta de atención del cliente como afirma la Sentencia de la Audiencia Provincial de Cáceres de 5 de junio de 2023 que desestima la reclamación por caída dentro de un restaurante al tropezar con una cajas ubicadas en un pasillo al entender que «las cajas ya estaban apiladas en el pasillo cuando la actora accedió al interior del bar para adquirir una consumición, que el pasillo, por tanto, era accesible, no habiendo tenido que sortear obstáculo o caja alguna para llegar a la zona de bar-restaurante, que la demandante conocía, además, por ser cliente habitual del establecimiento, que las cajas se encontraban siempre allí, por lo que al salir del establecimiento por el mismo pasillo sabía de su presencia, la cual tenía —ciertamente— carácter previsible para la misma, más aún cuando instantes antes las había visto, como siempre, al acceder al interior del bar sin riesgo o problema alguno, por lo que solo cabe inferir que la caída se debió a un descuido o distracción inexcusable de la demandante, quien, de no haber decidido seguir caminando mirando hacia atrás y perdiendo el control de sus propios pasos, hubiera eludido el accidente (caída) ...».

b) En relación al **contrato de garaje** lo que es objeto de depósito, sujeto a los deberes de vigilancia y custodia, es el **vehículo y sus componentes** ya que ese servicio se entiende vinculado al contrato de alojamiento. Por ello, el vehículo debe quedar amparado por la responsabilidad consagrada en los artículos 1783 y 1784 CC como indican las sentencias SAP Sevilla 2 de junio de 2004 y SAP de Baleares 29 de enero de 2010. Otra interpretación se centra en la existencia de un contrato de aparcamiento independiente del contrato de hospedaje, aunque vinculado, siendo el régimen de responsabilidad el previsto por la ley 40/2002, reguladora del contrato de aparcamiento de vehículos (STS de 8 de mayo de 2008). Debe acreditarse expresamente su existencia, generalmente con el pago de una cantidad que responde a una oferta del empresario de parking bajo su responsabilidad. En cuanto a los robos en vehículos de los clientes suele exonerarse la responsabilidad del empresario de alojamiento cuando se aparcan en la vía pública o zonas cercanas al edificio, pero que quedan fuera de la vigilancia y control del titular de la explotación. Únicamente merece conceptuarse como local propiamente destinado o hospedaje el propio inmueble a tal fin destinado a los garajes cubiertos o no, pero en todo caso recintos cerrados para aparcamiento de vehículos a los que sólo tengan acceso turismos, bien de clientes hospedados o de terceras personas que sean admitidos y cuyo acceso sea de alguna forma controlado, ya sea porque deban atravesar puertas cerradas o vallas de control de paso o porque se les dé paso por empleados del hotel, ya se vigile o no permanentemente el lugar, mas no aquellos lugares de estacionamiento de acceso libre y abierto (Sentencia Audiencia Provincial Tarragona, de 5 mayo 1994). En diversas sentencias se ha analizado la sustracción de objetos que radicaban dentro del vehículo (arts. 3.1 y 3.2 Ley 40/2002) y puede afirmarse que el empresario de alojamiento no puede ser responsable de la sustracción de objetos de valor no pertenecientes al vehículo, cuando nadie le ha advertido de su existencia. En resumen, se trata de una responsabilidad contractual derivada de la falta de vigilancia, siempre y cuando el cliente ponga en conocimiento a la empresa de su introducción, contrate dicho servicio y observe las prevenciones que aquella establece para una eficaz vigilancia de los mismos.

c) También deben destacarse los **casos de intoxicaciones**, en estas situaciones es fundamental la relación de causalidad entre la afección física sufrida y la prestación hotelera. Por ejemplo, una gastroenteritis aguda causada por salmonella. Estos casos se resuelven generalmente mediante el derecho a la restitución de lo pagado por la estancia, el pago de los tratamientos o la indemnización de los daños morales derivados de la falta de disfrute de las vacaciones (Sentencia AP Barcelona, núm. 19/2011, 14 de enero de 2011). Los daños indemnizados deben tener una estrecha relación causal y su origen en la intoxicación, por ello la Sentencia de la Audiencia Provincial de Castellón de 30 de mayo de 2023 condena parcialmente a restaurante por lesiones padecidas por una intoxicación alimentaria pero no a una secuela que el comensal sufre y que no tiene nada ver con la comida servida por el restaurante sino a un cuadro médico ya existente y anterior del lesionado.

d) Casos relativos a la **seguridad e integridad de los clientes** debiendo garantizarlas el hotelero, siendo diligente en la vigilancia y los medios utilizados para ello. De nuevo las circunstancias serán relevantes, siendo la resolución totalmente diferente de encontramos ante, por ejemplo, un ataque terrorista o ante la entrada de terceros ajenos en el establecimiento como en el caso enjuiciado por la SAP Málaga, núm. 801/2003 de 6 febrero (AC 2003\971).

X. DURACIÓN Y EXTINCIÓN DEL CONTRATO

Nos encontramos ante un contrato de **tracto sucesivo** que se realiza durante un determinado período de tiempo en el que se sucederán distintas prestaciones, siendo la principal ceder el uso de una unidad de alojamiento al cliente. El **plazo será conocido y cierto, pactado previamente** por las partes. La propia práctica empresarial es la que impone la necesidad de fijar indispensablemente la duración, pues estamos ante un contrato que no puede perpetuarse en el tiempo ya que el flujo de clientes exige precisar las fechas de entrada y salida con anterioridad (ya incluso en la reserva). Debe advertirse que si bien pueden contratarse vacaciones por varios días o semanas se entiende que el **contrato es por días**, existiendo una renovación tácita (diaria) durante el período contratado, pero no más allá de su conclusión (como podría ocurrir en un contrato de arrendamiento puesto que el empresario ya puede tener la habitación comprometida con otro cliente).

En cuanto a la extinción del contrato, debemos atender a la teoría general sobre extinción de las obligaciones, a lo pactado entre las partes o a los usos generalmente observados (Lección 2). Los motivos que principalmente generan la extinción del contrato son el debido cumplimiento y transcurso del plazo de la estancia contratada, aunque también deben tenerse en cuenta aquellas causas de rescisión y resolución que se derivarían de la conducta unilateral de alguna de las partes como, por ejemplo, la decisión del hotelero fundamentada en la conducta del cliente que pueda afectar a la convivencia o régimen de uso interior como también por impago de servicios o de la habitación.

LECTURAS COMPLEMENTARIAS

AA.VV. *Las viviendas vacacionales: entre la economía colaborativa y la actividad mercantil*, Dykinson, 2019.

BADENAS CARPIO, J.M., «Sobre la posible publificación del contrato de hospedaje», *Actualidad Civil*, núm. 16, 2000. NAVARRETE A., «El contrato de hospedaje y el negocio de hostelería», Revista de Derecho Mercantil, núm.70, 1958.

CEBALLOS MARTÍN, M.M. / PÉREZ GUERRA, R., *El contrato turístico de alojamiento hotelero*, Comares, 2001.

FRANCH FLUXÀ, J., «Restricciones a la libertad de empresa y otros derechos en la normativa urbanística aplicable a las viviendas vacacionales». E*studios De Deusto* 69 (2), 2021

GONZÁLEZ CABRERA, I., «El contrato de alojamiento turístico», *Contratos mercantiles* (Dir. BERCOVITZ RODRÍGUEZ-CANO) 5.ª Ed. T. III, Aranzadi, 2013, p. 747-785.

GONZÁLEZ CASTILLA, F., «En defensa de la libertad de empresa ante el uso de las moratorias como instrumento de política económica», *La Ley Mercantil,* núm. 97, Diciembre, 2022.

NAVARRETE A., «El contrato de hospedaje y el negocio de hostelería», *Revista de Derecho Mercantil,* núm.70, 1958.

LECCIÓN 5
LOS CONTRATOS DE TRANSPORTE DE PASAJEROS[1]

Achim Puetz
Profesor Titular de Derecho Mercantil
Universitat Jaume I de Castellón

---

1. NOTA DEL AUTOR: El presente trabajo se ha realizado en el marco del proyecto de I+D+i coordinado «El transporte ante el desarrollo tecnológico y la globalización: nuevas soluciones en materia de responsabilidad y competencia» (Ref. PID2019-107204GB-C33), financiado por MCIN/ AEI/10.13039/501100011033/. Investigadores principales: M.ª V. Petit Lavall y A. Puetz.

I. INTRODUCCIÓN

En virtud de un contrato de transporte de personas, el porteador o transportista —son sinónimos— se compromete frente al pasajero, generalmente a cambio de una remuneración, a trasladar a éste y, en su caso, su equipaje de un lugar a otro. De la definición expuesta pueden extraerse las características esenciales del contrato. Por un lado, suele tratarse de un **contrato bilateral y sinalagmático**, en el sentido de que ambas partes poseen intereses contrapuestos —el pasajero en ser transportado y el porteador en obtener la contraprestación debida por el traslado— y que se generan obligaciones recíprocas para cada una de ellas —el porteador se compromete a efectuar el transporte y el pasajero a pagar por él—. Por otro lado, **la obligación que asume el porteador es de resultado**, es decir, para que pueda entenderse rectamente cumplida, debe producirse el resultado prometido: el traslado incólume del pasajero desde el punto de origen hasta el de destino, dentro del horario previsto. Si ello no sucede, se está ante un incumplimiento o un cumplimiento defectuoso del contrato, en función de cuál sea el grado de consecución del resultado. Así, por poner dos ejemplos, la cancelación de un vuelo sin ofrecer ninguna alternativa de viaje implica el incumplimiento total del contrato, mientras que la obligación de transportar se cumple, pero de forma defectuosa, en caso de retraso.

Desde el punto de vista del Derecho privado, el desarrollo regular del transporte suscita escasas dudas dignas de reseñar y, de hecho, es muy parca la normativa al respecto. Por el contrario, la solución jurídica de las incidencias en la prestación es, junto con la documentación del contrato (esto es, el billete), el aspecto que mayor atención ha recibido por parte del legislador. A raíz de la evolución del transporte hacia un servicio al acceso de un público cada vez más amplio —y, también, más exigente— adquiere una trascendencia singular la configuración legal de los derechos del pasajero como parte débil en el contrato: la legislación actual parte de su calificación como consumidor, de modo que es objeto de una especial tutela o protección. Existe por ello un amplio abanico de normas de origen internacional, europeo y doméstico que modulan el marco jurídico general en materia contractual, en particular, el régimen de responsabilidad del transportista en caso de incumplimiento o cumplimiento defectuoso del contrato en los distintos modos de transporte (aéreo, marítimo y terrestre).

Así, sin perjuicio de que cada uno de los textos legales vaya a analizarse con mayor detalle en el lugar que por sistemática le corresponde, el contrato de transporte y los derechos de los pasajeros se hallan regulados a nivel *internacional* en los siguientes tratados: para el transporte aéreo, el Convenio de Montreal (CM); para el transporte marítimo, el Convenio de Atenas (en su versión dada por el Protocolo de Londres) (PAL); y, para el transporte ferroviario, las Reglas Uniformes relativas al contrato de transporte internacional de viajeros por ferrocarril, Apéndice A al Convenio relativo a los transportes internacionales por ferrocarril (RU CIV), tras la modificación por el Protocolo de Vilna. Junto a ellos, el legislador *europeo* ha introducido ciertas medidas de tutela del pasajero en los distintos modos de transporte, configuradas como un mínimo de protección. Aunque, quizá, lo más idóneo hubiera sido elaborar un régimen uniforme que fuese común para todos ellos, finalmente se optó por aprobar sendos Reglamentos destinados a regular la protección de los pasajeros en el transporte aéreo, marítimo, ferroviario y por carretera, respectivamente: los Reglamentos n.º 2027/1997 (modificado en profundidad por el Reglamento n.º 889/2002) y 261/2004 en lo relativo al transporte aéreo; los Reglamentos n.º 392/2009 y 1177/2010 para el transporte de pasajeros por mar; el Reglamento n.º 2021/782 en relación al transporte por ferrocarril, que desde el pasado 7 de junio de 2023 sustituye al anterior Reglamento n.º 1371/2007; y el Reglamento n.º 181/2011 para el transporte de viajeros en autobús y autocar. Por último, no puede perderse de vista la normativa *nacional*, llamada a colmar las lagunas de regulación de los textos de origen internacional y comunitario. Así, en Derecho interno se cuenta, entre otras, con la Ley 48/1960, de Navegación Aérea (LNA); la Ley 14/2014, de Navegación Marítima (LNM); así como las Leyes 38/2015, del Sector Ferroviario (LSF), y 16/1987, de Ordenación de los Transportes Terrestres (LOTT), junto con los respectivos Reglamentos que las desarrollan.

II. FORMACIÓN, CONTENIDO Y DOCUMENTACIÓN DEL CONTRATO

Escasas particularidades presenta el régimen de formación de los contratos de transporte y, de hecho, la legislación sectorial específica suele renunciar a su regulación, razón por la cual ha de estarse al régimen general en materia contractual. Como la mayoría de los contratos privados, también el de transporte se perfecciona con el **consentimiento**, esto es, el concurso de oferta y aceptación sobre el objeto y la causa del contrato (art. 1.262, 1.ª del Código civil). Es, por ello, un contrato consensual, no formal. Dicho consentimiento puede prestarse estando ambas partes (o sus representantes) presentes, por ejemplo, si se adquiere un billete de tren o de autobús en la taquilla o a bordo del propio vehículo de transporte; a través de intermediarios, señaladamente, una agencia de viajes; o, lo que resulta cada vez más frecuente, a través de medios automáticos de contratación (máquinas de venta de billetes) o de *internet*. Respecto de este último modo de contratar —la contratación *on line*—, el artículo 23 de la Ley 34/2002, de 11 de julio, de servicios de la sociedad de la información y de comercio electrónico (LSSI), dispone que los contratos celebrados por vía electrónica producen los mismos efectos que los que se hayan otorgado por otros medios y los sujeta al régimen jurídico establecido para el contrato en cuestión.

La mayor parte del **contenido del contrato** suele venir predeterminado por el transportista e impuesto por éste al pasajero por medio de las llamadas «condiciones generales de transporte» que, en cuanto condiciones generales de la contratación, están sujetas al control de inclusión o incorporación, por un lado, y al de contenido, por otro, de conformidad con la legislación vigente. En España, los **requisitos de inclusión de las condiciones generales** en el contrato aparecen reguladas en la Ley 7/1998, de 13 de abril, sobre condiciones generales de la contratación. A su tenor, las condiciones generales sólo quedarán incorporadas al contrato si el adherente (en nuestro caso, el pasajero) ha tenido una oportunidad real de conocerlas de manera completa al tiempo de la celebración del contrato (art. 7); un requisito que, en la contratación electrónica, se cumple si las condiciones generales están disponibles en la página *web* del transportista de tal manera que puedan ser almacenadas y reproducidas por el pasajero (art. 27.4 LSSI). Pero mayor importancia reviste, qué duda cabe, el **control de contenido**, en particular, el que se refiere a las llamadas «cláusulas abusivas» en los contratos celebrados con consumidores, pues, como se decía, el pasajero es consumidor por definición. Para saber si una cláusula es abusiva y, con ello, nula de pleno derecho, ha de estarse a lo dispuesto en el texto refundido de la Ley general para la protección de los consumidores y usuarios, aprobado por Real Decreto legislativo 1/2007, de 16 de noviembre, que en sus artículos 80 y siguientes establece un prolijo régimen jurídico aplicable a las «cláusulas no negociadas individualmente» con un consumidor. Sobre la base de dichos preceptos, son muchas las cláusulas contenidas en condiciones generales de transporte que han sido declaradas nulas por nuestros tribunales (p.ej., la llamada cláusula *«no show»* en el transporte aéreo, a la que se hará referencia más adelante en el texto).

Como ha quedado dicho, los contratos de transporte se perfeccionan con el consentimiento de las partes. De ahí que la expedición de un **documento que formalice el contrato** no sea necesaria para que éste llegue a nacer, pero sí conveniente a efectos de la prueba de la existencia y del contenido del contrato. Por ello, la legislación vigente suele imponer al transportista la obligación de expedir un billete o título de transporte, aunque su falta, irregularidad o pérdida no afectan ni a la existencia ni a la validez del contrato (véanse, p.ej., los arts. 3.5 CM y 6.2 RU CIV). También puede suceder que un pasajero se halla desprovisto de billete, no porque no se le haya expedido o lo haya extraviado, sino porque no ha celebrado contrato de transporte alguno y, además, no tiene intención de hacerlo. Es el caso de las personas «que viajan sin billete» o de los «polizones», esto es, personas que se embarcan clandestinamente. Aun tratándose de un supuesto harto infrecuente en el transporte aéreo, dadas las exhaustivas medidas de seguridad, su incidencia es innegable en el ámbito terrestre, razón por la cual se contempla expresamente en las Reglas Uniformes CIV para el transporte ferroviario: cuando un viajero no presenta un título de transporte válido, las condiciones generales de transporte podrán prever la obligación de pagar un sobreprecio y, en caso de que el viajero se niegue a pagar el precio o el suplemento, su exclusión del transporte (art. 9.1). Por lo demás, ante la negativa por parte del pasajero afectado de pagar el precio, no llega a nacer entre éste y el porteador un contrato de transporte, con la consecuencia de que no le es aplicable la normativa nacional en materia de protección de los consumidores y usuarios (véase la STJUE de 21 de septiembre de 2016, as. C-261/15, *Demey*).

III. RESPONSABILIDAD DEL PORTEADOR Y DERECHOS DE LOS PASAJEROS

En la medida en que el porteador asume, por virtud del contrato de transporte, no sólo la obligación de trasladar al pasajero y su equipaje, sino también la de salvaguardar su integridad (física y moral) y de realizar el transporte en las condiciones y el tiempo pactados, podría pensarse que el incumplimiento o cumplimiento defectuoso de las distintas dimensiones de la prestación debida tiene su correlato en el derecho del pasajero a exigir su cumplimiento o, cuando ello no sea posible (o conveniente), a resolver el contrato, renunciando al viaje, con el resarcimiento de los daños y perjuicios irrogados en ambos casos (v. art. 1.124 del Código civil). Pero no debe perderse de vista que lo que se transporta es una persona, razón por la cual los remedios tradicionales previstos en el Derecho común no siempre proporcionan una solución adecuada. En efecto, el incumplimiento o el cumplimiento defectuoso del contrato de transporte puede tener, para el pasajero, dos tipos de consecuencias:

Así, puede sin duda causársele un **daño** que, a su vez, puede ser físico (muerte y lesiones), moral o patrimonial, incluida la pérdida o el deterioro del equipaje, o los perjuicios causados por un retraso en la llegada. Cuando el hecho causante del daño (p. ej., un accidente aéreo o ferroviario) sea imputable al transportista, se desencadena la responsabilidad de éste frente al pasajero, que suele traducirse en el pago de una indemnización. De lo que se trata, en definitiva, es de resarcir al pasajero de los daños y perjuicios que haya sufrido efectivamente.

Pero puede suceder también que, a consecuencia de ciertas incidencias con el viaje, al pasajero se le generen **necesidades** que no hubieran surgido de realizarse la prestación en los términos pactados (p. ej., la de procurarse alojamiento y manutención en caso de cancelación o de retraso en la salida). En estos casos, la legislación aplicable suele obligar al porteador a remediar la situación creada con independencia de que la incidencia le sea imputable o no (no lo es, p. ej., cuando la cancelación de un vuelo se debe al cierre del espacio aéreo). Como quiera no se exige la existencia de un daño para que el transportista deba actuar —antes al contrario, lo que se busca es evitar que aquel se produzca—, es frecuente aludir a un deber de asistencia de éste. En caso de incumplimiento total de la prestación debida por el porteador, el pasajero puede tener derecho, además, a **exigir el cumplimiento** (es decir, un viaje alternativo hasta el destino final) o **la resolución del contrato**, con devolución del precio pagado. El conjunto de remedios para hacer frente a las necesidades aludidas suele subsumirse bajo la expresión «derechos de los pasajeros».

A lo largo de las páginas que siguen se analizarán, para cada uno de los distintos modos de transporte, la ya tradicional responsabilidad del transportista en caso de accidente (muerte y lesiones), por retrasos en la llegada y por incidencias con el equipaje (pérdidas, averías y retrasos), así como ciertas obligaciones que surgen a cargo de aquel en supuestos que sólo recientemente han recibido una atención específica por parte del legislador: cancelaciones, retrasos en la salida, sobreventa de billetes *(overbooking* y *overselling)*, etc.

1. Transporte aéreo

1.1. Responsabilidad en caso de accidente

La compañía aérea está obligada a resarcir los daños causados en caso de **muerte o lesiones corporales del pasajero** cuando una u otras sean consecuencia de un *accidente* ocurrido a *bordo de la aeronave* o *durante las operaciones de embarque o desembarque*. De ahí que sea frecuente hablar de «responsabilidad en caso de accidente» para referirse a tales supuestos; responsabilidad que, sin embargo, está regulada de forma no siempre coincidente en distintas normas de origen internacional. Por su relevancia, debe destacarse el Convenio de Montreal de 28 de mayo de 1999 (en adelante, CM), que pretende sustituir al anterior Convenio de Varsovia de 1929 (aunque éste sigue en vigor para determinados transportes aéreos con origen o destino en países que no hayan ratificado el Convenio de Montreal). Si bien el ámbito de aplicación del Convenio queda restringido, en principio, a los transportes *internacionales* con origen y destino en un Estado contratante, el Reglamento comunitario n.º 2027/1997 declara, desde su modificación por el Reglamento n.º 889/2002, su vigencia para todos los transportes aéreos, incluidos los nacionales, que sean efectuados por una compañía aérea comunitaria. Es por ello por lo que sus reglas en materia de responsabilidad del transportista se aplican a la práctica totalidad de los viajes realizados dentro de la Unión o que tengan su origen en algún Estado miembro. El régimen resultante es, por lo demás, imperativo, en el sentido de que no admite modificaciones en perjuicio del pasajero.

Como se decía, para que entre en juego la regulación contenida en el Convenio de Montreal, la muerte o lesión corporal [que incluye el «mero» daño psicológico, a condición de que sea de tal gravedad o intensidad que afecte al estado general de salud y no pueda solucionarse sin tratamiento médico: así, la sentencia del Tribunal de Justicia de la Unión Europea (TJUE) de 20 de octubre de 2022, as. C-111/21, Laudamotion] ha de ser consecuencia de un «accidente». Pero pese a su importancia, el término carece de definición legal en el Convenio, que meramente lo menciona, y no es interpretado de forma homogénea en todas las jurisdicciones, aunque sin duda abarca los accidentes en sentido estricto, esto es, las catástrofes aéreas causadas por un mal funcionamiento de la aeronave, condiciones meteorológicas adversas, fallos de la tripulación, etc.

Ante la indefinición legal, son ya varias las decisiones del Tribunal de Justicia de la Unión Europea que, en fechas recientes, han delimitado el concepto de accidente, propugnando una interpretación amplia del término. Destaca, en este sentido, la sentencia de 19 de diciembre de 2019 (as. C-532/18, Niki Luftfahrt), en la que declaró que el accidente es todo «acontecimiento involuntario perjudicial imprevisto» que, además, no tiene por qué suponer la materialización de un riesgo típico de la aviación (en el caso enjuiciado, un vaso con café hirviendo había volcado por motivos desconocidos, causando quemaduras a una pasajera). Con todo, más tarde precisó que el carácter «imprevisto» del acontecimiento no ha de valorarse desde la perspectiva subjetiva del pasajero afectado, pues ello podría llevar a que un mismo acontecimiento sea calificado de «accidente» para unos pasajeros, mas no para otros (STJUE de 12 de mayo de 2021, as. C-70/20, Altenrhein Luftfahrt). Según el relato de hechos, se había producido un aterrizaje «duro» que, sin embargo, se había realizado respetando los procedimientos aplicables al avión concreto, y teniendo en cuenta las reglas del arte y las mejores prácticas en el ámbito de la aviación, por lo que la lesión corporal sufrida por el pasajero demandante (hernia discal) no se consideró consecuencia de un «accidente» en el sentido del Convenio de Montreal. Con ello, parece consolidarse también a nivel europeo la ya clásica noción ofrecida por la Corte Suprema de los Estados Unidos en una sentencia de 4 de marzo de 1985 (Air France v. Saks), que define los accidentes como acontecimientos o eventos inesperados o inusuales que son externos al pasajero, pero sin que puedan considerarse como tales aquellos otros supuestos en que la lesión deriva de la reacción interna del pasajero a la operación usual, normal y esperada de la aeronave.

Pues bien, una vez constatada la existencia de un accidente, el Convenio establece, en su artículo 17.1, un **sistema de responsabilidad** llamado **de «doble estrato»**. Quiere decirse con esto que, aunque la responsabilidad del transportista no está limitada cuantitativamente (lo cual sí sucede, p.ej., en el transporte marítimo), su fundamento cambia a partir de un cierto umbral. Por ello, a efectos de determinar el alcance de la responsabilidad del transportista ha de partirse del importe total del daño causado. Para aquella parte del daño que corresponda al primer escalón indemnizatorio —hasta 128.821 Derechos Especiales de Giro (DEG, un activo de reserva internacional creado por el Fondo Monetario Internacional, cuyo valor está basado en una cesta de cinco monedas nacionales y que puede intercambiarse por monedas de libre uso, p.ej., el euro), unos 160.000 euros al tipo de cambio actual—, la responsabilidad del transportista es objetiva (art. 21.1 CM): el transportista tan sólo podrá quedar liberado de su responsabilidad si el daño es debido a culpa del propio pasajero (art. 20 CM). Por el contrario, para aquella parte del daño que exceda del límite indicado (segundo escalón indemnizatorio), la responsabilidad es subjetiva o por culpa, aunque la culpa de la compañía aérea se presume: ésta responde salvo que pruebe que el daño no es consecuencia de una actuación negligente suya o de sus auxiliares, o que se debe exclusivamente a la negligencia u otra acción u omisión indebida de un tercero. En todo caso, y como se decía, la indemnización no está sujeta a límite máximo alguno.

Al margen de ello, el Reglamento n.º 2027/1997 establece algunas obligaciones a cargo de la aerolínea que mejoran las previsiones del Convenio de Montreal. Por un lado, se estipula la necesidad de contratar un **seguro de responsabilidad civil** que garantice que los pasajeros cobren el importe íntegro de la indemnización a que tengan derecho conforme al Reglamento. Por otro, se introduce el llamado **derecho de anticipo**, que implica la obligación de abonar a la persona afectada por el accidente una cantidad de dinero para cubrir las necesidades económicas inmediatas. El pago de dicho anticipo deberá hacerse efectivo en un plazo de 15 días desde el momento en que se identifique a la persona con derecho a indemnización (que puede ser el propio pasajero afectado, o ciertas otras personas en caso de que éste hubiera fallecido).

1.2. Responsabilidad en caso de incidencias con el equipaje

Por regla general, el contrato de transporte aéreo incluye no sólo el traslado del propio pasajero, sino también el de su equipaje. No obstante, el transporte al menos del equipaje *facturado* ha de considerarse hoy un servicio complementario, de manera que las aerolíneas son libres para solicitar un suplemento de precio a aquellos pasajeros que deseen transportar bultos en la bodega del avión. Así lo ha declarado el Tribunal de Justicia de la Unión Europea en su sentencia de 18 de septiembre de 2014 (as. C-487/12, *Vueling*).

Respecto a la responsabilidad del transportista por daños relacionados con el equipaje, el Convenio de Montreal distingue entre el equipaje facturado y el de mano. Respecto del primero, el **equipaje facturado**, la compañía aérea responderá de la *pérdida* (a la que se equipara un retraso de más de 21 días), *destrucción* o *avería* del equipaje facturado por la única razón de que el *hecho* que la cause (no se requiere, por tanto, que se deba a un «accidente») suceda durante el transporte aéreo, esto es, el tiempo en que el transportista tiene bajo su custodia los equipajes. A estos efectos, la responsabilidad de la compañía aérea comienza desde el momento en que los bultos son puestos a su disposición (generalmente en el mostrador de facturación) y termina cuando de nuevo son devueltos al pasajero (art. 18.2 CM). El transportista tan sólo podrá quedar exonerado de su responsabilidad si el daño deriva de un defecto o la propia naturaleza (p.ej., la fragilidad) del equipaje, o cuando sea debido a culpa del viajero; circunstancias que, además, han de ser probadas por la compañía aérea. Por el contrario, cuando el equipaje facturado llegue con *retraso* al lugar de destino (p.ej., porque se ha embarcado por error en otro vuelo), la responsabilidad del transportista lo es por culpa, aunque ésta se presume. Ello significa que la aerolínea quedará exonerada de su responsabilidad si y en la medida en que pruebe que ella y sus auxiliares adoptaron todas las medidas razonablemente necesarias para evitar el daño (o que les fue imposible adoptarlas).

En fin, cuando el equipaje facturado presente daños (avería) o se produzca un retraso en su entrega (no, por tanto, en los supuestos de pérdida o destrucción de un bulto), el pasajero deberá presentar por escrito el oportuno *aviso de protesta* (llamado «Parte de Irregularidad de Equipaje») (art. 31 CM). Los plazos de que dispone para hacerlo son muy breves: en caso de avería habrá de hacerlo inmediatamente después de detectar los daños y, a más tardar, a los siete días desde la recepción del equipaje; el retraso, por su parte, deberá ponerse de manifiesto dentro de los 21 días desde la fecha en que los bultos hubieran sido puestos a disposición del pasajero. El respeto de los plazos indicados es de suma importancia, pues en caso de incumplirse el pasajero pierde toda acción contra la compañía aérea, salvo cuando ésta hubiera actuado con fraude.

Distinta es la solución prevista cuando lo que se denuncie sea la pérdida, la destrucción o la avería del **equipaje de mano**, incluidos los objetos personales. En tales casos es el pasajero quien debe probar la concurrencia de culpa por parte del transportista o de sus auxiliares. Ello es lógico si se tiene en cuenta que la compañía aérea no asume la custodia de estos bultos y es el propio pasajero quien se hace cargo de ella.

Una vez constatada la responsabilidad del porteador (en cualquiera de los modos de transporte), **la cuantía de la indemnización debida se somete** con frecuencia **a ciertos límites máximos**; y ello sucede también cuando se produzcan incidencias con el equipaje en el transporte aéreo. La justificación para ello habría de buscarse, tanto en la dificultad que supone para aquel prever el alcance de los daños que pudieran causarse al pasajero (pues depende del valor del equipaje y de su contenido, un dato que la compañía aérea habitualmente desconoce), como en el deseo de garantizar que su responsabilidad civil pueda asegurarse a cambio de una prima razonable. Concretamente, si lo que se reclama es la pérdida, la avería o la destrucción del equipaje o un retraso en su entrega, el importe de la indemnización no podrá, en principio, exceder de 1.288 DEG por pasajero (unos 1.600 euros al cambio actual). Este límite no se aplicará en dos supuestos. Por un lado, el transportista responde de forma ilimitada cuando pueda probarse que él o sus auxiliares han actuado con intención de causar el daño (p.ej., si la maleta ha sido sustraída por uno de los empleados de la compañía) o de forma temeraria y con consciencia de que probablemente se causaría dicho daño. Por otro, tampoco se aplica el mencionado límite cuando el pasajero haya realizado una declaración de valor del equipaje transportado, a cambio generalmente de un sobreprecio. En tales casos, el límite antes señalado se sustituye por el valor declarado. Al margen de cuanto se acaba de decir, el Tribunal que resolviese la reclamación podrá añadir a la indemnización las costas y gastos judiciales si así lo prevé su propia ley nacional (art. 22.6 CM).

1.3. Derechos del pasajero en caso de retraso, denegación de embarque y cancelación del vuelo

La principal obligación asumida por el transportista aéreo en el contrato de transporte es el traslado del pasajero, sano y salvo, desde el punto de partida hasta el lugar previsto de destino. Por ello, desde el momento en que el pasajero no puede llegar a ese destino (bien porque el vuelo no se efectúa, bien porque se produce una interrupción durante el trayecto) o no lo hace en el tiempo establecido, se estará ante un incumplimiento o un cumplimiento defectuoso del contrato que, en su caso, dará lugar a la responsabilidad de la compañía aérea o a la obligación de ésta de subvenir a las necesidades de los pasajeros afectados.

No obstante, antes de entrar a analizar cada uno de los supuestos que desencadenan las diferentes medidas de protección del pasajero, conviene hacer una breve mención a una de las vías de reclamación de que dispone éste en caso de vulneración de las normas contenidas en el Reglamento europeo n.º 261/2004, relativo a los derechos de los pasajeros en el transporte aéreo, a que seguidamente se hará referencia. Y es que, además de los remedios tradicionales (a saber, la reclamación frente a la propia aerolínea y la demanda ante los Tribunales), existe un mecanismo menos conocido para la defensa de los intereses del pasajero: el recurso a la Agencia Española de Seguridad Aérea (AESA). En efecto, en caso de que la reclamación ante la compañía aérea quede sin respuesta, o ésta no fuera satisfactoria, el usuario afectado puede reclamar ante la AESA que, desde el día 2 de junio de 2023, actúa como entidad de resolución alternativa de litigios en materia de derechos de los usuarios del transporte aéreo. La Agencia investiga los hechos y emite una decisión motivada, que es, en principio, vinculante para la aerolínea, pero no para el pasajero, que podrá ejercer todavía las acciones civiles que tenga frente a la compañía aérea. Esta posibilidad ha de saludarse muy positivamente, pues no sólo es beneficiosa para el pasajero (quien no tendrá que presentar la correspondiente demanda ante la jurisdicción ordinaria, con el coste que ello implica), sino también evita que los Tribunales del orden civil acaben congestionados por reclamaciones que, de ordinario, son de escasa cuantía.

a) Retraso

En cuanto al retraso en el transporte aéreo de pasajeros, ha de diferenciarse en función de si aquel se presenta al inicio del viaje (retraso *en la salida* del vuelo) o al final del mismo (retraso *en la llegada* a destino). El Convenio de Montreal (que, por mor de la remisión en el Reglamento n.º 2027/1997, resulta de aplicación también a los transportes nacionales) se refiere únicamente a este último, es decir, a aquellos supuestos en que, por la razón que fuera, el pasajero llega a destino después de la hora convenida (**retraso en la llegada**). Ciertamente, la compañía aérea responde de los daños causados por el retraso tan sólo si éste es debido a una actuación u omisión culposa suya o de sus auxiliares. Ahora bien, al igual que sucede con respecto al retraso en el transporte del equipaje, la culpa del transportista se presume, es decir, para quedar exonerada de su responsabilidad la compañía aérea deberá probar que había adoptado todas las medidas necesarias para evitar el daño o que la adopción de tales medidas le era imposible (art. 19 CM). Y también aquí se establece un límite cuantitativo a la responsabilidad del transportista: el importe máximo que puede reclamar el perjudicado por este concepto es hoy de 5.346 DEG por pasajero (unos 6.600 euros), salvo que el transportista o sus auxiliares hayan actuado con intención de causar el daño o con temeridad y consciencia de la probabilidad de que éste pudiera producirse (22.1 y 5 CM).

El **retraso en la salida** del vuelo, en cambio, no es objeto de regulación en el Convenio de Montreal, aunque sí se contempla, a nivel europeo, en el Reglamento n.º 261/2004, relativo a los derechos de los pasajeros en el transporte aéreo. Esta norma viene a completar lo dispuesto en el Convenio y establece unos derechos mínimos de los pasajeros en caso de que se produzca un supuesto de incumplimiento o cumplimiento defectuoso no previsto en la norma internacional. Ahora bien, sólo se aplica a vuelos con origen en un aeropuerto comunitario, con independencia de cuál sea la nacionalidad de la aerolínea, así como a aquellos otros que tengan como destino un aeropuerto comunitario y sean efectuados por una compañía comunitaria (a menos que los pasajeros disfruten de derechos similares en el país de origen).

El Reglamento reconoce a los afectados por retrasos en la salida de sus vuelos ciertos derechos de asistencia y atención, siempre y cuando el retraso sea de cierta entidad (a lo que la norma se refiere con la expresión «**gran retraso**»). Concretamente, el retraso ha de ser de al menos dos horas en vuelos de hasta 1.500 km; de tres horas o más en vuelos intracomunitarios de más de 1.500 km y en otros vuelos de entre 1.500 y 3.500 km; y de cuatro horas o más en los demás supuestos (vuelos «extracomunitarios» de más de 3.500 km) (art. 6.1). Cuando el transportista aéreo *prevea* que se vaya a producir tal gran retraso en la salida del vuelo, el pasajero tendrá derecho a la asistencia prevista en el artículo 9 del Reglamento, esto es, en función de la entidad del retraso y las circunstancias concretas: comida y refrescos, alojamiento, transporte entre el aeropuerto y el lugar de alojamiento, así como acceso a ciertos medios de comunicación (p.ej., a efectos de poder avisar a quienes le esperen en el aeropuerto de destino). En el caso de que el retraso en la salida superase las 5 horas, el pasajero tendrá además la posibilidad de desistir del contrato y renunciar al vuelo, a cambio del reembolso —en un plazo máximo de siete días— del precio que haya pagado por él (junto con un vuelo de vuelta al primer punto de partida, en aquellos casos en que sea necesario, p.ej., porque el gran retraso se produce durante una escala) [art. 6.1 *in fine*)].

No se refiere el Reglamento, a tenor de su articulado, a los supuestos de retraso *en la llegada* a destino. Concretamente, a lo que no parecía tener derecho el pasajero era a la **compensación automática** que la norma prevé para los supuestos de cancelación del vuelo [cuando ésta no se anuncia con una cierta antelación mínima: art. 5.1.*c*) en relación con el art. 7 del Reglamento], a la que seguidamente nos referiremos. Ello no obstante, el Tribunal de Justicia declaró, en una importante sentencia de 19 de noviembre de 2009 (as.ac. C-402/07 y C-432/07, *Sturgeon*), que la diferencia de trato injustificada a la que con ello se somete a los pasajeros que sufren un retraso en la llegada respecto de aquellos otros cuyo vuelo se cancela (el perjuicio es análogo en ambos casos: una pérdida de tiempo), obliga a interpretar el Reglamento en el sentido de que los pasajeros de un vuelo retrasado pueden igualmente invocar el derecho a ser compensados económicamente de acuerdo con lo previsto en el artículo 7. Para ello ha de producirse un retraso *en la llegada* de tres horas o más, aunque la compañía aérea no está obligada a satisfacer la compensación si demuestra que el retraso en la llegada se debe a circunstancias extraordinarias que no podrían haberse evitado incluso si se hubieran tomado todas las medidas razonables (aplicando por analogía el art. 5.3 del Reglamento). Pesaba, sin duda, en la decisión del Alto Tribunal una práctica habitual entre las compañías aéreas que, con el fin de no satisfacer la compensación prevista para los supuestos de cancelación, retrasaban indefinidamente los vuelos que, en realidad, debían haberse cancelado.

Más recientemente, el Tribunal de Justicia ha declarado que esta misma regla se aplica aun cuando, en un vuelo con conexión, el retraso en la salida del primer vuelo es inferior a los umbrales previstos en el Reglamento, pero se produce un retraso en la llegada al destino final que supera las tres horas (STJUE de 26 de febrero de 2013, as. C-11/11, *Folkerts*); y ello con independencia de si el segundo o posterior vuelo parte de un aeropuerto de la Unión o no (STJUE de 31 de mayo de 2018, as. C-537/17, *Wegener*: el retraso del primer vuelo entre Berlín y Casablanca comportó la pérdida del vuelo de conexión entre Casablanca y Agadir). En este mismo contexto, el de los retrasos en la llegada de un vuelo que da lugar a la pérdida de otro vuelo consecutivo en el marco de un mismo viaje («pérdida de enlace»), debe tenerse en cuenta que frecuentemente se encuentra en las condiciones generales de transporte de la aerolínea una cláusula que declara la ausencia de responsabilidad del porteador por este hecho. Ahora bien, ello no significa que la compañía aérea no responda nunca por la pérdida del enlace, pues es posible que tal cláusula sea declarada nula por considerarse abusiva para el pasajero (así, la sentencia del Tribunal Supremo núm. 631/2018, de 13 de noviembre, declara la nulidad de una cláusula del tenor siguiente: «El transportista, salvo que otra cosa se indique en el billete, no asume la responsabilidad de garantizar los enlaces con otro vuelo en el punto de destino») y ha de estarse a las circunstancias del caso concreto.

b) Denegación de embarque

Se habla de «denegación de embarque» cuando la compañía aérea impide que el pasajero acceda a la aeronave a pesar de haber celebrado con él un contrato de transporte aéreo. La negativa **puede deberse a causas justificadas**, como el impago del billete; la falsificación de la tarjeta de embarque; la presentación en la puerta de embarque después de la hora indicada; o el estado físico o mental del pasajero o las características de su equipaje, cuando uno u otras supongan un riesgo para el plan de vuelo, la aeronave, la tripulación o los demás pasajeros. En estos casos, no puede exigírsele ningún tipo de responsabilidad al transportista.

No obstante lo anterior, **sucede con frecuencia que la denegación de embarque no está justificada**, en cuyo caso la aerolínea quedará sujeta a la indemnización de los daños causados y el pasajero gozará de los derechos mínimos que para tales supuestos le concede el Reglamento n.º 261/2004. La casuística es variada [p.ej., denegación de embarque a un menor acompañado desprovisto de DNI, cuando la normativa nacional de seguridad aérea le permite viajar con el libro de familia: entre otras, Sentencia del Juzgado de lo Mercantil n.º 9 de Barcelona de 17 de marzo de 2011], pero el artículo 4 del Reglamento parece pensado, sobre todo, para el supuesto que con mayor frecuencia se presenta en la práctica: la llamada sobrerreserva o sobreventa de billetes (***overbooking*** o *overselling*). Consiste en admitir la reserva o venta de un número mayor de billetes que plazas existen en la aeronave utilizada para realizar el transporte. Con ello, las compañías aéreas pretenden rentabilizar su actividad, al evitar que sus aeronaves viajen con asientos vacíos. Y es que, según parecen mostrar las estadísticas manejadas por las propias aerolíneas, es frecuente que usuarios que hayan adquirido un pasaje no se presenten a facturación o embarque, o anulen o cambien su billete o reserva. Huelga decir que, si finalmente acuden más pasajeros al aeropuerto que plazas hay en el avión, va a tener que denegarse el acceso a la aeronave a uno o varios de ellos, con el perjuicio que ello supone para los afectados. De ahí que, aunque se trate de una práctica tolerada por las autoridades europeas y nacionales —precisamente porque permite optimizar el espacio disponible en la aeronave y, así, ofrecer precios más ventajosos a todos los potenciales viajeros—, se establezcan unas obligaciones mínimas a cargo del transportista aéreo, con el fin de prevenir los abusos que pudieran producirse.

Dispone el Reglamento que, cuando el transportista prevea que deberá denegar el embarque a uno o más pasajeros con reserva confirmada, deberá pedir que se presenten **voluntarios** que renuncien a su reserva a cambio de unos beneficios que habrán de ser acordados con el pasajero; en caso de que no se presenten voluntarios o su número sea insuficiente, el transportista podrá denegar el embarque **en contra de la voluntad de los afectados** (art. 4). Es cierto que, en ambos casos, el pasajero no va a poder embarcar en el vuelo para el que disponía de reserva, pero ello no significa que no pueda viajar. Antes al contrario, la norma comunitaria le permite elegir entre renunciar al transporte (a cambio, como no puede ser de otra forma, del **reembolso** del precio satisfecho) o ser conducido hasta el destino final en condiciones de transporte comparables, lo más rápidamente posible o en una fecha posterior que convenga al pasajero (**transporte alternativo**) (art. 8.1).

Además, cualquiera que sea la razón que haya motivado la denegación injustificada (salvo cuando el pasajero renuncie voluntariamente a su reserva, pues se entenderá incluida en los «beneficios» a que antes se aludía), el artículo 4.3 en relación con el artículo 7 del Reglamento obliga a la compañía aérea a satisfacer a los pasajeros afectados una **compensación económica** que la propia norma cifra en 250 euros para vuelos de hasta 1.500 km; 400 euros para los demás vuelos intracomunitarios y los vuelos no comunitarios de entre 1.500 y 3.500 km; y 600 euros para los vuelos no comunitarios de más de 3.500 km. En los vuelos con conexión, la distancia se calcula teniendo en consideración únicamente el lugar del primer despegue y el destino final, y no la suma de las distancias de los distintos vuelos de conexión (STJUE de 7 de septiembre de 2017, as. C-559/16, *Bossen*). La compensación referida es automática y a tanto alzado, de manera que no es necesario que el pasajero pruebe el daño efectivamente causado para tener derecho a percibirla. Ahora bien, el importe puede reducirse en un 50 % si se le ofrece al pasajero el traslado en un transporte alternativo que le permita llegar a su destino con una diferencia entre la hora de llegada efectiva y la inicialmente prevista que no exceda de dos horas en vuelos de hasta 1.500 km; de no más de tres horas en vuelos intracomunitarios de más de 1.500 km (y «extracomunitarios» de entre 1.500 y 3.500 km); y de no más de cuatro horas en vuelos no comunitarios de más de 3.500 km. Resulta obvio que, tratándose de un supuesto que por definición es imputable a la aerolínea, ésta no quedará exonerada en ningún caso de la obligación de pagar la compensación indicada.

En fin, también tendrán derecho los pasajeros que hayan sufrido una denegación de embarque injustificada a la **asistencia** prevista en el artículo 9 del Reglamento, a la que ya se ha hecho referencia. Ésta comprende, como se vio, una serie de atenciones de primera necesidad, concretamente, comida y refrescos suficientes, alojamiento en los casos en que sea necesario —p. ej., porque el vuelo que finalmente ha de trasladar al pasajero no sale hasta uno o varios días más tarde—, transporte entre el aeropuerto y el lugar de alojamiento, dos llamadas telefónicas, etc.

c) Cancelación del vuelo

El tercer supuesto contemplado en el Reglamento n.º 261/2004 se refiere a la cancelación del vuelo. También aquí, el pasajero no obtiene la prestación contratada, pero porque el vuelo no se efectúa (mientras que, en los supuestos de denegación de embarque, éste sí se realiza, pero para transportar a otros pasajeros). Nuevamente, ello no significa que el pasajero afectado no vaya a poder viajar: tendrá derecho a elegir entre renunciar al transporte (a cambio del **reembolso** del precio satisfecho) o a viajar en el próximo vuelo con disponibilidad de asientos, o en otra fecha posterior que le convenga (**transporte alternativo**) [art. 5.1.*a*) en relación con el art. 8]. También deberá prestársele la **asistencia** prevista en el artículo 9, esto es, la oferta gratuita de atenciones de primera necesidad referida en el párrafo anterior.

Por su parte, los pasajeros afectados tendrán derecho asimismo a unas **compensaciones automáticas** de cuantía idéntica a las previstas por el Reglamento para los casos de denegación injustificada de embarque. No obstante, cuando se cancele un vuelo la compensación no es debida siempre y en todo caso. Por un lado, quedará exonerada la compañía aérea cuando la cancelación se deba a circunstancias extraordinarias que no puedan evitarse, aun adoptando todas las medidas que sean razonablemente exigibles (p.ej., las cenizas expulsadas a la atmósfera por la erupción de un volcán que obligan al cierre del espacio aéreo: STJUE de 31 de enero de 2013, as. C-12/11, *McDonagh*; o la colisión entre avión y pájaro —*bird strike*—: STJUE de 4 de mayo de 2017, as. C-315/15, *Pešková*; en cambio, no exoneran de responsabilidad, por regla general, los fallos técnicos de la aeronave: STJUE de 22 de diciembre de 2008, as. C-549/07, *Wallentin-Hermann*). Por otro lado, el alcance de la obligación de satisfacer la compensación depende de la antelación con la que se avisa de la cancelación y, en su caso, de si se ofrece o no un vuelo alternativo y de las características de éste. Concretamente, no es exigible su pago cuando se le informe al pasajero de la cancelación del vuelo con una antelación mínima de 2 semanas; cuando se le informe de la cancelación con menos de 2 semanas de antelación, pero se le ofrece un vuelo alternativo que le permita salir no más de dos horas antes de la hora de salida inicial y llegar al destino final con menos de cuatro horas de retraso respecto de la hora prevista; o cuando se le informe con menos de siete días de antelación, pero se le ofrece un vuelo alternativo que le permita salir no más de una hora antes de lo previsto y llegar a destino con no más de dos horas de retraso [art. 5.1.*c*) en relación con el art. 7]. Si el transporte aéreo se ha contratado exclusivamente por vía electrónica, parece que sea suficiente con que la información sobre la supresión del vuelo se transmita **por correo electrónico** a la misma cuenta que se haya empleado durante el procedimiento de reserva [véase la Sentencia del Juzgado de lo Mercantil n.º 2 de Bilbao núm. 285/2013, de 5 de diciembre, si bien referida a un supuesto de cambio de horario del vuelo].

Puede suceder, en fin, que no se cancele el vuelo en su conjunto, sino únicamente la reserva efectuada por uno de los pasajeros. Es el caso de las llamadas cláusulas *no show* contenidas en las condiciones generales de ciertas compañías aéreas. En su virtud, si en un viaje compuesto por varios tramos uno de ellos no se utiliza, el pasajero pierde el derecho a utilizar los demás, es decir, por mencionar el ejemplo más frecuente, si no se presenta al embarque del vuelo de ida, no podrá utilizar ya el billete para el vuelo de vuelta. A juicio de nuestro Tribunal Supremo, tales cláusulas son nulas por abusivas para el pasajero-consumidor, razón por la cual no puede cancelarse, por estas circunstancias y de forma parcial, una reserva que inicialmente fue válida (sentencia núm. 631/2018, de 13 de noviembre).

d) Disposiciones comunes

Además de los derechos que se acaban de relatar, se impone a la compañía aérea, en primer lugar, un amplio **deber de información**. Concretamente, deberá facilitar a los pasajeros afectados por una denegación de embarque, una cancelación o un retraso de más de dos horas en la salida del vuelo una hoja informativa que recoja las normas en materia de compensación y asistencia previstas en el Reglamento (pues, a pesar de figurar habitualmente en las condiciones generales del transportista, son desconocidas para la mayoría de los pasajeros aéreos). En segundo lugar, y al margen de las compensaciones automáticas ya mencionadas, los pasajeros afectados podrán reclamar ante los Tribunales, con arreglo al Derecho aplicable en cada caso (p.ej., el Convenio de Montreal o el Derecho interno español), la indemnización de los daños y perjuicios concretos causados por el retraso, la denegación de embarque o la cancelación (**«compensaciones suplementarias»**, p.ej., cuando el transporte se había contratado para asistir a un espectáculo para el que se habían adquirido y pagado ya las entradas correspondientes). En función de cuál sea la norma concreta que se invoque, el régimen jurídico varía. Si se pide, por ejemplo, la indemnización de los daños causados por el retraso conforme a lo dispuesto en el Convenio de Montreal, el derecho a solicitarla se extingue si la acción no se ejercita dentro de un plazo de dos años, contados a partir de la fecha de llegada a destino, de la del día en que la aeronave debería haber llegado, o la de la interrupción del transporte.

En fin, también cabría preguntarse si la referencia a estas «compensaciones suplementarias» en el artículo 12 del Reglamento incluye el llamado **daño moral** (que por definición es inmaterial y difícil de medir). También aquí, la respuesta depende de cuál sea el régimen jurídico aplicable. Si es el Convenio de Montreal (y lo será, como se vio, en la práctica totalidad de los casos en que el vuelo tenga su origen y/o destino en un aeropuerto español), la respuesta es afirmativa: el término «daño» incluye el moral, aunque la limitación cuantitativa de la deuda indemnizatoria, caso de existir, también se le aplica (STJUE de 6 de mayo de 2010, as. C-63/09, *Walz*, referida a una incidencia con el equipaje). En el ámbito del Reglamento n.º 261/2004, ello significa que, de producirse como consecuencia de la cancelación, de la denegación injustificada de embarque o del retraso un daño (incluido el moral), éste podrá ser indemnizado al margen de lo previsto en el Reglamento (STJUE de 13 de octubre de 2011, as. C-83/10, *Sousa*), aunque la compensación automática a que antes se aludía podrá deducirse de la indemnización «suplementaria» que pudiera corresponder (art. 12). Sea como fuere, si la demanda se interpone en España, ha de tenerse en cuenta que el Tribunal Supremo tiene declarado que, para que pueda hablarse de daño moral causado por un retraso, no basta con que se presente una situación de mera molestia (o aburrimiento, enojo o enfado), sino que se requiere un estado de aflicción o perturbación de alguna entidad como consecuencia de las horas de tensión, incomodidad y molestia producidas por una demora importante que carece de justificación alguna (STS núm. 533/2000, de 31 de mayo). En un sentido similar se pronunció la Audiencia Provincial de Barcelona (Sección 15.ª) en su sentencia núm. 212/2010, de 9 de julio, al entender que, por regla general y salvo que se presenten circunstancias excepcionales, la compensación automática del artículo 7 del Reglamento n.º 261/2004 ya incluye el daño moral que pudiera causarse.

2. Transporte marítimo

2.1. Responsabilidad en caso de accidente

Como se vio, la expresión «responsabilidad en caso de accidente» se refiere a aquellos **supuestos en que el pasajero fallezca o sufra lesiones corporales** como consecuencia de un accidente. El régimen jurídico de la responsabilidad del transportista marítimo se halla previsto en el Convenio de Atenas relativo al transporte de pasajeros y sus equipajes por mar, de 13 de diciembre de 1974, en la versión dada por el Protocolo modificativo de 2002 (que suele citarse por sus siglas en inglés, PAL: *passengers and luggage*). Aunque su ámbito de aplicación queda en principio limitado a los transportes *internacionales*, por mor de la remisión que a él se efectúa tanto en el Reglamento europeo n.º 392/2009, como en el artículo 298 de la Ley 14/2014, de 24 de julio, de Navegación Marítima (LNM), sus reglas se aplican también a los transportes domésticos en España.

En aquellos casos en que se aplique el Convenio de Antenas (bien por tratarse de un transporte internacional en el sentido del mismo, bien por remitirse a él la normativa aplicable), el fundamento de la responsabilidad del transportista depende de si la muerte o lesión ha sido causada por un **suceso relacionado con la navegación** (naufragio, zozobra, abordaje, varada, explosión, incendio o deficiencia del buque). Cuando este sea el caso, se establece un **sistema de responsabilidad de «doble estrato»**, similar al que se vio para el transporte aéreo. En efecto, para aquella parte del daño que no exceda de 250.000 DEG por pasajero (algo más de 300.000 euros al cambio actual), se declara la responsabilidad del transportista, salvo que éste pruebe que el daño sea debido a culpa del pasajero (art. 6 PAL) o que el suceso se produjo por un acto de guerra, hostilidades, guerra civil, insurrección o un fenómeno natural de carácter excepcional e inevitable, o se deba exclusivamente a una acción u omisión intencionada de un tercero (art. 3.1 PAL). Para la parte del daño que exceda del umbral indicado, la responsabilidad del transportista es subjetiva con inversión de la carga de la prueba: quedará exonerado de la obligación de resarcir los daños causados si y en la medida en que pruebe que el suceso que los originó no es debido a su culpa o negligencia (art. 3.1 *in fine* PAL). Distinta es la solución cuando el **suceso** que dio lugar a la muerte o lesión del pasajero **no** está **relacionado con la navegación (p. ej., si el pasajero resbala en la cubierta)**. En tales casos, es el propio reclamante quien debe probar la concurrencia de culpa o negligencia por parte del transportista (que, por tanto, no se presume) (art. 3.2 PAL).

Ahora bien, como no puede ser de otra forma, el transportista sólo responde si la muerte o lesión del pasajero ocurrió durante el transporte por mar. Y éste incluye, no sólo el período durante el cual el pasajero se encuentra a bordo, sino también las operaciones de embarque y desembarque, así como el traslado (por agua) desde tierra al buque y viceversa, siempre que el precio de ese transporte auxiliar esté incluido en el pasaje. Además, y al contrario de cuanto sucede en el transporte aéreo, donde no existe ningún límite cuantitativo a la responsabilidad del transportista en caso de accidente, el artículo 7 PAL sí lo prevé, fijando el **importe máximo de la indemnización** por este concepto en 400.000 DEG por pasajero (unos 490.000 euros). Sin embargo, los Estados parte podrán aumentar (pero no reducir) dicha cuantía mediante una disposición específica en sus legislaciones nacionales, e incluso declarar que no existe ningún límite de este tipo (no es el caso de España: art. 299.1 LNM).

En fin, para cubrir las responsabilidades que pudieran corresponder en aplicación del Convenio, el transportista estará obligado a mantener un **seguro u otra garantía financiera similar** (art. 4 bis PAL). Este deber se concreta, en España, en el artículo 300 LNM, que obliga al porteador que transporte más de doce pasajeros a suscribir un seguro obligatorio para cuyos detalles remite al desarrollo reglamentario de la norma. Por su parte, el propio Reglamento n.º 392/2009 aumenta la protección del pasajero de forma similar a como sucede en el transporte aéreo. Por un lado, obliga al transportista marítimo a abonar un **anticipo** cuando la muerte o las lesiones del pasajero sean consecuencia de un accidente relacionado con la navegación marítima (art. 6). Dicho anticipo deberá ser suficiente y proporcionado al daño sufrido, y su importe no podrá ser inferior a 21.000 euros si el accidente provoca la muerte del pasajero. Su pago debe realizarse en un plazo máximo de 15 días desde que se identifique al pasajero perjudicado o su causahabiente. Por otro lado, deberá el porteador **informar** a los viajeros sobre todos aquellos derechos que les asistan de conformidad con el Reglamento (art. 7).

2.2. Responsabilidad por incidencias en relación con el equipaje

Si el contrato de transporte resulta sujeto a la ley española, el artículo 294 LNM obliga al porteador a transportar, junto con los propios viajeros *e incluido en el pasaje*, los **equipajes** de éstos, aunque permite la fijación de límites de peso y volumen. En caso de que se produzcan incidencias en relación con los bultos, la responsabilidad del transportista se rige por el Convenio de Atenas (que se aplica, como se vio, bien por tratarse de un transporte internacional, bien por la remisión contenida en el Reglamento n.º 392/2009 o en la LNM). En su virtud, ha de diferenciarse entre el equipaje de camarote, que viaja junto al pasajero, y el que no lo sea (que incluye el equipaje facturado y los vehículos que se transporten en la bodega del buque, con exclusión de los animales vivos, art. 1.5 PAL), cuya custodia se encomienda al transportista. En ambos supuestos, el transportista debe reparar los daños causados por pérdidas, averías o retrasos en la entrega (en este último caso, por virtud de la definición amplia de «pérdida o daños sufridos por el equipaje» que proporciona el art. 1.7 PAL), pero el fundamento de la responsabilidad es distinto.

En efecto, tratándose de **equipaje de camarote**, el transportista sólo responde del daño causado si el perjudicado consigue probar que el suceso que lo originó es imputable a la culpa o negligencia del transportista. No obstante, su culpa se presume cuando el perjuicio sea consecuencia de un suceso relacionado con la navegación (art. 3.3 PAL). Por el contrario, cuando lo que se reclame sea la pérdida, la avería o la entrega con retraso del **equipaje que no sea de camarote**, con independencia de que el suceso que la ocasionó esté o no relacionado con la navegación, la culpa del transportista se presume, de manera que será éste quien deba demostrar que el hecho causante del daño no le es imputable (art. 3.4 PAL). En este caso, el período de responsabilidad alcanza todo el tiempo durante el cual el equipaje se encuentre bajo la custodia del transportista (o de sus auxiliares), esto es, desde el momento en que se hace cargo del mismo, en tierra o a bordo, hasta que lo devuelva al pasajero.

Como viene siendo habitual en muchos ámbitos del Derecho del transporte, también aquí **la indemnización** a que pueda tener derecho el pasajero en caso de incidencias con el equipaje **se halla limitada en su cuantía**. Concretamente, tratándose de equipaje de camarote, la indemnización no podrá exceder de 2.250 DEG por pasajero (actualmente unos 2.760 euros, art. 8.1 PAL), mientras que el límite en caso de daños o pérdidas de vehículos que viajen en bodega (y de los equipajes que se encuentren sobre o en el interior de tales vehículos) se fija en 12.700 DEG por vehículo y transporte (algo más de 15.500 euros al cambio actual). Por su parte, el importe máximo de la indemnización en caso de daños en los demás equipajes (es decir, el equipaje facturado) queda establecido en 3.375 DEG por pasajero (unos 4.150 euros). Además, se permite que pasajero y transportista acuerden que la responsabilidad esté sujeta a una franquicia deducible no superior a 330 DEG (alrededor de 400 euros) en el caso de vehículos, y de 149 DEG (unos 180 euros) por pasajero en el caso de otros equipajes distintos de los vehículos. Los límites indicados no serán de aplicación cuando el transportista o sus auxiliares hayan actuado con intención de causar el daño, o de forma temeraria y a sabiendas de la probabilidad del daño (art. 13 PAL); y se sustituirán por el valor declarado del equipaje en caso de que así se haya pactado entre las partes (art. 299.2 LNM).

2.3. Derechos del pasajero en caso de interrupción del viaje marítimo

Al igual que sucede en el transporte aéreo, el Convenio de Atenas y el Reglamento n.º 392/2009 no contemplan todos los supuestos de incumplimiento o cumplimiento defectuoso del contrato de transporte marítimo. Es por ello por lo que la Unión Europea se dotó del Reglamento n.º 1177/2010, de 24 de noviembre, sobre los derechos de los pasajeros que viajan por mar y por vías navegables, que complementa lo dispuesto en las normas antes señaladas y mejora la protección de los pasajeros. Como así se desprende de su rúbrica, el Reglamento se aplica no sólo al transporte marítimo, sino también al que discurre por otras vías navegables (ríos, lagos y otras aguas interiores). Por su parte, resulta de aplicación también, al menos en parte, a los viajes de crucero, entendido éste como «el servicio de transporte por mar o por vías navegables realizado exclusivamente con fines de placer o recreativos, completado con alojamiento y otros servicios, con estancia a bordo superior a dos noches» [art. 3. t)]. En cuanto a su ámbito *territorial* de aplicación, se aplica a todos los servicios de pasaje y de crucero cuyo puerto de embarque esté situado en un Estado miembro, así como a los servicios de pasaje con origen fuera de la Unión pero destino en un puerto comunitario (aunque, en este último caso, el transportista habrá de ser un «transportista de la Unión») (art. 2.1 del Reglamento).

En lo que aquí nos atañe, el Reglamento establece unas obligaciones específicas de los propios transportistas y de los operadores de terminales en caso de **«interrupción del viaje»**. Aunque no se define qué debe entenderse por tal, del contenido de sus preceptos cabe inferir a qué tipo de impedimentos se refiere: la cancelación del viaje, el retraso (en la salida o en la llegada) y la interrupción del servicio de pasaje o del crucero ya iniciado (p. ej., por averías del buque: art. 292 LNM).

En los casos de **cancelación o retraso en la salida**, a los pasajeros les asisten una serie de derechos mínimos. En primer lugar, se impone al transportista o, en su caso, al operador de la terminal una obligación de **informar** de tales incidencias lo antes posible y, como muy tarde, 30 minutos después de la hora de salida programada; y deberá avisar a su vez, en cuanto sea posible, de la nueva hora de salida estimada (art. 16). También se le obliga a poner a disposición de los pasajeros información sobre los derechos a que éstos pueden acogerse en virtud del Reglamento (art. 23).

El segundo deber que el transportista tiene para con el pasajero es el de **asistencia**, que opera a partir de los 90 minutos de retraso en la salida («gran retraso»). Así, cuando se prevea que el servicio vaya a cancelarse o retrasarse en más de 90 minutos respecto de la hora prevista, los pasajeros que partan de una terminal portuaria tendrán derecho a recibir atenciones gratuitas en forma de aperitivos, comida y refrescos en función del tiempo de espera, así como alojamiento y desplazamiento hasta el mismo en caso de que fuera necesario. No obstante, el propio Reglamento establece ciertos límites: el transportista sólo deberá hacer efectiva dicha asistencia en la medida en que sea razonable y posible, y quedará libre de esta obligación si informa de la cancelación o del retraso antes de la compra del billete, o si se deben a causas imputables al viajero (art. 20.2). Cuando haya de proporcionar alojamiento, basta con que éste sea adecuado (puede ser a bordo del propio buque), y el Reglamento permite que el transportista limite el gasto a 80 euros/noche y pasajero, por un máximo de 3 noches. Además, no resultará obligado a proporcionar alojamiento cuando la cancelación o el retraso se deban a condiciones meteorológicas que hagan peligrosa la navegación (art. 20.3). Menos permisiva se muestra la normativa interna, complementaria de la de la Unión (que establece unos derechos *mínimos*), aunque sólo se refiere a la *interrupción* del viaje por averías del buque: en tales casos, el porteador deberá asumir los gastos de alojamiento y manutención mientras dure la reparación (sin que se contemple ningún límite cuantitativo o temporal) y, si el buque no pudiera repararse o el retraso perjudique gravemente a los pasajeros, habrá de trasladarlos por otra vía hasta el destino pactado (art. 292 LNM).

En tercer lugar, cuando se prevea la cancelación o un retraso superior a 90 minutos en la salida de un servicio *de pasaje* (no, por tanto, un crucero), deberá ofrecerse al pasajero la **posibilidad de elegir entre un transporte alternativo, por un lado, y la renuncia al transporte a cambio del reembolso del precio del billete, por otro** (art. 18.1); cuando el servicio sea efectivamente cancelado o se produzca el retraso, el pasajero tendrá derecho a exigirlo (art. 18.2). Concretamente, podrá solicitar, bien la conducción hasta el destino final previsto en condiciones de transporte comparables con las del contrato inicial, sin coste adicional alguno y en la primera ocasión que se presente, bien el reembolso, que habrá de efectuarse en un plazo máximo de 7 días.

Por último, el artículo 19 del Reglamento prevé el derecho del pasajero a obtener una **compensación económica** o «indemnización» en caso de que se produzca un retraso en la llegada que, como mínimo, alcanzará un 25 % del precio del billete en los retrasos de al menos 1 hora en el caso de viajes programados de duración igual o inferior a 4 horas; 2 horas en viajes programados de duración superior a 4 horas e igual o inferior a 8 horas; 3 horas en viajes programados de duración superior a 8 horas e igual o inferior a 24 horas; y 6 horas en el caso de viajes de duración superior a 24 horas (art. 19.1). Cuando el retraso supere el duplo de los tiempos señalados, la indemnización corresponderá al 50 % del precio del billete. El cálculo del porcentaje se realizará en relación con el precio del billete efectivamente satisfecho por el pasajero, sin que se le pueda deducir los costes de transacción, tasas, sellos, etc., aunque podrá fijarse un umbral (franquicia) por debajo del cual no se abonará indemnización alguna, que no podrá ser superior a 6 euros (art. 19.6). Esta «indemnización por el precio del billete» deberá ser abonada en el plazo máximo de 1 mes a contar desde la presentación de la correspondiente reclamación. No obstante, el transportista quedará eximido de la obligación de satisfacerla si la cancelación o el retraso se deben a condiciones meteorológicas que hagan peligrosa la navegación, o a circunstancias extraordinarias que no hubieran podido evitarse ni aun adoptando todas las medidas oportunas.

Al igual que sucede en el transporte aéreo, también aquí se faculta a los pasajeros perjudicados para solicitar una **indemnización complementaria** con arreglo al Derecho nacional de cada Estado, y se establecen unos derechos especiales en caso de que el pasajero requiera una mayor protección y ayuda por encontrarse en una situación de discapacidad o movilidad reducida.

3. Transporte terrestre

El transporte terrestre comprende tanto los transportes ferroviarios como aquellos que se desarrollen por carretera. Así lo pone de manifiesto, por ejemplo, la Ley 16/1987, de 30 de julio, de Ordenación de los Transportes Terrestres (en adelante, LOTT), cuando dispone que se regirán por lo dispuesto en ella los transportes por carretera y por ferrocarril (además de algunas actividades auxiliares y complementarias del transporte). Centraremos nuestra atención, en un primer momento, en el transporte de viajeros por ferrocarril, para después analizar los derechos y la protección del pasajero en los transportes en autobús y en autocar. Por evidentes razones de espacio, han de quedar fuera otras formas de transporte terrestre, como podría ser el transporte que podríamos calificar como «público individual» (básicamente, el taxi y el —mal— llamado transporte «colaborativo», prestado por empresas como Uber o Cabify, cuyos conductores operan al amparo de licencias de arrendamiento de vehículos con conductor o «VTC»).

3.1. El transporte de viajeros por ferrocarril

Los derechos del pasajero en el transporte ferroviario se recogen, con soluciones no siempre coincidentes, en distintas normas de origen internacional, comunitario y nacional. A los transportes internacionales les resultan de aplicación las llamadas Reglas Uniformes relativas al contrato de transporte internacional de viajeros por ferrocarril (RU CIV), Apéndice A al Convenio relativo a los transportes internacionales por ferrocarril (COTIF), de 9 de mayo de 1980 (modificado profundamente por el llamado Protocolo de Vilna de 1999). No obstante, sus normas son altamente fragmentarias y han de integrarse con los preceptos, por un lado, del Reglamento n.º 2021/782 sobre los derechos y las obligaciones de los viajeros de ferrocarril, que además declara la aplicación de buena parte de las normas contenidas en las Reglas CIV al transporte puramente doméstico; y del Derecho nacional que resulte de aplicación supletoria, por otro.

El análisis ha de partir de cuanto dispone el Reglamento n.º 2021/782, no sólo porque se aplica a todos los transportes realizados por empresas ferroviarias que cuenten con una licencia comunitaria (que en España son todos, tanto domésticos como internacionales), sino también porque prevalece —en cuanto Reglamento comunitario, de rango jerárquicamente superior— sobre la normativa española, que no siempre resulta compatible con él. El objetivo perseguido con la aprobación del Reglamento es, en efecto, doble: de una parte, armoniza el régimen de responsabilidad del transportista en los transportes internacionales y domésticos, al remitirse en bloque, para unos y otros, a lo dispuesto en las Reglas CIV; de otra, aumenta la protección de los viajeros y complementa la regulación fragmentaria y claramente insuficiente del texto internacional en cuestiones tan importantes como la responsabilidad en caso de cancelación, retraso o pérdida de enlaces.

En relación con este segundo objetivo, el Reglamento n.º 2021/782 establece una serie de medidas que buscan mejorar la posición de los pasajeros. De entre ellas cabría citar la cooperación de las empresas ferroviarias para facilitar la transferencia de un operador a otro, emitiendo billetes combinados; la obligación del transportista de informar, antes y durante el viaje, sobre las condiciones del servicio, las incidencias que se puedan producir y los derechos y obligaciones del viajero; o la protección y ayuda a los viajeros con discapacidad o movilidad reducida.

Para la responsabilidad de la empresa ferroviaria, ya se ha dicho que el Reglamento efectúa una remisión en bloque a lo dispuesto en las Reglas Uniformes CIV, completando la regulación en aquellos aspectos donde fuera necesario; y el ordenamiento interno, a su vez, se remite también en bloque al contenido del Reglamento [arts. 23 *in fine* LOTT y 62.1 de la Ley 38/2015, de 29 de septiembre, del Sector Ferroviario (LSF)].

a) Responsabilidad en caso de accidente

En materia de responsabilidad del transportista ferroviario por **muerte y lesiones** (sólo a ellas se refiere, según se vio, la llamada «responsabilidad en caso de accidente»), el Reglamento n.º 2021/782 se remite, pues, a lo dispuesto en las Reglas Uniformes CIV (art. 13). Disponen estas últimas que la empresa ferroviaria responde de los daños resultantes de la muerte, de las lesiones o de cualquier otro daño a la integridad física o mental del viajero, causados por un **accidente relacionado con la explotación ferroviaria** (art. 26.1 RU CIV). Al igual que sucede en el transporte aéreo, la delimitación de este último concepto es, a falta de cualquier indicación en el texto legal, tarea nada sencilla. Ninguna duda plantean los accidentes en sentido estricto, esto es, choques con otro tren o con objetos en la vía, descarrilamientos, caídas del viajero por frenadas bruscas, etc. Mayores problemas suscitan otros supuestos, como podrían ser los actos de terrorismo, las intoxicaciones por el servicio de a bordo, o el mal funcionamiento del sistema de climatización, que probablemente habrían de quedar incluidos igualmente en aras de una adecuada protección de los intereses del viajero. En efecto, nada debería obstar para traer a colación la doctrina sentada por el Tribunal de Justicia de la Unión Europea con respecto al transporte aéreo (no nos consta ninguna decisión comparable en el ámbito ferroviario), de manera que tendría la consideración de «accidente» todo acontecimiento involuntario perjudicial imprevisto, siempre que el daño resultante no derive de la reacción interna del pasajero al funcionamiento normal y esperado de la explotación ferroviaria.

Además, para que el accidente resulte cubierto por las Reglas CIV, ha de suceder durante la estancia del viajero en los coches ferroviarios o «su entrada o salida» de éstos. Desde que la administración de la infraestructura en España fuera asignada a una entidad jurídicamente distinta de las empresas ferroviarias (el Administrador de las Infraestructuras Ferroviarias o ADIF), la regla probablemente ha de interpretarse de forma restrictiva, de tal manera que no quedarían sujetos a lo dispuesto en las Reglas los accidentes ocurridos antes de la «subida» y después de la «bajada» de los coches, por ejemplo, una caída en las escaleras mecánicas de acceso a la vía. Ello no significa que el pasajero no pueda entonces obtener indemnización alguna por los daños causados, pero habría de intentarlo frente a otro sujeto distinto, el propio administrador de la infraestructura ferroviaria (de la que forman parte, *inter alia*, las estaciones de viajeros).

Con todo y con eso, **la empresa ferroviaria no responderá de cualquier accidente** relacionado con la explotación ferroviaria. Antes al contrario, las propias Reglas prevén una serie de causas que exoneran de responsabilidad al transportista. Concretamente, éste no estará obligado a resarcir los daños causados si y en la medida en que prueba que el accidente es consecuencia de un comportamiento culpable del propio pasajero; y también quedará exonerada si aquel se debe a causas ajenas a la explotación ferroviaria o comportamientos inevitables de terceros, siempre que la empresa porteadora haya actuado con la diligencia razonablemente exigible (art. 26.2 RU CIV). Pero debe tenerse en cuenta en este contexto que no tienen la consideración de «terceros» el administrador de la infraestructura empleada (pues se le considera auxiliar del transportista: art. 51 RU CIV), ni tampoco otra empresa ferroviaria que utilice esta misma infraestructura. Por tanto, si el siniestro es consecuencia de un mal funcionamiento de la infraestructura (o imputable a otra empresa ferroviaria que también la utilice), el transportista sí responde frente al pasajero, sin perjuicio de la posibilidad que siempre le asiste de dirigirse contra el verdadero causante del accidente para recuperar todo o parte de la indemnización satisfecha.

En caso de que se declare la responsabilidad de la empresa ferroviaria, ésta habrá de hacer frente, en caso de *lesiones*, a los gastos de tratamiento y transporte del pasajero, así como a los perjuicios que puedan derivarse de la lesión (incapacidad total o parcial, aumento de las necesidades) (art. 28 RU CIV). En caso de *muerte*, la indemnización alcanza ciertos gastos (p.ej., los de transporte y de las exequias) y prestaciones debidas a aquellas personas respecto de las cuales el fallecido tenga una obligación de alimentos; si la muerte no es instantánea, la indemnización incluye, además, los conceptos antes vistos para las lesiones corporales (art. 27 RU CIV). En ambos casos cabrá solicitar también la reparación de otros daños distintos, señaladamente, los daños morales (*v.gr.*, en caso de muerte, por vínculos afectivos con el fallecido), aunque su procedencia dependerá de lo que establezca el derecho nacional (art. 29 RU CIV). Tales indemnizaciones no están sujetas a límite cuantitativo alguno, salvo que así lo disponga la legislación nacional aplicable, en cuyo caso dicho límite no podrá ser inferior a 175.000 DEG por pasajero (algo más de 215.000 euros al cambio actual).

El ordenamiento español no contempla límite alguno en este sentido y, también en otros aspectos, se muestra abiertamente favorable a los derechos de los viajeros por ferrocarril. Así, al margen del **seguro de responsabilidad civil** obligatorio, exigido por el artículo 14 del Reglamento n.º 2021/782, establece la necesidad de que las empresas ferroviarias suscriban un seguro de accidentes —el llamado **seguro obligatorio de viajeros o SOV**—, que ampara a todo viajero que utilice medios de locomoción destinados al transporte público colectivo de personas; no libera a la empresa ferroviaria de su responsabilidad; ni tampoco reduce el importe de la responsabilidad civil de ésta (art. 3 del Real Decreto 1575/1989, de 22 de diciembre). Además, a raíz del gravísimo accidente ferroviario de Angrois el 24 de julio de 2013 se introdujo una nueva disposición adicional 12.ª en la Ley del Sector Ferroviario a la sazón vigente (hoy, art. 63 LSF). La norma fue desarrollada posteriormente por el Real Decreto 627/2014, de 18 de julio, que reconoce a las víctimas de accidentes ferroviarios un derecho a «**asistencia integral**», que incluye medidas de diversa índole que deben adoptarse por las empresas ferroviarias (aunque no se refieren a la responsabilidad propiamente dicha), por ejemplo, proporcionar información, transporte y alojamiento a las víctimas y sus familiares; prestar asistencia psicológica; devolver los efectos personales, etc.

b) Responsabilidad por incidencias en relación con el equipaje

También para la responsabilidad del transportista por incidencias en relación con el equipaje el Reglamento n.º 2021/782 se remite a lo dispuesto en las Reglas Uniformes CIV. En caso de que se presenten daños, pérdidas o averías en los bultos, las Reglas prevén un régimen de responsabilidad distinto según cuál sea el tipo de equipaje afectado. Si se tratase de **bultos de mano o animales** que el pasajero lleve consigo, la empresa ferroviaria sólo responde si el reclamante prueba la concurrencia de culpa por su parte (art. 33.2 RU CIV). Esta regla se complementa con lo dispuesto en el —probablemente superfluo— artículo 35 RU CIV, en cuya virtud el transportista quedará libre de responsabilidad cuando el daño se deba al incumplimiento por el pasajero de las disposiciones aduaneras o administrativas en vigor (que no deja de ser un caso de ausencia de culpa por parte de la empresa ferroviaria). Como excepción, cuando se declare la responsabilidad de la empresa ferroviaria por la muerte o lesión corporal del viajero en los términos antes vistos, aquella deberá indemnizar también los daños causados al equipaje de mano y a los animales que acompañan a aquel. Por último, se fija un importe máximo de la indemnización que debe satisfacer la compañía por este concepto, que queda establecido en 1.400 DEG por viajero (unos 1.700 euros al tipo de cambio actual).

En cuanto al **equipaje facturado**, el transportista ferroviario responde de las **pérdidas y averías** que pudieran producirse desde el momento en que se hace cargo del equipaje hasta que se lo entrega de nuevo al pasajero, así como de los **retrasos en la entrega**. Sólo quedará liberado el transportista cuando concurra alguna de las causas enumeradas en el artículo 36.2 y 3 RU CIV, que pueden clasificarse en **causas «ordinarias» y causas «privilegiadas» de exoneración** (supuestos estos que se «importan» del transporte de carga). En cuanto a las primeras, el artículo 36.2 RU CIV contempla la falta del viajero y las órdenes de éste que no sean resultado de una falta del transportista; el vicio propio del equipaje; y las circunstancias que el transportista no haya podido evitar y cuyas consecuencias no hubiera podido obviar. Su calificación como causas «ordinarias» de exoneración se debe al régimen probatorio, que es el ordinario: probada la existencia del hecho causante del daño (pérdida, avería o retraso) y su producción durante el período de responsabilidad del transportista por el demandante, será la empresa ferroviaria quien deberá probar la concurrencia de alguna de las causas indicadas y que fue precisamente ésta la que ocasionó el daño (nexo de causalidad) (art. 37.1 RU CIV). Por el contrario, la prueba le resultará menos onerosa al transportista en las llamadas causas «privilegiadas» de exoneración, pues le bastará con demostrar que, a la vista de las circunstancias del caso, el daño ha podido verosímilmente resultar de alguna o varias de las causas indicadas, presumiéndose entonces el nexo de causalidad (art. 37.2 RU CIV). Concretamente, forman parte de esta categoría de causas «privilegiadas» de exoneración la falta o defecto del embalaje; la naturaleza especial de los equipajes (que los haga susceptibles, p. ej., de sufrir roturas con facilidad); o la expedición como equipajes de objetos excluidos del transporte (art. 36.3 RU CIV).

Al igual que sucede en los demás medios de transporte analizados, los artículos 42 y ss. RU CIV **sujetan el monto resarcitorio debido por el transportista a ciertos límites**, salvo cuando él o sus auxiliares hayan actuado con intención de causar el daño, o de modo temerario y conscientes de la probabilidad de que éste pueda producirse (art. 48 RU CIV). Dicho máximo queda fijado en 80 DEG por kilogramo de peso bruto faltante o averiado o 1.200 DEG por bulto (unos 100 y 1.480 euros, respectivamente), siempre que pueda probarse el importe del daño causado. No obstante, y conscientes de la dificultad que entraña dicha prueba, las Reglas contemplan una indemnización a tanto alzado cuando el importe resulte imposible de establecer: 20 DEG por kilogramo de peso bruto faltante o averiado o 300 DEG por bulto (alrededor de 25 y 370 euros, respectivamente). Cuando se produzca un retraso en la entrega, el importe máximo de la indemnización se establece en función del tiempo transcurrido entre la petición de entrega y la entrega real. En efecto, la indemnización no podrá superar los 0,80 DEG por kilogramo o 14 DEG por bulto (unos 0,99 y 17,25 euros, respectivamente) por cada período indivisible de 24 horas (hasta un máximo de 14 días), siempre que pueda probarse un perjuicio efectivo causado por el retraso. Si éste no puede demostrarse, el transportista deberá satisfacer una indemnización a tanto alzado de 0,14 DEG por kilogramo (o 2,80 DEG por bulto) y período indivisible de 24 horas (unos 0,17 y 3,45 euros, respectivamente).

En fin, también se establecen unas reglas especiales para aquellos supuestos, nada infrecuentes en otros países de nuestro entorno, en que el pasajero lleva consigo **un vehículo** (coche o furgoneta) que es transportado por la empresa ferroviaria. En caso de pérdida o avería del propio vehículo o de su remolque (que, de llevarlo, es considerado un vehículo independiente), corresponderá una indemnización que se calculará de acuerdo con su valor usual y que no podrá exceder de 8.000 DEG (aprox. 9.860 euros al tipo de cambio actual) (art. 45 RU CIV). Cuando se produzca un retraso en la entrega, el reclamante deberá probar que dicho retraso le ha ocasionado un perjuicio, aunque la indemnización no podrá superar el precio del transporte (art. 44 RU CIV).

c) Derechos del pasajero en caso de incumplimiento del horario: retrasos, pérdidas de enlaces y cancelaciones

El Reglamento n.º 2021/782 se remite nuevamente a lo dispuesto en las Reglas Uniformes CIV en lo referente a la responsabilidad de la empresa ferroviaria por incumplimientos del horario, esto es, en caso de **cancelación, retraso o pérdida de enlaces**. No obstante, el artículo 32 RU CIV establece un régimen de protección insuficiente, pues únicamente prevé el **reembolso de los gastos razonables de alojamiento** (y en los que pudiera haber incurrido el viajero para avisar a las personas que le esperasen en la estación de destino) cuando, como consecuencia del retraso, la pérdida de un enlace o la cancelación no pudiera continuarse (o no pudiera razonablemente exigirse que se continuase) el viaje el mismo día. Además, se contempla una serie de supuestos en que la empresa ferroviaria queda exonerada de su responsabilidad, idénticos a los que se vieron al analizar la responsabilidad en caso de accidente (art. 32.2 RU CIV). Para la indemnización de otros daños distintos de los previstos en la norma, el artículo 32.3 RU CIV se remite al Derecho nacional.

En ejercicio de esta última facultad, y ante el carácter fragmentario de la norma, es el propio Reglamento n.º 2021/782 el que complementa la protección de los pasajeros cuando se produzca alguna incidencia en relación con el horario. En primer lugar, **cuando sea razonable prever que se produzca un retraso en la llegada al destino** final que supere los 60 minutos (supuesto en el que se incluyen los casos de cancelación y pérdida de enlaces), el pasajero podrá elegir inmediatamente entre (1) **renunciar al transporte contra reembolso del precio satisfecho** y (2) **continuar el viaje por una vía alternativa** y en condiciones equivalentes, en la misma fecha o en otra posterior (art. 18 del Reglamento). No parece que la empresa ferroviaria pueda sustraerse de la obligación de reembolsar el precio o de proporcionar un transporte alternativo en ningún caso, aun cuando el retraso, la cancelación o la pérdida de enlace sean debidos a un supuesto de fuerza mayor, pues el Reglamento no lo contempla, ni tampoco lo sujeta a límite temporal alguno. Así, probablemente haya de considerarse contrario a la norma comunitaria lo dispuesto en los artículos 88 y 89 del Reglamento del Sector Ferroviario (en adelante, RSF), aprobado por Real Decreto 2387/2004, de 30 de diciembre. Y es que la norma interna sujeta la obligación de reembolsar el precio pagado a que la cancelación del servicio sea debida a un hecho no constitutivo de fuerza mayor (art. 88.2 RSF) y, además, sólo otorga al viajero la posibilidad de elegir un transporte alternativo si la cancelación se produce durante las 48 horas previas a la fijada para el inicio del viaje [art. 89.2.*a*) RSF]. En el caso de interrupción del servicio, ni siquiera se contempla el reintegro del billete [art. 89.2.*b*) RSF]. En cambio, sí parece compatible con el Reglamento comunitario (que fija un marco *mínimo* de protección del pasajero) la regla establecida en el artículo 89.1.*a*) *in fine* RSF, que otorga a aquellos pasajeros que sean informados de la cancelación en las cuatro horas previas a la fijada para el inicio del viaje una indemnización que asciende al doble del precio pagado por el billete (compensación suplementaria que, ahora sí, no tendría por qué satisfacerse si la cancelación es debida a un supuesto de fuerza mayor).

Al margen de ello, si por las razones que fuera **se produce efectivamente un retraso en la llegada a destino** que supere los 60 minutos, el Reglamento europeo establece una **compensación automática** a favor del pasajero que no podrá ser inferior a un 25 % del precio del billete si el retraso es de entre 60 y 119 minutos, y un 50 % si es de al menos 120 minutos. Estas indemnizaciones deberán abonarse en el plazo de un mes, aunque se permite a la empresa ferroviaria fijar una franquicia por debajo de la cual no resulta obligada a pagar compensación alguna (que no podrá ser superior a 4 euros). En relación con esta misma cuestión en el anterior Reglamento n.º 1371/2007, vigente hasta hace escasas fechas, se había suscitado la duda acerca de si la compensación a la que se acaba de aludir era debida también cuando el retraso en la llegada fuera consecuencia de un supuesto de fuerza mayor. Contestó en lo afirmativo el Tribunal de Justicia en una sentencia de 26 de septiembre de 2013 (as. C-509/11, *ÖBB-Personenverkehr*), **que concedió el derecho al reembolso parcial del precio del billete siempre y en todo caso**. Sin embargo, con la entrada en vigor del Reglamento n.º 2021/782 la situación ha cambiado, pues su artículo 19.10 expresamente prevé ciertos supuestos en que no es debida la compensación (que coinciden, en lo esencial, con los vistos para los casos de muerte o lesión corporal del viajero). Pero sea de ello lo que fuere, para el cálculo de la indemnización que corresponda satisfacerse en cada caso ha de estarse, probablemente, a lo dispuesto en el Reglamento español del Sector Ferroviario (pues *mejora* sustancialmente la protección mínima conferida por el art. 19 del Reglamento): cuando el retraso sea de al menos una hora, la indemnización será de un 50 % del precio del billete; cuando supere los 90 minutos, deberá reembolsarse íntegramente el importe pagado [artículo 89.2.*c*) RSF].

En fin, también se reconoce al viajero un derecho de **asistencia** en el artículo 20 del Reglamento n.º 2021/782. En su virtud, la empresa ferroviaria está obligada a **informar** a los viajeros sobre eventuales retrasos en la salida o en la llegada. En caso de que dicho retraso supere los 60 minutos, deberá ofrecerse, además, **comidas y refrigerios en una medida adecuada al tiempo de espera** (si es que pueden razonablemente suministrarse), **alojamiento y transporte entre éste y la estación en su caso**, así como un **transporte alternativo cuando el tren se halle bloqueado en la vía** y ello sea físicamente factible, o cuando resulte imposible por cualquier otra circunstancia continuar el servicio ferroviario. En la medida en que el Reglamento del Sector Ferroviario sólo contempla el derecho de asistencia en caso de interrupción del servicio (que implica su paralización mientras se esté produciendo), sus normas han de completarse con el régimen comunitario que se acaba de exponer.

3.2. El transporte de viajeros en autobús y autocar

El desarrollo de la normativa referente al transporte de viajeros en autobús y autocar viene marcado por la ausencia de un tratado internacional generalmente aceptado, pues el Convenio sobre el contrato de transporte internacional de pasajeros y equipaje por carretera, de 1 de marzo de 1973, no ha sido ratificado por España, ni tampoco por la mayoría de los países comunitarios. Ello llevó a la Unión Europea a tomar la iniciativa y legislar con objeto de dar mayor protección a los pasajeros en el transporte colectivo por carretera (nacional e internacional). En consecuencia, se aprobó el Reglamento (UE) n.º 181/2011, de 16 de febrero, sobre los derechos de los viajeros de autobús y autocar. La norma regula los derechos de los pasajeros en caso de accidente, cancelación y retraso, al tiempo que contiene normas sobre la no discriminación de las personas con movilidad reducida, así como la prestación de asistencia a dichas personas, la información mínima que debe facilitarse a los pasajeros, o el régimen de tramitación de reclamaciones (art. 1).

De acuerdo con su artículo 2, el Reglamento se aplica en su totalidad a los viajeros que utilicen servicios *regulares* (es decir, aquellos que se efectúan con una frecuencia y un itinerario determinados) para viajeros de categoría indeterminada (no lo son, p.ej., los escolares cuando utilizan transportes programados exclusivamente para ellos) cuyo punto de embarque o desembarque esté situado en el territorio de un Estado miembro *y cuya distancia programada sea igual o superior a 250 kilómetros*. Por el contrario, a los servicios de menor distancia y a los transportes discrecionales les resultan de aplicación tan sólo algunas de sus disposiciones. En su conjunto, el régimen de protección es más laxo que el previsto para otros modos de transporte, pues la norma comunitaria tiene en cuenta las características específicas de este sector, formado en gran parte por pequeñas y medianas empresas. Además, el Reglamento ha de ser completado, en su caso, con lo dispuesto en la normativa doméstica, en el caso español, la Ley de Ordenación de los Transportes Terrestres, a la que antes se aludía, que fue modificada por la Ley 9/2013 con objeto, *inter alia*, de adaptar sus preceptos al contenido del Reglamento n.º 181/2011; y su reglamento de desarrollo (que suele citarse igualmente por su acrónimo: ROTT), aprobado por Real Decreto 1211/1990, de 28 de septiembre.

a) Responsabilidad en caso de accidente

En caso de **fallecimiento o lesiones personales** que sean consecuencia de un **accidente resultante «del uso del autobús o autocar»** (art. 7.1), con independencia de cuál sea la causa que lo hubiera originado, son dos los derechos que se otorgan al pasajero: el derecho a una indemnización o **compensación económica** y el derecho de asistencia. Por lo que respecta a la indemnización, debe destacarse que para su fundamento y el cálculo de su importe (que, en todo caso, debe comprender unos gastos funerarios razonables) se remite el Reglamento al Derecho nacional vigente. Este último podrá establecer, asimismo, un límite máximo a la cuantía resarcitoria (no es el caso de España), que no podrá ser inferior a 220.000 euros por pasajero [art. 7.2.*a*)].

Lo que sucede es que, en el ordenamiento interno español, se carece de una norma específica que regule el contrato de transporte de viajeros en autobús o autocar. Por ello, debe acudirse al Derecho privado de contratos y, en especial, al régimen aplicable al contrato de arrendamiento de obra, sin perder de vista el texto refundido de la Ley general para la defensa de los consumidores y usuarios y otras leyes complementarias, aprobado por Real Decreto Legislativo 1/2007, de 16 de noviembre. Asimismo, en caso de accidente debe tenerse en cuenta el texto refundido de la Ley sobre responsabilidad civil y seguro en la circulación de vehículos a motor, aprobado por Real Decreto Legislativo 8/2004, de 29 de octubre. Este último contempla un régimen de responsabilidad cuasi-objetiva del conductor, que se hace extensivo al empresario de transporte en cuanto propietario del vehículo, quienes responden salvo culpa del propio perjudicado o fuerza mayor extraña a la conducción o al funcionamiento del vehículo (art. 1). Ahora bien, aunque la cuantía de la indemnización no se halla, en principio, limitada, el cálculo del daño ha de efectuarse conforme a las tablas del Anexo de la norma, que contiene el llamado «baremo» de indemnizaciones (y que suele ser aplicado también, al menos en cuanto criterio orientativo, por nuestros tribunales para calcular los daños causados por accidentes en otros medios de transporte distintos de los vehículos a motor: así, p. ej., las SsTS núm. 460/2019, de 3 de septiembre, para el transporte aéreo; y núm. 232/2016, de 8 de abril, para el transporte marítimo).

Esta misma norma prevé, en su artículo 2, la obligación del propietario del vehículo (es decir, el empresario transportista) de suscribir un seguro que cubra la responsabilidad civil a que nos acabamos de referir. En este caso, la obligación de asegurar no deriva, a nivel europeo, directamente del Reglamento n.º 181/2011, sino de la Directiva 2009/103. Al margen de ello, el transportista deberá contratar también el seguro obligatorio de viajeros, mencionado en el epígrafe anterior.

En cuanto al deber de **asistencia**, se prevé de forma poco precisa que ésta ha de ser adecuada y proporcionada a las necesidades prácticas inmediatas del viajero tras el accidente, incluyendo, cuando resulte necesario, alojamiento, comida, ropa, transporte y la prestación de primeros auxilios. El transportista puede limitar el coste total del alojamiento a 80 euros por noche y viajero, por un máximo de dos noches (art. 8).

b) Responsabilidad en caso de incidencias en relación con el equipaje

También se regula en el Reglamento n.º 181/2011 la responsabilidad por **pérdida o daño del equipaje** que el pasajero lleve consigo. No obstante, la obligación legal de indemnizar queda limitada a los supuestos en que la pérdida o avería fuera consecuencia de un accidente resultante del uso del autobús o autocar, concepto que por ello debe ser interpretado ampliamente. Para el cálculo del importe de la indemnización, la norma se remite nuevamente a lo dispuesto en el Derecho nacional, que podrá establecer un importe máximo de la cuantía resarcitoria [no inferior a 1.200 euros por pieza de equipaje, art. 7.2.*b*)].

A estos efectos, el artículo 23 LOTT **fija unos límites distintos en función de que el transporte esté incluido o no en el ámbito de aplicación del Reglamento n.º 181/2011**. En el primer caso, el límite de responsabilidad se establece, precisamente, en la cuantía máxima de 1.200 euros por pieza de equipaje. Para los demás transportes (a los que no se aplica el Reglamento), la responsabilidad por los daños o pérdidas que sufran los equipajes queda limitada a 450 euros por pieza, salvo que se pacte un límite superior o el daño sea debido a una actuación dolosa del transportista o sus auxiliares (art. 1.102 del Código civil). Es fragmentaria, por el contrario, la regulación del fundamento de la responsabilidad del transportista, pues se distingue el equipaje «facturado» (que viaja en bodega, baca o remolque) de los **bultos de mano**, pero sólo se establecen reglas específicas para estos últimos. Como quiera que su vigilancia corresponde al viajero, la responsabilidad del transportista en este caso es subjetiva: son de cuenta del pasajero los daños que el equipaje de mano pueda sufrir mientras se encuentre a bordo del vehículo, salvo que pruebe la responsabilidad de la empresa transportista, en cuyo caso serán de aplicación las limitaciones anteriormente vistas en relación con los equipajes. En todo caso, se considerará responsable a la empresa transportista (es decir, se presume su culpa, sin que quepa prueba en contrario) de la posible pérdida o avería de los bultos de mano ocurrida cuando, con ocasión de una parada, todos los ocupantes hubieran abandonado el vehículo sin que, inmediatamente después, el conductor hubiera cerrado las puertas de acceso al mismo (art. 23, cuarto párrafo, LOTT).

En cambio, cuando lo que se reclama sea una pérdida o avería del **equipaje facturado**, nada se dice en el artículo 23 LOTT sobre el fundamento de la responsabilidad. De ahí que deba recurrirse, bien a lo dispuesto con carácter general para la pérdida de la cosa debida en el artículo 1.183 del Código civil, bien a los preceptos que disciplinan la responsabilidad del deudor en las obligaciones de hacer de resultado. La solución es la misma en ambos casos: se presume la responsabilidad del transportista, quien deberá indemnizar los daños y perjuicios causados (con el límite antes indicado), a menos que pruebe el hecho concreto que produjo el daño y que éste no le es imputable (p.ej., por deberse a culpa del pasajero perjudicado o, verosímilmente, a un supuesto de fuerza mayor).

c) Derechos del pasajero en caso de retraso, cancelación y sobrerreserva

En los supuestos de **cancelación**, **gran retraso *en la salida*** (más de 120 minutos) y **sobrerreserva** de un servicio regular, el artículo 19 del Reglamento n.º 181/2011 otorga al pasajero el derecho a elegir entre: *a*) la **continuación del viaje o un recorrido alternativo** hasta el destino final sin coste adicional y en la primera ocasión posible, en condiciones comparables a las estipuladas en el contrato de transporte; o *b*) el **reembolso** del precio del billete y, si procede, un servicio de vuelta gratuito en autobús o autocar, lo antes posible, al primer punto de partida mencionado en el contrato de transporte. En caso de que el transportista no ofrezca al viajero esta posibilidad de elección, deberá compensarle con el 50 % del precio del billete, además del reembolso del coste mismo. Por su parte, si como consecuencia de una avería del autobús o autocar se produce una **interrupción del viaje ya iniciado**, el transportista debe proporcionar, bien la continuación del servicio con otro vehículo desde el punto en que se encuentre el que se hubiera averiado, o bien transporte desde el lugar donde estuviera el vehículo averiado hasta un punto de espera o una estación adecuados desde donde sea posible la continuación del viaje (art. 19.3).

Sólo si el viaje tiene una duración prevista de más de tres horas, queda obligado el transportista, en caso de cancelación o retraso en la salida de la estación de más de 90 minutos, a prestar **asistencia gratuita** al viajero. La misma se concreta de forma algo ambigua en el artículo 21 del Reglamento: a) aperitivos, comidas o refrigerios en proporción razonable al tiempo de espera o retraso, pero sólo si se dispone de ellos en el autobús o la estación o puedan razonablemente proveerse; y b) habitación de hotel u otro tipo de alojamiento y traslado al mismo cuando sea necesaria una estancia de una o más noches, pudiendo limitarse a 80 euros por noche y viajero, por un máximo de dos noches.

Por último, posee el pasajero un **derecho de información**. Así, el transportista (o el gestor de la estación) está obligado a informar lo antes posible y, a más tardar, 30 minutos después de la hora de salida programada del retraso o de la cancelación, así como de la hora estimada de salida en cuanto se disponga de esa información. Asimismo, en caso de que los viajeros pierdan una conexión debido a una cancelación o retraso, el transportista (o el gestor de la estación) habrá de realizar esfuerzos razonables para informarles sobre las conexiones alternativas (art. 20).

Al igual que se vio con respecto a los demás medios de transporte, el Reglamento n.º 181/2011 representa un marco mínimo de protección: su artículo 22 faculta a los viajeros para solicitar por la vía judicial **compensaciones suplementarias**, de conformidad con el Derecho nacional, por los daños y perjuicios efectivamente sufridos. Aunque llamativamente sólo está previsto de forma expresa para los supuestos de cancelación o retraso (pudiendo reclamarse, en particular, el resarcimiento de los perjuicios causados por la *llegada tardía al lugar de destino* conforme a lo dispuesto en el art. 1.101 del Código civil), nada debe obstar a su solicitud para los casos de sobrerreserva.

IV. LECTURAS COMPLEMENTARIAS

1. Bibliografía

FERRER TAPIA, B., *El contrato de transporte aéreo de pasajeros: sujetos, estatuto y responsabilidad*, Dykinson, Madrid, 2013.

GILABERT GASCÓN, A., «Los pasajeros conflictivos: ¿una 'circunstancia extraordinaria' en el marco del Reglamento n.º 261/2004?», *Revista General de Derecho del Turismo*, núm. 2, 2020.

GONZÁLEZ CABRERA, I., «Retraso, cancelación y denegación de embarque: un análisis comparado de su tratamiento en el Derecho de la navegación marítima y aérea», *Revista de Derecho del Transporte*, núm. 11, 2013, pp. 81-114.

GUERRERO LEBRÓN, M.ª J., *La responsabilidad contractual del porteador aéreo en el transporte de pasajeros*, Tirant lo Blanch, Valencia, 2005.

GUERRERO LEBRÓN, M.ª J. (dir.), *La responsabilidad del transportista aéreo y la protección de los pasajeros*, Marcial Pons, Madrid, 2015.

MÁRQUEZ LOBILLO, P., *Denegación de embarque en el transporte aéreo de personas*, Marcial Pons, Madrid, 2013.

MARTÍNEZ SANZ, F. (dir.), *Manual de Derecho del Transporte*, Marcial Pons, Madrid, 2010.

OLMEDO PERALTA, E., *Régimen jurídico del transporte marítimo de pasajeros. Contratos de pasaje y crucero*, Marcial Pons, Madrid, 2014.

PETIT LAVALL, M.ª V., «El Reglamento (UE) núm. 1177/2010 y la protección de los pasajeros que viajan por mar», *Revista de Derecho del Transporte*, núm. 12, 2013, pp. 11-29.

PETIT LAVALL, M.ª V., «La inacabada protección de los pasajeros en el transporte aéreo frente a las cancelaciones y los accidentes», *Revista de Derecho Mercantil*, núm. 311, 2019.

PETIT LAVALL, M.ª V., «El Convenio de Montreal y el concepto de daño corporal», *La Ley Unión Europea*, núm. 109, 2022.

PETIT LAVALL, M.ª V. / PUETZ, A., «Luces y sombras de la regulación de los derechos de los viajeros por ferrocarril: a propósito de la necesidad de reformar el Reglamento del Sector Ferroviario», *Revista de Derecho del Transporte*, núm. 16, 2015, pp. 51-76.

ROMERO MATUTE, B., «Régimen jurídico privado del contrato de transporte de viajeros por ferrocarril», *Revista de Derecho del Transporte*, núm. 18, 2016, pp. 11-62.

VICENTE MAMPEL, C., «A vueltas con la protección de los viajeros por ferrocarril en la Unión Europea: retrasos, pérdida de enlaces y cancelaciones», en Aa.Vv., *Contratación mercantil: digitalización y protección del consumidor*, Marcial Pons, Madrid, 2023.

ZUBIAURRE GURRUCHAGA, A., «La protección del viajero en el transporte terrestre por carretera y por ferrocarril de ámbito nacional», *Revista de Derecho del Transporte*, núm. 18, 2016, pp. 111-147.

ZUBIRI DE SALINAS, M., «La responsabilidad del transportista de personas en los Reglamentos comunitarios relativos al transporte aéreo, ferroviario y marítimo», *Revista de Derecho del Transporte*, núm. 4, 2010, pp. 67-100.

2. Jurisprudencia

Sentencia del Tribunal de Justicia de la Unión Europea (STJUE) (Sala 4.ª) de 22 de diciembre de 2008 (as. C-549/07, *Friederike Wallentin-Hermann c/ Alitalia – Linee Aeree Italiane SpA*). *Fallos técnicos de la aeronave. Circunstancias extraordinarias.*

STJUE (Sala 4.ª) de 19 de noviembre 2009 (as.ac. C-402/07 y C-432/07, *Christopher Sturgeon et al. c/ Condor Flugdienst GmbH* y *Stefan Böck y Cornelia Lepuschitz c/ Air France, S.A.*). *Supuestos de exclusión de responsabilidad por circunstancias extraordinarias, compensación automática en caso de retraso a la llegada.*

STJUE (Sala 3.ª) de 31 de enero de 2013 (as. C-12/11, *Denise McDonagh c/ Ryanair Ltd.*). *Cancelación del vuelo por circunstancias extraordinarias.*

STJUE (Gran Sala) de 26 de febrero de 2013 (as. C-11/11, *Air France c/ Heinz-Gerke Folkerts y Luz-Tereza Fokerts*). *Retraso en vuelos con conexión.*

STJUE (Sala 1.ª) de 26 de septiembre de 2013 (as. C-509/11, *ÖBB-Personenverkehr AG*). *Derecho al reembolso parcial del precio del billete en caso de retraso significativo de un servicio ferroviario, incluso en un supuesto de fuerza mayor.*

STJUE (Sala 5.ª) de 18 de septiembre de 2014 (as. C-487/12, *Vueling Airlines, S.A. c/ Instituto Galego de Consumo de la Xunta de Galicia*). *Daño moral.*

STJUE (Sala 10.ª) de 21 de septiembre de 2016 (as. C-261/15, *Nationale Maatschappij der Belgische Spoorwegen NV c/ Gregory Demey*). *Falta de pago del precio del transporte.*

STJUE (Sala 3.ª) de 4 de mayo de 2017 (as. C-325/15, *Marcela Pešková y Jiří Peška c/ Travel Service a.s.*). *Colisión de avión y pájaro* (bird strike).

STJUE (Sala 8.ª) de 7 de septiembre de 2017 (as. C-559/16, *Birgit Bossen et al. c/ Brussels Airlines SA/NV*). *Concepto de «distancia» a efectos del Reglamento n.º 261/2004.*

STJUE (Sala 8.ª) de 31 de mayo de 2018 (as. C-537/17, *Claudia Wegener c/ Royal Air Maroc SA*). *Concepto de «vuelo con conexión directa». Retraso en vuelos con conexión.*

STJUE (Sala 4.ª) de 19 de diciembre de 2019 (as. C-432/18, *GN c/ ZU, en su condición de liquidadora de Niki Luftfahrt GmbH*). *Concepto de «accidente» a efectos del Convenio de Montreal.*

STJUE (Sala 4.ª) de 12 de mayo de 2021 (as. C-70/20, *YL c/ Altenrhein Luftfahrt GmbH*). *Concepto de «accidente» a efectos del Convenio de Montreal.*

STJUE (Sala 3.ª) de 20 de octubre de 2022 (as. C-111/21, *BT c/ Laudamotion GmbH*). *Concepto de «lesión corporal» a efectos del Convenio de Montreal.*

Sentencia del Tribunal Supremo (STS) (Sala de lo Civil, Sección 1.ª) núm. 533/2000, de 31 de mayo (ECLI:ES:TS:2000:4430). *Daño moral.*

STS (Sala de lo Civil, Sección 1.ª) núm. 232/2016, de 8 de abril (ECLI:ES:TS:2016:1420). *Utilización del baremo de accidentes de circulación como criterio orientativo para el cálculo de la indemnización en el transporte marítimo.*

STS (Sala de lo Civil, Sección 1.ª) núm. 631/2018, de 13 de noviembre (ECLI:ES:TS:2018:3733). *Exención de responsabilidad por pérdida de enlaces y cláusulas* no show.

STS (Sala de lo Civil, Sección 1.ª) núm. 460/2019, de 3 de septiembre (ECLI:ES:TS:2019:2670). *Utilización del baremo de accidentes de circulación como criterio orientativo para el cálculo de la indemnización en el transporte aéreo.*

Sentencia de la Audiencia Provincial de Barcelona (Sección 15.ª) núm. 212/2010, de 9 de julio (ECLI:ES:APB:2010:6521). *Denegación de embarque por overbooking. Daño moral.*

Sentencia del Juzgado de lo Mercantil n.º 9 de Barcelona de 17 de marzo de 2011 (ECLI:ES:JMB:2011:39). *Denegación de embarque. Suficiencia de los documentos de viaje.*

Sentencia del Juzgado de lo Mercantil n.º 2 de Bilbao núm. 285/2013, de 5 de diciembre (ECLI:ES:JMBI:2013:569). *Comunicación de incidencias con el vuelo por correo electrónico.*

LECCIÓN 6
EL CONTRATO DE VIAJE COMBINADO Y LOS PAQUETES DINÁMICOS (SERVICIOS DE VIAJE VINCULADOS)

Inmaculada González Cabrera
Profesora Titular de Derecho Mercantil
Facultad de Economía Empresa y Turismo
Universidad de Las Palmas de Gran Canaria

SUMARIO:

I. INTRODUCCIÓN

En la práctica, la regulación jurídica de los servicios de viajes combinados y, en consecuencia, la protección de los consumidores difiere dependiendo de cómo, cuándo y por quién se ofrecen a la venta los servicios que componen dicho viaje, pues en algunas ocasiones los mismos se configuran sin género de duda como un viaje combinado, y en otras como servicios combinados de viaje o incluso como servicios autónomos de viajes.

Los primeros se encuentran bajo el manto protector de la Directiva (UE) 2015/2302 del Parlamento Europeo y del Consejo de 25 de noviembre de 2015, relativa a los viajes combinados y a los servicios de viaje vinculado (DVCySVV), transpuesta a nuestro Ordenamiento Jurídico por virtud del Real Decreto-ley 23/2018, de 21 de diciembre, de transposición de directivas en materia de marcas, transporte ferroviario y viajes combinados y servicios de viaje vinculados, que modifica los artículos 150 y siguientes del Real Decreto Legislativo 1/2007, de 16 de noviembre por el que se aprueba el texto refundido de la Ley General para la Defensa de los Consumidores y Usuarios y otras leyes complementarias (TRLGDCU), norma que aborda la regulación del viaje combinado y recoge unos derechos mínimos para el usuario que ensambla el servicio de viaje vinculado o paquete dinámico. Esta norma ha sufrido alteraciones posteriores, la última a fecha de entrega de este trabajo, por virtud de la Ley 4/2022, de 25 de febrero, de protección de los consumidores y usuarios frente a situaciones de vulnerabilidad social y económica.

En el TRLGDCU, como veremos, no se otorgan los mismos derechos y, en consecuencia, similares obligaciones para los empresarios que facilitan los distintos servicios que pueden conformar un paquete combinado o un servicio de viaje vinculado (paquete dinámico), de tal suerte que estos últimos no tienen la protección que le otorgan los artículos 150 y siguientes del TRLGDCU a los primeros. No así en otros países de la Unión en los que se han ido adoptando normas internas que protegen a los consumidores de paquetes dinámicos, asimilándolos al viaje combinado.

Esto ha puesto de manifiesto la crisis actual del viaje combinado tradicional, toda vez que el producto ha perdido fuerza frente a las nuevas fórmulas de contratación de viajes utilizadas por el usuario, así como por la aparición de nuevos operadores turísticos, sin olvidar, además, las matizaciones que sobre el viaje combinado ha ido imponiendo el TJUE. A esta y otras cuestiones relativas a la protección de servicios combinados de viajes pretende dar respuestas la DVCySVV y, en consecuencia, la norma que la transpone. La DVCySVV, entre otras modificaciones, trata de aclarar la diferencia entre los viajes combinados y los paquetes dinámicos e informar al consumidor con carácter previo de quien resulta responsable de la ejecución de los servicios que integran su viaje, así como, si están o no amparados por las normas que regulan la protección del consumidor del tradicional viaje combinado.

II. EL CONTRATO DE VIAJE COMBINADO

A. Concepto

Con carácter previo a definir el viaje combinado, ha de advertirse que éste sólo podrá crearse mediante la combinación de distintos servicios de viajes. De conformidad con el artículo 151.1 a) del TRLGDCU podrán constituir servicios de viaje el transporte, el alojamiento que no sea parte del servicio de transporte, el alquiler de automóviles o similares o cualquier otro servicio distinto de los anteriores y que no sean parte integrante de los mismos.

Según el artículo 151.1 b) del TRLGDCU se entenderá por viaje combinado la combinación de, al menos, dos tipos de los antedichos servicios de viaje a efectos del mismo viaje o vacación siempre que dichos servicios sean combinados por un solo empresario, incluso a petición o siguiendo las indicaciones del viajero [STJCE de 30 abril 2002 (TJCE 2002, 148)], antes de que se celebre un único contrato que incorpore la totalidad de los servicios.

También se considerará viaje combinado la celebración **de contratos distintos con diferentes prestadores de servicios de viaje** si estos servicios:

a) son contratados en un **único punto de venta** y seleccionados antes de que el viajero acepte pagar,
b) son ofrecidos, vendidos o facturados a **un precio a tanto alzado o global**,
c) son anunciados o vendidos como **«viaje combinado» o bajo una denominación similar**,
d) son **combinados después de la celebración de un contrato** en virtud del cual el empresario permite al viajero elegir entre una selección de distintos tipos de servicios de viaje, o
e) son contratados con distintos empresarios a través de procesos de reserva en línea conectados en los que el nombre del viajero, sus datos de pago y su dirección de correo electrónico son transmitidos por el empresario con el que se celebra el primer contrato a otro u otros empresarios con quienes se celebra otro contrato, **a más tardar veinticuatro horas después de la confirmación de la reserva del primer servicio de viaje**.

Obviamente, puede comprobarse con relación a la regulación anterior como el concepto de viaje combinado ha sido ampliado hasta el punto de que siguiendo el tenor literal del mismo, pocos serán los servicios combinados que escapen a su definición. De hecho, los dos últimos nos permiten defender que serán viajes combinados todos los servicios que contratemos después de la selección de un primer servicio o formalización de un primer contrato con un operador siempre que: a) nos lo ofrezca el propio operador a fin de que el viajero pueda seleccionar entre un abanico de servicios dispuestos por aquel, sin que se indique plazo alguno para esta selección; o, b) que se contraten con terceros en las 24 horas siguientes a la celebración del primer contrato con el operador, siempre que sea aceptando los links o vínculos que permiten conectar a ambos empresarios y facilitar entre ellos los datos de los viajeros. Como puede apreciarse, con este tipo de combinaciones no es fácil distinguir claramente, cuando estamos ante un viaje combinado y, como veremos, cuando estaremos ante un servicio de viaje vinculado o paquete dinámico. Básicamente, lo que pretende la ampliación del concepto del viaje combinado es incorporar en al mismo la oferta de los servicios turísticos de forma coordinada o ensamblada, al menos en el momento de celebración del contrato o en un periodo inmediatamente posterior a él (no superior a las 24 horas) en las que pudieran incorporarse servicios al contrato principal para el mismo viaje o vacación. Dada su dificultad, hace unos años decíamos que había que estar a lo que resultara de la práctica diaria para saber cómo funcionarían estas formas de contratación. Pues bien, tras varios años la práctica nos demuestra una realidad patente y restrictiva en la que el operador de viajes trata de «zafarse» siempre que puede de los estrictos límites del concepto de viaje combinado, pues del mismo derivará una mayor protección para el viajero y consiguientemente una mayor responsabilidad para el organizador.

No se incluye en el concepto de viaje combinado la venta de múltiples servicios sueltos, la confección de un viaje a través del uso de metabuscadores, ni la utilización de portales web distintos de los anteriores que permitan al consumidor contactar y demandar directamente los servicios a los distintos prestadores de los mismos y con los que, obviamente, celebrarán contratos aislados. Tampoco quedan incluidos en el concepto de viaje combinado los intercambios escolares cuya duración oscile entre los seis meses y el año, y cuyo objeto sea que el estudiante asista a un centro de enseñanza en un país de acogida con el propósito de familiarizarse con el idioma, su población, así como su cultura, y durante los cuales se aloje gratuitamente en una familia de acogida como si formara parte de ella (STJCE de 11 de febrero de 1999).

Tampoco se entenderán como viajes combinados la combinación de servicios de viaje en la que se combine como máximo uno de los tipos de servicios de viaje a que se refieren los apartados 1.º, 2.º o 3.º de la letra a) (esto es, el transporte, el alojamiento o el alquiler de vehículos sin conductor) con uno o varios de los servicios turísticos a que se refiere su apartado 4.º (es decir, cualquier servicio turístico distinto de los anteriores), si estos servicios turísticos no representan una proporción igual o superior al veinticinco por ciento del valor de la combinación y no se anuncian o no constituyen por alguna otra razón una característica esencial de la combinación, o si solo han sido seleccionados y contratados después de que se haya iniciado la ejecución de un servicio de viaje contemplado en los mencionados apartados 1.º, 2.º o 3.º. Ello implica, por ejemplo, que si se adquiriera un vuelo + la entrada a un partido de futbol y esta no superase el 25% del valor total de la suma de los dos servicios, y claro está, no se hubiera anunciado como un viaje combinado, tales servicios no estarán amparados por las normas que regulan este contrato, entendiéndose en todo caso o como servicios sueltos o como paquetes dinámicos si se han conformado como señalaremos más adelante. Sin embargo, bastaría que la entrada al partido superara el 25% del coste total del viaje para que tuviera el amparo de la norma que regula el viaje combinado, aspecto éste sumamente criticable desde la perspectiva del consumidor.

Quedan asimismo al margen de la regulación del viaje combinado aquellos viajes combinados que se ofrezcan y los servicios de viaje vinculados que se faciliten, de manera ocasional y sin ánimo de lucro, únicamente a un grupo limitado de viajeros; así como, también, aquellos viajes combinados y los servicios de viaje vinculados contratados sobre la base de un convenio general para la organización de viajes de negocios entre un empresario y otra persona física o jurídica que actúe con fines relacionados con su actividad comercial, negocio, oficio o profesión.

En cualquier caso, pese a la ampliación del concepto de viaje combinado, de la definición contenida en el artículo 151.1 b) en relación al 151.1 a) del TRLGDCU podemos afirmar que tres siguen siendo los caracteres básicos del viaje combinado: **los elementos de dicho viaje, la combinación (previa o sucesiva) de los mismos y el precio global** (con la matización que haremos más adelante).

Los elementos habituales de un viaje combinado son **fundamentalmente el transporte, el alojamiento y el alquiler de vehículos sin conductor**. Pero también será viaje combinado aquel que coordine cualesquiera otros elementos no accesorios como el alojamiento o transporte con manutención, excursiones, entradas a espectáculos, eventos deportivos, servicios deportivos, buceo, avistamiento de cetáceos, pesca, etc. Por el contrario, se entenderán como elementos accesorios el servicio de restauración en el avión, el transporte del aeropuerto a la ciudad, o el desayuno en el hotel, entre otras. La combinación de tales elementos, bien con carácter previo o a instancia del consumidor [STJCE de 30 abril 2002 (TJCE 2002, 148)], **deberá realizarla necesariamente un empresario, sin que se exija actualmente que este se constituya en agencia de viajes** (como requería el art. 151.2 del TRLGDCU antes de su modificación). Se entenderá por empresario a aquel que atiende a los viajeros de manera presencial o en línea, tanto si actúa como **organizador** o **minorista. Los empresarios prestadores de servicios de viaje, pese a ser necesarios para la ejecución de los servicios de viaje que integran el viaje combinado, no son parte del contrato de viaje combinado.**

El tercer elemento que resulta a priori de la definición de contrato de viaje combinado es el precio global. No obstante, el precio que resulte de la suma de los servicios contratados a posteriori al propio organizador (cuando éste permite la selección de un abanico de servicios extras) o a otro u otros empresarios, en virtud de convenios con el primero y que se acepten siguiendo las condiciones expresadas en el artículo 151.1 b) iv) y v) del TRLGDCU, también será un elemento del contrato aunque no pueda entenderse como precio global, sino como la suma de las distintas prestaciones aceptadas. Tanto uno como otro incluyen el precio y los impuestos de los elementos que conforman el viaje combinado, así como, la asistencia técnica durante el viaje. Quedan fuera de esta cantidad otros conceptos, como por ejemplo, los visados, las tasas de aeropuerto, los extras, el importe de las excursiones facultativas que no se hayan contratado en origen y algunos servicios específicos para viajes de nieve o viajes de crucero. Igualmente, es ajena al ámbito objetivo de este contrato la prestación de estos servicios de forma gratuita, cualquiera que sea la razón, pues el contrato de viaje combinado es un **contrato oneroso**.

B. Sujetos

En la celebración y ejecución de un viaje combinado participan, obviamente, una pluralidad de sujetos: organizador, minorista, suministradores de los distintos servicios, contratante y las personas que disfrutan del viaje combinado. Algunos de estos sujetos están vinculados por el contrato de viaje combinado y otros son ajenos al mismo (por ejemplo, los prestadores de servicios como dijimos supra). Son parte del contrato de viaje combinado, de un lado, el empresario, que podrá adoptar la forma de organizador o minorista; y, de otro, el viajero, quien podrá asumir la condición de contratante principal, beneficiario y cesionario.

El artículo 151.1 g) del TRLGDCU define al **organizador como el empresario que combina y vende u oferta viajes combinados directamente, a través de o junto con otro empresario, o el empresario que transmite los datos del viajero a otro empresario a efectos de lo indicado en el párrafo b) 2.º v**, esto es, cuando aquel transmite los datos de pago y la dirección de correo electrónico del viajero a otro u otros empresarios con quienes se celebra un ulterior contrato, a más tardar veinticuatro horas después de la confirmación de la reserva del primer servicio de viaje. Al organizador se le requiere **habitualidad** en el ejercicio de su actividad, dejando fuera a quienes organicen de forma ocasional o no profesional un viaje combinado, caso, por ejemplo, de las asociaciones de vecinos.

Por su parte, **el minorista será el empresario distinto del organizador que vende u oferta viajes combinados por un organizador**. Justamente por ello, la posición del minorista parece ser la de un mediador entre aquel operador que tiene productos elaborados para vender y el viajero consumidor, encuadrándose su relación con el organizador en el contrato de comisión; sin embargo, el Tribunal Supremo considera que la actividad de este operador no es la de mediador, sino que vende en nombre propio un producto elaborado por un tercero, relación sujeta al contrato de compraventa mercantil (STS de 23 de julio de 2001).

El otro elemento personal básico en este contrato es la figura del viajero, concebido como toda persona que tiene la intención de celebrar un contrato o tiene derecho a viajar en virtud de un contrato celebrado con arreglo a este libro (esto es en virtud de un contrato de viaje combinado o de servicio de viaje vinculado). Tiene el viajero la condición de consumidor no solo al contratar necesariamente con un empresario y quedar su actuación al margen de su actividad profesional o empresarial (art. 3 del TRLGDCU), sino por sí mismo, pues el propio precepto en su párrafo primero señala que «A efectos de esta ley, y sin perjuicio de lo dispuesto expresamente en sus libros tercero y cuarto, son consumidores o usuarios las personas físicas que actúen con un propósito ajeno a su actividad comercial, empresarial, oficio o profesión». El libro IV es el relativo a los viajes combinados y servicios de viaje vinculados.

La actual regulación no distingue, como el modificado artículo 151.1 del TRLGDCU entre contratante principal, beneficiario o cesionario, pero tales condiciones pueden seguir defendiéndose a día de hoy, pese a no recogerse de forma expresa en la norma. Así, consideraremos como **contratante principal a la persona física o jurídica que compra o se compromete a comprar el viaje combinado**. Si actúa en su propio nombre e interés se convierte en acreedor de las prestaciones y contrae la obligación de pagar el precio correspondiente. Por su parte, **entenderemos como beneficiario, solo a la persona física en nombre de la cual el contratante principal se compromete a comprar el viaje combinado**. Y, por último, por **cesionario a la persona física a la cual el contratante principal u otro beneficiario cede el viaje combinado, conforme a lo establecido en el artículo 157 del TRLGDCU**.

C. Elementos

Los elementos objetivos del contrato son el denominado «**viaje combinado**», entendido éste como el **conjunto de prestaciones organizadas que se obliga a prestar** el organizador, el minorista y los empresarios prestadores de los servicios en nombre del primero y el «**precio**» que, como **contraprestación, deberá pagar el consumidor o usuario**. Sin olvidar, por supuesto, la duración del mismo, pues si este es inferior a las veinticuatro horas no cabría acogerlo bajo el manto de la regulación protectora del contrato de viaje combinado [150.2 a) del TRLGDCU].

El precio del viaje combinado que habrá de abonar el consumidor será aquel que figure tanto en el folleto como en el contrato, y comprenderá lógicamente todos los servicios que, conforme al pacto, el empresario organizador se comprometa a prestar durante el viaje.

1. La oferta y su eficacia jurídica

Dado el carácter proteccionista de la norma, uno de los elementos básicos a los que el legislador sigue dedicando especial atención en la regulación del viaje combinado es, justamente, a su **promoción y venta**. Precisamente por ello, en la fase previa a la celebración del contrato, **la obligación principal** del organizador o del minorista (cuando el viaje combinado se venda a través de este último) consiste en **proporcionar al viajero el formulario con la información normalizada relativa al viaje combinado y que figura en el anexo II, A o B, así como, otra información relativa al viaje.** Esta última se divide en a) aquella que recoge las principales características de los servicios que conforman el viaje combinado; y, b) aquella otra que trata de identificar a los empresarios partícipes en el contrato viaje combinado —organizador y minorista, así como otras cuestiones significativas del viaje tales como: i) el precio del viaje, las eventuales alteraciones del mismo y medios de pago; ii) número mínimo de personas para la realización del viaje y su posible cancelación si no se cubre dicho mínimo; iii) información relativa a la documentación precisa para la entrada en el país; iv) la posible cancelación anticipada del contrato por el viajero y sus consecuencias económicas (STJUE de 14 de septiembre de 2023); v) la información relativa a la suscripción de un seguro facultativo que cubra los gastos de la cancelación anticipada del contrato por el viajero; vi) gastos de asistencia, repatriación, accidente, enfermedad y fallecimiento; etc. Esta información se facilitará al menos en castellano, pudiendo hacerse también en cualquier otra lengua, de forma clara, comprensible y, si es por escrito, con una letra suficientemente legible. Aunque el texto no indica qué se entiende por tal habrá que entender, como así lo hacen otros textos legislativos, que la misma sea de un tamaño suficiente para su lectura además de que ésta sea clara y ordenada (art. 153).

Respecto a la primera, esto es, la información que se recoge en el anexo II resulta esencial la relativa al empresario organizador (u empresarios organizadores si fueran varios) por cuanto este, por virtud del artículo 161.1 del TRLGDCU veremos que resultará responsable de la correcta prestación del servicio, así como la información relativa a la entidad que cubre la garantía contra la insolvencia de los empresarios que suscriben el contrato. Además de lo anterior dicho anexo obliga a facilitar al consumidor una larga lista de datos informativos que van desde los derechos que tienen como consumidores y usuarios con carácter general conforme al TRLGDCU, así como otros, también contenidos en este cuerpo normativo, que resultan de la suscripción del contrato, entre los que figuran la posible cesión el viaje combinado, la posibilidad de que el viajero desista del mismo y sus consecuencias económicas, la eventual modificación del precio del viaje, etc.

Cuando la contratación del viaje combinado se realice a través de la celebración de contratos distintos con diferentes prestadores de servicios, conforme al artículo 151.1 b) 2º v), esto es, *a través de procesos de reserva en línea conectados en los que el nombre del viajero, sus datos de pago y su dirección de correo electrónico son transmitidos por el empresario con el que se celebra el primer contrato a otro u otros empresarios con quienes se celebra otro contrato, a más tardar veinticuatro horas después de la confirmación de la reserva del primer servicio de viaje*, será obligación, tanto del organizador como del empresario al que se transmiten los datos del viajero, de garantizar que cada uno de ellos facilite, antes de que el viajero esté obligado por contrato o por cualquier oferta correspondiente, la información antedicha, en la medida en que sea pertinente para los respectivos servicios de viaje que ofrezcan. En cualquier caso, el organizador habrá de facilitar siempre la información contenida en el anexo II. C. Este contiene la misma información que los anteriores A y B, pero incluye la información relativa al **organizador como empresario responsable de la correcta ejecución de todos los servicios de viaje incluidos en el contrato**.

En cualquier caso, lo más relevante de la antedicha información, **es su carácter vinculante para el organizador y para el minorista o prestador del servicio de viaje combinado cuando éste se configure por distintos prestadores de servicios** (art. 154 del TRLGDCU). Ciertamente, dicha información formará parte integrante del contrato y no se modificará salvo acuerdo expreso por las partes. A tal efecto, el organizador, o en su caso, el minorista, antes de la celebración del contrato de viaje combinado habrán de comunicar al viajero de forma clara, comprensible y destacada todos los cambios de la información precontractual. Asimismo, se advierte por el legislador que si el organizador o el minorista no cumplen con los requisitos relativos a la información sobre eventuales comisiones, recargos o costes adicionales que establece el artículo 153.1.c) del TRLGDCU **el viajero no estará obligado a soportarlos** (art. 154.2 TRLGDCU). Estamos frente a los que se denomina **integración publicitaria del contrato** (regulada asimismo, con carácter general, en el art. 61 del TRLGDCU), esto es, la oferta contractual divulgada por medio de la publicidad pasa a formar parte del contenido del contrato y, por lo tanto, obliga al operador que ha llevado a cabo esa publicidad. No obstante lo dicho, adviértase que caben **excepciones** a esa eficacia vinculante (art. 153 del TRLGDCU): a) que los posibles cambios, que obviamente deberán ser puntuales, se hayan comunicado de forma clara, comprensible y destacada antes de la celebración del pacto; b) y que sean aceptadas por el viajero. Dichos cambios no tienen que haberse previsto anteriormente en la información previa, como figuraba antes de la modificación el TRLGDCU operada por el citado Decreto Ley 23/2018.

En cualquier caso, ha de indicarse que la obligación de información no cesa con la formalización del contrato, sino que se mantiene vigente durante todo el tiempo que dure la relación entre estas compañías y el viajero (Sentencia de la Audiencia Provincial de Sevilla de 7 de abril de 2016).

2. Contenido y formalización de contrato

El contrato de viaje combinado **habrá de formalizarse, bien por escrito, bien en cualquier otro soporte duradero que permita al viajero acceder al contrato y a su contenido. En cualquier caso, deberá hacerse en un lenguaje claro y comprensible, si bien la norma no indica en qué lengua.** Está claro que, aplicando analógicamente otros preceptos (el art. 153 del TRLGDCU, por ejemplo) habrá de hacerse al menos en castellano. **Si el contrato se formaliza por escrito deberá hacerse en una letra legible. Nada dice el legislador del clausulado general pero éste, obviamente, habrá de ser ordenado y lo más concreto posible.**

La razón de formalizar el contrato bien por escrito, bien en cualquier otro soporte duradero es dotar al viajero de un medio de prueba, tanto de la existencia del contrato, como de su contenido; medio de prueba que podrá utilizar el usuario en el caso de incumplimiento contractual o cumplimiento defectuoso del contrato por parte del empresario o empresarios responsables de la prestación de los servicios que conforman el viaje combinado. No obstante, la falta de documento escrito o en soporte duradero no anula el negocio jurídico, pues esta formalidad **no tiene carácter constitutivo**, el contrato existe conforme al principio de libertad de forma reconocido en el artículo 1278 del C.Civ., aun cuando pueda resultar más difícil la prueba de su existencia y de su contenido. En la práctica, este deber suele cumplirse a través de la entrega al consumidor de un bono donde viene incluido un extracto de las condiciones generales. Esto puede sustituirse, también, por la publicidad del viaje realizada en la web del operador.

En cualquier caso, y pese a que pueda resultar reiterativo toda vez que previamente, a través de la información precontractual, ha de comunicarse al consumidor los aspectos más significativos del viaje combinado, la Ley impone al empresario organizador o, en su caso, al minorista que o bien en el momento de celebración del contrato, o, en su defecto, tras la formalización suministre a viajero una copia del mismo (si se ha formalizado por escrito) o la confirmación de tal pacto en soporte duradero (art. 155.1 del TRLGDCU).

Por lo que respecta al contenido mínimo del contrato ha de señalarse que viene establecido en el artículo 154 del TRLGDCU coincidiendo, en gran medida, con lo avanzado en las cláusulas que conforman la información obligatoria que ha de suministrarse por el empresario al consumidor antes de la celebración del contrato. Asimismo, habrá de contender determinadas cláusulas relativas a quien resulta responsable de la ejecución del viaje combinado; los datos de la entidad garante de la insolvencia y de la ejecución del contrato, así como **sus**

datos de contacto; los datos de organizador y minorista, a fin de que el viajero pueda ponerse en contacto con ellos en cualquier momento de ejecución del contrato; la obligación del viajero de comunicar la falta de conformidad; los datos de contacto de la persona responsable del menor, cuando este viaje sin ningún adulto responsable y se aloje en el lugar de destino; información de los procedimientos internos de tramitación de las reclamaciones y litigios; la posibilidad de ceder el viaje combinado; y, las necesidades especiales del viajero que sean aceptadas por el organizador (art. 155. 2 del TRLGDCU).

Ahora bien, lo que no resulta claro, pues la norma no específica las consecuencias jurídicas del incumplimiento, es qué ocurre cuando el contrato no contiene las menciones mínimas establecidas en el artículo 155 del TRLGDCU, incluso, cuando tal omisión pueda llegar a ser abusiva. Al respecto entendemos que si se incorporan cláusulas contractuales que puedan ser consideradas abusivas las mismas serán nulas, pero se mantendrá la validez del contrato en su conjunto, si puede subsistir sin las cláusulas antedichas (art. 83 del TRLGDCU).

Cabe preguntarnos también si es o no posible incorporar al contrato determinadas **cláusulas que limitan la responsabilidad del organizador en la ejecución del contrato**, tales como aquellas que circunscriben su responsabilidad al precio total del viaje combinado, las que la ciñen a las recogidas en tratados internacionales o en normas comunitarias, las que reducen su responsabilidad por la deficiente ejecución de algunos de los servicios previstos en el contrato, o aquellas que restringen su responsabilidad por los daños generados en accidentes de carretera. Pues bien, respecto de estas cláusulas entendemos **que la primera sería aceptable siempre que el límite cuantitativo sea razonable**, lo que implica que en función de las prestaciones no ejecutadas el límite de responsabilidad nunca sea inferior a los servicios dejados de prestar y al daño moral que derive de ellos, incluyendo en este caso, la pérdida de las vacaciones (la ley lo fija en **que no sea inferior al triple del precio total del viaje**, art. 162.4 del TRLGDCU); **que el límite no afecte a daños personales**; y, **que la responsabilidad que pretende reducirse no se genere por una actuación dolosa del empresario o de las personas de quienes responda** (incluyendo aquí quienes en virtud de otros contratos se obligan a prestar los distintos servicios que componen el viaje combinado, art. 162.4 del TRLGDCU). Asimismo, son admisibles las limitaciones recogidas en **convenios internacionales suscritos por nuestro país y en normas europeas** (por ejemplo, los topes establecidos por la responsabilidad en accidentes en el transporte establecidos en Tratados Internacionales o en Reglamentos Europeos, art. 162.4 del TRLGDCU). Por el contrario, no cabrían tales cláusulas para reducir los daños a bienes patrimoniales del consumidor debidos al incumplimiento del contrato de viaje combinado (por ejemplo, los desperfectos que se generan en los equipos fotográficos que llevan consigo los viajeros debidos, por ejemplo, a un accidente imputable al conductor del autobús); tampoco aquellas que restrinjan la responsabilidad por la ejecución de las prestaciones que se incluyen en el viaje combinado (bien sea el alojamiento, la manutención etc.). Cuando se trate de viajes fuera del ámbito de la Unión Europea nunca se admitirán aquellas cláusulas que circunscriban los daños producidos cuando se viaja por carretera o por otros medios de transporte a los límites que vengan establecidos por la legislación propia del lugar donde el siniestro tenga lugar, con los máximos que su regulación establezca y abonados en la moneda vigente en el país, por lo que de incorporarse cualquiera de las antedichas cláusulas al contrato habrán de entenderse **como abusivas y, por tanto, nulas de pleno derecho**.

D. Obligaciones de las partes

De cuanto se ha dicho podemos concluir que los empresarios organizadores y minoristas, según su ámbito de gestión, asumen las siguientes obligaciones en este contrato: a) entregar al consumidor una copia del pacto una vez que éste se perfecciona en papel o en soporte duradero; b) prestar adecuadamente, por sí o por medio de otras personas, los servicios que integran el viaje combinado, pues veremos que el incumplimiento en la prestación o la prestación defectuosa de los servicios puede dar lugar a su responsabilidad; c) entregar al consumidor con suficiente antelación al inicio del viaje combinado los vales y billetes necesarios para la realización completa de los servicios incluidos en el paquete turístico, así como, una factura en la que habrá de figurar, además del precio global del paquete, una clara referencia a la oferta de que se trate o a los recibos en el caso de que se trate de un viaje combinado adquirido en varios puntos de venta; y, d) prestar la adecuada información sobre la hora de salida programada del viaje combinado, la hora límite para facturar, si procede, la hora programada de las escalas, conexiones de transporte y de llegada (art. 155.5 del TRLGDCU). La carga de la prueba en relación con el cumplimiento de los anteriores requisitos de información recaerá en el empresario (art. 156 del TRLGDCU).

Por su parte, el contrato de viaje combinado también genera para los consumidores y usuarios determinadas obligaciones. Entre ellas, resulta esencial hacer referencia al deber de **satisfacer el precio del viaje combinado**, que podrá hacerse una vez se celebre el contrato o, lo más habitual, abonando un anticipo que no suele superar el 40% del precio total y el resto en un momento posterior, normalmente al tiempo de celebrarse el contrato y, a más tardar, antes del inicio del viaje, salvo que existan condiciones especiales de financiación o pago aplazado. De hecho, si el consumidor no abona el precio en las condiciones pactadas, se entiende que decide no continuar con el viaje solicitado, circunstancia que implicará la aplicación de lo previsto en la Ley para el supuesto de **resolución unilateral del contrato**, que veremos infra.

Pero, además, los consumidores asumen otras obligaciones relacionadas con los servicios que se le prestan. Así, respecto al transporte por tierra, mar o aire, sus deberes se centran en acudir puntualmente a la salida del viaje, mantener un adecuado comportamiento durante el trayecto, etc. Con relación al alojamiento, el turista debe observar las normas usuales de convivencia y acatar el régimen interno del establecimiento. Estas son obligaciones que, aunque establecidas por normas concretas y distintas de las que regulan el viaje combinado, tendrán su reflejo en él si tenemos en cuenta que los contratos obligan, no sólo al cumplimiento de lo expresamente pactado, sino también a todas las consecuencias que, según su naturaleza, sean conformes a la buena fe, al uso y a la Ley (art. 1.258 del CCiv.)

Por último, ha de indicarse que el consumidor también tiene la obligación (y el derecho) de comunicar al organizador o, en su caso, al minorista sin demora indebida, teniendo en cuenta las circunstancias de cada caso, cualquier falta de conformidad en la ejecución del contrato, con el fin **de permitir a este operador poner remedio al incumplimiento y asistirle, en caso contrario** (art. 161. 2 del TRLGDCU). De no hacerlo podría perder la posibilidad de reclamar dicho quebrantamiento, pues con su omisión impide que el organizador conozca el problema y lo subsane en tiempo.

E. Modificaciones del contrato

Teniendo en cuenta que la celebración del contrato de viaje combinado suele tener lugar con bastante anticipación a su ejecución, la Ley prevé, además de la modificación no significativa, realizada previo acuerdo entre las partes, de la que ya tratamos, que dicho contrato pueda ser transformado en tres aspectos concretos: a) permitiendo al consumidor ceder su reserva a un tercero; b) alterando los precios con determinados límites; y, c) modificando alguna prestación significativa. El régimen de estos cambios también viene contemplado en la norma.

1. La cesión de la reserva

El artículo 157 del TRLGDCU reconoce al consumidor y usuario la posibilidad de ceder su viaje combinado, siempre que se cumplan los siguientes requisitos: a) el cedente ha de ser el titular de la posición contractual cedida, es decir, habrá de ser o bien el contratante principal o un beneficiario; b) el cesionario debe reunir todas las condiciones requeridas para el viaje combinado, (por ejemplo, carecer de impedimento físico que le impida realizar el concreto viaje, cumplir determinadas exigencias de vacunación, visado, etc. dependiendo del viaje a realizar); c) La cesión deberá ser comunicada al organizador o, en su caso, al minorista en un soporte duradero, con una antelación razonable de al menos 7 días naturales a la fecha del inicio del viaje, salvo que las partes pacten un plazo menor en el contrato; y, d) La cesión de la reserva puede generar gastos de los que responderán solidariamente tanto cedente como cesionario.

Ciertamente, la cesión de la reserva no está exenta de problemas, sobre todo en el caso de que el viaje contratado incluya como elemento el transporte aéreo, que se caracteriza por la emisión de billetes nominativos, lo que parece implicar o bien, que una vez emitidos los billetes la cesión de la reserva no sería posible, o bien, que la misma **podría generar el sobrecoste correspondiente a la nueva emisión del billete, sobre todo si este responde a tarifas especiales**. Los costes que pudiera generar la cesión deben ser efectivos y razonables y no superarán los realmente soportados por el organizador y el minorista a causa de la cesión.

Precisamente por ello, ambos proporcionarán al cedente las pruebas de las comisiones, recargos u otros costes adicionales derivados de la cesión del contrato.

2. La modificación de precios

En principio hemos de partir de la premisa de que los precios establecidos en el contrato son vinculantes y, precisamente por ello, no podrán ser revisados de forma unilateral por el empresario que los establece. No obstante el TRLGDCU, en su artículo 158, prevé esta posibilidad siempre que se cumplan una serie de condiciones.

En primer lugar, la agencia organizadora **debe haberlo previsto, incorporándolo en el formulario de información normalizado al que se refiere el anexo II A y B, e incluir esta concreta cláusula en el contrato.** En segundo lugar, dicha cláusula debe hacer referencia expresa a que **la variación del precio puede ser tanto al alza como a la baja**, esto es, sólo puede incrementarse si en el contrato también se reserva expresamente la posibilidad de reducción de dicho precio, pues de recoger tan sólo el incremento del precio cuando se dan las circunstancias de fondo previstas en la norma, cabría considerar tal cláusula como abusiva, conforme al artículo 82.1 del TRLGDCU. En tercer lugar, sólo cabrá el aumento del precio si el organizador o, en su caso, el minorista lo notifican al viajero de forma clara y comprensible, justificando dicho incremento y proporcionando el cálculo de tal subida en soporte duradero. En cuarto lugar, la revisión sólo podrá tener lugar para incorporar **variaciones del precio de los transportes derivados del coste del combustible y de otras fuente de energía, las tasas e impuestos relativos a determinados servicios y los de tipo de cambio aplicado al viaje organizado** (art. 158 del TRLGDCU). En quinto lugar, que dicha modificación sólo podrá repercutirse al consumidor, en su beneficio o perjuicio, siempre que se realice

antes de los veinte días naturales inmediatamente anteriores a la fecha de salida del viaje. En sexto y último lugar, si el aumento del precio del viaje excede del ocho por ciento del precio total del viaje combinado, se permitirá al viajero, de conformidad con el artículo 159, apartados 2 a 5 del TRLGDCU, aceptar dicha modificación o resolver el contrato sin penalización, pudiendo en este último caso, y como veremos infra, ser reembolsado por los abonos realizados previamente o realizar un viaje combinado sustitutivo. De no observarse cualquiera de las condiciones mencionadas, la revisión de precios será nula y, por tanto, los empresarios partícipes no podrán exigir al usuario más que el precio previamente acordado.

3. La modificación de alguna prestación significativa

Desde la formalización del viaje combinado hasta el comienzo de su ejecución el organizador **puede verse obligado a cambiar alguna o algunas de las prestaciones previstas.** Se trataría de una **alteración de la prestación antes de iniciarse el viaje** combinado.

Esta posibilidad se contempla en el artículo 159 del TRLGDCU al prever que si del inicio del viaje el organizador se ve obligado a **modificar sustancialmente alguna de las principales características de los servicios de viaje señalados en el contrato** (entre los que están el destino, itinerario, periodos de estancia, medios de transporte, alojamiento, comidas previstas, excursiones, etc., esto es, los servicios que configuran el viaje); o cuando no puede cumplir con alguno de los requisitos especiales propuestos por el viajero y aceptados en el contrato; o, en su caso, cuando incrementa el precio del viaje en más del 8% de su precio total, podrá hacerlo pero ofreciendo al viajero la posibilidad de aceptar la modificación y su eventual precio, o en su caso, de resolver el contrato sin penalización, así como, en este caso, de aceptar otro viaje combinado sustitutivo de ser posible de calidad equivalente o superior y su precio, si es distinto del original.

Por tanto, en primer lugar para que proceda dicha modificación **ha de existir una causa sobrevenida que obligue al empresario a introducirla,** pues no cabe pensar que la locución de «**se ve obligado**» puede indicar la facultad del organizador para modificar o alterar el contrato a su antojo. Normalmente dicha causa proviene de dificultades o alteraciones planteadas por los propios prestadores directos de los servicios que se suministran durante el viaje combinado. Pensemos, por ejemplo, en el incendio del hotel donde se había concertado el alojamiento. Esta situación, de la que no puede ser responsable el organizador, le obliga necesariamente a variar el contrato de viaje combinado del que sí debe responder frente al consumidor. En segundo lugar, dicha modificación **ha de afectar de forma significativa a un elemento esencial del contrato.** Se entiende por elemento esencial del contrato el transporte, sus horarios, itinerarios, el alojamiento, el incremento del precio por encima del 8% o cualesquiera de los otros servicios turísticos configuradores del viaje.

Si se produjera alguna de las circunstancias que obliga al organizador a alterar el contrato este deberá comunicar la modificación sustancial del viaje combinado de forma inmediata (sin demora indebida) a los usuarios afectados. En estos casos y, salvo que las partes convengan otra cosa en cláusulas negociadas individualmente, los consumidores podrán en un plazo razonable ofrecido por el organizador decidir entre **resolver el contrato sin penalización de ningún tipo, aceptar tal modificación en el contrato y su repercusión en el precio o, aceptar un viaje combinado sustitutivo y su precio**. El consumidor que no comunique su decisión en el plazo señalado por el organizador se entenderá que opta por la resolución.

Si el consumidor decide aceptar la reforma del contrato, habrá de entregársele, también por escrito o en soporte duradero, una nueva copia del mismo en el que especifiquen los cambios introducidos y «su repercusión en el precio». Sobre este, se ha venido defendiendo que en ningún caso podrá encarecer el viaje, sin embargo, a nuestro juicio, cuando el artículo 159 del TRLGDCU (así como su precedente el artículo 158 del mismo cuerpo legal) se refiere a «la repercusión en el precio», está previendo que éste puede incrementarse si las nuevas condiciones que obtiene el organizador para sustituir la prestación que ha de modificar son más gravosas, pues las mismas, en origen, cabría haberlas incorporado en el precio global del viaje combinado. Además, resulta coherente con la posibilidad que se le da al consumidor para replantearse la continuidad o no con el viaje combinado atendiendo a las nuevas condiciones, entre las que puede influir, obviamente, el precio. La misma lógica habrá que aceptar en relación a la propuesta del viaje sustitutivo ofrecido por el organizador y su precio. Obviamente, de igual forma que en el supuesto anterior, la referencia que el texto hace al precio del nuevo viaje sustitutivo, sólo es posible interpretarla en el sentido de que el nuevo viaje, si es de precio superior, se aceptará por el viajero si así se desea pero abonando la eventual diferencia que tenga en relación al precio del primero. Ciertamente, esta interpretación es la única posible pues su precedente, el artículo 159 del TRLGDCU antes de su modificación, también preveía la eventual sustitución del contrato por un nuevo viaje, sin aludir al coste del mismo, interpretando la doctrina que dicho coste, de ser superior al precio del contrato que se modificaba habría de ser soportado por el organizador, si bien la propia norma ya recogía que la diferencia de coste, en el caso de ser inferior, debía ser devuelta al usuario. Con la actual regulación se reconoce que cabe aceptar un viaje de categoría superior con la repercusión que ello pudiera tener sobre su precio, pero también otro de categoría inferior, con la reducción adecuada del precio de este último (art. 159.4 del TRLGCU). Todo ello, además, porque en cualquier caso se permite al consumidor optar por resolver el contrato. Si elige esta última opción habrán de serle devueltas las cantidades abonadas hasta ese momento sin demora indebida y, **en un plazo no superior a catorce días naturales a partir de la fecha de la resolución del contrato** (art. 159.5 del TRLGCU), así como las indemnizaciones contempladas en el artículo 162.2 y 5 del TRLGDCU para los casos de **falta de conformidad con el contrato**.

F. Extinción del contrato

De la misma manera que el transcurso del tiempo entre la celebración del contrato y su ejecución puede dar lugar a la modificación del pacto, dicho lapsus temporal también justifica que puedan sobrevenir determinadas eventualidades que provoquen la cancelación el viaje combinado por el organizador, o, en su caso, por el viajero **extinguiéndose así unilateralmente el contrato celebrado con la otra parte, antes de que pueda empezar a disfrutarse**. Esta circunstancia y sus consecuencias jurídicas vienen recogidas en el artículo 160 del TRLGDCU que prevé tres situaciones distintas, la cancelación del viaje por el organizador (art. 160.3 del TRLGDC), la resolución unilateral del contrato por el viajero (art. 160.1 y 2 del TRLGDC), y, el desistimiento de este último (art. 160.5 del TRLGDC).

1. Por causas imputables al empresario

La cancelación del viaje combinado imputable al empresario puede tener lugar por las siguientes causas: a) por no aceptar el consumidor una modificación significativa del viaje combinado, conforme al artículo 159 del TRLGDCU; b) porque dicho empresario, atendiendo a distintas circunstancias, cancele unilateralmente el viaje, entre las que están no cubrir el número mínimo de personas inscritas para el viaje especificado en el contrato (art. 160.3 b del TRLGDCU); y, c) porque al organizador le resulte imposible ejecutar el contrato por circunstancias inevitables y extraordinarias (art. 160.3 b del TRLGDCU).

Las consecuencias jurídicas en estas situaciones son que el consumidor tendrá derecho a que se le reembolsen la totalidad de los pagos que este haya realizado, además de una compensación adicional en concepto de daños y perjuicios. Dicha indemnización **no procede** y, en consecuencia, no se generará si la cancelación del viaje se debe a que **el número de personas inscritas para realizar el viaje es inferior al número mínimo especificado en el contrato, pero siempre** que esta cláusula estuviera estipulada en el contrato y que el organizador o, en su caso, el minorista **notifiquen al viajero dicha cancelación dentro del plazo previsto en dicho pacto**; plazos que no podrán ser inferior a: a) veinte días naturales antes del inicio del viaje para viajes de más de seis días de duración; b) siete días naturales antes del inicio del viaje combinado para los viajes de entre dos y seis días de duración; y, c) de cuarenta y ocho horas antes del inicio del viaje combinado en el caso de viajes con una duración inferior a los dos días [art. 160.3 a) del TRLGDCU]. Tampoco se generará dicha indemnización si el organizador cancela el viaje obligado por circunstancias inevitables y extraordinarias notificando al viajero la cancelación del mismo sin demora indebida [art. 160.3 b) del TRLGDCU].

Tanto el reembolso como la indemnización pertinente habrán de abonarse sin dilación indebida, si bien la norma **no recoge plazo ni establece una compensación mínima** como sí lo hacía su precedente, por lo que se estará a lo que determinen los tribunales de justicia o los sistemas de resolución alternativa de conflictos, caso por caso.

2. Por causas imputables al consumidor

Además de la posibilidad de resolver el contrato si se dan las circunstancias previstas en el artículo 159 del TRLGDCU, que hemos visto, el consumidor puede **en cualquier momento antes del inicio del viaje** combinado resolver el contrato, pudiendo exigírsele en este caso, bien por el organizador, bien por el minorista, **una penalización que sea adecuada y justificable**. **Adecuada**, porque dicha penalización, que normalmente vendrá estipulada en el contrato, se determinará o calculará en **función de la antelación de la resolución del contrato con respecto al inicio del viaje** combinado y **en el ahorro de costes**, así como, **los ingresos esperados por la utilización alternativa de los servicios de viaje**. Si no se establece en el contrato una penalización tipo, el importe de la misma **habrá de calcularse restando al precio el viaje combinado el ahorro de costes y los ingresos derivados de la utilización alternativa de los servicios de viaje**. **Justificable** porque, obviamente, para confirmar que la penalización es la adecuada, el organizador o el minorista, previa solicitud, **deberán facilitar al viajero una justificación del importe de la penalización**.

Aunque la mayor parte de la doctrina ha venido entendiendo que la resolución unilateral del contrato por el consumidor, contenida antes de la reforma en el artículo 160 del TRLGDCU y actualmente en el 160.1 del mismo cuerpo legal, era un derecho de desistimiento, no podíamos compartir esa opinión pues de un lado, según el artículo 68 del TRLGDCU el ejercicio de dicho derecho **de desistimiento es libre y no cabe que el consumidor pague penalización alguna**; y, de otro, porque dicho derecho de desistimiento **ya se prevé de forma expresa en el artículo 160.5 del TRLGDCU para los contratos de viaje combinados celebrados fuera del establecimiento mercantil**, disponiendo en tal caso el viajero de un plazo de catorce días para ejercer su derecho de desistimiento sin necesidad de justificación y, sin penalización, esto es, totalmente gratuito.

En consecuencia, entendemos que el derecho reconocido al viajero en el artículo 160.1 del TRLGDCU es un derecho distinto, **el de resolución unilateral del contrato, que comparte con el desistimiento dos aspectos: uno de fondo, la posibilidad de extinguir el contrato por la sola voluntad del consumidor y usuario; y otro de forma, que pueda ejercerse mediante la comunicación al empresario, minorista u organizador**. Ahora bien, difiere del derecho de desistimiento en un aspecto sustancial, esto es, **por su carácter gratuito**, pues como hemos señalado, el ejercicio del derecho de resolución unilateral contenido en el artículo 160.1 del TRLGDCU **genera gastos para el consumidor**, que sólo podrán ser eludidos en el supuesto contemplado en el artículo 160.2 del TRLGDCU.

Ciertamente, este precepto prevé que cuando concurran circunstancias inevitables y extraordinarias en el lugar de destino o en las inmediaciones que afecten de forma significativa a la ejecución del viaje combinado o al transporte de pasajeros al lugar de destino, el viajero tendrá derecho a resolver el contrato antes del inicio del mismo sin pagar ninguna penalización (Vid. STJUE de 14 de septiembre de 2023). En este caso el viajero tendrá derecho al reembolso completo de cualquier pago realizado, pero no a una compensación adicional.

Las demás situaciones que pudieran ser calificadas como caso fortuito o de fuerza mayor y que impedirían la realización del viaje no se contemplan de forma expresa en la norma, por lo que, de un lado, habrá que estar a lo establecido con carácter general en los artículos 1101 y siguientes del Código Civil, en especial el artículo 1105, conforme al cual nadie responderá de aquellos sucesos que no hubieran podido preverse o, que previstos, fueran inevitables (a sensu contrario, la sentencia de la AP Cáceres de 21 de abril de 2022; también, clarificando qué se entiende por caso fortuito y fuerza mayor, vid. sentencias del TS de 23 de noviembre de 2004, y de 2 de febrero de 2006); y de otro, se atenderá a la suscripción de seguros de viaje voluntarios que cubran los gastos originados en caso de que el viajero decida poner fin al contrato, los gastos de asistencia y repatriación en caso de accidente, enfermedad o fallecimiento.

Para calcular dicha compensación resulta relevante determinar el momento en que se entiende resuelto el contrato, pues cuanto más cerca del inicio del viaje menos posibilidades tiene el organizador de revender el viaje combinado si estuviera establecido o de cancelar los acuerdos previstos con los prestadores de los servicios. Al respecto, la jurisprudencia menor entiende que la cancelación del contrato tiene efectos no desde que se emite la comunicación por el consumidor, sino desde su recepción por el organizador o, en su defecto, por el minorista [sentencias de las AP de Pontevedra, de 29 de octubre de 2001; de Murcia, de 14 de febrero de 2003; y, de Baleares, de 25 de septiembre de 2003, entre otras].

También es posible que el viajero pueda resolver el contrato una vez iniciado el viaje combinado. En efecto, si iniciado el viaje combinado el organizador no preste una parte importante de los servicios contratados, sin que esta falta de ejecución se subsane en el plazo dado para ello por el consumidor, éste podrá poner fin al contrato sin pagar ningún tipo de penalización, pudiendo solicitar, a su vez, tanto una reducción del precio del viaje, como una indemnización por los daños y perjuicios causados de conformidad con el artículo 162 del TRLGDCU, pero veremos que esta afirmación no puede ser tan tajante y no es tan sencillo resolver el contrato una vez empezado el viaje.

G. La ejecución del contrato y su incumplimiento

El artículo 161 del TRLGDCU prevé la posibilidad de que surjan dificultades en la prestación del servicio una vez que el viaje combinado ha empezado a ejecutarse. Dicho precepto en principio no distingue si la causa por la que no se suministran tales servicios se debe **a un incumplimiento contractual de la organizadora (debido a la inobservancia de sus deberes por el concreto prestador del servicio) o a la imposibilidad de prestarlos**, estableciendo aun así las consecuencias jurídicas de estas eventualidades.

En efecto, el artículo 161 del TRLGDCU contempla dos hipótesis. La primera alude a los supuestos **de incumplimiento poco relevantes o de menor entidad, que no impidan la continuación del viaje** (art. 161.3 del TRLGDCU). De darse estas circunstancias el viajero deberá informar al organizador o, en su caso, al minorista sin dilación indebida. La razón de ello es ofrecer al organizador la oportunidad para subsanar la falta de conformidad. Así, el organizador y, en su caso, el minorista **estarán obligados a subsanar la falta de conformidad**, salvo que **resulte imposible o si ello entraña un coste desproporcionado, teniendo en cuenta la gravedad de la falta de cumplimiento y el valor de los servicios de viaje afectados**. Salvando esta excepción dicha falta de conformidad también podrá ser subsanada por el viajero si los empresarios afectados no lo hacen en un plazo razonable establecido por el consumidor. En este caso solicitará a los empresarios el reembolso de los gastos necesarios. No se requerirá que el viajero estipule dicho plazo si el organizador o el minorista se niegan a subsanar la falta de conformidad o se requiere una solución inmediata.

En cualquier caso, en línea con lo que ya ocurría con su precedente, el consumidor **no podrá resolver el contrato pues este incumplimiento no le impide continuar con el viaje.** No obstante, sí **podrá reclamar la diferencia económica de los servicios previstos y los efectivamente prestados**, siempre que los mismos fueran de inferior categoría, así como, **la indemnización que corresponda**, de conformidad con el artículo 162 del TRLGDCU pero, insistimos, **habrá de continuar el viaje sin derecho a interrumpirlo**.

La segunda es la relativa a **los incumplimientos graves o de cierta entidad**, en el sentido de que el organizador no suministra una parte importante de los servicios previstos en el contrato. En estos casos se impone al empresario la realización de un esfuerzo suplementario para cumplir con su obligación, sustituyendo los servicios no prestados o suministrados defectuosamente por otros, de ser posible, de calidad equivalentes o superiores sin coste adicional alguno.

Si las fórmulas alternativas propuestas por organizador y/o minorista dan lugar a un viaje combinado de menor calidad que la especificada en el contrato, el organizador o, en su caso, el minorista **aplicará al viajero una reducción adecuada del precio**.

Ha de advertirse aquí que esta rebaja en el precio del viaje combinado por la falta de conformidad con relación a los servicios dejados de prestar según lo pactado opera siempre, salvo el organizador o el minorista demuestren que la falta de conformidad es imputable al viajero (art. 162 TRLGDCU). Así, además, queda absolutamente claro de la STJUE de 12 de enero de 2023, que ante la cuestión prejudicial planteada por un tribunal nacional alemán respecto a si cabía rechazar la reducción del precio de un viaje combinado de unos alemanes a Gran Canaria afectados por el confinamiento en su hotel y su repatriación anticipada, debido a las decisiones de las autoridades españolas para evitar la propagación de la COVID-19, alegando que se trataba de «circunstancias inevitables y extraordinarias», declara que la no ejecución o la ejecución incorrecta de los servicios de viaje incluidos en un viaje combinado confiere al viajero afectado un derecho a una reducción del precio en cualquier circunstancia, excepto cuando esa no ejecución o ejecución incorrecta sean imputables al viajero.

Se prevé que el viajero sólo pueda **rechazar las fórmulas alternativas** propuestas por los empresarios **si no fueran comparables a los servicios pactados en el contrato** o, en su caso, **si la reducción del precio concedida fuera inadecuada, pero aun con todo no podrá rescindir el contrato**.

Ciertamente, sólo cuando la falta de conformidad afecte sustancialmente a la ejecución del viaje y el organizador o, en su caso, el minorista no hayan subsanado, en un plazo razonable establecido por el viajero dicho incumplimiento, **éste podrá poner fin al contrato sin pagar ninguna penalización** pudiendo solicitar, en su caso, tanto una reducción del precio como una indemnización por los daños y perjuicios causados de conformidad con el artículo 162 del TRLGDCU.

Asimismo, si no es posible encontrar fórmulas de viaje alternativas o el viajero rechaza las propuestas por los organizadores o minoristas, tendrá derecho, en su caso, tanto a una reducción de precio como a una indemnización por los daños y perjuicios producidos, pero, de entrada, no a poner fin al contrato (art. 161.6 2º párrafo del TRLGDCU). Ahora bien, en contra de lo que acabamos de señalar el propio artículo 161.6 3º párrafo del TRLGDCU señala que si el viaje combinado incluye el transporte de pasajeros, el organizador y, en su caso, el minorista, tanto en el supuesto de que el organizador o el minorista no subsanen en el plazo establecido por el viajero la falta de conformidad, como que no pueda hacerlo, pues no encuentre fórmulas de viaje alternativas o éstas son rechazadas por el viajero, además de la eventual disminución del precio y la indemnización que pudiera corresponderle, repatriará a éste en un transporte equivalente, sin dilaciones indebidas y sin coste adicional. **Luego está claro que en este supuesto se está poniendo fin al contrato**.

Si no es posible garantizar el retorno del viajero según lo convenido en el contrato debido a circunstancias inevitables y extraordinarias, el organizador o, en su caso, el minorista asumirán el coste del alojamiento que sea necesario, de ser posible de categoría equivalente, por un periodo no superior a tres noches por viajero. Cuando la normativa europea sobre derecho de los pasajeros, aplicable a los correspondientes medios de trasporte para el regreso del viajero, establezca períodos más largos, se aplicarán dichos periodos (a día de hoy el Reglamento (CE) N. 261/2004 del Parlamento Europeo y del Consejo de 11 de febrero de 2004, por el que se establecen normas comunes sobre compensación y asistencia a los pasajeros aéreos en caso de denegación de embarque y de cancelación o gran retraso de los vuelos prevé periodos superiores al no tener un límite concreto).

H. La responsabilidad de los operadores partícipes

La responsabilidad de los operadores partícipes en el contrato de viaje combinado viene regulada en el artículo 161.1 del TRLGDCU. Se trata de una **responsabilidad civil, contractual y de carácter principalmente indemnizatorio** que integrará los daños personales, patrimoniales y morales que se generen por la deficiente prestación del viaje combinado [STJUE de 12 de marzo de 2002 (TJCE 2002, 99)].

Esta responsabilidad que, desde el año 2007 en el que se aprueba el Real Decreto Legislativo 1/2007, de 16 de noviembre, por el que se aprueba el texto refundido de la Ley General para la Defensa de los Consumidores y Usuarios y otras leyes complementarias, venía siendo solidaria entre el organizador y el minorista frente al viajero, respondiendo ambos del correcto cumplimiento de los servicios de viaje incluido en el contrato, con independencia de que estos servicios los deban ejecutar ellos mismos y otros prestadores (terceros a efectos del contrato), se ha modificado, por virtud del apartado diecisiete del artículo primero de la Ley 4/2022, de 25 de febrero, de protección de los consumidores y usuarios frente a situaciones de vulnerabilidad social y económica.

Conforme a esta reforma el actual artículo 161.1 del TRLGDCU queda como sigue: Los organizadores y los minoristas de viajes combinados responderán frente al viajero del correcto cumplimiento de los servicios de viaje incluidos en el contrato en función de las obligaciones que les correspondan por su ámbito de gestión del viaje combinado, con independencia de que estos servicios los deban ejecutar ellos mismos u otros prestadores.

No obstante lo anterior, el viajero podrá dirigir las reclamaciones por el incumplimiento o cumplimiento defectuoso de los servicios que integran el viaje combinado indistintamente ante organizadores o minoristas, que quedarán obligados a informar sobre el régimen de responsabilidad existente, tramitar la reclamación de forma directa o mediante remisión a quien corresponda en función del ámbito de gestión, así como a informar de la evolución de la misma al viajero aunque esté fuera de su ámbito de gestión.

La falta de gestión de la reclamación por parte del minorista supondrá que deberá responder de forma solidaria con el organizador frente al viajero del correcto cumplimiento de las obligaciones del viaje combinado que correspondan al organizador por su ámbito de gestión. De igual modo, la falta de gestión de la reclamación por parte del organizador supondrá que deberá responder de forma solidaria con el minorista frente al viajero del correcto cumplimiento de las obligaciones del viaje combinado que correspondan al minorista por su ámbito de gestión.

La reforma operada en este artículo 161.1 del TRLGDCU viene a modificar el régimen de responsabilidad establecido en los últimos años en España, estableciendo ahora un régimen de responsabilidad mancomunado: cada operador (organizador y minorista) solo responderán de su ámbito objetivo de gestión. Bien es verdad que en ocasiones la propia norma confunde ese ámbito pues impone las mismas obligaciones a ambos, incluso, en aspectos como son la ejecución del viaje combinado que caen en la esfera exclusiva del organizador (véase, por ejemplo, la obligación que tiene el viajero de comunicar bien al organizador, bien al minorista la falta de conformidad para que le sea subsanada una vez comenzado el viaje). Se impone no obstante, un deber de diligencia en comunicar y tramitar las quejas y denuncias a la parte responsable del ámbito de gestión correspondiente, que se corresponde con el derecho que el legislador atribuye al viajero a dirigir su reclamación (sea ésta en el ámbito que sea) de forma indistinta al organizador o al minorista. Si cada uno de los empresarios, una vez recibida la reclamación del viajero, advierte que la misma corresponde al ámbito de gestión de otro operador, con la mayor diligencia la tramita y mantiene informado al viajero enerva su responsabilidad. En caso contrario, pasará a responder solidariamente con el empresario verdaderamente responsable. Pongamos por caso, que se reclama por el viajero al minorista una rebaja en el coste del viaje combinado, más una indemnización por daños y perjuicios debidos a determinados servicios que no se prestaron durante un concreto viaje combinado. Estos aspectos corresponden al ámbito de gestión de la agencia organizadora. Pues bien, si la minorista traslada la reclamación, vela por su seguimiento y comunica diligentemente al viajero sus acciones, conforme al tenor del artículo 161.1 del TRLGDCU no responderá frente al viajero al quedar al margen de su ámbito de gestión. Por el contrario, si no lo hace, si se demora, o si no mantiene informado al consumidor de las acciones que hace para que llegue a buen puerto su reclamación es muy probable que acabe respondiendo frente al viajero de forma solidaria con el organizador.

Evidentemente, quien responda ante el viajero tendrá el derecho de repetición frente al empresario al que le sea imputable el incumplimiento o cumplimiento defectuoso del contrato en función de su respectivo ámbito de gestión del viaje combinado (art. 161.1 2º párrafo del TRLGDCU; vid también las sentencias del Juzgado de Primera Instancia de Pamplona de 1 de septiembre de 2023 y de la AP de Palma de Mallorca de 19 de julio de 2023).

Asimismo, el organizador o minorista que abone una compensación, conceda una reducción del precio del viaje o cumpla las demás obligaciones que le imponga la ley podrá solicitar su resarcimiento a terceros que han contribuido a que se produjera el hecho que dio lugar a dichas indemnizaciones o reducciones (art. 161.1 3º párrafo del TRLGDCU).

El viajero tendrá derecho a una reducción del precio adecuada por cualquier periodo durante el cual haya habido falta de conformidad salvo que el organizador o el minorista demuestren que dicha falta de conformidad es imputable al propio viajero (art. 162.1 del TRLGDCU y STJUE de 14 de septiembre de 2023).

Asimismo, tendrá derecho el viajero a recibir una indemnización adecuada por cualquier daño o perjuicio que surja como consecuencia de cualquier falta de conformidad, salvo que ésta sea imputable al viajero, sea imputable a un tercero ajeno a la prestación de los servicios contratados e imprevisible o inevitable, o sea debida a circunstancias inevitables y extraordinarias (art. 162.3 del TRLGDCU). La indemnización se abonará sin demora indebida (art. 162.3 del TRLGDCU).

La responsabilidad que asumen organizadores y minoristas **puede limitarse a las cuantías recogidas en normas europeas o convenios internacionales** a los que puedan acogerse los organizadores y minoristas. También es posible limitar la cuantía de la indemnización que éstos hayan de satisfacer al viajero pero siempre que dicha limitación **no se aplique a los daños corporales o perjuicios causados de forma intencionada o por negligencia** y que su importe **no sea inferior al triple del precio total del viaje** (por ejemplo, en una viaje combinado de 1000 euros el límite de la indemnización no podría ser inferior a los 3000 euros). En cualquier caso, las indemnizaciones o reducciones de precio a las que pudiera llegarse en el viaje combinado conforme a esta norma, no afectarán a los derechos de los viajeros contemplados en una serie de Reglamentos de la Unión Europea relativos al transporte de pasajeros por tierra, mar y aire y a los convenios internacionales (art. 162.5 del TRLGDCU).

La responsabilidad que los operadores asumen en este contrato se caracteriza por ser una **responsabilidad objetiva de carácter no absoluto**. Las razones son: a) que la ley no exige la culpabilidad como criterio de imputación, se hace responder al operador aunque la no ejecución o ejecución deficiente del contrato se deba a otros prestadores de servicios; b) además, entre las causas de exoneración de responsabilidad la Ley no menciona el haber actuado con la diligencia debida; y, c) por último, porque la naturaleza de la obligación del empresario organizador o minorista es de resultado, lo que implica que debe responder cuando no se alcanza el resultado previsto, sin entrar a valorarse su conducta.

No obstante lo dicho, tal y como ya avanzamos, el artículo 162.3 del TRLGDCU dispone que los organizadores y minoristas **podrán eximir su responsabilidad** por los daños sufridos por el consumidor debidos a la no ejecución o ejecución deficiente del contrato si concurren las circunstancias siguientes:

a) Que la falta de conformidad es imputable al viajero. En este caso no se exige que el consumidor haya incurrido en culpa bastando sólo que el incumplimiento pueda serle imputable, eso sí, con carácter exclusivo. Si la imputación al consumidor fuera sólo parcial, porque cabe reprocharse igualmente y en parte al organizador o al minorista, la responsabilidad de los empresarios aludidos persistirá, pero deberá moderarse en función de la respectiva contribución de las conductas al resultado lesivo.
b) Que dichos defectos sean imputables a un tercero ajeno a la prestación de los servicios contratados e imprevisible o inevitable,
c) Que los efectos aludidos se deban a circunstancias inevitables y extraordinarias

En todo caso, y aun dándose algunas de las causas de exclusión de la responsabilidad de los operadores partícipes en el contrato de viaje combinado, el organizador y el minorista que sean parte en el contrato estarán obligados, no obstante, a prestar **la necesaria asistencia al consumidor y usuario que se encuentre en dificultades, en especial en circunstancias inevitables y extraordinarias. En particular mediante el suministro de la información adecuada sobre los servicios sanitarios, las autoridades locales y la asistencia consular, así como para establecer comunicaciones a distancia y a encontrar fórmulas alternativas de viaje.** Esta asistencia no tiene por qué ser gratuita, pues la norma prevé la posibilidad de facturar un recargo razonable, si la dificultad se ha originado intencionadamente o por negligencia del viajero. En cualquier caso, el recargo en ningún caso superará los costes reales en que hayan incurrido organizador y minorista (art. 163.2 del TRLGDCU).

I. La garantía frente a la insolvencia y la garantía de la responsabilidad contractual

Por último, también contribuye a la protección del consumidor la especial garantía que tanto organizador como minorista deberán constituir y mantener en permanente vigencia, en los términos que determine la administración turística competente, y que viene establecida en el artículo 164 del TRLGDCU para los casos de insolvencia y en el artículo 165 para hacer frente a la responsabilidad por incumplimiento del contrato. Esta garantía servirá, con carácter general, para hacer frente a las obligaciones que deriven del contrato de viaje combinado, siempre que la falta de conformidad se determine, bien por sentencia judicial firme, bien por cualquier procedimiento extrajudicial. Asimismo, y ya con carácter particular y finalista, se utilizará para el reintegro de los pagos anticipados que el contratante de un viaje combinado haya anticipado cuando la insolvencia del organizador o del minorista impida la realización de tal viaje. Además, si dicho viaje ya ha comenzado cuando se produce la insolvencia de la antedicha compañía, la garantía atenderá, también con carácter finalista, a la devolución de las cantidades que pudieran corresponder a los servicios no prestados por los suministradores de los mismos, así como, y siempre que el viaje incorpore el transporte, al retorno del pasajero. Se incluyen, igualmente, aquellos otros gastos que se vea obligado a realizar el consumidor de forma sobrevenida mientras está en el destino, en particular, cuando los prestadores de los servicios obligados a suministrarlos en virtud del contrato de viaje combinado así se lo exijan.

Dicha garantía podrá constituirse mediante la creación de un fondo de garantía, la contratación de un seguro, un aval y otra garantía financiera, en los términos que determine la Administración competente. Esta garantía ha se ser efectiva y cubrir los costes que sean previsibles de manera razonable. Cubrirá el importe de los pagos realizados directamente por los viajeros, o por un tercero en su nombre, en relación con viajes combinados en temporada alta, teniendo en cuenta el periodo comprendido entre los pagos anticipados y los pagos finales y la finalización de los viajes combinados, así como el coste estimado de las repatriaciones en caso de insolvencia.

III. LOS SERVICIOS DE VIAJE VINCULADOS O PAQUETES DINÁMICOS

En las últimas décadas, la compra directa de servicios turísticos de alojamiento, transporte, alquiler de coches, etc., en las agencias de viajes tradicionales, así como, por teléfono, ha ido sustituyéndose por el creciente y masivo uso de los medios telemáticos. De hecho, en la actualidad es muy habitual que el consumidor utilice esta vía para organizar sus vacaciones. Surge así la figura conocida como paquetes dinámicos *(dynamic packages)*, cuyo origen podemos atribuir a las líneas aéreas *low-cost*, en cuanto permitían al consumidor, una vez que este adquiría su pasaje reservar también el alojamiento o el coche de alquiler con determinadas compañías con las que tales líneas aéreas tenían convenios comerciales y que se ofertaban en su página web. Sin embargo, esta forma de explotación pronto dejó de ser exclusiva de las compañías *low-cost* y comenzaron a utilizarse por las demás empresas de transporte aéreo, así como por otros operadores turísticos distintos de las anteriores. A día de hoy, puede decirse que esta figura de los paquetes dinámicos es una de las formas de contratación más frecuentes. Precisamente por ello, llamó la atención del legislador europeo que trató de abordar su ordenación en la DVCySVV, refiriéndose a ella como servicios de viajes vinculados (SVV en los sucesivo).

A. Concepto y clases

El comúnmente conocido como paquete dinámico **es un producto turístico integrado por más de un servicio (alojamiento, transporte, alquiler de coches, etc.), que es confeccionado telemáticamente por el propio viajero, a través de un portal *web* o por medio de varias páginas *webs* enlazadas a las que llega el comprador a partir de la página *web* principal**. Tales páginas están vinculadas entre sí como consecuencia del acuerdo comercial previo firmado entre los distintos operadores de los servicios. En definitiva, se trata de combinaciones ensambladas y personalizadas por el propio viajero que irá seleccionando, a través de estas plataformas, los servicios que mejor se adecúen a sus necesidades.

A estas combinaciones se refiere el artículo 151 e) del TRLGDCU cuando afirma que se entiende por servicio de viaje vinculado al menos dos tipos diferentes de servicios de viaje adquiridos con objeto del mismo viaje o vacación, que, **sin constituir un viaje combinado**, den lugar a la celebración **de contratos distintos con cada uno de los prestadores individuales de servicios de viaje**, si un empresario facilita:

1.º con ocasión de una única visita o contacto con su punto de venta, **la selección y el pago separado** de cada servicio de viaje por parte de los viajeros, o,

2.º de manera específica, la contratación de al menos un servicio de viaje adicional con otro empresario, siempre que tenga lugar a más tardar veinticuatro horas después de la confirmación de la reserva del primer servicio de viaje.

Por lo que se refiere a las modalidades, con carácter general, podemos distinguir dos tipos de paquetes dinámicos: los *unitary packages*, que se caracterizan porque los distintos servicios que conforman el paquete dinámico se adquieren en la misma página *web* [caso de la adquisición del SVV en un único punto de venta, conforme al artículo 151.1 e) 1°]; y los *derivative packages,* que se diferencian de los anteriores porque el consumidor reserva los servicios turísticos a través de distintas páginas *webs* que aparecen enlazadas con la página *web* principal. A este último grupo pertenecen los que permiten la contratación de un servicio adicional durante las siguientes 24 horas, utilizando, en la mayor parte de los casos, los *links* que se adjuntan o incluyen en el correo de confirmación de la adquisición del primer servicio.

B. Calificación jurídica de los paquetes dinámicos o servicios de viaje vinculados

Actualmente, los paquetes dinámicos o SVV **carecen de una regulación específica, más allá de los preceptos previstos en el TRLGDCU en relación a la protección contra la insolvencia (art. 167 del TRLGDCU) y los requisitos de información (art. 168 del TRLGDCU).** Es más, esta figura guarda estrechas similitudes con el denominado contrato de viaje combinado, en cuanto ambos se conforman con los mismos servicios turísticos, así se reconoce en el documento «*Study on Consumer Detriment in the área of Dynamic Packages* (noviembre de 2009)», y la comunicación de la Comisión para adaptar la normativa europea sobre viajes combinados a la era digital [COM (2013) 513 final de 9.7.2013]. Precisamente por ello, para definir el SVV el legislador parte de excluir que dicha combinación de servicios de viaje conformen un viaje combinado. Ciertamente, en la práctica, los consumidores pueden tener la convicción de estar adquiriendo un viaje combinado y, consecuentemente, pueden creer que están amparados por las normas que regulan este contrato. Y ello porque, al fin y al cabo, aunque sea el consumidor quien ensambla libremente determinados servicios conformando un viaje, lo hace desde una página *web* o desde varias, a las que la primera les redirige, dentro de la oferta (siempre limitada) que le brinda un operador turístico. En última instancia, tras el ensamblaje de todos los servicios turísticos contratados se generará para el usuario la obligación de pagar un precio global, aun cuando el mismo resulte del detalle y de la suma de los distintos servicios adquiridos y, por tanto, de los diferentes contratos concertados.

En consecuencia, incluso tras la DVCySVV y su transposición, al no afrontarse en esta la ordenación del SVV, con las excepciones antedichas y de las que trataremos a continuación, **el principal problema que sigue presentando esta es su marco jurídico**, marco que no puede ser el del viaje combinado, no solo porque así lo excluye el propio TRLGDCU sino porque **en los SVV no existe realmente una previa labor de organización de los distintos servicios que caracteriza a aquel contrato, aunque el nuevo concepto de**

viaje combinado parece desdibujar las líneas que permitía separarlos o distinguirlos. En cualquier caso, los operadores que permitan la conformación de los SVV se limitan sin más a ofrecer tales servicios, directos o indirectos, pero será el usuario quien los ensamble de forma simultánea o sucesiva.

A esa misma conclusión llegó el legislador europeo al considerar el paquete dinámico (o servicio de viaje vinculado) como algo distinto al viaje combinado, estableciendo para ambos un régimen jurídico dispar, más proteccionista para el primero y regulado por las reglas que ordenan los contratos concretos que se concierten, para los segundos.

Todo lo anterior implica que la protección del consumidor en los SVV, **como servicios sueltos en tanto en cuanto se realizan contratos distintos con diferentes operadores**, será la que **resulte de la relación concreta que se acuerde entre el consumidor y el directo prestador del servicio** (transporte, alojamiento, alquiler de vehículos sin conductor, etc.). Dicha protección se analiza con carácter particular en otros temas del presente manual, a los que nos remitimos. Ahora bien, además de las reglas particulares que regulen cada uno de los contratos, si las hubiere, habrán de tenerse en cuenta las disposiciones contenidas en el TRLGDCU en relación a los contratos celebrados a distancia y a los contratos celebrados fuera del establecimiento mercantil, en los aspectos que sean compatibles con las disposiciones de la LSSI.

C. La escasa regulación de los servicios de viaje vinculado

De cuanto se ha expuesto resulta clara, por las razones ya expresadas, nuestra postura respecto a la dificultad para aplicar el régimen jurídico contenido en nuestro Ordenamiento Jurídico para el contrato de viaje combinado a los paquetes dinámicos. Pero ello no implica que no compartamos la opinión mayoritaria en la doctrina relativa a que estos productos, dadas sus semejanzas con el viaje combinado, **deben tener una protección similar a dicho contrato,** al menos, parcialmente. Como hemos dicho, esta similar protección no se ha alcanzado en la DVCySVV, al entender el legislador que *los viajes combinados deben distinguirse de los servicios de viaje vinculados, en los que los empresarios facilitan de manera presencial o en línea a los viajeros la contratación de servicios de viaje llevándoles a celebrar contratos con distintos prestadores de servicios de viaje, inclusive mediante procesos de reserva conectados, que o presentan las características de los viajes combinados y a los que no sería apropiado imponer todas las obligaciones exigibles a estos últimos* (EM 8). Ciertamente, en dicha DVCySVV se abordan de forma desigual ambos tipos de contratación de servicios turísticos, manteniéndose, como hemos visto, el criterio tuitivo para el consumidor del viaje combinado y estableciendo una solución similar a la protección que se ofrece en éste, sólo y exclusivamente, para los casos más graves de incumplimiento por insolvencia del operador.

Como ya avanzamos, de conformidad a la DVCySVV (art. 3.5) y al TRLGDCU (art. 151.1 e) se entiende por servicio de viaje vinculado o paquete dinámico la adquisición de al menos dos tipos diferentes de servicios de viaje adquiridos con objeto del mismo viaje o vacación que, sin constituir un viaje combinado, den lugar a la celebración de contratos distintos con cada uno de los prestadores individuales de servicios de viaje, si el empresario facilita: a) con ocasión de una única visita o contacto con su punto de venta, la selección y pago por separado de cada servicio de viaje por parte de los viajeros; o, b) si se contrata con otro empresario de un servicio de viaje adicional (al primero o primeros) siempre que este contrato que se celebra con ese otro empresario se haga a más tardar 24 horas después de la confirmación de la reserva de este primer servicio y, aunque el precepto lo omite, habrá de entenderse que se haga o bien en el mismo punto de venta del primer operador o a través de un *link* que llega al correo electrónico del viajero tras la contratación del primer servicio.

Ahora bien, si analizamos el concepto de viaje combinado y de servicio de viaje vinculado habrá que concluir que resulta francamente difícil distinguir cuando el consumidor estará contratando un viaje combinado y cuando un SVV, pues la formación del consumidor medio, le impedirá saber si está o no en un único punto de venta al abrir varias páginas en un mismo portal *web* o si, redirigido a varias de ellas, en última instancia estará adquiriendo o no un servicio adicional con otro operador distinto al que le vendió el primer servicio a través de procesos de reserva en líneas conexos. Es más, cuando los servicios de viaje son combinados después de la celebración de un contrato en virtud del cual el empresario permite al viajero elegir, entre una selección de distintos tipos de servicios de viajes o, se contraten con distintos empresarios a través de procesos de reserva en línea conectados, siempre que el nombre y los datos de pago y la dirección del correo electrónico del viajero se transfieran entre los empresarios y se celebre otro contrato a más tardar trascurridas 24 horas desde que se confirmó la reserva de un primer servicio de viaje, resultará especialmente difícil distinguir cuándo estamos ante un contrato de viaje combinado y cuando ante un paquete dinámico.

Todo lo anterior podría implicar una gran conflictividad a falta de una mejor delimitación del legislador interno, pues no queda claramente determinado cuándo el paquete adquirido en internet es un viaje combinado y cuándo no lo es. La única forma que tiene el consumidor medio de conocer si contrata un viaje combinado o un servicio de viaje vinculado **es básicamente que se le advierta nítidamente en el momento de confirmar la compra de si está o no contratando un viaje combinado**, obligación que se le impone por la norma al operador de la página *web en la que se ensamblan los servicios o que redirige a las demás webs*. En efecto, la información que debe dar el operador turístico será la clave última para distinguir si el consumidor contrata un viaje combinado o un servicio de viaje vinculado o paquete dinámico, de tal suerte que el TRLGDCU impone al operador que facilita el ensamblaje de los servicios que conforman el paquete dinámico la obligación de indicar de forma clara, comprensible y destacada que el viajero no podrá acogerse a ninguno de los derechos que se le aplican exclusivamente a los viajes combinados, en virtud del TRLGDCU, y que cada prestador de servicios será el único responsable de la correcta ejecución de su contrato (art. 168.1 a del TRLGDCU). **Dicha información se realizará a través de un formulario normalizado en el que conste que las prestaciones que se adquieren no conforman un contrato de viaje combinado, que el operador que permite su contratación no es el responsable de su ejecución, así como quien resulta responsable de la falta de conformidad con dicho pacto.** Asimismo, habrá de informar de la **constitución de la garantía frente a la insolvencia y su alcance.** Y es que la garantía contra la insolvencia contenida en el artículo 167 del TRLGDCU no tiene el mismo alcance que la actualmente contenida en el artículo 164 del TRLGDCU. Dicha garantía, que se constituirá de forma similar a la que tienen las empresas que organicen, comercialicen o vendan viajes combinados, y que vendrá regulada por las normas autonómicas, se ciñe al reembolso de los pagos que se reciban de los viajeros, cuando uno o varios de los servicios de viaje que conforman el paquete dinámico no se ejecute como consecuencia de la insolvencia del operador que permite la confección del mismo; sin embargo, no operará cuando la insolvencia afecte al concreto prestador del servicio. Además, si el operador con el que se contrató el paquete dinámico es, a su vez, el responsable de la prestación del servicio de transporte, cuando el traslado forma parte de dicho paquete dinámico, esta garantía servirá también para la repatriación del pasajero. De dicha garantía se tratará en el tema oportuno de este manual.

BIBLIOGRAFÍA

AA.VV., *Paquetes dinámicos: Problemas y soluciones jurídicas desde una perspectiva internacional*, Paniza, A. (dir.), Dykinson, 2014.

DE LA HAZA, P., *El contrato de viaje combinado. La responsabilidad de las agencias de viajes*, Madrid, 1997.

GARCÍA, M.P., *La responsabilidad contractual de las agencias de viaje (en el contrato de viaje combinado)*, Madrid, 1999.

GIL, S., «La posición jurídica de la agencia de viajes detallista en la distribución de viajes combinados», en Sáenz, J.C. / Oleo, F. / Martínez, A. (coord.), *Estudios de Derecho Mercantil. En memoria del Profesor Aníbal Sánchez Andrés*, Pamplona, 2010.

GÓMEZ, J., *Régimen jurídico del contrato de viaje combinado*, Madrid, 1997.

GÓMEZ, E., *El contrato de viaje combinado*, Madrid, 1998.

— «En torno a una posible revisión del régimen del viaje combinado», en Cámara S., y Arroyo, E. (Coord.), *La revisión de las normas europeas y nacionales de protección de los consumidores: más allá de la Directiva sobre derechos de los consumidores y del Instrumento Opcional sobre un derecho europeo de la compraventa de octubre de 2011*, Madrid, 2012.

GÓMEZ, Mª M.: El contrato de viaje combinado, en Bércovitz, A. y Calzada, Mª. A. (Dirs.), *Contratos Mercantiles,* 5ª ed., Aranzadi, Pamplona, 2013.

GONZÁLEZ, M.B.: «¿Nueva regulación de los viajes combinados?», *Revista de Derecho Mercantil,* núm. 269, 2008.

GONZÁLEZ, I.: «Una nueva configuración legal del viaje turístico. Del viaje combinado al paquete dinámico», *Revista Aranzadi Civil y Mercantil,* núm. 7, 2017.

— «Medidas de protección del consumidor frente a la insolvencia de los operadores turísticos: Seguros, fianzas y otras garantías», *Revista de Derecho Bancario y Bursátil,* núm. 152, 2018.

— «Contrato de viaje combinado: ¿Fin de la responsabilidad solidaria de los operadores?», *Cuadernos de Derecho y Comercio,* núm. 79, 2023.

MÁRQUEZ, P.: «El consumidor en la contratación electrónica de servicios turísticos», *Revista de Derecho Mercantil,* núm. 282, 2011.

PANIZA, A., *La transposición de la Directiva (UE) 2015/2302, de 16 de noviembre, relativa a viajes combinados y servicios de viaje vinculados: El Proyecto de Ley por la que se modifica el TRLGDCU,* Aranzadi Civil-Mercantil, núm. 6, 2018.

PÉREZ MORIONES, A., *Viajes combinados y servicios de viaje vinculados: La protección del viajero,* Aranzadi, Cizur Menor, 2022.

— «La distribución de la responsabilidad por la ejecución del viaje combinado: un periplo de ida y vuelta para organizadores y minoristas», *Revista de Derecho Mercantil,* núm. 326, diciembre, 2022, ed. Electrónica.

LECTURAS COMPLEMENTARIAS

AURIOLES, A., *Introducción al Derecho Turístico. Derecho privado del Turismo,* 2ª ed., Madrid, 2005.

CRUZ RIVERO, D., *Contrato de viaje combinado y servicios de viaje vinculado,* Madrid, Marcial Pons, 2022.

FERRER TAPIA, B., *La modificación del contrato de viaje combinado (A raíz de la Directiva (UE) 2015/2302 del Parlamento Europeo y del Consejo de 25 de noviembre y su transposición por el RDL 23/2018),* Reus, Madrid, 2020.

PASTOR, Mª C., «Incidencia de las tecnologías de la información y comunicación (TIC'S) y de las políticas de la Unión Europea en materia de mercado interior y de defensa de los consumidores en la contratación de viajes combinados», *Revista de Derecho Mercantil,* núm. 288, 2013.

SOLER, A.: *El contrato de viaje combinado,* Pamplona, 2005.

SENTENCIAS Y DOCUMENTOS RELEVANTES

Comunicación de la Comisión para adaptar la normativa europea sobre viajes combinados a la era digital [COM (2013) 513 final de 9.7.2013].

Ley 34/2002, de 11 de julio, de servicios de la sociedad de la información y de comercio electrónico (LSSI).

Directiva (UE) 2015/2302 del Parlamento Europeo y del Consejo, de 25 de noviembre de 2015, relativa a los viajes combinados y a los servicios de viaje vinculados, por la que se modifican el Reglamento (CE) nº 2006/2004 y la Directiva 2011/82/UE y por la que se deroga la Directiva 90/314/CEE (DVCySVV).

Real Decreto Legislativo 1/2007, de 16 de noviembre por el que se aprueba el texto refundido de la Ley General para la Defensa de los Consumidores y Usuarios y otras leyes complementarias (TRLGDCU).

Sentencia de la Audiencia Provincial de Baleares, de 25 de septiembre de 2003 (JUR 2004/286680).

Sentencia de la Audiencia Provincial de Cáceres de 21 de abril de 2022 (TOL9.105.646).

Sentencia de la Audiencia Provincial de Murcia, de 14 de febrero de 2003 (AC 2003/1186).

Sentencia de la Audiencia Provincial de Palma de Mallorca de 19 de julio de 2023 (TOL9.715.535)

Sentencia de la Audiencia Provincial de Pontevedra, de 29 de octubre de 2001 (AC 2001/2592).

Sentencia del Juzgado de Primera Instancia de Pamplona de 1 de septiembre de 2023 (TOL9.704.227)

Sentencia del Tribunal de Justicia de la Comunidad Europea, de 30 abril 2002 (TJCE 2002, 148).

Sentencia del Tribunal de Justicia de la Unión Europea de 12 de enero de 2023 (C-396/21).

Sentencia del Tribunal de Justicia de la Unión Europea de 12 de marzo de 2002 (TJUE 2002, 99).

Sentencia del Tribunal de Justicia de la Unión Europea de 14 de septiembre de 2023 (AC 632/2021).

Sentencia del Tribunal Supremo de 2 de febrero de 2006 (CENDOJ STS 393/2006).

LECCIÓN 7
CONTRATOS INTEREMPRESARIALES

Juan Franch Fluxá
Profesor Contratado Doctor de Derecho Mercantil
Universidad de las Islas Baleares

SUMARIO:

I. CONTRATOS ENTRE AGENCIAS Y EMPRESAS DE ALOJAMIENTO

A. Introducción

Abordaremos en esta lección una serie de acuerdos y contratos que, con frecuencia, utiliza el empresario de alojamiento para el mejor desarrollo de su actividad. Concretamente, los que realiza con otros empresarios del sector (de la comercialización o intermediación) y que origina una relación jurídica que en esta primera etapa es ajena al derecho del consumo (sin olvidar que destinatario último de esta colaboración interempresarial será un turista). El contrato de reserva de plazas hoteleras goza de una especial relevancia dentro del sector turístico, tanto en el ámbito de los contratos con consumidores como en el seno de los contratos interempresariales, que generalmente presentan el carácter de instrumentales o de colaboración. Además, suelen ser **contratos atípicos**, por lo tanto, no están regulados en nuestro ordenamiento jurídico y **deberá atenderse principalmente a lo pactado** entre las partes. Centraremos el objeto de este apartado en la relación entre las agencias de viajes y los empresarios de alojamiento (mayoritariamente hoteleros) que se identifica por el dinamismo de unos acuerdos que son fundamentales para la planificación y desarrollo de la actividad económica de ambos. Especialmente en determinadas zonas turísticas donde la explotación hotelera se concentra en unos determinados meses (temporada) circunstancia que requiere el máximo acierto a la hora de contratar y de cumplir con lo pactado por los intereses económicos en juego.

Estos acuerdos entre empresarios del sector turístico suelen ser atípicos y persiguen un **fin de colaboración** en la ejecución de un determinado servicio o se consideran **preparatorios**. Estas notas las recoge la Audiencia Provincial de Barcelona (Sección 1ª) en su sentencia 543/2011 de, 29 de noviembre de 2011, ***que ha acuñado el término «contratos atípicos de colaboración en materia de turismo»***

B. Contrato de reserva de plazas

1. Notas sobre el contrato de reserva de plazas

Uno de los elementos o instrumentos esenciales para que el empresario de alojamiento pueda realizar su actividad es la **reserva**, es decir el compromiso por parte de un particular o una agencia de la ocupación de una unidad alojativa. El empresario —al **tener limitadas las plazas** y ofrecer su establecimiento en diversos mercados, a través de canales propios o ajenos— necesitará planificar su actividad con el fin de no incurrir en sobrecontratación. Por otro lado, las **agencias organizan paquetes turísticos** (sometidos al régimen del viaje combinado), y la **venta en masa** dirigida a un considerable volumen de clientes les obliga a tener a su disposición un gran número de plazas negociadas en régimen de contingente o cupo para garantizar también un **mejor precio y mayor beneficio**. Así, el contrato de reserva de alojamiento hotelero es el contrato atípico a través del cual la empresa hotelera se compromete a poner a disposición de la agencia de viajes un determinado cupo de plazas —o habitaciones— con el correspondiente compromiso de la parte intermediaria de comercializarlas para conseguir la clientela que las ocupe.

2. Características del contrato de reserva

Como ha indicado el Tribunal Supremo en Sentencia de 29 de diciembre de 1990 nos encontramos ante un «contrato autónomo, atípico e innominado, consensual y bilateral, igualmente llamado de reserva de alojamiento, con notas características de los contratos de agencia, mediación, concesión exclusiva, comisión y mandato, sin que pueda catalogarse en modo alguno de un verdadero contrato de opción (...)».

Para entender mejor esas notas a las que se refiere el Alto Tribunal conviene explicar las modalidades y clausulado de las distintas alternativas que puede adoptar la reserva de plazas. Mediante este contrato la agencia de viajes pretende asegurar una ocupación en un determinado establecimiento según sus expectativas comerciales, mientras que el empresario de alojamiento las pone a su disposición para garantizar esa ocupación y reducir, o evitar, los costes de publicidad y comercialización que principalmente asumirá la agencia. Por lo tanto, de una obligación de medios que solo podrá ser incumplida si se probase que la agencia no ha activado los mecanismos publicitarios necesarios para publicitar y comercializar la oferta hotelera que se incluya en el contrato.

En conclusión, no debe olvidarse el protagonismo de un tercero, el turista, en virtud de un contrato de consumo que se realizará con posterioridad (por ejemplo compra de un paquete turístico). Aunque sea el beneficiario de la prestación final de alojamiento, conviene recordar que nunca es parte de este contrato instrumental, que se firme entre la agencia y el hotelero.

3. Sujetos del contrato

La **agencia de viajes** (mayorista o minorista, física/offline u online) es quien lleva la **iniciativa** de este contrato al solicitar o requerir un determinado número de plazas a un establecimiento para su comercialización o venta. Precisamente para desarrollar su actividad principal de intermediación, o sea, facilitar la realización de viajes a sus clientes. Sin embargo, conviene destacar que el contrato de reserva de plazas hoteleras es indispensable para su **función de organización** y venta de paquetes turísticos, caracterizados por la suma de diversos servicios como se explica en la lección 6. Dicha actividad se entiende como **función productora** y mediante este mecanismo la agencia —que también puede ser propietaria o explotadora de establecimientos— acude a recursos ajenos y a terceros que prestarán los servicios a sus clientes. La **ventaja** para el organizador, ya lo apuntamos, es contratar un número de plazas relevante y, por lo tanto, conseguir una rebaja de precios para la posterior venta individualizada a mejor precio. Esta negociación y la conclusión de un contrato de reserva, tradicionalmente dominada por las agencias mayoristas, puede ser llevado a cabo por cualquier tipo de agencias. La agencia, con carácter general actuará en su **nombre y por cuenta propia**.

La otra parte es el empresario turístico que **explota un establecimiento de alojamiento (hotelero o extrahotelero)** y que se compromete a alojar a los clientes de la agencia. Por lo tanto, se encargará de la **realización de las prestaciones materiales** del contrato a favor del turista. El compromiso de ocupación por el intermediario y el reparto de los costes de comercialización y publicidad de su establecimiento son las ventajas que motivan estos acuerdos celebrados con una antelación destacable.

Es un contrato entre empresarios y suele caracterizarse por el equilibrio negocial, aunque la agencia —especialmente en casos de *tour operadores*— suele asumir un papel más activo e incluso preponderante que quedaría manifestado en la imposición de condiciones generales por parte de la agencia de viajes y que puede propiciar un cierto desequilibrio contractual a su favor en perjuicio del hotelero.

4. La reserva individual y de grupo

La relación entre el intermediario (agencia) y el hotel puede presentar una **triple tipología** que estudiaremos a continuación: reserva de plazas individual, reserva de grupo, reserva de cupo o contingente (que por su trascendencia analizaremos más detalladamente).

Mediante la **reserva individual** las agencias contratan para una o más personas los servicios ofrecidos por el hotelero. En cualquier caso la cantidad objeto de contrato no puede considerarse grupo.

La operativa o **documentos** para este tipo de acuerdos suele realizarse de la siguiente manera según haya contratado el cliente con la agencia:

— **Bono reserva o descuento de reserva**. Se emite cuando la agencia desempeña el papel de intermediario, es decir, únicamente presenta a las partes sin responsabilizarse de la ejecución de los servicios puesto que no ha recibido ningún pago por parte del cliente salvo los honorarios por gastos de gestión.

— **Bono depósito**. El cliente ha abonado una cantidad a cuenta de los servicios y la agencia emite este bono para el hotel. La agencia es responsable del pago de dicha cantidad pudiendo descontar la correspondiente comisión por sus servicios.

— **Bono de paquete turístico**. Emitido al contratar un viaje combinado, el bono recoge las distintas prestaciones que han sido abonadas a la agencia y, por lo tanto, se responsabiliza del pago frente al hotelero ya que previamente ha recibido el valor íntegro del viaje.

— **Bono full credit o todo incluido**. La agencia de viajes se responsabiliza del pago íntegro de la factura tras la estancia.

Como se indicó en otras lecciones, la reserva es un tipo de contrato, por lo tanto no tiene que clasificarse como precontrato. Es un **contrato autónomo y diferenciado** del de hospedaje, sin perjuicio de que su finalidad sea la formalización de este último entre el hotelero y el cliente final con la participación, en este caso, de un intermediario. Existe una relación entre el hotelero y el intermediario, pero con este instrumento se puede incluir a terceros. Ello convierte al contrato en **aleatorio**, es decir que puede cumplirse o no. El hotelero se obliga a prestar el servicio, no obstante, **el consumo o ejecución dependerá** en última instancia de la voluntad y existencia **del tercero, usuario turístico**. En caso de que el turista no se presentara también caben penalizaciones por su **no show** (generalmente consiste en perder la cantidad exigida a modo de garantía de reserva).

La **reserva en grupo** no presenta mayores particularidades respecto a la anterior salvo que la relación entre la agencia y el hotelero se traduce **en una única reserva** que incluye a varias personas. A pesar de que se reserve un determinado número de habitaciones, no es un contingente o cupo ya que en este caso se producen diversas reservas. En la reserva de grupo existe únicamente **una reserva en beneficio de varias personas** cuyo número y fecha determinada de ocupación queda definido por la agencia. En función de la mayor dimensión del grupo suelen pactarse determinados beneficios o descuentos, circunstancia que no suele ocurrir en las reservas individuales.

5. Contrato de reserva de plazas en régimen de cupo o contingente

5.1. Definición, elementos y contenido del contrato

El contrato de reserva de plazas en régimen de cupo o contingente (también denominado contrato de reserva de plazas) fue **definido** en la Orden de 9 de agosto de 1974, en su artículo 58. C), de esta manera: «son contratos en régimen de contingente lo que fijan o reservan cupos de habitaciones o servicios para períodos determinados de tiempo». Cuatro décadas después, se ha tipificado en el proyecto de Código Mercantil de la siguiente manera: «el titular de una empresa de alojamiento turístico pone a disposición de una agencia, durante un periodo determinado de tiempo un número concreto de plazas de alojamiento, denominado contingente o cupo, con los servicios correspondientes, para su ocupación por los clientes de la agencia, según la distribución, precios y condiciones pactadas». Esta definición es prácticamente idéntica a la establecida por la Audiencia Provincial de Palma de Mallorca en sentencia de 10 de julio de 1997 (AC 1997,1546) que **sigue la interpretación jurisprudencial** establecida en sentencias del Tribunal Supremo de 27 de febrero de 1982 y 23 de octubre de 1986.

Son partes del contrato, el empresario de alojamiento (hotelero o extrahotelero) con poder para contratar las plazas (ya sea propietario, gestor, arrendatario) que soportará el **riesgo de que no se ocupen las plazas reservadas**, aunque no confirmadas, y la agencia de viajes que debe hacerse cargo de todas las **labores de promoción y venta** de las plazas e insertarlas en un paquete, lo que supone realizar otros contratos como el flete de aviones. Como indicábamos, el turista no es parte del contrato, pero sí el beneficiario último o destinatario tras posterior contrato de viaje combinado o de alojamiento entre turista y agencia (ocupando la plaza reservada). Tampoco dispondrá de acción para reclamar al hotelero, pues estamos ante un contrato de **comisión indirecta e irrevocable** (Alcover) por lo que deberá hacerlo contra la agencia que posteriormente repetirá contra el hotelero.

Por lo general, el *iter negocial* u operativa de este contrato está marcado por dos momentos esenciales (Aurioles) en los que se definen los efectos del mismo: primero, el **acuerdo o formalización** del contrato de reserva del cupo de plazas (consensual) y, en segundo lugar, la **remisión o notificación de la lista** de las habitaciones que deben ser ocupadas (momento determinante para considerar obligadas a las partes). Suele, por otra parte, ser habitual que se pacte una **cláusula de garantía** para evitar los daños y perjuicios en caso de no ocupación.

Por lo tanto, mediante este acuerdo una agencia de viajes contrata una cantidad de habitaciones para un determinado plazo y se compromete a comercializarlas. En el contrato se fija el tipo de servicio que se prestará, el precio, la forma de pago y las fechas relativas a la estancia (entrada, salida y duración) para un conjunto de unidades de alojamiento que se prolongará durante todo el ciclo de apertura del establecimiento o seleccionando uno o varios periodos de apertura (determinados meses, la temporada alta).

Este contrato puede presentar diferentes modalidades como por ejemplo **free sale** que faculta a la agencia la venta de un determinado número de habitaciones con la simple comunicación de las ventas realizadas.

Como contraprestación por la reserva se fija un **precio** a pagar conforme a los plazos y fechas pactados. Generalmente la agencia suele abonar una cantidad a modo de **depósito** y el **remanente** es abonado en efectivo o mediante transferencia (u otro medio de pago) una vez se hayan **confirmado las reservas** por la agencia, y dentro del plazo de los 30 días siguientes a dicha recepción (tradicionalmente con las mayoristas, para las online cabe pago directo por el cliente, prepago o a menos de 30 días). Las garantías tienen plazos preestablecidos de pagos antes y durante los periodos de contratación de los servicios de alojamiento.

Los precios indicados en el contrato son netos, expresados en la moneda del contrato (euro cuando el hotel está situado en eurozona). Ante la posible fluctuación de divisa es frecuente que la agencia, por ejemplo británica o sueca, acuda a instrumentos (fijación precios) para garantizar el margen de beneficio (que no quedará afectado por el tipo de cambio a la hora de realizar los pagos). Generalmente los precios base son por **persona y día** (cabe también habitación y día). Los precios base incluyen el **alojamiento** y el **régimen de manutención** pactado o como también lo denominan algunos contratos «alimentación mínima convenida» (desayuno, pensión completa, media pensión...) con los impuestos incluidos a los tipos vigentes durante la duración del contrato. Por otro lado podría pactarse que por un servicio de comida o cena no prestado a los clientes el día de salida o de entrada se realizará el descuento de su valor al hotel.

El contrato especificará o realizará una categorización del tipo de habitaciones asignando un precio diferente en función de la dotación o vista (se especificaría, por ejemplo, si es vista mar o vista mar lateral). En el supuesto de que se disfrutasen otros servicios no incluidos en el contrato deberán ser facturados directamente al cliente (acceso a zonas de spa, bebidas alcohólicas, uso de parking...).

En cuanto a la **disposición del cupo**, el contingente de habitaciones estará disponible hasta una determinada fecha que, por la antelación con la que se concluyen estos contratos, se fijará meses más tarde o para la siguiente temporada. Esta fecha se denomina **plazo de release**, es decir el momento en el que la agencia debe confirmar las habitaciones o bien liberarlas para que pasen a disposición del hotelero. Dicho acto se instrumenta a través de una **rooming list**, que es un elemento esencial en este contrato (STS, de 3 de diciembre de 1992 (RJ 1992\9999).

Por lo tanto el contrato presenta una de las siguientes opciones:

a) Indicando el plazo de release y notificación de rooming list.
b) Indicando el plazo de release, sin que sea necesaria la confirmación de plazas mediante el envío de «rooming list». En estos casos, la reserva queda hecha en el momento de la perfección del contrato, pues no hay condicionamiento alguno a la remisión de la «rooming list» por parte del tour operador o de la agencia. Ante la reclamación del hotelero por no envío de la rooming list la Sentencia de la AP de Baleares de 12 de julio de 1999 (AC 1999/7885) ha indicado que «no puede atribuirse a la agencia haber incumplido algo **no expresamente pactado** y de dicho incumplimiento hacer derivar unos supuestos daños y perjuicios, máxime cuando, como queda dicho, el plazo de «release» lo fijó el propio representante del hotel y no exigió ni se cuidó de exigir fianza para el caso de no ocupación de las plazas reservadas, por lo que la agencia no estaba obligada por dicho contrato a la ocupación de las plazas reservadas».
c) Inexistencia de plazo de release, cuando el hotel pone a disposición de la agencia el cupo de habitaciones solicitado **con independencia de su**

> **ocupación efectiva** y, por lo tanto, la agencia deberá **abonar la suma de dinero** comprometida en el contrato (también denominado «de garantía»). Mismo tratamiento recibe la incorporación en el contrato de un **plazo de release que expresamente sea «0»**; deberá entenderse que la obligación de abonar el precio es independiente de que las habitaciones terminen ocupándose o no. En este último caso al quedar garantizada la ocupación reservada no hay necesidad de remitir la «rooming list» y mediante estos pactos el contrato de contingente se aproxima al contrato de arrendamiento.

Con la inclusión de este mecanismo (rooming list), la agencia —a los días pactados antes de cada llegada de clientes— presentará una **lista de clientes definitiva** que obliga al contratante a realizar de inmediato las **reservas vinculantes** correspondientes. La comunicación de la lista de habitaciones en un contrato de contingente se convierte en esencial para entender vinculadas a las partes. Así el plazo de release despliega sus efectos en el caso de habitaciones **no ocupadas**. Estas serán **devueltas al empresario de alojamiento sin pago de indemnización** alguna cuando se respete la antelación fijada en los releases especificados en el contrato. Desde ese momento la agencia quedará libre de vinculación alguna sobre las mismas, desentendiéndose del destino u ocupación que decida el titular del establecimiento. Este podrá ocuparlas a precios más económicos, ofrecerlas a terceros o perder ocupación si el breve margen de tiempo (por ejemplo un *release* de 7 días) le impidiese negociar las plazas vacantes.

Con el fin de preservar los intereses del empresario de alojamiento y su derecho a ser informado, el contrato puede fijar el deber de comunicar con cierta antelación el **estado de ventas** por la agencia al hotel, que en el caso de incumplirse podría generar un perjuicio que le da derecho a ser indemnizado. El **hecho de no ocupar** las habitaciones comprometidas superado el *release* **genera un perjuicio** que se valorará en función del dolo o la intencionalidad de la agencia, la ocupación final por otras vías de comercialización o del tiempo remanente para poder ofertar en el mercado turístico unas habitaciones (por ejemplo, un margen de quince días hasta la fecha de entrada durante los meses de verano parece suficiente para que el hotelero pueda reaccionar y venderlas). Corresponderá a la agencia la prueba de que a pesar de los incumplimientos las habitaciones pudieron ser ocupadas y, de este modo, justificar que los perjuicios para el hotelero fueron menores.

Estos contratos destacan por su dinamismo y el cumplimiento también queda pendiente de la evolución de la relación de las partes y así como con terceros. Por este motivo **caben prácticas** como la devolución y no ocupación de plazas incluso superado el plazo de release o bien que el hotelero pueda detener sus ventas (**stop sales**) asignando a la agencia una cantidad inferior a la comprometida. También cabría la opción de incorporar habitaciones reservadas **extra cupo** que generalmente se facturarán al mismo precio o superior que las que originaron el contrato. Incentivos de ocupación, rebajas para reservas anticipadas, descuentos para agentes de viajes son otras de las cláusulas introducidas por los negociadores de ambas partes. El hotelero también podrá reservarse la posibilidad de reducir el cupo puesto a disposición de la agencia en el supuesto de que **no cumpla con unos porcentajes mínimos de ocupación**, o cobrar una prima en caso de que la agencia no envíe la lista de plazas o un mínimo de reservas (Alcover) o bien aumentar el período de release como medida al fracaso de la agencia en la venta de las plazas. En cualquier caso, estas cláusulas siempre se conectan a resultados o ejercicios previos, y su aplicación también depende de las circunstancias de las partes (por ejemplo una cadena hotelera puede imponer ciertas condiciones que no planteará el empresario que explotase un único inmueble).

Relacionado con los deberes que a continuación desglosaremos el propio contrato generalmente contempla un **conjunto de cláusulas penales** que se aplicarán a los incumplimientos que se prevean (puede consultarse la Sentencia del Tribunal Supremo núm. 443/2016, de 1 de julio, sobre la disposición de plazas por el hotelero ante la falta de remisión de la *rooming list*). Cabe la duda de si estos pactos a modo de sanción pueden ser directa e íntegramente aplicables ya que las resoluciones de nuestros tribunales sin seguir un criterio uniforme, en ocasiones, han procedido a la minoración de las cláusulas penales por incumplimiento sobre la base de criterios de equidad en aplicación de los artículos 1154 y 1103 del Código Civil (Sentencia del Tribunal Supremo núm. 441/2018, de 12 de julio de 2018 recopila la jurisprudencia más destacada sobre la facultad moderadora de las cláusulas penales).

Deberes del titular del establecimiento de alojamiento:

a) Poner a disposición de la agencia el cupo o contingente. Esta obligación se asume desde la formalización del contrato y su duración comprenderá un período entre dos fechas (temporada alta) o distintos períodos (determinados meses del año, excluyendo otros). Durante el tiempo acordado, el empresario no podrá disponer de las plazas comprometidas y cumplirá con las prestaciones de alojamiento y servicios complementarios para el número de plazas ocupadas. Por lo tanto, el empresario hotelero debe ser plenamente consciente que la pluralidad de reservas sobre las mismas plazas podría provocar una **situación de overbooking**, que al estar prohibida por impedir la puesta a disposición del cupo derivaría en la correspondiente indemnización por daños y perjuicios a la agencia (Petit).

   En relación con el overbooking cabe indicar que es posible un pacto entre las partes que permita al hotelero alojar al cliente de la agencia en un establecimiento cuya categoría, características y régimen sean igual o superior a las suyas, corriendo la empresa de alojamiento con las diferencias de precio que pudieran darse así como todos los gastos de transporte de los turistas. Es un **mecanismo alternativo que permite el cumplimiento del contrato**, sin perjuicio de las penalizaciones que pudieran establecerse y ante una posible sanción administrativa por dichas prácticas responderá exclusivamente el hotelero.

b) Prestar alojamiento y servicios conforme a lo pactado. Al vincularse con un posterior contrato de hospedaje, el hotelero se responsabiliza de **mantener su categoría** y, de este modo, mantener **el complejo** (construcciones generales, escaleras, piscinas, parques infantiles, pistas deportivas...) en estado operativo, limpio y ordenado, debiendo realizar las **prestaciones** acordadas en su totalidad y **sin fallos**. Por todo ello deberá prevenir todas aquellas circunstancias que puedan frustrar los intereses del cliente e informar a la agencia de cualquier alteración que pudiese menoscabar la calidad de los servicios a prestar (realización de obras, molestias por ruidos...) y que son causa de resolución del contrato (Alcover).

c) Responder de la ejecución de los servicios como de cualesquiera reclamaciones que puedan originar una prestación deficiente de los mismos. Por este motivo se contemplan pactos donde se penaliza con abonar cualquier pago o reembolso que el **cliente reclame a la agencia**, además de las sanciones administrativas que le correspondan. En cuanto a la posición de las partes respecto al contrato se mantienen las obligaciones para el hotelero por lo que **si el establecimiento fuese enajenado**, arrendado o cedido en cualquier forma a un tercero, los cedentes deben garantizar que el contrato sea respetado y cumplido por los adquirentes, quienes asimismo reconocerán los anticipos o depósitos realizados por la agencia.

d) El hotelero también puede obligarse a la **exclusividad** con un turoperador de un determinado mercado por lo que se abstendrá de suscribir contratos similares con competidores en el mismo mercado emisor (contrato de exclusividad ya sea de mercado o de precio). Esta limitación contractual suele además acompañarse con la garantía de no aplicar precios inferiores a los estipulados en ese contrato a otras agencias o particulares. Este tipo de pactos sobre los precios pueden resultar contrarios al Derecho de la competencia y presentan cierta similitud con la *cláusula de mejor precio* que pueden exigir los portales online a los hoteles (comentado en la lección 3, el caso HRS juzgado en Alemania). Se entiende que con estas prácticas se impide la competición entre las plataformas de venta, dificulta la entrada al mercado de nuevas empresas y afecta a la competencia entre hoteles puesto que éstos no pueden establecer libremente sus precios y condiciones.

e) Colaborar con la agencia en el desarrollo de sus actividades: cesión de espacios u otras actuaciones para la de excursiones, propiciar manutención y alojamiento a guías, etc.

Deberes de la agencia:

a) Obligación de comercialización de las plazas reservadas. Es una obligación de medios, ya que no se exige un resultado. Debemos recordar que se trata de una puesta a disposición de plazas para la posterior venta por la agencia (que será exitosa o no).
b) Pago del **precio** pactado conforme a las condiciones y plazos estipulados. La obligación de abonar el íntegramente el precio incluso con anterioridad a los períodos de reserva da a entender o demuestra que dicha obligación surgiría con independencia de que la agencia ocupase o no las plazas puestas a su disposición (contrato de reservas de plazas garantizado como indica la Sentencia de Audiencia Provincial de Zaragoza, núm. 543/2003 de 14 de octubre de 2003). El contrato puede contener revisión de precios, suplementos, o incluso rebaja de precio, que deberán cumplirse conforme a lo pactado.
c) Proporcionar **información** al hotelero de las ventas. Ello permite que el hotelero pueda sobrecontratar sus plazas con menor riesgo de overbooking en función de la evolución de ventas de la agencia.
d) Abstenerse de vender en **mercados ajenos** a los estipulados en el contrato para evitar conflictos con otras agencias con las que el hotelero pudiera haber pactado.
e) La agencia puede obligarse a la *exclusividad* a favor del hotelero (ser exclusivos en el establecimiento como estrategia para diferenciarse de la competencia).

II. CONTRATOS ENTRE EMPRESAS DE ALOJAMIENTO

A. Introducción

Las leyes autonómicas definen a los empresarios de alojamiento, pero no distinguen entre la titularidad del establecimiento hotelero y el empresario que desarrolla la explotación comercial del mismo, que es el destinatario de la normativa hotelera (arrendatario). Así, la titularidad del establecimiento y la de explotación comercial pueden coincidir en una misma persona o empresa (cuando el titular del hotel lo explota por sí mismo) o en otras ocasiones el titular no explota directamente el hotel, sino que conviene con un tercero, que puede ser un empresario dispuesto a administrar en particular ese hotel, pero que normalmente será una cadena hotelera, es decir, una empresa dedicada profesionalmente a la gestión de establecimientos hoteleros. Para ello se acuerda la **cesión del edificio** dónde se ubica el hotel (arrendamiento del inmueble), o bien la transmisión temporal de la **explotación comercial**, es decir, de la actividad alojativa y de los demás servicios complementarios del hotel (arrendamiento de empresa). Actualmente, analizados los **modelos de expansión** de las principales cadenas, ha perdido protagonismo adquirir la propiedad o la inversión en activos frente a la elección de otras fórmulas de cooperación y apertura de nuevos destinos como pueden ser los contratos de **gestión** o de **franquicia.**

En ambos supuestos, tanto de **arrendamiento** de inmueble como de arrendamiento de empresa, la cadena hotelera **asume los riesgos** derivados del contrato de arrendamiento que le sitúan como responsable de la actividad turística que se desarrolle. La propiedad del hotel asumirá una posición pasiva y simplemente recibirá una cantidad en concepto de precio por arrendamiento.

En otras ocasiones **no asumirá responsabilidad** alguna por la gestión. Así ocurre la relación contractual entre el titular del hotel y la cadena hotelera se lleva a cabo a través de franquicia (franquicia hotelera), por el que la cadena asume el papel de **franquiciador** a cambio de un precio cede el uso de su marca y de sus técnicas de gestión. Se ocupa de la promoción publicitaria o proporciona conocimientos técnicos al franquiciado —el titular de hotel— que permanece en la gestión directa del mismo y será, por tanto, quién corra con los riesgos de su explotación.

Una tercera modalidad contractual (intermedia entre dos anteriores), y que presenta en la práctica una importancia especial: consiste en que una **cadena hotelera**, a cambio de una contraprestación económica, gestione el hotel por cuenta y a nombre de su titular (propietario), es decir, **sin asumir los riesgos** económicos derivados de un contrato, se trata en este caso de un **contrato de gestión hotelera**.

Para ilustrar las notas comunes de estos contratos se ha afirmado que las obligaciones accesorias que asume el gestor son las propias de un franquiciador, y como tal le son retribuidas por el titular del hotel (factura horas de asesoramiento, entrenamiento, revisiones, *Staff fees*), obtiene ingresos derivados de los contratos vinculados (suministros...), y obtiene ingresos derivados de las reservas de los clientes, que se realizan a través de su central de reservas (Martínez Cañellas).

Es frecuente que los acuerdos entre empresarios hoteleros —como el contrato de gestión— prevean el arbitraje u otros mecanismos alternativos de resolución de conflictos en lugar de litigar en los tribunales, con el fin de garantizar la confidencialidad del proceso y el resultado del litigio.

La pandemia y sus efectos sobre los contratos de larga duración como los que desarrolla esta lección han devuelto el protagonismo a la **cláusula rebus sic stantibus** y su aplicación ante aquellas circunstancias sobrevenidas (como un estado de alarma) que pueden implicar una alteración de las circunstancias que originaron el contrato o incluso hacer desaparecer la base del negocio. Dicha situación imprevisible y la imposibilidad de renegociar las condiciones de los contratos generó litigios con el fin de provocar una modificación de las obligaciones pactadas (por ejemplo, reducción de la renta) o la resolución o extinción del contrato. Se ha discutido si esta cláusula debe aplicarse de manera sumamente restrictiva y excepcional frente al principio pacta sunt servanda y hay consenso en aplicarla si se dan determinadas condiciones: aplicarse a un contrato de larga duración, afectado por una alteración extraordinaria de las circunstancias, debido a un hecho imprevisible y ajeno a las partes que no lo pudieron prever y, finalmente, que cause una desproporción exorbitante o desequilibrio notorio entre las prestaciones de las partes, afectando especialmente a una de ellas. En el ámbito hotelero, entre otras, pueden consultarse la jurisprudencia del Tribunal Supremo, núm. 19/2019 de 17 de enero y Sentencia del Tribunal Supremo, núm. 591/2014, de 15 de octubre de 2014) y entre las post-Covid: Sentencia JPI Barcelona núm. 1/2021, de 8 de enero de 2021; Sentencia de la Audiencia Provincial de Valencia en Auto núm. 43/2021, de 10 de febrero de 2021 o sentencia de la Audiencia Provincial de Madrid, sección 13, número 228/2023, de 18 de mayo de 2023. A modo conclusión: la cláusula rebus debe aplicarse cuando se cause una excesiva onerosidad a una de las partes, que frustra la finalidad económica o viabilidad del contrato, o cuando se produzca una alteración significativa o ruptura de la relación de equivalencia de las contraprestaciones estipuladas.

B. Gestión hotelera

1. Introducción

La gestión hotelera debe incluirse dentro de los **acuerdos de cooperación** entre empresarios (*joint ventures*). De este modo, las partes del contrato participan de los recursos y capacidades que facilita una de las partes y que conlleva la puesta en práctica o acceso a su tecnología, *know how*, marca (*merchandising* y *branding*), etc.

Debido a la importancia del turismo y de nuestras multinacionales hoteleras puede decirse que el contrato de *management* o gestión hotelera está entre los ejemplos de **contratos más desarrollados e implantados** entre las diversas modalidades de contratos de gestión.

El contrato de gestión hotelera tiene su origen en las prácticas de management tan popularizadas en el entorno empresarial **anglosajón**. Debe **distin-**

guirse del outsourcing pues, aunque en ambos casos se delegan parte de las actividades de la empresa, el *outsourcing* se centra en actividades que son accesorias o añaden valor (por ejemplo. el servicio de spa en un hotel) mientras que el contrato de gestión afectará a actividades de administración, al *core business* (gestión de las reservas, venta de unidades alojativas).

Es un contrato de colaboración porque el gestor asume la responsabilidad de la operación y administración, por encargo de los inversionistas y/o dueños, durante una vigencia preferible de diez años o superior (este largo plazo busca dar una cierta estabilidad al negocio). Actualmente el dinamismo del mercado y la competencia entre operadores ha reducido esos plazos siendo más habituales **contratos de cinco a diez** años, con períodos renovables de común acuerdo entre las partes. El asesoramiento puede incluso realizarse sobre un futuro desarrollo del inmueble o activo que, acabado, será objeto de cesión. En estos casos el gestor interviene desde el momento inicial: planificación de la inversión y los proyectos, tramitaciones administrativas, directrices de construcción y puesta en marcha del negocio.

Otro escenario es el del hotel que ya ha sido explotado por el propietario (o por un tercero) y mediante la firma del contrato de gestión se da cabida a un nuevo operador que implantará su *know how* en la administración del establecimiento. Cabe recordar que en la esencia del contrato de management la **empresa que cede la dirección del negocio no transfiere la propiedad** de ninguno de sus bienes. Como conclusión es un acuerdo en el que el gestor trabaja por cuenta de la propiedad con una remuneración vinculada al resultado real del establecimiento. La marca del gestor ha ganado fuerza e intensidad en este tipo de contratos y puede suponer que el propietario deba cumplir con unos estándares de la marca y que puede implicar un compromiso de reformas o de inversiones en el inmueble.

2. Regulación y naturaleza jurídica

Este contrato **se define** «como el negocio jurídico por el que una cadena hotelera se obliga a administrar un hotel en nombre y por cuenta y riesgo de su titular, sirviéndose habitualmente para ello, de técnicas de gestión y de signos distintivos propios y siguiendo en lo esencial, las instrucciones dictadas por aquel, a cambio de una contraprestación de naturaleza económica» (Pérez Moriones).

El contrato de gestión hotelera es un contrato atípico, consensual, sinalagmático y de naturaleza mercantil.

Como en la mayoría de contratos interempresariales, estamos ante un contrato atípico, es decir, no regulado en nuestro ordenamiento y sometido principalmente al contenido de los pactos que conforman su clausulado fruto de la autonomía de la voluntad (art. 1255 CC). No obstante también son aplicables, con carácter dispositivo y subsidiario, la normativa mercantil de la comisión (arts. 244 a 280 CCo) y, subsidiariamente, la del mandato civil (arts 1709 a 1739 CC), contratos con los que presenta ciertas diferencias (no actuar en interés ajeno, no seguir órdenes del comitente o no tratarse de actos aislados). Cabe destacar la aplicación supletoria de la ley del contrato de agencia para integrar las lagunas del contrato de gestión con una importante particularidad, que en el contrato de gestión la ley del contrato de agencia no puede aplicarse supletoriamente en protección del agente y que en este contrato es la cadena hotelera que, por lo general, es la parte con mayor poder contractual (Martínez Cañellas).

La naturaleza mercantil se deriva de la condición de empresario que presentan las partes y, por ello, deberán aplicarse a dicho contrato las reglas contenidas en los arts. 50 y siguientes del Código de comercio. Es un **contrato de resultado** hasta el punto de que si la empresa gestora no administra diligentemente corre el riesgo de perder su remuneración pudiendo ser incluso considerada causa de resolución si en varios períodos no se alcanza un determinado nivel de ingresos. La forma de este contrato es escrita y por lo general, contenido en un documento privado.

En diversas sentencias cuando el gestor es una determinada persona física se ha considerado que nos encontramos ante un contrato de arrendamiento de servicios y serían aplicables las normas del Código de Comercio previstas para la figura del factor o del derecho laboral relativas al contrato de alta dirección. En estos casos no suele ser una prioridad la integración del establecimiento en una cadena.

3. Sujetos del contrato

El **titular del negocio de alojamiento**, que puede tener la condición de propietario del inmueble o titular de un derecho de uso (normalmente el arrendatario). Aporta al contrato el negocio hotelero como unidad productiva.

La **cadena hotelera, o el gestor**, que es principalmente seleccionado por sus condiciones y cualidades de administrador (siendo así un contrato personalista o *intuitu personae*), y por dicho motivo se realiza la **delegación de facultades a su favor**. No obstante, el titular de la empresa gestionada puede reservarse determinadas competencias y decisiones como serían la realización de gastos superiores a determinada cantidad o determinadas contrataciones, o imponer que deban ser tomadas por consenso entre las dos partes.

El gestor, al igual que en los contratos de franquicia, aportará el know how, la marca, su central de reservas y su red de comercialización. La diferencia radica en las **actividades asumidas y desarrolladas por el gestor y que afectan a la administración del negocio** incluyendo aspectos como: planificación, organización, dirección, coordinación y control. Por lo tanto la empresa gestora es la que tomará las decisiones y se relacionará con terceros, como representante siempre **en nombre y por cuenta del propietario del establecimiento hotelero o del titular del derecho de uso**.

4. Retribución y duración del contrato

Existen diversidad de pactos y formas de remuneración que fijarán las partes en el contrato. De este modo, dicha retribución (*fee*) quedará previamente establecida en el contrato y puede presentar diversas modalidades:

a) Remuneración de carácter porcentual y lineal (denominadas *basic fees*). Esta cantidad o porcentajes se aplicarán sobre los ingresos brutos totales, es decir, los beneficios o la producción generados por el hotel que serán auditados por el propietario. Suelen oscilar entre el 3 y 5%.
b) Retribución variable o incentivo (*incentive fees*) sobre los beneficios de explotación, es decir, ventas netas menos los gastos.

Frente a la comisión, que remunera la actividad aislada de promoción o de conclusión de una operación comercial, la retribución se determina **sobre el resultado de la globalidad de las actuaciones** que han generado unas relaciones jurídicas con vocación de permanencia (consolidación de clientela). En el ámbito anglosajon suele utilizarse la cláusula *owner's priority*, es decir, el gestor cobraría su retribución siempre que haya conseguido un mínimo de beneficios operativos para el propietario (Martínez Cañellas). Por su finalidad y características es un **contrato de duración** (Pérez Moriones) que puede abarcar un período de hasta veinte años (en destinos como Cuba se están generalizando los cinco años) Este contrato busca una colaboración estable que generalmente se fija y es **determinada** por las partes estableciendo un plazo de duración, con una previsión de prórroga o derecho preferente en el futuro por un periodo más corto (por ejemplo. tres o cinco años). El gestor puede renunciar durante el plazo de vigencia del contrato o de las prórrogas debiendo comunicarlo con la antelación suficiente al propietario, no obstante. es probable que el contrato pueda incluir penalizaciones por vencimiento anticipado. En otras ocasiones la duración es **indeterminada**, o sea, se origina una relación indefinida entre la empresa gestora y el titular del hotel que muchas veces viene propiciada por una situación consolidada y beneficiosa para ambas partes. Por lo tanto, los contratos de larga duración también suelen ir acompañados de derechos de renovación a favor del operador. Por las mismas consideraciones, los operadores a menudo se opondrán a la inclusión en el contrato de gestión de derechos de rescisión a favor de los propietarios del hotel, y a menudo ocurre que incluso si se incluyen, los motivos por los que un propietario puede rescindir un contrato de gestión hotelera serán muy limitados y estarán debidamente concretados.

Entre las **causas de extinción** del contrato pueden citarse:

a) La finalización del plazo establecido contractualmente. Si ambas partes continuarán ejecutando el contrato trascurrido el plazo el contrato de duración determinada se transforma en contrato de duración indefinida (art. 24.2 LCA). También por fallecimiento o extinción del gestor hotelero (art. 280 CCom).
b) El desistimiento mutuo, donde existe un acuerdo de voluntades de las partes dirigido a dejar sin efecto el contrato (falta de confianza recíproca).
c) El desistimiento unilateral que, como excepción al artículo 1256 CC, debe reunir una serie de requisitos (de comunicación, buena fe, plazo de preaviso).
d) La resolución anticipada del contrato que deberá fundamentarse en una causa justa (por ejemplo incumplimiento reiterado e inequívoco de las obligaciones contractuales).
e) No conseguir los beneficios acordados. La prueba típica para determinarlo tendrá dos vertientes: en primer lugar, se medirá el beneficio bruto de explotación (GOP) del operador con respecto a un umbral de beneficio bruto de explotación acordado (normalmente el 80% del beneficio bruto de explotación presupuestado) y, en segundo lugar, se medirá el RevPAR (ingresos por habitación disponible) del operador con respecto a la media de RevPAR de un conjunto competitivo acordado de hoteles similares (al igual que la prueba del beneficio bruto de explotación, es habitual que se incluya una tolerancia del 20% en la prueba del RevPAR). Para que se considere que el operador ha obtenido unos resultados inferiores a los esperados, es necesario que no haya superado ambos parámetros en un periodo superior a una anualidad.
f) Una de sus causas frecuentes es la transmisión de la cadena hotelera o del hotel gestionado, si en este caso se altera sustancialmente la organización empresarial. En ambas situaciones la parte implicada deberá comunicar fehacientemente (burofax, correo certificado, requerimiento notarial...) a la contraparte con un plazo de preaviso pactado o suficiente. En el caso de venta del activo cabe indemnizar los daños y perjuicios al gestor (art. 1101 ss. CC), incluyendo el lucro cesante, es decir, por las remuneraciones que dejará de obtener desde la venta hasta el plazo que se hubiese pactado en el contrato. Las indemnizaciones más importantes que puede recibir el gestor son por pérdida de clientela o bien por inversiones realizadas con un plan de amortización que no llega a cubrirse.

El gestor, coincidiendo con la finalización del contrato, suele tener un **derecho preferente** en caso de que el propietario decidiese concertar un nuevo contrato de gestión, arrendamiento o bien la venta del inmueble. El propietario una vez extinguido el contrato debe dejar de usar la marca y los signos distintivos del gestor

5. Obligaciones de las partes

El **titular del establecimiento** o empresa hotelera tiene los siguientes deberes:

a) **Entregar el hotel** en las condiciones estipuladas. Para ello el contrato suele incluir detallados anexos relativos a mobiliario y maquinaria, documentación legal y administrativa (licencias), pólizas de seguros. También deberá entregar todos aquellos documentos que fueran necesarios para el desarrollo de la actividad del gestor (poder notarial con facultades amplísimas para el desempeño de la actividad de gestor, excluyéndose únicamente las facultades de disposición del inmueble)
b) Dotar de un **fondo** para garantizar la continuidad del contrato.
c) **Reembolsar en la forma y cuantía pactada todos los gastos** de gestión, es decir, los que sean necesarios y se originen en la actividad profesional del gestor que estarán detallados en el contrato (royalties, gastos de marketing, selección de personal, asesoría jurídica, compras de existencias, revisiones y primas, reposición de mobiliario o equipamientos).
d) Pago de la remuneración u **honorarios** del gestor en una cantidad fija o variable, salvo que este no cumpla los objetivos fijados.
e) **Ceder la plena dirección** y gestión del hotel, es decir, abstenerse de realizar actos que pudiesen impedir o dificultar las tareas del gestor, como podrían ser: inmiscuirse en la gestión diaria, impedir el uso de la marca de la cadena o no permitir la sustitución del nombre comercial en soportes materiales o documentales (vajillas, toallas…). Esta facultad puede presentar límites, por ejemplo, en relación a las vajillas y menaje con logotipos, se puede pactar o bien que la propiedad asuma el coste de las misma —al finalizar, el gestor debe devolver el hotel con el mismo número de elementos, sin marca (que son retirados por el gestor)— o pactar una indemnización.
f) También destacan en este punto las cuestiones relativas al **personal**. Si bien se conceden facultades plenas al gestor, se suele pactar que no se aumentará ni disminuirá el número de trabajadores (ni sus condiciones como puedan ser antigüedad, salarios, categorías...) salvo acuerdo. La negociación de los recursos humanos y aspectos laborales suele ser en la práctica muy conflictiva.

Entre las obligaciones más destacables del **gestor**:

a) Gestionar diligentemente el hotel **en nombre y por cuenta del propietario debiendo respetar los límites e instrucciones cuya imposición acepte el gestor**. Ello le implica desarrollar profesionalmente su actividad en aspectos operacionales y, por lo tanto, actuar con la diligencia propia de un ordenado empresario. Citaremos algunos ejemplos, si bien cabe que alguno de ellos deban pactarse expresamente: el almacenaje, técnicos (las plataformas virtuales), logísticos (el transporte internacional), productivos (la fabricación estandarizada), de personal (especialización y formación trabajadores) contables y directivos (las prácticas de corporate governance), de marketing (publicidad y promoción dirigidas al posicionamiento en el mercado), contratación de pólizas de seguro (véase lección 9) y de seguridad (certificaciones ISO).
b) Deber de **fidelidad y lealtad** manifestado en conductas como deber de secreto, cumplir las órdenes del titular que no contradigan el modelo de gestión o que se haya reservado el titular del establecimiento, no integrar en la cadena otro hotel que pudiese suponer competencia con el hotel gestionado, no desviar clientela del hotel a otros establecimientos de la cadena, no actuar más allá de los límites del poder concedido por el hotelero, realizar actos de disposición sobre el establecimiento, obtener ventajas económicas de terceros al margen del empresario de alojamiento. En conclusión, el gestor debe atender a los intereses del propietario por encima de los propios.
c) Llevar una contabilidad ordenada y adecuada a la actividad de gestión hotelera y cumplir las obligaciones de **información y de rendición de cuentas** sobre cuestiones relacionadas con la actividad y el contrato que puedan tener relevancia para el hotelero o deban ser conocidas por éste. El incumplimiento de este deber puede ser justa causa para la resolución. La obligación de ofrecer el resultado contable es intrínseca a las labores de administración y gestión de negocios ajenos.

En la Sentencia del TSJ de Baleares (Sala Social) núm. 531/2017, de 14 de febrero de 2017 se reproduce una cláusula contractual que recoge perfectamente los **deberes del explotador** que acabamos de sintetizar: «Corresponde a la empresa explotadora: 1. Gestionar el HOTEL y prestar todos los servicios adecuados para una eficiente administración del mismo. 2. Dirigir el HOTEL de acuerdo con los niveles apropiados a su categoría de tres estrellas, y dentro de los límites definidos por la legislación aplicable a la actividad hotelera y turística en general. 3. Establecer y revisar los precios de los distintos servicios que precisa el HOTEL. 4. Supervisar y controlar las actividades de clientes, concesionarios, arrendatarios, así como la prestación de servicios de toda la plantilla del HOTEL. 5. Mantener el HOTEL en buenas condiciones y hacer recomendaciones a la PROPIEDAD para reemplazar o renovar muebles, instalaciones y equipos, y preservar la rentabilidad del HOTEL. 6. Respetar y mantener el prestigio y categoría del HOTEL, así como los derechos de propiedad industrial de los que la PROPIEDAD es titular. 7. Inspeccionar periódicamente mediante auditorías restringidas a su cargo, las diferentes actividades del establecimiento (administración, compras, restauración, mantenimiento, etc....). 8. Seleccionar, previo acuerdo con la PROPIEDAD, al Director general del HOTEL, que pertenecerá a la plantilla de la EMPRESA EXPLOTADORA.»

Diferencias con otros contratos

El contrato de management se diferencia del contrato de know-how puesto que éste supone la transferencia del conocimiento técnico, lo que no se da en el primero. Debemos puntualizar que la empresa gestora aplica su propio know-how y aprovecha su trayectoria o experiencia (*expertise*) en beneficio de la empresa que se somete a la gestión, pero nunca transfiere directamente dicho conocimiento técnico.

Se diferencia con el contrato de *franchising*, que estudiaremos a continuación, puesto que en éste se transfiere el sistema de negocio para que sea el franquiciado quien lo aplique, por lo tanto, aquella cadena que aporte la franquicia (por ejemplo, Hilton) no realiza la gestión ni asume los riesgos derivados de ella. De suscribir un contrato de *management* sí sería la empresa aportante (Hilton) la que directamente aplicaría su sistema de negocio en la empresa franquiciada.

El contrato de management se diferencia del contrato de arrendamiento en los siguientes términos, el propietario al alquilar el inmueble o el negocio traslada el riesgo íntegramente a la cadena gestora que abonara una renta, siendo plenamente responsable de los resultados de su gestión.

C. Franquicia

1. Introducción

El contrato de franquicia ha permitido la expansión empresarial y de marcas de una manera muy importante. El modelo tradicional de propiedad y explotación de hoteles era el de «propietario-operador». Sin embargo, los costes de capital que implicaba el desarrollo y la propiedad de los hoteles no resultaban atractivos para las marcas hoteleras, por lo que evolucionó un modelo operativo que separaba la propiedad de la explotación de los hoteles. Esta estrategia de «activos ligeros» (asset light) permitió a las marcas hoteleras expandirse a un ritmo mucho más rápido y a menor coste, y ahora es el modelo predominante en el mercado internacional. Mediante un sistema de franquicias se propicia una rápida expansión del franquiciador y la ventaja para el franquiciado de contar desde el inicio de la actividad de un know-how y una marca que facilita la explotación de su negocio. Ha tenido especial impacto en el sector hotelero (Wyndham, Accor,Marriott, Hilton, Intercontinental, Sercotel) y también en las agencias de viajes (Zafiro tours, Sercom, Viajes Barceló). Es un instrumento destacado para materializar acuerdos de cooperación empresarial, donde las empresas que se incorporan actúan como red **aprovechando la marca y experiencia del franquiciador**. Son fórmulas consolidadas, generalmente con reconocido éxito empresarial o comercial, no obstante el franquiciador no se compromete a la obtención de determinados resultados con el franquiciado (Sentencia de la Audiencia Provincial Barcelona núm. 193/2005, de 29 marzo (AC 2005\854). Por lo tanto, será el **franquiciado quien acepta tomar el riesgo de explotar el negocio** bajo su única responsabilidad y **sin garantía de éxito**. El grado de vinculación y de los compromisos que se establezcan entre las partes puede ser muy variado: desde la simple relación cliente/proveedor (distribución de productos) hasta la adquisición de participaciones entre las empresas implicadas.

2. Regulación y naturaleza jurídica

Este contrato es un ejemplo más de los denominados **contratos atípicos**, tan frecuentes en el tráfico mercantil que, no obstante, tiene un reconocimiento normativo (como también ocurre con el leasing o el merchandising). Por lo tanto, dentro de los contratos llamados atípicos, por su uso frecuente en la praxis, cuenta con una tipicidad «social» derivada de las prácticas en el mercado. Este contrato está **parcialmente regulado en la Ley 7/1996, de 15 de enero**, de ordenación del comercio minorista, que establece algunas obligaciones de carácter administrativo y lo define así: «la actividad comercial en régimen de franquicia es la que se lleva a efecto en virtud de un acuerdo o contrato por el que una empresa denominada franquiciadora, cede a otra, denominada franquiciada el derecho a la explotación de un sistema propio de comercialización de productos o servicios» (art. 62). Precepto que posteriormente ha sido completado por el artículo 2 del Real Decreto 201/2010, de 26 de febrero, por el que se regula el ejercicio de la actividad comercial en régimen de franquicia y la comunicación de datos al registro de franquiciadores, que define actividad comercial en régimen de franquicia como aquella en la que «el franquiciador, cede a otra, el franquiciado, «en un mercado determinado, a cambio de una contraprestación financiera directa, indirecta o ambas, el derecho a la explotación de una franquicia, sobre un negocio o actividad mercantil que el primero venga desarrollando anteriormente con suficiente experiencia y éxito, para comercializar determinados tipos de productos o servicios».

Son contratos que en muchas ocasiones participarán actores de diferentes nacionalidades y presentan un importante componente transnacional por lo que **se regirá por la ley elegida por las partes.** Esta elección deberá manifestarse expresamente o resultar de manera inequívoca de los términos del contrato o de las circunstancias del caso. Por esta elección, las partes podrán designar la ley aplicable **a la totalidad o solamente a una parte del contrato.**

El contrato de franquicia debe incluirse dentro de los contratos de colaboración y de prestación de servicios. La jurisprudencia del Tribunal Supremo lo califica como una especie del de concesión mercantil y así lo afirmado en diversas sentencias (15 de mayo de 1985, 23 de octubre de 1989 y 27 de septiembre de 1996). Además, como hemos indicado, es atípico pues como indica el TS, manifiesta una situación contractual que no tiene su reflejo concreto en el Derecho positivo (Sentencia del Tribunal Supremo de 30 de abril de 1998 (RJ 1998, 3456)]. A modo de resumen en una sentencia más reciente ha señalado que no es un contrato completamente atípico, pero sí parcialmente al estar dotado de una regulación fragmentaria e incompleta, referida fundamentalmente a aspectos relativos a normas de competencia, registro de franquiciadores, información precontractual y contenido mínimo o esencial de las prestaciones de los contratantes, que lo caracteriza como una modalidad de los contratos de distribución, en el que existe un amplio margen para la autonomía de la voluntad de las partes en la ordenación contractual de la franquicia (Sentencia núm. 254/2020 de 4 junio (RJ 2020\1580).

Es un contrato mercantil, tanto objetiva como subjetivamente. El objeto del mismo son actos de comercio, de actividades de intermediación o venta con ánimo de lucro. Por su parte, los sujetos intervinientes en el contrato son comerciantes conforme al Código de Comercio. Por lo tanto, rigen las disposiciones generales sobre los contratos mercantiles (arts. 51 a 63 CCo y leyes especiales) y con carácter supletorio, el Derecho común (arts. 2 y 50 CCo y 4.3 CCiv).

Es **atípico**, por no tener en nuestro Derecho posibilidad alguna de subsunción en los esquemas contractuales previstos en nuestro ordenamiento, y **mixto** debido la yuxtaposición y adición de instituciones típicas (agencia, concesión, distribución...). No obstante parte de la doctrina ha mantenido su carácter de parcialmente típico aceptando que *está regulado de manera fragmentaria, dispersa y, sobre todo, insuficiente*. (Vicent).

Es un contrato **bilateral, sinalagmático y oneroso**: de la formalización del contrato se derivan derechos y obligaciones recíprocas para las dos partes participantes y se produce una interdependencia o nexo causal entre los deberes las partes.

Finalmente indicar que es un contrato **de tracto sucesivo**, con la duración que determinarán las partes. Es frecuente que la duración se fije en función de la cuantía de las inversiones realizadas por el franquiciado.

De lo anterior podemos afirmar que nos encontramos ante un mecanismo que permite la expansión empresarial y que tiene por objeto regular la distribución productos (franquicia comercial) o prestación de servicios (por ejemplo los propios de la hostelería) al amparo de un acuerdo o contrato por el cual un empresario, llamado franquiciador, cede a otro, llamado franquiciado, el derecho a explotar en su propio beneficio un sistema empresarial permitiendo el uso de los signos distintivos y la asistencia técnica permanente del titular, a cambio de una compensación económica y del compromiso del franquiciado de **someterse durante la vigencia del contrato a las reglas de actuación establecidas**. Tras su análisis en múltiples sentencias, el TS sostiene que la característica fundamental de la modalidad contractual de franquicia estriba en que una de la partes, que es titular de una determinada marca, rótulo, patente, emblema, fórmula, método o técnica de fabricación o actividad industrial o comercial, otorga a la otra, el derecho a utilizar, por un tiempo determinado y en una zona geográfica delimitada, bajo ciertas condiciones de control, aquello sobre lo que ostentaba la titularidad, contra la entrega de una prestación económica, que suele articularse normalmente mediante la fijación de un canon o porcentaje.

Los criterios del RD 201/2011 son a su vez asumidos por la Audiencia Provincial de Baleares que en Sentencia núm. 357/2011, de 9 de noviembre, cuando afirma que el concepto de franquicia nace de la conjunción de tres elementos:

1. La propiedad o el derecho de uso de los signos distintivos (marca, rótulo, razón social, nombre comercial, signos, logos).
2. El uso de una experiencia, un «know how o saber hacer».
3. Una serie de productos, servicios y/o tecnologías, patentadas o no, que el franquiciador ha concedido, ha puesto a punto o ha adquirido.

Los acuerdos de franquicia entre dos empresas —cuyo objeto es la adquisición o utilización de derechos de propiedad industrial o intelectual, o de conocimientos secretos industriales o comerciales— podrían producir el efecto de impedir, restringir, o falsear la competencia en todo o en parte del mercado nacional. Para preservar el mercado y el efectivo cumplimiento del Derecho de la competencia quedan sometidos al sistema de autorizaciones y exenciones por categorías previsto Real Decreto 378/2003, de 28 de marzo, por el que se desarrolla la Ley 16/1989, de 17 de julio, de Defensa de la Competencia, en materia de exenciones por categorías, autorización singular y registro de defensa de la competencia y al Real Decreto 261/2008, de 22 de febrero, por el que se aprueba el Reglamento de Defensa de la Competencia. La Resolución del desaparecido Tribunal de Defensa de la Competencia, de 12 de julio de 1996 **(Expediente A 183/96 Franquicia Hotelera Best Western Spain) indica que** la mejora de la prestación de los servicios provocada mediante los acuerdos que incluye la franquicia «benefician a los usuarios y no suponen graves restricciones de la competencia, sino que, por el contrario, la estimulan y favorecen».

El uso de las marcas (entre otras a nivel mundial Hilton) puede ser determinante en un contrato de franquicia y por ello conviene distinguirlo del contrato de licencia. Este último es un acuerdo mercantil en virtud del cual el licenciante, mediante un derecho de monopolio (de una patente, una marca, un diseño industrial o un derecho de autor) tiene un derecho exclusivo de explotación que cederá a un licenciatario que queda plenamente facultado para utilizar la marca en productos o servicios siempre que esa utilización sea conforme con los protocolos firmados y las directrices de calidad acordadas. Por lo general no existe la estrategia de desarrollo del producto ni el apoyo limitado a las actividades de comercialización que sí se da en la franquicia.

El contrato de franquicia agrupa una serie de acuerdos interdependientes entre sí que determinan el **buen funcionamiento del sistema**, pactos que deberán ser interpretados y observados en su conjunto.

3. Sujetos del contrato

El contrato entre franquiciador y franquiciado, que son empresarios independientes, implica la utilización de la propiedad industrial del primero para desarrollar una empresa con mayores garantías de éxito. Generalmente se acuerda la **dedicación exclusiva del segundo en la prestación y realización de los servicios utilizando la marca o nombre comercial del franquiciador**. La marca, junto a un estándar común de negocio, es la que, precisamente, caracteriza este instrumento frente a otras alternativas más simples como el mero uso de una central de reservas común o un único acceso a proveedores. La franquicia englobaría los aspectos relativos a la propiedad industrial y también la comercialización en común, con el pertinente aprovechamiento por el operador local del ámbito y mayor mercado de una cadena internacional hotelera o de una agencia de viajes con presencia en diversos países.

El **franquiciador** es un empresario que se garantiza la ampliación de mercados o la distribución de sus productos y servicios. Tiene la obligación de **inscribirse** en un Registro administrativo de franquiciadores (actualmente suprimido exime de dicha obligación) y ofrecer **por escrito información precontractual** sobre las condiciones del contrato de franquicia (el contenido de dicha publicidad, tendente a captar franquiciados, debe ser veraz y no engañoso). El franquiciador (cadena hotelera) proporcionará al hotelero las prestaciones estipuladas en el contrato (uso de marca, de las plataformas de distribución…).

El **franquiciado** es un empresario independiente que, **en nombre propio y por su propia cuenta**, comercializa los productos o servicios del franquiciador; es decir el hotelero que paga unas remuneraciones para beneficiarse de las prestaciones del franquiciador. Conviene destacar que la denominación social o incluso la identidad del franquiciado pueden quedar relegadas en las relaciones frente a terceros al integrarse en la red del franquiciador.

4. Obligaciones de las partes

Deberes del franquiciador:

a) Cumplir durante las negociaciones precontractuales con **el deber de información veraz y no engañosa** de los datos y aspectos contenidos en el artículo 3 del Real Decreto 201/2010, de 26 de febrero, por el que se regula el ejercicio de la actividad comercial en régimen de franquicia y la comunicación de datos al registro de franquiciadores.
b) Otorgar **licencia al franquiciado** para el uso de las marcas, nombre comercial, patentes, diseños industriales o *know how* necesarios para el desarrollo de la franquicia; de hacer lo necesario para mantener su vigencia registral y material y del valor de los signos distintivos. Paralelamente, debe poner a su disposición cualesquiera conocimientos técnicos y comerciales que permiten el buen uso y desarrollo de la franquicia.
c) Asesorar al franquiciado e informarle de cualquier nuevo desarrollo de los conocimientos y métodos empresariales objeto del negocio y garantizar el suministro de los productos o servicios acordados durante la vigencia del contrato.
d) Permitir al franquiciado desarrollar la actividad franquiciada y **no obstruirla** mediante la concesión de franquicias a terceros dentro del territorio contractual, ni explotarla por sí mismo o a través de tercero en competencia con el franquiciado.
e) Obligación de **sufragar los gastos** estipulados y que le correspondan (por ejemplo en publicidad, innovación...).
f) Asistencia técnica, asesoramiento legal y empresarial y actividades **de formación** para el franquiciado y sus dependientes.

Deberes del franquiciado:

a) Abonar los royalties o cánones que le sean exigibles:

    1. canon de entrada en la red de franquicias; el canon inicial puede incluso ser una cantidad simbólica o reducida destinada a gastos de programas informáticos o de formación.
    2. cánones periódicos o contraprestación económica que el franquiciado habrá de satisfacer por beneficiarse de los programas de asesoramiento, apoyo y seguimiento del franquiciador.

3. porcentaje sobre las reservas, ventas o los beneficios que se obtengan; El porcentaje sobre beneficios o ventas y su periodicidad dependerá de los pactos entre las partes.

b) Pago conceptos diversos como son suministros para cumplir con la marca (uniformes, ropa de cama...), materias primas, arrendamiento de local, software y tecnología, gastos de marketing y publicidad como es el uso de canales de venta...
c) Obligación de realizar el **programa de inversiones** establecido en el contrato. Por ejemplo destinar un tres por ciento de las ventas al mantenimiento del hotel, pago de cantidades por publicidad...
d) Obligación de **pagar por la entrega de los bienes, suministros o servicios** adquiridos del franquiciador según lo estipulado, así como de no adquirirlos a terceros [SAP Madrid, núm. 412/2004, de 2 junio (JUR 2004\226997)]
e) Comercializar el servicio **bajo la marca del** franquiciador.
f) Obligación **de no realizar actividad alguna de captación de clientela** o de venta fuera del territorio contractual y respetar las exigencias de exclusividad impuestas. A su vez supondría competencia ilícita y desleal cualquier práctica de ilícito aprovechamiento del prestigio ajeno, materiales, marca etc. [Sentencia de la Audiencia Provincial Madrid núm. 734/1996 (Sección 12a), de 17 diciembre AC 1996\2585]
g) Someterse a las **instrucciones o controles del franquiciador** con el fin de garantizar la integridad y buen funcionamiento de la franquicia. Si durante la operativa diaria el franquiciado considerase necesario modificar o desarrollar, según su sano criterio, ciertos aspectos que no estuviesen íntegramente desarrollados o estipulados deberá someterlo al juicio del franquiciador. Ello conllevará costes asociados a las renovaciones, actualizaciones y formación necesarias para que el hotel y sus empleados sigan cumpliendo las instrucciones y estándares.
h) Obligación de asistir y hacer asistir a su personal a **cursos de formación** organizados por el franquiciador ya que parte del éxito podría depender de la formación del franquiciado y su personal.
i) Cumplir con el deber de **confidencialidad**, incluso después de la extinción del contrato de franquicia, guardará secreto de cuantos conocimientos haya adquirido del know how o saber hacer, experimentado y desarrollado por el franquiciador.

Ejecución del contrato de franquicia

La búsqueda de estandarización junto con el uso adecuado de la marca caracteriza este contrato. Como hemos indicado, el acuerdo (objeto contractual) implica utilizar los nombres comerciales, marcas, publicidad, central de reservas, servicios de relaciones públicas y formación. Aunque las partes mantendrán su independencia y su identidad operativa por lo que la gestión permanece en manos del franquiciado (titular de la explotación del hotel), que será quien corre con los riesgos derivados del negocio. No obstante, cualquier error o actuación negligente por parte de un franquiciado puede perjudicar la reputación e imagen de la franquiciadora, y todos sus establecimientos, por lo que cuenta con elementos para garantizar el correcto cumplimiento del contrato.

La correcta asunción de los elementos tangibles e intangibles por el franquiciado, se materializa a través de:

- El **manual de operaciones (manual operativo)** que contiene la forma de gestión administrativa, imagen, métodos, materiales, así como la valoración aproximativa de posibles beneficios. Tiene carácter formativo o informativo al recopilar todas cuestiones relativas al correcto funcionamiento de la marca o del negocio. Suele entregarse desde el momento inicial o primera etapa y contiene una relación pormenorizada de los pormenores que el negocio requiere para la obtención del éxito.
- **Canales de asistencia técnica y suministro de información** tecnológica permanente vinculados a los servicios y procedimientos que deben aplicarse para permitir un control de la red y el mantenimiento del nivel competitivo.
- La **realización de auditorías y evaluaciones** periódicas con el fin de controlar el funcionamiento y el cumplimiento de la franquicia. Carece de sentido que el franquiciador renunciase ya que el ejercicio de esta facultad garantiza el objetivo perseguido por ambas partes, el mayor valor del negocio realizado al amparo de la franquicia.

En cuanto a los pagos a realizar, como se ha indicado, generalmente se establece un pago inicial y pagos con carácter periódico. Además del pago de cantidades prefijadas o porcentuales también existen formulas retributivas donde se establece una fórmula mixta. Cabe tasa por publicidad y promoción, esta obligación se deriva del carácter social de la red de franquicia (término utilizado en SSTSJ Cataluña de 26 febrero 1993 y de 30 septiembre 1994), generando un fondo común para la proyección externa de la marca.

El elemento del **know how** y la competencia en el mercado imponen la existencia de **cláusulas de confidencialidad** que entran en vigor desde el momento en que se celebra el contrato de franquicia y se mantiene tras finalizar la relación entre las partes por el tiempo que se hubiese estipulado. Es una manifestación más de que el **franquiciado no es titular de los conocimientos ni de la propiedad industrial** de la que únicamente se permite el uso condicionado a las reglas que estamos exponiendo. No obstante hay que recordar que por know how se entiende el «conocimiento o conjunto de conocimientos técnicos que no son de dominio público y que son necesarios para la fabricación o comercialización de un producto, para la prestación de un servicio o una ventaja sobre los competidores que se esfuerza en conservar evitando su divulgación» [Sentencia del Tribunal Supremo 21 de octubre de 2005 (RJ 2005, 8274)].

El contrato también se caracteriza por las cláusulas de no competencia entre las partes, es decir, la imposibilidad de cualquier actividad que desnaturalice el negocio franquiciado (adquirir bienes de un competidor o usar el canal de venta de un tercero).

Las clausulas contractuales y la autonomía de las partes determinan una serie de consecuencias jurídicas que debemos enumerar:

a) El franquiciador no responderá por las obligaciones del franquiciado, salvo disposición legal expresa en contrario.
b) Los trabajadores del franquiciado no tienen relación jurídica laboral con el franquiciador salvo que nos encontrásemos ante fraude laboral.
c) El franquiciador no responde ante el franquiciado por la rentabilidad del sistema otorgado. Es cuestionable la licitud de cláusulas que aseguren al franquiciado una determinada utilidad, ingreso o una producción mínima, y al franquiciador, una cantidad mínima de retribución.
d) Las dudas sobre el contrato podrán ser resueltas por mecanismos judiciales o bien amistosos (mediación, conciliación, arbitraje). Por las características del contrato podría producirse una colisión con normas de orden público, sea laboral o de consumo, vinculadas con la defensa de la competencia, etc.

En cuanto al incumplimiento de los pactos, cabe la facultad resolutoria de las relaciones contractuales mediante declaración dirigida a la otra parte interesada, siendo los Tribunales competentes para examinar y sancionar su procedencia. La parte que insta la resolución deberá haber cumplido sus obligaciones. Cabe, también, la resolución por incumplimiento mutuo [SAP Barcelona (Sección 17a) de 18 diciembre 2002, JUR 2003/ 107522] Entre las causas de resolución pueden citarse a modo de ejemplo: incumplimiento de la obligación de pago de una serie de facturas por cánones de franquicia y publicidad, ausencia de asesoramiento para la puesta en marcha del negocio, así como un sistema informático escasamente operativo o retrasos en el suministro de mercancías.

LECTURAS COMPLEMENTARIAS

ALCOVER GARAU, G., «Aproximación al régimen jurídico del contrato de reserva de plazas de alojamiento en régimen de contingente», en *Revista de Derecho mercantil*, nº 228 (1998), págs. 625-652.

—«Aproximación al régimen jurídico del contrato de gestión hotelera», *Revista de Derecho mercantil*, nº 237 (2000), págs. 1003-1025.

MARTÍ MIRAVALLS, J., *Redes de franquicia*, Juruá, 2018.

MARTINEZ CAÑELLAS, A. «Los contratos de reserva de plazas de alojamiento hotelero en régimen de contingentes. Su naturaleza y clausulado típico», CEFLegal. *Revista práctica de derecho. Comentarios y casos prácticos*, nº 227, 2019.

— «Naturaleza jurídica del contrato de gestión hotelera y delimitación de las funciones propias de las empresas gestoras de cadenas hoteleras», en *La Ley mercantil*, nº 76 (enero), 2021.

OTERO COBOS, M.T. *Los contratos de explotación hotelera: control y riesgo*, Marcial Pons, 2019.

PETIT LAVALL, M.V. «Los contratos de reserva de alojamiento (la reserva en régimen de contingente y la reserva individual)» en AA.VV. *Lecciones de Derecho del Turismo*, Tirant lo Blanc, Valencia, 2000.

LECCIÓN 8
TIEMPO COMPARTIDO Y CONDOHOTEL

Inmaculada González Cabrera
Profesora Titular de Derecho Mercantil
Facultad de Economía Empresa y Turismo
Universidad de Las Palmas de Gran Canaria

SUMARIO:
I. EL CONTRATO DE TRANSMISIÓN DEL DERECHO DE APROVECHAMIENTO POR TURNO DE BIENES DE USO TURÍSTICO Y LOS DEMÁS CONTRATOS RECOGIDOS EN LA LCAPT. A. Consideraciones previas. B. Los contratos regulados en la LCAPT. C. Sujetos. D. La protección del adquirente de los contratos de aprovechamiento por turno de bienes de uso turístico, de producto vacacional de larga duración, de reventa e intercambio. 1. La publicidad. 2. La información. 3. La forma del contrato. 4. El derecho de desistimiento. 5. La prohibición de pagar anticipos. 6. Disposiciones específicas para el contrato de producto vacacional de larga duración. 7. Ineficacia de los contratos accesorios. E. Peculiaridades del contrato de aprovechamiento por turno de bienes inmuebles de uso turístico. 1. Concepto, naturaleza y contenido del derecho de aprovechamiento por turno de bienes inmuebles. 2. Singularidades. II. EL CONTRATO DE CONDOHOTEL. A. Consideraciones previas. B. Ventajas del condohotel. C. Los principios de unidad de explotación y uso exclusivo turístico. D. El contrato de condohotel. Concepto y naturaleza jurídica. E. Los sujetos y las diferentes relaciones jurídicas que nacen del contrato. F. La protección del consumidor en el contrato de condohotel. BIBLIOGRAFÍA. Lecturas complementarias. Sentencias y documentos relevantes.

I. EL CONTRATO DE TRANSMISIÓN DEL DERECHO DE APROVECHAMIENTO POR TURNO DE BIENES DE USO TURÍSTICO Y LOS DEMÁS CONTRATOS RECOGIDOS EN LA LCAPT

A. Consideraciones previas

El aprovechamiento de un mismo alojamiento por una pluralidad de personas de forma consecutiva es una práctica que nace a mediados del siglo XX, pero que ha ido extendiéndose con el tiempo, sobre todo, dentro de las fronteras de la Unión Europea.

La importancia de esta nueva forma de comercializar el alojamiento, unida a la necesidad de proporcionar a los posibles adquirentes un alto grado de seguridad, fundamentalmente por la relevancia de los contratos transfronterizos, así como, la pretensión de armonizar las legislaciones de los distintos Estados Miembros, justificó la elaboración de la *Directiva 94/47/CE, de 26 de octubre, relativa a la protección de los adquirentes en lo relativo a determinados aspectos de los contratos de adquisición de un derecho de utilización de inmuebles en régimen de tiempo compartido* (DTC). La misma se transpuso a nuestro derecho interno a través de la *Ley 42/1998, de 15 de diciembre, sobre derechos de aprovechamiento por turno de bienes inmuebles de uso turístico y normas tributarias* (LAPBIUT).

Con todo, el paso del tiempo evidenció que la tan deseada armonización de las legislaciones de los distintos derechos internos de la Unión estaba lejos de ser una realidad, fundamentalmente porque en la DTC el legislador europeo había permitido que cada país regulara la naturaleza jurídica de este derecho como tuviera por conveniente. España lo hizo estableciendo un régimen con dos figuras: **la principal**, creando un nuevo **derecho real limitado de aprovechamiento por turno**, y otra **secundaria, un derecho personal de arrendamiento por temporada** estableciendo un periodo que oscilaba entre un mínimo de tres años y un máximo de cincuenta y excluyendo cualquier otro modelo contractual que tratara de configurar derechos equivalentes recogidos en la LAPTBIUT.

Todo ello había favorecido el escaso éxito de la figura del derecho real limitado en el mercado español, en el que, tras más de 13 años de vigencia de la LAPTBIUT, apenas se habían constituido regímenes de derechos de aprovechamiento por turno, optando los empresarios del sector por la figura del arrendamiento por temporada. Tanto es así, que en la actualidad la mayor parte de los complejos de tiempo compartido en España son de naturaleza personal y tipo club.

Además, en ese lapsus de tiempo de vigencia de la DTC también habían aparecido en el mercado toda una serie de nuevos productos, vinculados al propio régimen, que habían **desvirtuado la regulación propia** del aprovechamiento tal y como se había configurado, **generando** una enorme **inseguridad**

jurídica entre los consumidores (vid. la Sentencia del TS de 16 de enero de 2017). Ello motivó una nueva intervención del legislador comunitario a través de la *Directiva 2008/122 de CE del Parlamento Europeo y del Consejo, de 14 de enero de 2009, relativa a la protección de los consumidores con respecto a determinados aspectos de los contratos de aprovechamiento por turno de bienes de uso turístico, de adquisición de productos vacacionales de larga duración, de reventa y de intercambio* (DAPTBUT). La misma ha sido transpuesta a nuestro Ordenamiento Jurídico por el *Real Decreto Ley 8/2012* a fin de evitar las sanciones pertinentes por el incumplimiento de los plazos de transposición de la Directiva; y, posteriormente por la *Ley 4/2012, de 6 de julio, de contratos de aprovechamiento por turno de bienes de uso turístico, de adquisición de productos vacacionales de larga duración, de reventa y de intercambio y de normas tributarias* (LCAPT). Esta urgencia en su transposición impidió abordar la regulación del tiempo compartido desde una perspectiva más realista a la actual, empezando por no adoptar, como debiera haber hecho, la denominación de tiempo compartido que es como se conoce este producto en la mayoría de los países de nuestro entorno.

B. Los contratos regulados en la LCAPT

La LCAPT aborda someramente una regulación básica de los siguientes contratos: de aprovechamiento por turno de bienes de uso turístico, su especialidad cuando se adquiera un bien inmueble (de aprovechamiento por turno de bienes inmuebles de uso turístico), de adquisición de producto vacacional de larga duración, de intercambio y de reventa. Algunos de ellos tienen aspectos comunes, sobre todo su tratamiento respecto a la protección al consumidor, otros siguen presentando peculiaridades propias, como lo son las exigencias para la constitución del régimen del aprovechamiento por turno de bienes inmuebles.

A. El contrato de aprovechamiento por turno de bienes de uso turístico: se define como aquel de **duración superior a un año** en virtud del cual un consumidor adquiere, a título oneroso, el derecho a **utilizar uno o varios alojamientos** para pernoctar **durante más** de un período de ocupación (art. 2 LCAPT).

De esta definición han de destacarse cuatro aspectos: a) el primero, que abarca cualquier tipo de contrato de adquisición del aprovechamiento por turno de bienes de uso turístico, con independencia del tiempo por el que se suscriban, siempre que sea superior al año, por lo que entendemos que reconoce la adquisición del aprovechamiento perpetua (al menos para el aprovechamiento distinto al establecido en un bien inmueble y que no tenga el carácter de derecho real por tiempo limitado, que son los menos, pues los constituidos sobre bienes inmuebles que suelen ser los habituales siguen teniendo un plazo máximo de 50 años según el art. 24 de la LCAPT, incluyendo todos los transmitidos después de entrada en vigor la Ley, pese a que estuviera en un inmueble cuyo régimen de aprovechamiento se hubiere constituido con anterioridad, vid. STS de 28 de junio de 2023 y de 21 de julio de 2023); b) el segundo, que comprende cualquier contrato con independencia de su naturaleza jurídica, esto es, ya sea un derecho personal por tiempo determinado, se constituya como un derecho real limitado o, sencillamente, como un derecho por tiempo indefinido; c) el tercero, que faculta al empresario para disponer de los distintos alojamientos que conforman el régimen en el mismo inmueble o complejos, permitiendo que el adquirente utilice, no uno concreto, sino cualquiera de los que estén en condiciones de ser ocupados en ese momento preciso (con ello se da cobertura legal a una práctica que venía siendo habitual); y, por último, no ciñe el alojamiento a un bien inmueble como lo hacía la regulación anterior, sino que da entrada a otros tipos de alojamientos tales como las caravanas, las auto-caravanas, los buques (en especial, los dedicados a los cruceros marítimos), etc. Ahora bien, cuando el contrato se circunscriba a un bien inmueble específico se exigirá una descripción precisa y detallada del bien y de su ubicación; cuando se refiera a varios bienes inmuebles, requerirá la descripción de éstos y su ubicación; y, cuando aluda a bienes muebles, habrá de incorporar la descripción del alojamiento y de sus instalaciones.

B. El contrato de producto vacacional de larga duración: se entiende por tal aquel de **duración superior a un año** conforme al cual un consumidor adquiere, a título oneroso, esencialmente el derecho a obtener **descuentos u otras ventajas** respecto de su alojamiento, de forma aislada o en combinación con viajes u otros servicios (art. 3 LCAPT). Por tanto, el producto vacacional de larga duración es aquel que, vinculado al alojamiento (en ocasiones en régimen de aprovechamiento por turno), permite al consumidor la obtención de descuentos en el transporte y otras ventajas económicas, como excursiones extras, régimen de manutención, entre otros servicios, ofrecidos por el propio empresario del alojamiento o por un tercero mediante acuerdos entre estos últimos.

Ahora bien, ha de tenerse en cuenta que este contrato no incluye los sistemas habituales de fidelidad que ofrecen descuentos para futuras estancias en los hoteles de una cadena o de algunos servicios en los mismos (la tarjeta Riu Class, por ejemplo, permite pagar servicios adicionales como el teléfono o la lavandería, entre otros), como tampoco, aquellos descuentos cuyo propósito principal no sea el de tener tales descuentos vinculados al alojamiento [caso por ejemplo de una tarjeta de crédito, como la American Express, que ofrece cambiar el crédito de puntos acumulados en alojamientos, transportes u otros servicios (STJUE de 13 de octubre de 2005, asunto C-73/2004)].

C. El contrato de reventa: es aquel en virtud del cual un empresario, a título oneroso, **asiste a un consumidor** en la compra o venta de derechos de aprovechamiento por turno de bienes de uso turístico o de un producto vacacional de larga duración (art. 4 LCAPT). Adviértase que estamos ante un **contrato mercantil**, por medio del cual un empresario intermedia entre dos consumidores con el fin de que uno de ellos adquiera el derecho del segundo, percibiendo un beneficio económico por dicha mediación.

La necesidad y oportunidad de su regulación por la DAPTBUT se justifica por la necesaria protección que requiere el consumidor cuando se ve inmerso en estos negocios. No debe olvidarse que el contrato de reventa y el de intercambio han sido objeto de diversas reclamaciones por parte de los consumidores, pues, ha venido siendo habitual que la venta del aprovechamiento por turno (o el tiempo compartido), se promoviera garantizando al futuro comprador la gestión de la reventa del derecho, a un precio igual o superior a la adquisición original, eventual reventa que quebraba las reticencias que dicho comprador podría haber tenido al adquirir el producto.

Pues bien, siendo muy necesaria la regulación de este contrato dadas las múltiples quejas de los consumidores europeos en los últimos años (Comunicación a los miembros del Parlamento Nº IMCO/06/2007), hay que criticar, no obstante, que más allá de definir este contrato, tanto la DAPTBUT como la LCAPT se despreocupen de su contenido, haciendo alusión al mismo, sólo y exclusivamente, para reconocer al consumidor algunos derechos a los que haremos referencia más adelante.

D. El contrato de intercambio: se entiende por contrato de intercambio aquel conforme al cual un consumidor **se afilia**, a título oneroso, a un sistema de intercambio que le permite disfrutar de un alojamiento o de otros **servicios a cambio de conceder a otras personas un disfrute temporal de las ventajas** que suponen los derechos derivados de su contrato de aprovechamiento por turno de bienes de uso turístico (art. 6 LCAPT), esto es, la posibilidad de intercambiar su turno u alojamiento por otro de los que disponga la empresa de intercambio.

La vinculación del contrato de intercambio al contrato original de adquisición de aprovechamiento por turno es de suma relevancia por múltiples razones, pero entre ellas ha de destacarse que es muy habitual la venta de tales productos ligados a la posibilidad de intercambio, pues sólo así el margen de potenciales compradores se amplía (es más sencillo vender un turno que pueda intercambiarse que aquel que obliga al comprador a disfrutar su alojamiento siempre en el mismo lugar). Precisamente por ello, podríamos afirmar que el contrato de intercambio no tiene entidad suficiente por sí mismo y que es un **contrato accesorio**, bien al contrato de adquisición del derecho de aprovechamiento por turno, bien al contrato de adquisición del producto vacacional de larga duración.

Tampoco se advierte en este contrato un especial interés del legislador, pues su intervención se ciñe a definirlo y a asegurarle ciertos derechos al consumidor, de los que también trataremos en ulteriores páginas.

C. Sujetos

Según el artículo 1.1 de la LCAPT [l]*os contratos de comercialización, venta, reventa de derechos de aprovechamiento por turno de bienes de uso turístico y de productos vacacionales de larga duración, así como a los contratos de intercambio, se rigen por lo dispuesto en esta Ley cuando se celebren entre un empresario y un consumidor*. Por **consumidor** se concibe a toda persona física o jurídica que actúe con fines ajenos a su actividad económica, negocio, oficio o profesión [definición que coincide con la contenida en el artículo 3 del Texto refundido de la Ley General para la Defensa de los Consumidores y Usuarios y otras leyes complementarias, aprobado por el Real Decreto Legislativo 1/2007, de 16 de noviembre (TRLGDCU)]. Por su parte, se entiende por **empresario** a *toda persona física o jurídica que actúe con fines relacionadas con su actividad económica, negocio, oficio o profesión y cualquier persona que actúe en nombre o por cuenta del empresario* (art. 1.2 LCAPT). Cuestión esta que puede ser objeto de crítica, pues una persona que actúe en nombre y por cuenta de otra no tiene dicha consideración, si bien, entendemos que el legislador le reconoce tal condición en esta Ley, sólo y exclusivamente, a efectos de establecer su rol en relación con el adquirente como consumidor.

El empresario fundamental en este tipo de contratos es el **transmitente** del aprovechamiento por turno de bienes (muebles e inmuebles) o del producto vacacional de larga duración. Éste puede definirse como el **operador económico que se dedica profesionalmente a la transmisión o a la comercialización de estos derechos**. Dicho transmitente puede ser, a su vez, el propietario del edificio en el que se ha constituido el régimen de aprovechamiento por turno, o un tercero que adopte el rol de promotor o comercializador del mismo.

Pero junto al transmitente aparecen en estos contratos otros empresarios con un papel, llamémosle secundario, aunque no por ello irrelevante, que son la empresa de servicios y la empresa de intercambio. La **empresa de servicios** tiene una función **indispensable** en la ejecución del contrato de aprovechamiento por turno pues depende de ella la ejecución, tanto de la gestión, como la limpieza y mantenimiento del alojamiento y del inmueble, de tal suerte que, la falta de los servicios que presta dicha empresa haría imposible el disfrute del derecho del consumidor. La **empresa de intercambio**, que suele ser una multinacional, tiene como objeto el intercambio de los derechos de los consumidores (esto es de su alojamiento o de su turno). Aunque la misma no es esencial en este tipo de contratos, en la práctica, este empresario sí resulta habitual y oportuno, toda vez que muchos de estos productos se comercializan mejor siempre que tengan la flexibilidad de permitir transmutar el lugar o los turnos de vacaciones, aspectos éstos que sólo se consiguen si el consumidor utiliza los servicios de estas empresas.

Por último, el rol de **intermediador** en la reventa de los contratos ya vistos, puede adoptarlo cualquier transmitente de los derechos de aprovechamiento o del producto vacacional de larga duración, si bien nada impide que en un futuro pueda aparecer un nuevo empresario, distinto de los anteriores, que limite su labor empresarial a este único objeto.

D. La protección del adquirente de los contratos de aprovechamiento por turno de bienes de uso turístico, de producto vacacional de larga duración, de reventa e intercambio

La DAPBUT tiene, respecto a los sujetos partícipes en este contrato, dos propósitos fundamentales que son la alta protección al consumidor y expulsar del mercado a los empresarios oportunistas. Precisamente por ello se ocupa de regular de forma detallada los aspectos que procuran el carácter tuitivo de la norma, que tienen carácter imperativo y, por tanto, son irrenunciables por el consumidor (art. 16.2 LCAPT). Estas medidas de protección pueden resumirse en las siguientes:

1. La publicidad

La publicidad tiene una enorme importancia en estos contratos, pues a través de ella, el cliente conoce el producto y se vincula a él. Precisamente por ello el legislador presta especial atención tanto a la **información** del producto que se ha de suministrar al consumidor, como a que **este conozca claramente el propósito promocional del acto** al que se le invita. Ambas cuestiones han resultado sumamente relevantes en el pasado y han sido motivo de múltiples acciones tendentes a resolver los contratos suscritos. Por ello, la LCAPT, en su artículo 7, exige que en la publicidad o promoción de estos contratos conste dónde puede obtenerse la información precontractual prevista en la Ley. Señala, además, que en toda invitación a cualquier acto promocional o de venta en el que se ofrezca a un consumidor directamente alguno de los contratos regulados en la LCAPT, deberá indicarse claramente la finalidad comercial y la naturaleza de dicho acto. Requiere, asimismo, que la información precontractual esté a disposición del consumidor en todo momento durante el acto promocional, aunque eso puede no ser suficiente si estando presente el consumidor no tiene acceso a ella o si lo tiene, no dispone del tiempo necesario para leerla y comprenderla. Por último, advierte que un derecho de aprovechamiento por turno de bienes de uso turístico o un producto vacacional de larga duración **no podrá comercializarse ni venderse como inversión**. Esto tiende a poner freno a las prácticas de algunos oportunistas que comercializaron tales productos como inversión, cuando lo único que ofertaban eran derechos de uso (Comunicación a los miembros del Parlamento N° IMCO/06/2007).

2. La información

En estos contratos el legislador ha puesto especial cuidado en regular **qué información** se ofrece al consumidor y **cómo se hace**, pues con ello trata de evitar que se repita la habitual comercialización agresiva que han venido teniendo estos productos, así como, dotar de mayor seguridad jurídica al consumidor, quien, conociendo perfectamente el producto que se le ofrece, puede prestar un consentimiento informado. Así pues, podríamos decir que la información se convierte en la columna vertebral de los contratos que regula la LCAPT. Así, se impone al empresario transmitente o comercializador la obligación de proporcionar al posible adquirente la información contenida en el artículo 9 y en los Anexos I a III de la LCAPT, dependiendo del producto que comercialice, con suficiente antelación a la formalización del contrato de adquisición. Dicha información hace referencia, fundamentalmente, a los **elementos esenciales del contrato** (tales como sujetos, objeto, precio y plazo, entre otros), así como a los **derechos que asisten al consumidor**, en particular, el **desistimiento** (arts. 10 y 11 LCAPT).

Esta información, obviamente, habrá de proporcionarse **con carácter previo a la celebración del contrato y deberá constar en papel o en cualquier otro soporte duradero**. Se entiende por soporte duradero todo instrumento que permita al consumidor o al empresario almacenar la información que se le haya dirigido personalmente, de forma que pueda consultarla en el futuro siempre que lo estime apropiado y que permita reproducirla sin alteraciones (art. 8 LCAPT). No obstante, el empresario podrá ofrecerla a través de la página *web* de su empresa o de una asociación profesional o empresarial a su elección, asumiendo en tal caso, la responsabilidad de mantenerla permanentemente operativa y actualizada mientras dure la comercialización de los derechos objeto de información (art. 9 LCAPT).

Además, dicha información habrá de suministrarse con **carácter gratuito** y deberá redactarse en **alguna de las lenguas oficiales del Estado de la Unión** que elija el consumidor (bien porque resida o sea nacional de dicho Estado). Se trata de garantizar que el usuario pueda entender el contrato que va a suscribir pues, tanto la información, como el contrato mismo se redactan en una de las lenguas que conoce, bien porque es la de su nacionalidad o, bien porque es la del país en que reside.

El incumplimiento de este deber por el empresario, esto es, la falta de dicha información, la información incompleta o el suministro de la misma de forma distinta a lo señalado, facultará al consumidor para resolver la relación contractual, bastando para ello una **notificación fehaciente al empresario** en la que se ponga de manifiesto la falta de información que el consumidor considere no proporcionada o insuficiente, recayendo la carga de la prueba de la verdadera existencia y suficiencia de la misma en el empresario. Todo ello, sin perjuicio del derecho de desistimiento regulado en esta Ley, y de las sanciones que se pudieran imponer al empresario conforme al artículo 22 de la misma (art. 8 LCAPT). Hay que señalar que esta facultad de resolver el contrato por falta de información o información deficiente no es nueva pues ya se recogía en la LAPBIUT donde, además, se establecía claramente el plazo para hacerlo, cuestión esta que no parece resuelta en la LCAPT y que nos obliga a acudir al artículo 1299 del CCiv. Dicho precepto contempla un plazo de cuatro años para la rescisión del contrato, plazo excesivamente amplio tanto en relación a su precedente, los tres meses previstos en la derogada LAPBIUT, como al plazo máximo en el que puede ejercitarse el derecho de desistimiento conforme a la LCAPT (un año y catorce días).

3. La forma del contrato

Los contratos de aprovechamiento por turno de bienes de uso turístico, de producto vacacional de larga duración, de reventa o de intercambio habrán de **formalizarse por escrito**, en papel o en otro soporte duradero. Su letra deberá ser de un tamaño tipográfico y con un contraste de impresión adecuado que resulte fácilmente legible. Deberán redactarse en la lengua o en una de las **lenguas del Estado miembro en que resida el consumidor o aquel del que éste sea nacional**, a su elección, siempre que se trate de una lengua oficial de la Unión Europea; así como en castellano si el consumidor es residente en España o el empresario ejerce su actividad en nuestro país (art. 11.1 LCAPT).

En cuanto a su contenido, deberá **incorporar la información precontractual** facilitada al consumidor, lo que resulta lógico toda vez que según los principios que informan el derecho de consumo, con carácter general la información precontractual que se facilita al consumidor integrará el contrato (integración publicitaria del contrato). Dicha información **deberá estar debidamente firmada por este** (a tal fin en el formulario correspondiente aparece un apartado para la firma y otro para la fecha en la que suscribe), y, por tanto, no podrá alterarse a menos que así lo dispongan expresamente las partes, o que los cambios se deban a circunstancias anormales, imprevisibles y ajenas a la voluntad del empresario y cuyas consecuencias no se hubieran podido evitar pese a toda la diligencia empleada. En tal caso, dichos cambios deberán comunicarse al consumidor, bien en papel o en cualquier otro soporte duradero fácilmente accesible para él, antes de la formalización del contrato y se incorporarán al pacto (art. 11.2 LCAPT). Igualmente, en el contrato deberá figurar la identidad, el domicilio y la firma de cada una de las partes, así como, la fecha y el lugar de celebración (art. 11.3 LCAPT). Habrán de añadirse también, **las cláusulas contractuales correspondientes al derecho de desistimiento y a la prohibición del pago de anticipos**, cláusulas que deberán estar firmadas aparte por el consumidor. El contrato incluirá, asimismo, un formulario normalizado de desistimiento en documento aparte, según figura en el anexo V (art. 11.4 LCAPT). De este contrato y de sus anexos, el consumidor recibirá, al menos, una copia en el momento de su celebración (art. 11.5 LCAPT).

4. El derecho de desistimiento

El derecho de desistimiento, como aquel que tiene el consumidor de **desvincularse libre y gratuitamente, sin necesidad de alegar causa alguna, del contrato suscrito con el empresario en un determinado plazo, bastando para ello la notificación fehaciente a este de su voluntad**, es una de las medidas que mejor protegen a los posibles adquirentes de estos productos, sobre todo, cuando los mismos se le ofertan de forma agresiva y sin permitirles un tiempo de reflexión serena. Así, el legislador reconoce al consumidor un plazo de catorce días para que este, una vez suscrito el contrato, pueda meditar acerca de si le interesa o no continuar con el pacto, pudiendo resolverlo gratuitamente y sin necesidad de justificar causa alguna (art. 12.6 LCAPT).

Ahora bien, el cómputo de este plazo de catorce días varía en función de diversas circunstancias. Así, el mismo se calculará: a) si el consumidor **ha recibido la copia de su contrato**, desde la celebración del pacto o de cualquier contrato preliminar vinculante, o desde la recepción de cualquiera de estos documentos si los mismos no se hubieren entregado en el momento de su formalización [art. 12.2 a) LCAPT]; b) si el empresario **no hubiera cumplimentado y entregado** al consumidor el **documento formalizado de desistimiento** previsto en el artículo 11.4 de la LCAPT, el plazo de tal derecho comenzará a contar cuando se entregue dicho documento, pero vencerá una vez haya transcurrido un año y catorce días naturales a contar desde la fecha de celebración del contrato o de cualquier contrato preliminar vinculante o, en su caso, el de la recepción posterior del documento contractual [art. 12.2 b) LCAPT]; c) si el empresario no hubiere facilitado al consumidor **la información precontractual recogida en el artículo 9**, incluido los formularios normalizados, el plazo comenzará a contar desde que el empresario facilite dicha información, pero finalizará transcurridos tres meses y catorce días naturales a contar desde la celebración del contrato o de cualquier contrato preliminar vinculante si el usuario recibió en su momento dicho documento, o en el de su recepción posterior [art. 12.2 c) LCAPT]. Con este grado de detalle el legislador da término y seguridad jurídica a una situación que puede resolverse por la mera voluntad de uno de los contratantes, pero hemos de admitir que en este caso legitima el incumplimiento del empresario, toda vez que, en principio, parece permitirle quedar impune de él. Ahora bien, no debemos olvidar que el derecho de desistimiento no elude el ejercicio de otras acciones como pueden ser la rescisión del contrato (art. 12.7 LCAPT) o la nulidad del mismo, conforme al CCiv, cuando exista causa para ello (Vid. sentencias del TS de 28 de junio de 2023 y de 21 de julio de 2023).

Como hemos avanzado, el ejercicio de este derecho de desistimiento por el consumidor se realiza mediante la notificación fehaciente al empresario de su voluntad de desistir por escrito, bien en papel, bien en otro soporte duradero, pudiendo utilizar para ello el formulario previsto en el Anexo V. Formulario éste que ha de entregarse por el empresario, pero **cuya utilización por el consumidor es facultativa**. Ha de indicarse que en dicho formulario figurará la fecha concreta en la que comienza a correr el plazo para el ejercicio del derecho de desistimiento. Ha de tenerse en cuenta también que la Ley exige que la notificación sea expedida o remitida en el plazo legal establecido, aunque su recepción por el empresario sea posterior.

Por último, debemos destacar que cuando se ofrece conjuntamente al contrato principal (por ejemplo, de aprovechamiento por turno o de producto vacacional de larga duración), un contrato de intercambio, se **aplicará un único plazo de desistimiento** para ambos contratos (art. 12 LCAPT).

5. La prohibición de pagar anticipos

De nada serviría que el legislador reconociera al consumidor el derecho a desistir si permitiera al empresario exigirle algún tipo de anticipo o depósito antes de concluir el plazo de desistimiento, pues el temor a no recuperar lo adelantado puede desanimarle para ejercer tal derecho. Precisamente por ello la LCAPT **prohíbe expresamente el pago de anticipos**, la constitución de garantías, la reserva de dinero en cuentas, el reconocimiento expreso de deuda o cualquier contraprestación a favor del empresario o de un tercero y a cargo del consumidor, antes de que concluya el plazo de desistimiento cuando se suscribe un contrato de aprovechamiento por turno de bienes de uso turístico, de producto vacacional de larga duración y de intercambio (art. 13.1 LCAPT). Las mismas prohibiciones se establecen respecto a los contratos de reventa, antes de que la venta haya tenido lugar o se haya dado por terminado el contrato por otras vías (art. 13.2 LCAPT).

Los actos realizados en contra de esta prohibición son **nulos de pleno derecho**, pudiendo el consumidor reclamar el **duplo de las cantidades entregadas o garantizadas** por tales conceptos (art. 13.3 LCAPT), aunque justo es señalar que no siempre nuestros tribunales han reconocido al consumidor tal derecho pese a la claridad de la norma (ver, por ejemplo, la Sentencia de la Audiencia Provincial de Valladolid de 12 de febrero de 2001, si bien el Tribunal Supremo ya ha comenzado a reconocerles este derecho (STS de 20 de noviembre de 2015).

6. Disposiciones específicas para el contrato de producto vacacional de larga duración

Si bien las medidas ya anticipadas son igualmente aplicables al adquirente del producto vacacional de larga duración, la peculiaridad de este producto exige que el legislador se ocupe de establecer para él algunas disposiciones específicas. Así, se reconoce que el pago del precio en estos contratos se efectuará conforme a un plan escalonado, quedando expresamente prohibido que el precio especificado en el contrato se pague por anticipado o de cualquier otra forma distinta al plan de pago escalonado (art. 14.1 LCAPT).

Dichos pagos, incluidas las eventuales cuotas de afiliación, se dividirán en plazos anuales, todos ellos de igual cuantía (art. 14.2 LCAPT). Parece esta una medida preventiva por la cual el consumidor paga en proporción a los servicios recibidos, impidiendo que afronte el coste total, sobre todo en el supuesto de una futura insolvencia del empresario. Además, anualmente y con un plazo mínimo de catorce días naturales antes de cada vencimiento, el empresario deberá enviar por escrito al consumidor una solicitud de pago, en papel o en cualquier otro soporte duradero (art. 14.3 LCAPT). A partir de dicha comunicación se reconoce al consumidor la posibilidad de rescindir el contrato, sin incurrir en penalización alguna, notificándolo al empresario en un plazo de catorce días naturales a contar desde la recepción de dicha solicitud de pago (art. 14.4 LCAPT), concediéndole al adquirente de este producto la facultad de desvincularse del contrato durante toda la vida del mismo. Todo ello, además, sin perjuicio de los derechos de desistimiento, resolución y nulidad del contrato que se reconoce al consumidor en los demás productos regulados en la Ley (art. 14.4 LCAPT).

7. Ineficacia de los contratos accesorios

Una última medida de protección al consumidor es el reconocimiento de la ineficacia de los contratos accesorios al principal una vez que el consumidor ejerce su derecho de desistimiento. Ciertamente, si el consumidor desiste del contrato de aprovechamiento por turno de bienes de uso turístico o del contrato de producto vacacional de larga duración, los contratos accesorios a cualesquiera de ellos (el de intercambio o crédito, por ejemplo) quedarán automáticamente sin eficacia y sin coste alguno para aquel. Se entiende por contrato accesorio todo pacto en virtud del cual el consumidor adquiere servicios relacionados con alguno de los dos contratos principales mencionados anteriormente, cuando dichos servicios son prestados por el empresario o por un tercero según lo convenido entre éste y el empresario (art. 15.1 LCAPT).

En el caso particular del contrato de préstamo vinculado a la adquisición, el legislador reconoce expresamente que cuando el precio haya sido total o parcialmente cubierto mediante un préstamo concedido al consumidor, bien por el empresario, bien por un tercero, según lo convenido entre este tercero y el empresario, el contrato de préstamo quedará sin efecto, sin coste alguno para el usuario, si este ejerce su derecho a desistir del contrato de aprovechamiento por turno de bienes de uso turístico, de producto vacacional de larga duración, de reventa o de intercambio (art. 15.2 LCAPT). Precisamente, para garantizar el carácter gratuito de la desvinculación del contrato de préstamo, el propio artículo 15.3 de la LCAPT, prohíbe que puedan incluirse en tales préstamos cláusulas que impliquen una sanción o pena impuesta al consumidor para el caso de desistimiento. Esto se extiende a la subrogación del contrato de préstamo concedido al transmitente, de modo que, en tal caso, si el consumidor desiste del contrato principal también queda sin efecto el contrato de préstamo en el que se hubiere subrogado (art. 15.3 LCAPT). Eso sí, corresponde al usuario probar que ha desistido del contrato principal (art. 15.4 LCAPT).

E. Peculiaridades del contrato de aprovechamiento por turno de bienes inmuebles de uso turístico

Nuestro legislador ha seguido apostando por un derecho particular, *«sui generis»*, bien distinto al modelo de tiempo compartido que se ha extendido por la mayor parte de los Estados de la Unión Europea: el derecho de aprovechamiento por turno de bienes inmuebles de uso turístico, al que dedica el Titulo II de la LCAPT. Centrémonos en abordar algunas de sus singularidades relativas a su naturaleza, contenido y los derechos que asisten al consumidor, sin entrar, por razones de espacio en el presente manual, a analizar los aspectos relativos a la configuración del régimen, sus formalidades y las cautelas que el legislador exige para proteger a los posibles adquirentes como los avales, seguros, garantías, inscripción en el Registro de la Propiedad, etc.

1. Concepto, naturaleza y contenido del derecho de aprovechamiento por turno de bienes inmuebles

Según el artículo 23 de la LCAPT con dicha expresión se quiere aludir a las facultades que se le confieren al adquirente de un derecho que le permite *disfrutar, con carácter exclusivo, durante un período específico de cada año, consecutivo o alterno, un alojamiento susceptible de utilización independiente por tener salida propia a la vía pública o a un elemento común del edificio en el que estuviera integrado, y que esté dotado, de modo permanente, con el mobiliario adecuado al efecto, y el derecho a la prestación de los servicios complementarios.*

La norma sigue insistiendo en el derecho de aprovechamiento por turno como un derecho real de carácter limitado. La configuración que hace el legislador de este derecho real limitado es consecuencia lógica del carácter tuitivo de la Ley, puesto que le otorga la **mayor protección** que puede ofrecer nuestro Derecho, dado que el mismo requiere de la intervención de un notario y su posterior inscripción en el Registro de la Propiedad. Pero tal garantía **encarece el producto**, ya que el precio de la unidad espacio-tiempo o cuota de temporada verá necesariamente incrementado su precio con los gastos de escritura y registro. Este encarecimiento es obvio que no redunda en beneficio del adquirente y ha sido uno de los motivos por los que, tanto empresarios, como consumidores han optado en el pasado, preferentemente, por un arrendamiento por temporada. Tampoco es ventajoso para el consumidor el **carácter limitado del derecho**, pues el transcurso del tiempo trae como consecuencia inmediata una desvalorización del mismo, puesto que con el curso de los años el contrato se acerca a su término y, consecuentemente, también el disfrute del derecho.

En cualquier caso, el legislador sigue preocupándose porque no exista confusión respecto al producto que se adquiere, fundamentalmente porque quede claro que el comprador no está adquiriendo la propiedad de una finca. Precisamente por ello **prohíbe** expresamente que este derecho pueda **denominarse multipropiedad**, así como que pueda emplearse, incluso en la promoción y en la publicidad, alguna expresión que aluda a la propiedad o que pueda inducir a error sobre el derecho que se oferta, que no es más que un derecho de uso.

Ya avanzamos que, aunque la LCAPT insiste en el derecho real de carácter limitado para establecer este derecho, también prevé que el aprovechamiento por turno pueda configurarse como un **derecho obligacional de arrendamiento por temporada**, con un plazo mínimo de un año y un máximo de cincuenta en los que se anticipen las rentas correspondientes a algunas o a todas las temporadas contratadas (art. 23.6 LCAPT). También admite cualquier otra modalidad contractual de constitución de derecho de naturaleza personal o de tipo asociativo, que tenga por objeto la utilización de uno o varios alojamientos para pernoctar durante más de un periodo de ocupación, constituidas al amparo de las normas Comunitarias y de los Convenios Internacionales que España haya suscrito. El contrato distinto de los anteriores, por virtud del cual se constituya o transmita cualquier otro derecho, real o personal, por tiempo superior a un año y relativo a la utilización de uno o más inmuebles durante un período determinado o determinable al año, **será nulo de pleno derecho**, debiéndole ser devueltas al adquirente o cesionario cualesquiera rentas o contraprestaciones satisfechas, así como, indemnizados los daños y perjuicios sufridos.

En cuanto a su contenido ha de señalarse que el régimen de aprovechamiento por turno **no puede recaer sobre un apartamento aislado**; sólo puede hacerlo sobre un edificio, conjunto inmobiliario o sector de ellos arquitectónicamente diferenciado. Es necesario que dicho conjunto contenga al menos **diez alojamientos**, así como, que todos los alojamientos que lo integren, con la necesaria excepción de los locales, estén sometidos a dicho régimen (art. 23.2 LCAPT).

El período anual de aprovechamiento no puede ser **nunca inferior a siete días seguidos y ha de estar claramente identificado en el contrato (STS de 28 de junio de 2023 y de 21 de julio de 2023)**. Ha de destacarse como novedad de la Ley el reconocimiento de que, dentro de un régimen, los turnos podrán tener distinta duración. En cualquier caso, debe reservarse para reparaciones, limpieza y otros fines comunes un período de tiempo que anualmente no podrá ser inferior a siete días por cada uno de los alojamientos sujetos al régimen (art. 23.3 LCAPT).

2. Singularidades

Si bien a este contrato le serán de aplicación las medidas de protección al consumidor ya analizadas, algunas requieren que le dediquemos unas líneas. Entre ellas, nos encontramos la lengua en la que habrá de ser redactado el contrato de adquisición, que seguirá siendo **la lengua de la nacionalidad o la de la residencia habitual del adquirente siempre que sea una de las lenguas oficiales de la Unión**, pero además, habrá de redactarse en castellano si el consumidor es residente en España o el transmitente ejerce su actividad en nuestro país; dicho transmitente no puede insertar cláusula alguna que pueda inducir a confusión al eventual comprador respecto al objeto del contrato, por lo que **quedan prohibidos los términos multipropiedad, propiedad y similares**; al contrato habrán de adjuntarse y firmarse por las partes el inventario del mobiliario, las condiciones generales y las cláusulas estatutarias; así como las menciones relativas al turno y al precio del contrato. Respecto del primero, habrá de quedar perfectamente delimitado, con indicación de los días y horas de comienzo y finalización del turno (STS de 28 de junio de 2023 y de 21 de julio de 2023). En relación al segundo, el precio del contrato de adquisición y el precio que habrá de abonarse a la empresa de servicios reflejado también en el contrato.

Antes de concluir, es necesario precisar que el contrato de adquisición del derecho de aprovechamiento por turno de bienes inmuebles tan sólo vincula al adquirente con el propietario o promotor, en su caso, si bien en dicho contrato se incluye a otro sujeto, la empresa de servicios, que es la encargada de la prestación de los servicios esenciales para el disfrute del alojamiento, como hemos visto. Por tanto, el adquirente del derecho habrá de pagar, de un lado, el precio del derecho de uso y, de otro, una cantidad anual en concepto de servicios complementarios que se actualizará anualmente con arreglo al Índice de Precios de Consumo que publica el Instituto Nacional de Estadística, salvo que las partes hayan establecido otra forma de actualización, que no podrá quedar al arbitrio de una de ellas, indicando, a título orientativo, cuál ha sido la media de dicho índice en los últimos cinco años (art. 30.5 LCAPT).

Con todo, ha de advertirse que pese a recogerse en el contrato y abonar el adquirente esta cantidad a la empresa de servicios, no existe relación directa entre ellos. Hemos de tener esto presente para entender que el legislador imponga un **especial rigor** a la exigencia del cumplimiento de la obligación por dicha empresa de servicio, hasta el punto de que el incumplimiento de ésta provocará la responsabilidad del propietario, quien **habrá de resolver el contrato** que tenía con dicha empresa de servicios y contratar los servicios complementarios con una nueva, o bien asumirlos directamente (art. 34 LCAPT).

Asimismo, **podrá el propietario del inmueble en el que se inserte el régimen resolver el contrato** que le une con el adquirente del derecho de aprovechamiento por turno, si una vez requerido, este no atiende al pago de las cuotas debidas a la empresa de servicios por los servicios prestados durante al menos un año. En tal caso, el propietario del inmueble deberá devolver al adquirente del derecho o consignar a su favor, la parte proporcional del precio correspondiente al tiempo que le reste hasta su extinción, salvo que se haya pactado la pérdida de todo o de parte de estas cantidades en el contrato de adquisición en concepto de penalización, y de otro, habrá de atender a las deudas que el titular del derecho tuviere pendientes con la empresa de servicios, salvo pacto en contrario con ésta (art. 33 LCAPT).

II. EL CONTRATO DE CONDOHOTEL

A. Consideraciones previas

La figura del condohotel (o condominio) y el contrato que le da soporte, sólo puede entenderse si tenemos presente la **disociación de la propiedad y de la explotación hotelera**. Esta resulta de vital importancia, pues al ser el alojamiento uno de los elementos configuradores del turismo, la actividad de explotación de los complejos hoteleros o extrahoteleros se convierte también en una de las actividades empresariales más relevantes del sector. Ahora bien, iniciar este tipo de actividades resulta difícil toda vez que se requiere una inversión económica que será mayor o menor atendiendo a si se dispone de complejos alojativos en propiedad o no. Una de las nuevas fórmulas para explotar estos alojamientos cuando no se tiene la propiedad del inmueble y quiere ostentarse su posesión por vías distintas a los tradicionales contratos de arrendamiento de industria o de inmueble es, justamente, la figura del condohotel. Esta permite que los ahorradores inviertan en la adquisición de un establecimiento hotelero, que se cederá para su explotación a un empresario a cambio de precio, pero con ciertas limitaciones relativas, fundamentalmente, al derecho de uso y disposición sobre la unidad alojativa que se reserva el propietario de la misma.

El condohotel, como forma de inversión en el sector hotelero, nace en los Estados Unidos y se ha implantado con éxito en dicho país, así como en Australia, México y Brasil, entre otros. En España, sin embargo, el interés por esta figura es escaso y relativamente reciente, abordándose sucintamente por las Comunidades Autónomas más avanzadas en la materia (Andalucía, Canarias y las Islas Baleares), a través de un marco normativo mínimo que permite su utilización dentro del territorio autonómico. Así, en concreto se recoge en el artículo 42 de la Ley 13/2011 de 23 de diciembre, del Turismo de Andalucía (LTA); en el artículo 35 de la de la Ley 8/2012, de 10 de julio, del Turismo de las Illes Balears (LTIB); y, en el artículo 30 de la Ley 2/2013, de 29 de mayo, de Renovación y Modernización turística de Canarias (LRMTC).

Es necesario avanzar desde este momento que, a nuestro juicio, el término condohotel **tiene dos acepciones distintas**. De un lado, hablamos de **una nueva figura** vinculada a un establecimiento hotelero que nace cuando las distintas habitaciones del hotel se promueven y venden a una pluralidad de propietarios con el propósito de que estos las cedan en explotación a un empresario, de modo que sea este quien explote el establecimiento en su conjunto; y, de otro, nos referimos **al contrato** que surge de la relación anterior, en virtud del cual una serie de inversores adquieren las distintas habitaciones del establecimiento hotelero, y simultáneamente las ceden para su explotación por un empresario hotelero a cambio de precio, reservándose para sí el disfrute de la habitación y los servicios vinculados a la explotación durante una determinada temporada cada año.

En puridad, sólo cabría hablar de condohotel para referirnos al inmueble que se promueve y vende con el claro propósito de servir a una explotación hotelera, pero entendemos que también cabe aplicar esta figura y, por tanto, su régimen jurídico a aquellos **otros establecimientos de carácter turístico previamente constituidos en régimen de propiedad horizontal**, que se adecúan perfectamente al condohotel porque: a) el establecimiento está dividido en elementos separados e independientes susceptibles de propiedad y uso independiente; b) coexisten en él los elementos independientes (los apartamentos) con los elementos de uso común (piscinas, jardines, salones, etc.); c) disponen de unas normas de uso, tanto de los elementos privativos como de los comunes; d) la finalidad del complejo se destina exclusivamente al uso turístico; y, e) se designa a una única empresa para gestionar la totalidad de las unidades alojativas, así como los demás elementos integrantes del complejo.

B. Ventajas del condohotel

Dicha figura ofrece beneficios tanto para el empresario hotelero como para los propietarios.

Para el primero la principal ventaja que tiene el condohotel es permitirle explotar un establecimiento hotelero o extrahotelero **con una inversión inicial menos cuantiosa** que si tuviera que afrontar la compra del complejo en su totalidad. Bien es cierto, que deberá pagar un canon a los propietarios de los inmuebles que explota. No obstante, dicho canon puede ser significativamente inferior e incluso más flexible al que debería abonar al arrendador, en el supuesto de que tuviese que arrendar, bien un inmueble (el complejo hotelero o extrahotelero) o, bien una industria (el complejo en explotación), pues cabe perfectamente pactar con los propietarios de las unidades alojativas una cuota fija o variable en función de los beneficios obtenidos anualmente o incluso una contraprestación que combine ambas fórmulas. Otra de las virtudes del condohotel es que la explotación del complejo se hace **en nombre del empresario que lo gestiona**, cumpliéndose así el principio de unidad de explotación exigido por algunas Comunidades Autónomas (CCAA) y al que nos referiremos en el próximo epígrafe. Por tanto, el control de la empresa es absoluto, pues no cabe injerencia de la Comunidad de propietarios más allá de las decisiones que se reservan (por ejemplo, la aprobación de derramas para contribuir al mantenimiento de las zonas comunes o la mejora de estas cuando no se ha pactado su asunción exclusiva por el explotador). Además, el empresario podrá desarrollar la actividad de hospedaje directamente y por su propia cuenta, puede celebrar un contrato de franquicia con una cadena hotelera o un contrato de gestión hotelera, salvo pacto en contrario, pues ninguno de ellos afecta a la propiedad de las unidades alojativas y contribuiría a mejorar el rendimiento económico del inmueble en explotación.

Para los segundos también resulta provechosa la figura del condohotel pues, de un lado, **disfrutarán de la unidad alojativa** como cualquier otro huésped en los periodos que tienen asignado en el contrato de condohotel, normalmente, durante los meses estivales o en el periodo de sus vacaciones y, de otro, percibirán del empresario **la cuota pactada** en el contrato de cesión por la explotación que hace este de su habitación o apartamento durante el tiempo restante. A todo lo anterior se suma que los propietarios mantienen siempre el dominio sobre sus bienes de los que volverán a disponer en su integridad a la conclusión del contrato, si bien en aquellas CCAA donde se han impuesto los principios de unidad de explotación y de uso exclusivo turístico habrán de destinarlos siempre, a través de un gestor único, a la actividad turística.

C. Los principios de unidad de explotación y uso exclusivo turístico

Ya anticipamos que en algunas CCAA las unidades alojativas vacacionales (hoteles, apartamentos y similares), están sujetas a dos principios que tienden, de un lado, a asegurar la oferta alojativa y, de otro, a procurar que esta se desarrolle tendiendo hacia la calidad, entendida esta desde la perspectiva de la profesionalización. Son los **principios de unidad de explotación y de uso exclusivo turístico**.

El primero exige que se someta a una única titularidad empresarial la explotación, gestión, administración y dirección de la totalidad de las unidades alojativas de dichos establecimientos puestas a disposición del servicio de alojamiento como garantía de responsabilidad y calidad en la prestación de los servicios que se ofrezcan a los usuarios turísticos [arts. 38.1 de la Ley 7/1995, de 6 de abril, de Ordenación del turismo de Canarias (LOTC), 33 LTIB, y 41 LTA]. El segundo, obliga a que el inmueble, con independencia de su propiedad, se destine en exclusiva a la explotación turística y se prohíbe que cualquier propietario pueda utilizarlo con fines residenciales. Precisamente por ello también se requiere que se haga constar en el Registro de la Propiedad el uso a que está destinado la parcela y el inmueble. Dicho principio viene recogido en los artículos 42 de la LTA, 35 de la LTIB y 23 de la LMRTC (en ésta se denomina deber de atenerse al uso turístico).

A través de estos dos principios se exige que la explotación de las distintas unidades alojativas se realice **por un único sujeto**, preferentemente un empresario, impidiendo que cada propietario pueda ofertar por su cuenta su habitación o su apartamento. Asimismo, se prohíbe que tales unidades alojativas puedan destinarse a fines distintos a la explotación hotelera. Así las cosas, una de las formas a través de las cuales pueden explotarse tales establecimientos alojativos cumpliendo los antedichos principios es la fórmula del condohotel, por la que será el empresario quién explote las unidades alojativas cedidas para ese fin por sus titulares.

D. El contrato de condohotel. Concepto y naturaleza jurídica

El contrato de condohotel es un contrato **atípico** pues carece de regulación jurídica específica, en el que se conjuga la adquisición de la propiedad, en régimen de propiedad horizontal, con las limitaciones necesarias para posibilitar la explotación mercantil y, al propio tiempo, un contrato de cesión en virtud del cual se cede la explotación de la unidad alojativa, con carácter exclusivo, a la empresa explotadora por un periodo de tiempo que no debe ser inferior al que viene siendo habitual en los contratos de franquicia hotelera o gestión hotelera, pero reservándose el propietario de cada unidad alojativa (habitación o apartamento) un espacio de tiempo anual para su uso y disfrute personal, con las expresas prohibiciones de cederlo en explotación durante ese periodo, así como, para utilizarlo con fines ajenos al alojamiento turístico.

La naturaleza jurídica de este contrato es compleja, pues combina un contrato de compraventa sobre bienes inmuebles con, al menos, un contrato de cesión, pero tiene una indudablemente connotación mercantil, y ello sin perjuicio de reconocer la consideración de consumidores y usuarios a los propietarios de las habitaciones o apartamentos, tanto en su calidad de inversores cuando adquieren la propiedad para ceder su gestión a un empresario de forma onerosa, como en su condición de usuarios de la unidad alojativa en el plazo que se reserven para su uso. La razón de lo que afirmamos no es otra que el **propósito o fin último del contrato** de condohotel, que es la explotación mercantil por parte del empresario y la inversión en esa explotación a través de este concreto contrato, para el consumidor. Dicho propósito nos permite defender, en última instancia, **el carácter mercantil del contrato de condohotel** como aquel en virtud del cual una serie de inversores adquieren las distintas habitaciones de un hotel, que serán cada una de su titularidad exclusiva, con el propósito de ceder simultáneamente su habitación a una empresa que gestione la explotación del establecimiento hotelero, a cambio de precio, reservándose para sí el disfrute de la habitación y los servicios vinculados a la explotación, durante una determinada temporada cada año. Este contrato sería igualmente viable en los complejos extrahoteleros donde se adquiriría un apartamento, bungalow, chalet o similar con igual propósito. El referido fin no es el disfrute de la habitación o del apartamento por cada uno de sus propietarios, por mucho que en este contrato se reserven tal disfrute de forma temporal, sino su cesión a una empresa hotelera o extrahotelera para que lo gestione y explote en el mercado y la percepción de los réditos económicos que resulten de ella.

Dadas sus similitudes podríamos entender como un subtipo del contrato de condohotel el realizado por los actuales propietarios de unidades alojativas en establecimientos turísticos que, debido a la dificultad o imposibilidad de continuar explotándolas por sí mismos, las cedan a una empresa para que sea esta, en régimen de «condohotel», quien las explote a cambio de una cuota fija o variable, reservándose un determinado tiempo para su disfrute. La diferencia con el anterior estriba en que la compra del inmueble y su cesión no son simultáneas.

E. Los sujetos y las diferentes relaciones jurídicas que nacen del contrato

Teniendo en cuenta la naturaleza especialmente compleja de este contrato, podemos distinguir a una pluralidad de sujetos que juegan en él roles distintos, generándose así diferentes relaciones jurídicas entre ellos.

De un lado, tenemos al **titular de la unidad alojativa** que puede ostentar la condición de consumidor, tanto en su condición de inversor, como cuando disfruta parcialmente de él. Ciertamente, aquí nos encontramos con una primera relación jurídica que **une a un empresario** (vendedor, comercializador o promotor) **con el adquirente de la habitación**, y una segunda, que vincula a **este adquirente en calidad de inversor con el explotador del negocio hotelero**, relación jurídica que nace del pacto que exista entre ellos para la cesión de la habitación y su disposición por el empresario hotelero. Sin duda alguna, la persona física o jurídica que adquiere un determinado bien inmueble y no lo integra en su ámbito profesional o empresarial, bien para cederlo a un empresario a fin de que éste lo explote a cambio de un eventual lucro, bien para disfrutarlo «como destinatario final» para uso personal o familiar durante los meses que se reserva para su ocupación, ostenta la condición de consumidor de conformidad con el artículo 3 el TRLGDCU. Cierto es, también, que en este particular consumidor se une el doble interés de disfrutar de la habitación o apartamento en los meses que se reserva su uso, como el rentabilizar económicamente dicho bien en los meses libres de ocupación. El ánimo de lucro que subyace y que inspira todo el contrato, no excluye la consideración de consumidor del adquirente de este bien. Por tanto, aunque el adquirente de una unidad alojativa que desee explotarse en régimen de condohotel tenga como propósito fundamental el ánimo de lucro que resulta de la explotación de dicho establecimiento por un profesional y, como accesorio, el disfrute de su propiedad durante unos meses al año con fines turísticos, ello no obsta para que pueda ser considerado como consumidor en cualquiera de sus dos condiciones igualmente compatibles, como inversor y como usuario del bien de forma temporal. En ambos momentos se comporta como un consumidor, adquiriendo y disfrutando de un bien que puede generarle un eventual beneficio económico a través de la labor de un tercero, el empresario hotelero.

De otro, nos encontramos con el **empresario**, fundamentalmente el **explotador del inmueble** en virtud del contrato de condohotel. Ahora bien, este sujeto puede tener la única condición de empresario explotador del inmueble o ser, a la vez, el promotor, comercializador y gestor del mismo, esto último una vez se le haya cedido para su explotación. En efecto, cabe que el empresario hotelero y el promotor sean la misma persona cuando el primero sea al propio tiempo el promotor del inmueble cuya venta promueve y que, en virtud del contrato de cesión, pretende explotar a través del negocio hotelero. Sin embargo, **cabe la perfecta disociación entre el empresario hotelero y el vendedor del inmueble**, generándose así dos relaciones jurídicas distintas con empresarios diversos: el vendedor y el adquirente, de un lado, a través del contrato de compraventa y el inversor y el empresario hotelero, de otro, conforme al contrato de cesión.

F. La protección del consumidor en el contrato de condohotel

Aunque hemos advertido que el contrato de condohotel no tiene regulación propia, también hemos avanzado que ciertas CCAA, a través de su legislación específica (LTA, LTIB, LMRTC), se han ocupado de algunos aspectos aplicables al mentado pacto. Así, en la fase precontractual tales normas autonómicas exigen que se facilite a los eventuales adquirentes de las unidades alojativas, previamente a su venta, un **documento informativo, con carácter de oferta vinculante**, en el que se consignará de manera exhaustiva toda la información sobre la afección del inmueble al uso turístico, así como a la necesaria explotación por un único empresario a través del título habilitante oportuno (bien porque adquiera parte de tales unidades, las arriende o las utilice en virtud del contrato de condohotel). Dicho documento informativo debería contener, también, las condiciones previstas unilateralmente por el empresario explotador del inmueble en el contrato de cesión, acuerdo este que habrán de suscribir una vez hayan adquirido el establecimiento que se promueve bajo este régimen. Esta información deberá facilitarla el promotor del inmueble, su comercializador o el vendedor, pues desde un punto de vista subjetivo la oferta, promoción y publicidad del inmueble que se promueve y vende en régimen de condohotel deberá realizarla quien asume en el contrato la posición de transmitente, no teniendo en esta fase del contrato ninguna participación el empresario hotelero, salvo que se confundan ambas figuras. Esto no quita para que puedan establecerse asimismo otras cautelas, tanto en relación a la información precontractual, como a la ejecución del propio contrato, toda vez que el propio empresario hotelero es parte interesada en la promoción y venta de tales inmuebles para explotar el establecimiento en su conjunto.

Obviamente, la mentada información **ha de ser clara**, permitiendo al posible inversor reconocer con nitidez el producto que se le ofrece, identificando el inmueble y la unidad alojativa, así como el tiempo máximo de disfrute personal, que suele estar entre dos y tres meses (aunque la LMRTC permite su ampliación hasta los seis meses), en su caso, las fechas exactas de su utilización y, finalmente, los límites impuestos con carácter explícito por la normativa autonómica, relativos al principio de unidad de explotación y al principio de uso turístico exclusivo. La razón es que la promoción de este producto **no debe inducir a error a tales adquirentes**, pues dicha información tendrá necesariamente una incidencia importante en el comportamiento económico de los eventuales inversores. Igualmente, deberá advertirse de determinadas cláusulas que contendrá el pacto de cesión, entre las que habrán de señalarse los **derechos y obligaciones que se reservan los propietarios como tales**, en especial, la inhibición de la toma de decisiones respecto a las obras de mantenimiento y mejora del establecimiento, cuando estas se asumen por el empresario explotador o, en su defecto, el compromiso de ocuparse de los gastos del sostenimiento de las zonas comunes, así como las posibles derramas para hacer frente a los gastos de mejora del establecimiento para el fin turístico.

Junto a ello, habrá de informarse acerca de otras cláusulas que entendemos absolutamente necesarias en la protección del posible adquirente, como son la **constitución de avales o seguros de caución** que garanticen la devolución de las cantidades entregadas a cuenta, si se adquiere una unidad alojativa en un establecimiento en construcción y este no se entrega en la fecha pactada, o no se pone en explotación en la fecha predeterminada en el contrato. Asimismo, el precio de adquisición, los costes obligatorios, tales como impuestos y contribuciones, la circunstancial financiación mediante crédito hipotecario y las condiciones del mismo.

Además de las anteriores, al inversor se le aplican las reglas y principios generales de protección al consumidor, debiéndose velar por las técnicas que se utilicen para la venta y promoción de dichos productos, que han de ajustarse a la legislación vigente y, por tanto, deben huir de las técnicas agresivas que se han venido utilizando, como vimos, en la venta del aprovechamiento por turno de bienes inmuebles de uso turístico.

BIBLIOGRAFÍA

Lecturas complementarias

AURIOLES, A., *Introducción al Derecho Turístico. Derecho privado del Turismo*, 2ª ed., Madrid, 2005.

GONZÁLEZ, I., «La protección del consumidor *versus* responsabilidad del empresario en el contrato de aprovechamiento por turnos de bienes inmuebles de uso turístico», *La Ley*, núm. 5, 2004, pp. 1261-1272.

MUNAR, P.A., *La Regulación Española de la «Multipropiedad»*, Aranzadi, 1999.

OTERO COBOS, Mª T., *Los contratos de explotación hotelera: control y riesgo*, Marcial Pons, 2019.

SÁNCHEZ JORDAN, E., CAPOTE PÈREZ, L. J., «Comentario de la sentencia del Tribunal Supremo de 16 de enero de 2017 (16/2017). Nulidad de los contratos de paquetes vacacionales o derechos de afiliación celebrados al margen de lo dispuesto en la Ley 42/1998, de 15 de diciembre. Condición de consumidor a los efectos de la legislación de aprovechamiento por turnos de bienes muebles», *Comentarios a las sentencias de unificación de doctrina: civil y mercantil*, Mariano Yzquierdo Tolsada (dir.), Vol. 9, 2017.

PÉREZ, F., «La nueva regulación del aprovechamiento por turno de bienes de uso turístico (vulgo multipropiedad)», *Diario la Ley*, núm. 7867, 2012, págs. 1513-1522.

TORRES, J.A., «Acerca de los condohoteles en el Ordenamiento Jurídico Español», en LACERDA, R.A. (Coord.), *Estudos de Direito do Turismo. Perspectivas de direito comparado europeo e latino-americano*, 2008, http://www.estig.ipbeja.pt/~ac_direito/estudos_de_direito_do_turismo.pdf

Sentencias y documentos relevantes

Directiva 94/47/CE, de 26 de octubre, relativa a la protección de los adquirentes en lo relativo a determinados aspectos de los contratos de adquisición de un derecho de utilización de inmuebles en régimen de tiempo compartido (DTC).

Directiva 2008/122 de CE del Parlamento Europeo y del Consejo, de 14 de enero de 2009, relativa a la protección de los consumidores con respecto a determinados aspectos de los contratos de aprovechamiento por turno de bienes de uso turístico, de adquisición de productos vacacionales de larga duración, de reventa y de intercambio (DAPTBUT).

Ley 42/1998, de 15 de diciembre, sobre derechos de aprovechamiento por turno de bienes inmuebles de uso turístico y normas tributarias (LAPBIUT).

Real Decreto Legislativo 1/2007, de 16 de noviembre, por el que se aprueba el texto refundido de la Ley General para la Defensa de los Consumidores y Usuarios y otras leyes complementarias (TRLGDCU).

Ley 4/2012, de 6 de julio, de contratos de aprovechamiento por turno de bienes de uso turístico, de adquisición de productos vacacionales de larga duración, de reventa y de intercambio y de normas tributarias (LCAPT).

Ley 7/1995, de 6 de abril, de Ordenación del turismo de Canarias (LOTC).

Ley 13/2011 de 23 de diciembre, del Turismo de Andalucía (LTA).

Ley 8/2012, de 10 de julio, del Turismo de las Illes Balears (LTIB).

Ley 2/2013, de 29 de mayo, de Renovación y Modernización turística de Canarias (LRMTC).

Sentencia de la Audiencia Provincial de Valladolid de 12 de febrero de 2001 (JUR 2001\116915).

Sentencia de la Audiencia Provincial de Las Palmas de 21 de noviembre de 2003 (AC 2003\1880).

STJUE de 13 de octubre de 2005, (asunto C-73/2004).

Sentencia del Tribunal Supremo de 16 de enero de 2017

Sentencia del Tribunal Supremo de 28 de junio de 2023 (TOL9.638.808)

Sentencia del Tribunal Supremo de 21 de julio de 2023 (TOL9.662.762)

LECCIÓN 9
EL CONTRATO DE SEGURO EN EL SECTOR TURÍSTICO

M.ª del Mar Gómez Lozano
Profesora Titular de Derecho Mercantil
Universidad de Almería
Luis Sánchez Pérez
Abogado
Profesor Asociado de Derecho Mercantil
Universidad Nacional de Educación a Distancia

«*La esencia del seguro consiste en poner lo seguro en lugar de lo inseguro*»
(J. GARRIGUES, *Curso de Derecho Mercantil*, 7ª ed. 1987)

SUMARIO:

I. INTRODUCCIÓN

Siguiendo la estela de esta clásica cita de la literatura jurídica del maestro J. GARRIGUES, nos adentramos en el estudio de esta figura contractual, siendo conscientes, como él indicaba, de que *«no existe en derecho mercantil ningún contrato que suscite tantos problemas como el seguro»* y de la realidad que éste muestra, pues *«la creación de nuevas figuras contractuales (...) hacen del seguro no un contrato único, sino un semillero de variadísimos contratos»*. Entre ese semillero de variadísimos contratos se encuentran los denominados **seguros turísticos**, que pueden ser definidos, en una primera aproximación, como aquellos que cubren riesgos que pueden afectar a la actividad turística (VARGAS VASSEROT).

La industria turística es una de las más importantes en nuestro país y en ella operan numerosas empresas y profesionales. Su actividad, que consiste básicamente en la prestación de servicios turísticos [entendidos como aquellas actividades que tienen por objeto atender alguna necesidad, actual o futura, de las personas usuarias turísticas o de aquellas otras personas que lo demanden, relacionada con su situación de desplazamiento de su residencia habitual, siguiendo la noción que se ofrece en el artículo 2, letra c) de la *Ley 13/2011, de 23 de diciembre, del Turismo de Andalucía*], puede conllevar la **asunción de diferentes riesgos**, tanto por parte de los empresarios y profesionales que actúan, como por parte de los usuarios de esos servicios. A estos servicios específicamente turísticos, habría que añadir el transporte de personas, como «sector indispensable» para el turismo (AURIOLES). Operadores y usuarios podrán quedar expuestos por tanto a **riesgos genéricos** (comunes a cualquier otro tipo de actividad) y a **riesgos específicos**, propios de la actividad concreta (turística) que se desarrolla.

Además, es importante indicar que las contingencias que puedan tener lugar en el desarrollo de las actividades de los distintos operadores turísticos deberán quedar aseguradas o garantizadas bien de **forma obligatoria** (si así se lo exige la normativa reguladora) o bien de **forma voluntaria** (si el propio operador o el usuario turístico, según el caso, son quienes deciden contar con una previsión al respecto). El usuario de servicios turísticos, como principal destinatario final de gran parte de estos seguros, podrá verse beneficiado por esos seguros obligatorios contratados por el operador o podrá, con carácter opcional, contratar otros que adicionalmente amplíen las coberturas para el caso de que ocurra el siniestro o que cubran riesgos diferentes, no incluidos en los seguros obligatorios. Los seguros obligatorios, cuya estipulación se lleva a cabo sobre la base de la intensidad, magnitud y peligrosidad del riesgo social creado por una determinada situación (BROSETA PONT - MARTÍNEZ SANZ) deben diferenciarse de los denominados «seguros sociales» enmarcados en el sistema de seguridad social y en los que desaparece el vínculo contractual (SÁNCHEZ CALERO).

Subyace en este sector también una **cuestión competencial**. Así, el Estado es el único competente para legislar en materia de seguros (art. 149.1.6 y 11 CE), pero las Comunidades Autónomas pueden haber asumido algunas competencias relacionadas con la ordenación del sector y, lo que es más importante, son las que tienen competencia exclusiva para la ordenación del turismo en su ámbito territorial (art. 148.1.18 CE). Por ello, en las diversas normas de ordenación de la actividad turística, se pueden encontrar disposiciones que establecen la obligación de suscribir un determinado seguro (en particular, el de responsabilidad civil) con diversas exigencias en función de la actividad desarrollada.

También en este ámbito se observa que la tendencia actual es la de **convertir los seguros en garantías adicionales**, e incluso, en sustituto de las fianzas o de otro tipo de garantías que se exigían para el desarrollo de la actividad turística. Responde a ello, por ejemplo, la exigencia de que se establezcan controles especiales sobre los operadores turísticos a efectos de quedar protegidos frente a su insolvencia (AURIOLES), que vendría de la mano de la suscripción de los denominados «**seguros de insolvencia**». En este sentido, la *Directiva (UE) 2015/2302 del Parlamento Europeo y del Consejo, de 25 de noviembre de 2015, relativa a los viajes combinados y a los servicios de viaje vinculados, por la que se modifican el Reglamento (CE) n° 2006/2004 y la Directiva 2011/83/UE del Parlamento Europeo y del Consejo y por la que se deroga la Directiva 90/314/CEE del Consejo*, contempla la posibilidad de que la protección contra la insolvencia se pueda prestar en forma de garantía o póliza de seguros.

En la **delimitación de los riesgos** que afectan a los operadores que desarrollan su actividad en el sector turístico, hay que tener en cuenta la **expansión del contrato de seguro** (VICENT CHULIÁ), tanto en sentido horizontal (en relación con los intereses y circunstancias sobre los que las entidades aseguradoras pueden ofrecer cobertura, como los derivados del uso de nuevas tecnologías), como en sentido vertical (por la posibilidad de integrar cada vez más riesgos). Muy especialmente cabe añadir los vinculados a la incipiente industria del **turismo espacial**, ámbito en el que resulta clave la adecuada gestión de los riesgos, pues sólo así podrá desarrollarse con éxito este nuevo mercado.

Un adecuado acercamiento a esta relevante y necesaria figura contractual exige, siguiendo de nuevo al maestro GARRIGUES, conocer cuál es su función económica. Así, los **fundamentos técnicos y económicos del seguro** tienen como elementos fundamentales el **riesgo**, el **interés** y la **aportación de un sustitutivo económico**. El riesgo lo definía como la posibilidad de que por azar ocurra un hecho que produzca una necesidad patrimonial. Sus elementos son la **posibilidad e incertidumbre** (debe existir la posibilidad de que ocurra un hecho dañoso o surja una necesidad patrimonial y tiene que haber alguna inseguridad o incertidumbre); el **azar** (la realización del hecho previsto ha de ser fortuita en el sentido de ser independiente de la voluntad de la persona amenazada por el hecho previsto como posible) y la **necesidad pecuniaria** (pues todo riesgo implica la amenaza de que ocurra un hecho que provoque una necesidad pecuniaria). El **interés** es el elemento económico característico de los seguros de daños. Y la **aportación de un sustitutivo económico** es la esencia del seguro, pues éste produce la cobertura inmediata de un valor sustraído por cualquier causa a un patrimonio privado mediante otro valor (el valor de sustitución o reemplazo). A estos elementos añadía la «**explotación conforme a plan**», pues económicamente el seguro funciona entre los asegurados bajo la forma de garantía recíproca y no bajo la forma de operaciones aisladas. Esto le lleva a concluir que «*el asegurador sirve, sencillamente, de enlace entre varias economías privadas amenazadas por los mismos riesgos, obteniendo de cada una de ellas una contribución económica que irá a engrosar un fondo suficiente para responder a cada asegurado de la aportación ofrecida, en caso de siniestro. Esto exige la explotación en masa del seguro y con arreglo a un plan que permita calcular sobre la base de los siniestros probables el importe de la contribución de cada asegurado*».

Así, puede concluirse que, ante el acaecimiento de un riesgo, el afectado tiene varias opciones (MAPFRE): a) la **indiferencia** (el sujeto auto-asume el riesgo y soporta con su patrimonio las consecuencias económicas); b) la **prevención** (adopción de medidas para evitar o dificultar la ocurrencia del siniestro); y c) la **previsión** (precaución presente para prevenir la producción de un evento futuro que se caracteriza porque las medidas que se adoptan van dirigidas a la constitución de un fondo económico con el que hacer frente a las consecuencias del siniestro).

A la **previsión mediante la contratación de un seguro privado** que cubra los riesgos propios del desarrollo de la actividad turística o del disfrute de los diferentes servicios turísticos dedicaremos los epígrafes siguientes. Con el propósito de no quedar muy distantes de la regulación del contrato de seguro, se realizará en primer lugar una exposición de las líneas básicas de esta figura contractual y en segundo lugar un análisis de los principales aspectos que caracterizan a los seguros en este sector, conforme a la clasificación legal de seguros de daños o seguros de personas. Por último, se dedicará un epígrafe a exponer de forma breve las principales modalidades de seguros relacionados con la actividad turística, centrada en la contratación de viajes y en el servicio de transporte, caracterizándose estos últimos frente a los primeros por ser seguros de carácter obligatorio.

Como ya se ha indicado en la Lección tercera, sobre los contratos turísticos, el Código internacional para la protección de los turistas (OMT, 2022), incluye varias referencias a los seguros como forma de reforzar la protección de los turistas en la realización de viajes. Así, por ejemplo, se insta a los Estados miembros en el marco de la prevención, a «fomentar la preparación y la utilización de seguros de viaje o sistemas de garantía accesibles, asequibles y justos en los contratos con los turistas que tengan por objeto proporcionar una cobertura adecuada a los turistas internacionales en situaciones de emergencia, incluidas las pandemias, tanto en lo que respecta al coste de la terminación del contrato por parte del turista y los gastos de cancelación, como al coste de la asistencia, incluido, sin que sea lo único, el tratamiento, la cuarentena y la repatriación». El seguro resulta además un elemento clave de la información precontractual y contractual en este sector.

Dada la importancia que tienen en la práctica las diferentes pólizas, conviene completar lo aquí expuesto con el análisis de algunos de los documentos contractuales de las distintas compañías aseguradoras, al objeto de conocer la verdadera cobertura de los riesgos asegurados, así como el contenido real de estas importantes relaciones contractuales asegurativas que se desarrollan en el sector turístico.

II. NOCIONES GENERALES SOBRE EL CONTRATO DE SEGURO

A. Normativa aplicable

El contrato de seguro se encuentra regulado con carácter general en la ***Ley 50/1980, de 8 de octubre, de Contrato de Seguro*** (LCS). Es importante destacar que todos sus preceptos tienen **carácter imperativo** (si en ellos no se dispone otra cosa), aunque ello no impide que se consideren válidas las cláusulas contractuales que sean más beneficiosas para el asegurado (art. 2 LCS). Quedan extramuros de esta imperatividad los seguros de grandes riesgos, regulados en el art. 11 de la Ley 20/2015, de 14 de julio, de ordenación, supervisión y solvencia de las entidades aseguradoras y reaseguradoras (LOSSEAR).

A esta norma general hay que añadir la aplicación de diversas **normas sectoriales** para regular contingencias específicas o disposiciones concretas sobre seguro en normas que regulan otras actividades, como ocurre, por ejemplo, con las normas de transporte en sus diferentes modalidades. También hay que citar las normas que regulan la ordenación y supervisión de la actividad del sector, pues tienen como finalidad la de proteger los derechos de los asegurados y beneficiarios y promover la transparencia y el desarrollo de la actividad aseguradora (art. 1 LOSSEAR).

Debe mencionarse también que, desde la óptica de la protección de los consumidores, el seguro se considera un «**servicio financiero**» [art. 59 bis 1, letra p) *RDL 1/2007, de 16 de noviembre, por el que se aprueba el texto refundido de la Ley General para la Defensa de los Consumidores y Usuarios y otras leyes complementarias* (TRLGDCU)]. Precisamente por ello, cuando el contrato de seguro se comercialice mediante una técnica de comunicación a distancia (DA 1ª LCS) habrá que tener en cuenta también las prescripciones de la ***Ley 22/2007, de***

11 de julio, sobre comercialización a distancia de servicios financieros destinados a los consumidores (art. 4.2). Esta norma contiene disposiciones imperativas aplicables a cualquier producto financiero (art. 3), pero también unas reglas específicas para el caso de los seguros. Así, por ejemplo, el derecho de desistimiento fijado con carácter general para este tipo de contratos en un plazo de 14 días naturales se amplía a 30 días naturales en el caso de contratos relacionados con seguros de vida (art. 10.1), y quedan excluidos del ejercicio del derecho de desistimiento determinados seguros [art. 10.2, letra b)], como los de viaje o equipaje de una duración inferior a un mes.

Además, dada la importancia que en este contrato tienen las condiciones generales, hay que destacar la aplicación a éstas de la ***Ley 7/1998, de 13 de abril, de condiciones generales de la contratación***, siendo también de especial interés tener en cuenta las **normas de Derecho Internacional Privado**, a causa fundamentalmente de la importante movilidad de personas que se produce en el desarrollo de la actividad turística. Las reglas contenidas en el en el Título IV de la LCS se pueden considerar derogadas respecto a todos los contratos de seguro que se celebren a partir del 17 de diciembre de 2009, a los que les resultará aplicable directamente el ***Reglamento (CE) nº 593/2008, del Parlamento Europeo y del Consejo, de 17 de junio de 2008, sobre la ley aplicable a las obligaciones contractuales*** (SÁNCHEZ CALERO).

B. El contrato de seguro, las cláusulas y los riesgos

El artículo 1 LCS define el contrato de seguro como «*aquel por el que el asegurador se obliga, mediante el cobro de una prima y para el caso de que se produzca el evento cuyo riesgo es objeto de cobertura a indemnizar, dentro de los límites pactados, el daño producido al asegurado o a satisfacer un capital, una renta u otras prestaciones convenidas*». Como se desprende del concepto, el elemento fundamental sobre el que gira el contrato de seguro es el **riesgo**, por lo que su ausencia (por no existir el riesgo en el momento de la conclusión del contrato o por haber ocurrido el siniestro) determinará la nulidad del contrato de seguro (art. 4 LCS), al carecer de causa (BROSETA PONT - MARTÍNEZ SANZ).

En general, se trata de un **contrato de adhesión** que incluye condiciones generales, que en ningún caso podrán tener carácter lesivo para los asegurados y se redactarán de forma clara y precisa (art. 3 LCS), aunque es propio de la contratación de seguros de grandes riesgos que sean los tomadores los que fijen las condiciones del contrato (SÁNCHEZ CALERO). Aquellas **cláusulas** que sean **limitativas** de los derechos de los asegurados deberán ser específicamente aceptadas por escrito. Por su especial finalidad protectora para los intereses de los asegurados, debe destacarse lo dispuesto en el último párrafo del artículo tercero, según el cual «*declarada por el Tribunal Supremo la nulidad de alguna de las cláusulas de las condiciones generales de un contrato, la Administración Pública* *competente obligará a los aseguradores a modificar las cláusulas idénticas contenidas en sus pólizas*».

Así, se distinguen varios tipos de cláusulas desde la perspectiva de la protección del tomador y asegurado (VICENT CHULIÁ): 1º) **cláusulas lesivas** (que son nulas); 2º) **cláusulas limitativas de los derechos de los asegurados** (no son lesivas; son válidas bajo la condición de que sean clara y expresamente aceptadas por el tomador o asegurado) y 3º) **cláusulas delimitadoras del riesgo** (son válidas y no necesitan especial aceptación por el tomador o asegurado; tienen por objeto concretar o definir el riesgo cubierto por el seguro, especificando las circunstancias de personas, objetos, ámbito espacial temporal y cuantía de la cobertura). Cláusula lesiva, según la jurisprudencia del Tribunal Supremo, es «aquella que reduce considerablemente y de manera desproporcionada el derecho del asegurado, vaciándolo de contenido, de manera que es prácticamente imposible acceder a la cobertura del siniestro» (ver SSTS 22 de abril de 2016 y 24 de febrero de 2021).

La distinción entre los dos últimos tipos resulta polémica y ha de ser analizada en cada caso concreto (ver la SAP Madrid, Sección 25, de 25 de noviembre de 2008, en relación con las cláusulas que afectan a la cobertura de riesgos relacionados con un contrato de crucero), resultando ser en la práctica aseguradora una de las cuestiones más problemáticas la relativa a las coberturas de la póliza. Así, la STS, Sala Civil, de 23 de marzo de 2011, resuelve el conflicto surgido en un caso en el que la condición que debía cumplirse era la de ser «*pasajero de un transporte público, cuyo billete haya sido abonado en su totalidad con cargo a dicha tarjeta*», en base a la cual la aseguradora se negó a indemnizar por el tipo de navegación, no tratarse de transporte público y el grado de invalidez del pasajero. La diferencia entre el carácter de estas cláusulas es también el problema suscitado en torno a un contrato de seguro suscrito por agencia de viajes para cubrir el riesgo de responsabilidad civil que asume por el desarrollo de su actividad (STS, Sala Civil, de 8 de septiembre de 2010).

Se suele distinguir entre «**riesgos ordinarios**» y «**riesgos extraordinarios**». Los primeros, son susceptibles de medición estadística y responden a los criterios normales de contratación y los segundos son calificados como de irregular ocurrencia estadística por lo que hay que recurrir a fórmulas especiales para que puedan ser asegurados. El carácter excepcional de éstos (como ocurre con los fenómenos atmosféricos) impiden que puedan quedar cubiertos por una póliza ordinaria, por lo que se encarga de su cobertura el Consorcio de Compensación de Seguros. Las funciones del Consorcio en materia de seguro obligatorio de viajeros han quedado suprimidas por la ausencia de actuaciones de éste (ver ***Ley 6/2009, de 3 de julio, por la que se modifica el Estatuto Legal del Consorcio de Compensación de Seguros***).

Es frecuente poner como ejemplo de seguro que cubre múltiples riesgos la cobertura de la prestación de asistencia en viaje, inicialmente regulado en la ya derogada *Orden de 27 de enero de 1988 por la que se califica la cobertura de las prestaciones de asistencia en viaje como operación de seguro privado* (VICENT CHULIÁ; VARGAS VASSEROT). Es precisamente la diversidad de riesgos cubiertos la que plantea el problema de su calificación jurídica como seguro de daños o seguro de personas. Conviene también distinguirlo del mero «seguro de accidentes», ya que el de asistencia en viaje no suele incluir la cobertura de accidentes sino sólo las contingencias del viaje (VARGAS VASSEROT).

La cuestión clave en el desarrollo del contrato de seguro es por tanto que ocurra el riesgo que ha sido cubierto por el seguro, que debe estar individualizado (art. 8 LCS). En este caso, el tomador del seguro o el asegurado o el beneficiario deberán comunicar al asegurador el acaecimiento del siniestro dentro del plazo máximo de siete días de haberlo conocido (art. 16 LCS). En relación con esta obligación surge también el deber del asegurado o del tomador de emplear los medios a su alcance para aminorar las consecuencias del siniestro (art. 17.1 LCS).

La principal obligación que asume el asegurador en caso de que ocurra el siniestro es la de satisfacer la indemnización al término de las investigaciones y peritaciones necesarias para establecer la existencia del siniestro y, en su caso, el importe de los daños que resulten del mismo (art. 18 LCS), aunque el asegurador quedará eximido de cumplir esta obligación si el siniestro ha sido causado por mala fe del asegurado (art. 19 LCS). En el pago efectivo de la indemnización, juegan un papel fundamental tres conceptos: a) la **franquicia** (como cantidad que el asegurado debe abonar al asegurador por cada asistencia), b) la **cobertura** (riesgos que efectivamente quedan asegurados) y c) el **período de carencia** (plazo durante el que no se pueden hacer efectivas algunas de las coberturas garantizadas en la póliza). De igual modo el plazo en el que se consigne o pague la indemnización jugará de manera determinante para la aplicación de los intereses de naturaleza sancionadora fijados en el artículo 20 LCS.

C. Formalización del contrato

En el contrato de seguro se exige la **formalización por escrito** (art. 5 LCS), requisito que, según la doctrina, tiene exclusivamente una finalidad probatoria, dado el carácter consensual del contrato (SÁNCHEZ CALERO; BROSETA - MARTÍNEZ SANZ).

El asegurador está obligado según la LCS a entregar al tomador del seguro la **póliza** o, al menos, el documento de cobertura provisional. Aparecen así en el *iter* contractual de este contrato varios documentos con diferente valor (art. 6): a) la solicitud de seguro (que no vinculará al solicitante); b) la proposición de seguro (que vinculará al proponente durante un plazo de quince días); y c) la póliza de seguro.

La **clasificación de las pólizas** puede hacerse atendiendo a varios criterios (MAPFRE). Así, por la **amplitud de riesgos cubiertos**, se distingue entre póliza simple (sólo cubre una garantía concreta), póliza combinada (se concede cobertura para diferentes riesgos que tienen un nexo común) y póliza a todo riesgo (garantiza de forma conjunta todos los riesgos que puedan afectar al objeto asegurado). En atención al **número de asegurados** que garantice se distingue entre póliza individual (sólo existe una persona asegurada) y póliza colectiva (se encuentran aseguradas varias personas simultáneamente). Las pólizas colectivas son seguros únicos de los que nacen una pluralidad de relaciones: 1ª) el contrato celebrado por el tomador con la aseguradora y 2ª) la adhesión de cada uno de los asegurados al contrato inicial (en este sentido, ver la SAP Madrid, sección 28ª, de 25 de noviembre de 2008, en relación con un seguro de grupo en la contratación de viajes). Hay otras clases de pólizas, como la denominada póliza flotante o abierta que es empleada para la cobertura de riesgos de un único asegurado, pero concediéndole una garantía abierta, al objeto de simplificar en la práctica el hecho de que el objeto asegurado está sujeto a cambios.

Como principal documento de esta figura contractual, la LCS regula dos aspectos importantes en relación con la póliza: 1º) su contenido y 2º) la lengua en que ha de estar redactada. En relación con el primer aspecto, la LCS diseña el contenido mínimo de la póliza, que debe ser el siguiente: a) identificación de las partes (*«nombre y apellidos o denominación social de las partes contratantes y su domicilio, así como la designación del asegurado y beneficiario, en su caso»*); b) concepto en el cual se asegura; c) naturaleza del riesgo cubierto; d) designación de los objetos asegurados y de su situación; e) suma asegurada o alcance de la cobertura; f) importe de la prima, recargos e impuestos; g) vencimiento de las primas, lugar y forma de pago; h) duración del contrato, con expresión del día y la hora en que comienzan y terminan sus efectos, e i) identificación del mediador que intervenga en el contrato (nombre y tipo de mediador). La póliza del contrato deberá redactarse en cualquiera de las lenguas españolas oficiales en el lugar donde aquella se formalice.

En su vertiente de **título**, según dispone el artículo 9 LCS, la póliza puede ser nominativa (garantiza a la persona que aparece designada), a la orden (protege a aquella persona en cuyo favor se emite) o al portador (siendo la persona garantizada aquella que de forma legítima posee la póliza) [MAPFRE].

En el cálculo de las tarifas de los contratos de seguro no podrán establecerse **diferencias de trato** entre mujeres y hombres en las primas y prestaciones de las personas aseguradas, cuando aquellas consideren el sexo como factor de cálculo (art. 94.1, párrafo segundo, LOSSEAR, por aplicación de la *Directiva 2004/113/CE, del Consejo, de 13 de diciembre de 2004, relativa a la aplicación del principio de igualdad de trato entre mujeres y hombres en el acceso a bienes y servicios y su suministro*). A este respecto, hay que tener también en cuenta la Disposición Final Primera de la ***Ley 4/2018, de 11 de junio, por la que se modifica el texto refundido de la Ley General para la Defensa de los Consumidores y Usuarios y otras leyes complementarias, aprobado por Real Decreto Legislativo 1/2007, de 16 de noviembre*** (L. 4/2018), que modifica la ***Ley 50/1980, de 8 de octubre, del Contrato de Seguro***, (LCS) para suprimir la discriminación por razón de VIH/SIDA u otras condiciones de salud en el sector referido, añadiendo a este texto una nueva Disposición Adicional Quinta y siendo de aplicación «a las cláusulas, estipulaciones, condiciones o pactos que se suscriban o que, ya suscritos, sean aplicables» (DF 2ª L. 4/2018).

D. Sujetos que intervienen en la contratación de seguros privados

Sólo pueden ser **aseguradoras** las entidades que cumplan los requisitos fijados en la LOSSP. Para el acceso a estas actividades por entidades aseguradoras españolas se exige autorización administrativa del Ministerio de Economía y Hacienda (art. 5.1.), que será concedida por diferentes ramos de actividad (art. 6), según se trate de seguros directos sobre la vida o de seguros directos distintos del seguro de vida.

Existen compañías aseguradoras especializadas en la cobertura de riesgos relacionados con el desarrollo de actividades turísticas. Así, en el marco del ya derogado ***Decreto 3404/1964, de 22 de octubre, por el que se articula el Seguro Turístico***, se indicaba que éste podría ser practicado por todas las Entidades Aseguradoras que con el carácter de Sociedades Anónimas o Mutualidades de ámbito nacional figuraran inscritas como tales en el Registro Especial de la Dirección General de Seguros. Para realizar operaciones de «Seguro Turístico» sería preciso que las Entidades Aseguradoras estuvieran autorizadas o inscritas en todos o en algunos de los ramos que amparan riesgos de los que constituyen este seguro y que se integraran en una agrupación de entidades. Posteriormente se aprobó la ***Orden de 30 de julio 1965 por la que se reconoce a la Agrupación para el Seguro Turístico Español (Servicio Sindical) A. S. T. E. S. como órgano representativo de las Entidades Aseguradoras integradas en la misma y se aprueban las pólizas y tarifas propuestas.*** En relación con esta misma actividad, se aprobó también la ***ORDEN de 3 de marzo de 1966 por la que se dictan normas complementarias del Decreto 3404/1964, regulador del Seguro Turístico respecto de las Entidades Aseguradoras que operan en la rama de Asistencia Sanitaria.*** La **Agrupación ASTES**, integrada por un grupo de entidades aseguradoras, sigue desarrollando actualmente su actividad en este sector (www.astes.es).

Junto a las compañías aseguradoras hay que destacar el papel que desempeñan los **mediadores de seguros** como representantes de estas entidades. Su actividad se encontraba regulada en la ***Ley 26/2006, de 17 de julio, de mediación de seguros y reaseguros privados***, norma que ha sido derogada por la Disposición Derogatoria Única del Real Decreto-ley 3/2020, de 4 de febrero, de medidas urgentes por el que se incorporan al ordenamiento jurídico español diversas directivas de la Unión Europea en el ámbito de la contratación pública en determinados sectores; de seguros privados; de planes y fondos de pensiones; del ámbito tributario y de litigios fiscales. Esta nueva norma distingue dos formas de mediación (art. 135): agente de seguros y corredor de seguros, incompatibles entre sí. La Ley no se aplicará a las personas que realicen la actividad de mediación de seguros cuando concurran todas las circunstancias que se detallan en el apartado 2 del artículo 130, entre las que figuran un seguro que cubra «los daños al equipaje o la pérdida de este y demás riesgos relacionados con el viaje contratado con dicho proveedor;» y limitado importe de la prima (600 € anual o 200 € para menos de tres meses).

En el sector turístico, las agencias de viajes, como operadores prestadores de servicios de intermediación, han venido tradicionalmente desempeñando también la función de mediación en la contratación de seguros relacionados con los viajes. Así, en la ***Orden de 14 de abril de 1988, por la que se aprueban las normas reguladoras de las Agencias de Viajes*** (derogada por el *Real Decreto 39/2010, de 15 de enero, por el que se derogan diversas normas estatales sobre acceso a actividades turísticas y su ejercicio*), se contemplaba como servicio que podían prestar las agencias de viajes la *«formalización de pólizas de seguro turístico, de pérdidas o deterioro de equipajes, y otras que cubran los riesgos derivados de los viajes»* [art. 2.3, letra d)]. Esta actividad es reconocida también como servicio complementario de las agencias de viajes en la normativa (ahora exclusivamente autonómica) que regula su actividad [ver artículo 2.2, letra d) del *Decreto 60/1997 de 7 de mayo, de Reglamento de las agencias de viajes de la Comunidad Autónoma de las Islas Baleares*], aunque la referencia a esta concreta actividad ha desaparecido de otras normas autonómicas como consecuencia de la incorporación de la nueva normativa de libre prestación de servicios (ver, por ejemplo, el artículo 8 del *Decreto 301/2002, de 17 de diciembre, de agencias de viajes y centrales de reservas*, de la Comunidad Autónoma de Andalucía).

El **tomador** del seguro es quién efectivamente lo contrata. Puede hacerlo por cuenta propia o ajena (art. 7 LCS) y es posible que coincida con la persona del asegurado. Es típico de los seguros de grupo (seguros de responsabilidad civil de profesiones colegiadas) y los seguros colectivos que se contratan por las agencias de viajes, en los que éstas, como organizadoras del viaje, actúan como tomadoras del seguro, siendo asegurados todos aquellos clientes que contratan el viaje combinado.

La diferencia de personas en cada una de estas posiciones es importante a efectos de determinar a quién corresponde el cumplimiento de las obligaciones derivadas del contrato. Así, *«si el tomador del seguro y el asegurado son personas distintas, las obligaciones y los deberes que derivan del contrato corresponden al tomador del seguro, salvo aquellos que por su naturaleza deban ser cumplidos por el asegurado* (art. 7, párrafo segundo LCS). En cambio, en lo que respecta a los derechos, se establece legalmente que los que derivan del contrato corresponderán al asegurado o, en su caso, al beneficiario, quedando a salvo los derechos especiales del tomador en los seguros de vida (art. 7, párrafo tercero LCS). La distinción entre los seguros colectivos con los seguros individuales fue tratada extensamente en la STS 1058/2007, de 18 de octubre, a cuya doctrina se remite la STS 541/2016, de 14 de septiembre y acogida por la STS 3419/2019 sobre seguro de accidentes en la que el titular de una tarjeta visa oro abonó con ella el suplemento correspondiente a la modificación de la fecha de un pasaje de avión con la compañía aérea y sufrió un accidente de tráfico en dirección al aeropuerto.

El principal deber del tomador del seguro antes de la conclusión del contrato, es el de declarar al asegurador todas las circunstancias que puedan influir en la valoración del riesgo, utilizando para ello el cuestionario que le presente (art. 10 LCS). Después de contratar el seguro, sus principales obligaciones se concretan en comunicar al asegurador todas las circunstancias que agraven el riesgo (art. 11 LCS) y en pagar la prima en las condiciones estipuladas en la póliza.

Por último, no cabe olvidar en los contratos de seguro de vida la figura del **beneficiario**, al que el asegurador deberá entregar la prestación que se deriva del acaecimiento del evento dañoso si éste se produce.

E. Reclamaciones en el sector asegurador

En lo que se refiere al ejercicio de acciones judiciales, el artículo 23 LCS dispone que «*las acciones que se deriven del contrato de seguro prescribirán en el término de dos años si se trata de seguro de daños y de cinco si el seguro es de personas*». La competencia judicial corresponderá al juez del domicilio del asegurado, siendo nulo cualquier pacto en contrario (art. 24 LCS). Esto significa que sería nula una cláusula en la que se pactara la sumisión expresa a otros juzgados y tribunales diferentes (en el caso de los contratos de seguros con consumidores, también por aplicación del artículo 90 RDL 1/2007, que la considera como cláusula abusiva). La competencia la tendrían los juzgados de primera instancia (no los Juzgados de lo Mercantil, al no quedar esta materia incluida en el listado de los artículos 86 bis a quinquies de la *Ley Orgánica 6/1985, de 1 de julio, del Poder Judicial*).

En el texto ordenador de la actividad aseguradora, se incluye también una disposición sobre los mecanismos de solución de conflictos (art. 61 TR-LOSSP), en el que se indica que «*los conflictos que puedan surgir entre tomadores de seguro, asegurados, beneficiarios, terceros perjudicados o derechohabientes de cualesquiera de ellos con entidades aseguradoras se resolverán por los jueces y tribunales competentes*». A esta vía de protección se añade la posibilidad de que los conflictos se puedan someter voluntariamente a arbitraje (en relación con lo previsto en la normativa general de protección de consumidores y usuarios y en la Ley de

Arbitraje). En relación con esta vía de resolución de conflictos, debe mencionarse la Sentencia 1/2018 del Tribunal Constitucional, de 11 de enero de 2018 sobre la inconstitucionalidad del artículo 76.e) LCS (Seguro de Defensa).

Además de estas alternativas de resolución de conflictos en el ámbito privado, existen otras en la esfera administrativa. Así, el artículo 62 TRLOSSP obliga al Ministerio de Economía y Hacienda a proteger la libertad de los asegurados para decidir la contratación de los seguros y el mantenimiento del equilibrio contractual en los contratos de seguro ya celebrados, remitiendo a la normativa vigente sobre protección de clientes de servicios financieros. En este caso, las prácticas abusivas y la desatención de los requerimientos efectuados por la Dirección General de Seguros y Fondos de Pensiones darán lugar a la imposición de las sanciones administrativas. También se obliga a las entidades aseguradoras a atender y resolver las quejas y reclamaciones que los usuarios de servicios financieros puedan presentar, relacionados con sus intereses y derechos legalmente reconocidos (artículo 63 TRLOSSP), tarea para la que las entidades deberán contar con un departamento o servicio de atención al cliente.

Hay que tener en cuenta también que la DA Primera de la ***Ley 7/2017, de 2 de noviembre, por la que se incorpora al ordenamiento jurídico español la Directiva 2013/11/UE, del Parlamento Europeo y del Consejo, de 21 de mayo de 2013, relativa a la resolución alternativa de litigios en materia de consumo*** (L. 7/2017), contiene una prescripción importante que afecta a las entidades de resolución alternativa en el ámbito de la actividad financiera, en virtud de la cual se prevé la creación de una única entidad de resolución alternativa de litigios de consumo en el ámbito financiero, que aglutinaría a los Servicios de Quejas y Reclamaciones actuales del Banco de España, la Comisión Nacional del Mercado de Valores y la Dirección General de Seguros y Fondos de Pensiones.

III. CLASES DE SEGUROS. APLICACIÓN EN EL SECTOR TURÍSTICO

A. Los seguros de daños

1. Cuestiones generales

La LCS contiene unas reglas generales de aplicación a todos los seguros de daños (arts. 25 y ss.) y una relación de este tipo de seguros: incendios, robo, transportes terrestres, lucro cesante, caución, crédito, responsabilidad civil y defensa jurídica. Para que un seguro contra daños sea válido, es necesario que en el momento de su conclusión exista un **interés del asegurado** a la indemnización del daño (art. 25 LCS). Por ello, se afirma que lo que se asegura no es el objeto asegurado, sino la relación (interés asegurable) que une al asegurado con el objeto (BROSETA PONT — MARTÍNEZ SANZ). Así, para determinar el daño concreto, se atenderá al valor del interés asegurado en el momento inmediatamente anterior a la realización del siniestro (art. 26 LCS).

En los contratos de seguro de daños constituye un concepto fundamental la denominada **suma asegurada** (art. 27), que representa el límite máximo de la indemnización a pagar por el asegurador en cada siniestro. La relación entre la suma asegurada y el valor del interés determina que nos encontremos ante distintas modalidades de seguro (arts. 29 a 31 LCS): infraseguro, seguro pleno y sobreseguro.

Hay ocasiones en las que el mismo riesgo está cubierto por **varios seguros** (art. 32 LCS), en cuyo caso recae sobre el tomador del seguro o el asegurado el deber de comunicar a cada asegurador los demás seguros que estipule, teniendo en cuenta que si este hecho no fuera comunicado por dolo y existiera una situación de sobreseguro, los aseguradores no quedarían obligados a pagar la indemnización en caso de que se produjera el siniestro. Cuando el siniestro se produzca, el acaecimiento deberá comunicarse a cada asegurador, con indicación del nombre de los demás, que contribuirán al abono de la indemnización en proporción a la propia suma asegurada, sin que pueda superarse la cuantía del daño.

A veces ese seguro adicional para el mismo riesgo surge simplemente por el hecho de utilizar como medio de pago de un viaje una tarjeta de crédito (SSTS, Sala Civil, de 23 de marzo de 2011 y 4 de noviembre de 2019). Este tipo de seguros cobran especial importancia en los casos en los que se adquieren los denominados «*servicios sueltos*» (ver, por ejemplo, la STS, Sala Civil, de 15 de noviembre de 1994 en la que se trata el asunto relativo a un pasajero que no pudo comprar billete de avión utilizando tarjeta porque había sido cancelada por error por la entidad bancaria y no pudo beneficiarse del seguro de la tarjeta).

En este tipo de seguros, el asegurador, una vez que haya pagado la indemnización, podrá ejercitar los derechos y acciones que correspondieran al asegurado frente a las personas responsables (art. 43.1 LCS). Es lo que se conoce como «**subrogación del asegurador**», que tiene por objeto, fundamentalmente, impedir el enriquecimiento injusto del asegurado, evitando que reciba una doble indemnización por el mismo daño (BROSETA PONT — MARTÍNEZ SANZ).

2. El seguro de responsabilidad civil como seguro de actividad de los operadores turísticos

Según la LCS, «*por el seguro de responsabilidad civil el asegurador se obliga, dentro de los límites establecidos en la Ley y en el contrato, a cubrir el riesgo del nacimiento a cargo del asegurado de la obligación de indemnizar a un tercero los daños y perjuicios causados por un hecho previsto en el contrato de cuyas consecuencias sea civilmente responsable el asegurado, conforme a derecho*» (art. 73).

Esta exigencia del seguro podemos encontrarla en múltiples normas autonómicas. Así, en la *Ley 13/2011, de 23 de diciembre, del Turismo de Andalucía* (LTA), cuando impone a las empresas turísticas la obligación general de poner a disposición de las personas usuarias «*el seguro o garantías en su caso exigidas y, en particular, los datos de la entidad aseguradora y de la cobertura geográfica del seguro*» [art. 26.1 f) LTA]. La exigencia legal puede extenderse a completar las coberturas exigidas: responsabilidad civil de la explotación del negocio, la civil indirecta o subsidiaria y la responsabilidad por daños patrimoniales primarios [art. 58.5 *Ley 8/2012, de 19 de julio, del Turismo de las Illes Balears* (LTIB)]. Cabe destacar que el *Decreto Ley 3/2014, de 5 de diciembre, de medidas urgentes destinadas a potenciar la calidad, la competitividad y la desestacionalización turística en las Illes Balears* (art. 7) ha reformado algunas disposiciones de la LTIB precisamente para incluir la obligación de suscribir pólizas de seguro que cubran la responsabilidad civil a los operadores que desarrollen diversas actividades en ella incluidas (agroturismos, empresas comercializadoras de estancias turísticas en viviendas y empresas de turismo activo).

Esta obligación puede estar en conexión con la **inscripción de las empresas en los Registros Turísticos**, al exigir su cumplimiento antes de proceder a la misma (art. 39 LTA) y con las **declaraciones responsables** de inicio de la actividad turística [ver art. 23.3, segundo párrafo LTIB y Anexo II del *Decreto 235/2012, de 4 de diciembre, por el que se establece la ordenación y clasificación de los Alojamientos Turísticos Hoteleros de la Comunidad Autónoma de Extremadura*). El *Decreto 82/2010, de 25 de noviembre, por el que se regulan los establecimientos de alojamiento turístico extrahotelero en el ámbito de la Comunidad Autónoma de Cantabria*, establece que para la apertura de estos establecimientos, en la declaración responsable debe aparecer una referencia expresa al cumplimiento del requisito relativo a la suscripción de una póliza de seguro de responsabilidad civil [art. 9.1. h)], requisito que ha de ser cumplido también por el nuevo propietario del establecimiento en los casos de cambio de titularidad [art. 13.1, letra d)]. La peculiaridad de esta norma estriba en que contiene los requisitos básicos exigidos a la póliza de seguro (art. 10). Se exige así que la empresa titular del establecimiento contrate una póliza de seguro de responsabilidad civil profesional para dar cobertura a los riesgos inherentes al desarrollo de su actividad de alojamiento turístico extrahotelero, fijando la cuantía mínima de la suma asegurada en función de las plazas del establecimiento. Cabe destacar que se exige que la póliza dé cobertura «*a la totalidad de los daños personales y materiales que pudieran ocasionarse por el funcionamiento del establecimiento, excluyéndose cualquier tipo de franquicia*».

Al constituir la suscripción de seguros una obligación legal, su incumplimiento es tipificado como **infracción grave** en la normativa general turística [ver art. 71.18 LTA; art. 105, letra q) LTIB].

También la *Ley 4/2012, de 6 de julio, de contratos de aprovechamiento por turno de bienes de uso turístico, de adquisición de productos vacacionales de larga duración, de reventa y de intercambio y normas tributarias* (LAPBUT) en su artículo 28, exige que antes de la constitución del **régimen de derechos de aprovechamiento por turno**, el propietario suscriba y mantenga en vigor una póliza de seguro u otra garantía equivalente que cubra, por todo el tiempo que dure la promoción y hasta la transmisión de la totalidad de los derechos de aprovechamiento por turno, **el riesgo de nacimiento a su cargo de la obligación de indemnizar a terceros por los daños y perjuicios causados por él o cualquiera de sus dependientes**, hasta que dicha transmisión se produzca. La misma norma exige ya algunos requisitos para la contratación de este seguro: 1º) podrá suscribirse por periodos anuales; 2º) se renovará durante la vigencia del régimen; 3º) la suma asegurada no podrá ser inferior a la parte proporcional del valor asignado al conjunto, correspondiente a la parte no comercializada al inicio del periodo de contratación del mismo. Con carácter adicional, para este tipo de contratos, se exige también la suscripción de un seguro que cubra la **responsabilidad civil** en que puedan incurrir los **ocupantes de los alojamientos** derivada de la utilización de los mismos. Al ser seguros de carácter colectivo, el tomador será el propietario o promotor, teniendo la facultad de pactar con la empresa de servicios que ésta se haga cargo del coste de las primas. En el contrato (art. 30) debe figurar como parte del contenido mínimo la referencia expresa al seguro, con indicación de la entidad donde se ha constituido o con quien se ha contratado y que el mismo podrá ser ejecutado o reclamado por el adquirente en el caso de que la obra no esté concluida en la fecha límite establecida al efecto o si no se incorpora al alojamiento el mobiliario establecido. Al tratarse de derechos vinculados al disfrute de un inmueble, se exige también la suscripción obligatoria de un seguro de incendios y otros daños generales del edificio o del conjunto de sus instalaciones y equipos.

Una de las modalidades de turismo que más riesgos conlleva es la denominada «**turismo activo**». Esto en la práctica ha supuesto que las aseguradoras diseñen productos específicos al objeto de cubrir estos riesgos. Pero también es importante destacar que, a nivel legislativo, en algunos casos se han concretado algunas de las características de estos seguros. Así, por ejemplo, el *Decreto 111/2014, de 26 de noviembre, de Turismo Activo* del Principado de Asturias, partiendo de la premisa de que las actividades ofertadas por estas empresas implican una participación activa por parte del usuario, siéndoles inherente una cierta dificultad o requiriendo, al menos, cierto grado de destreza para su práctica (art. 2.2), dedica una disposición específica a regular el tema del seguro, estableciendo de una parte la obligación de estas empresas de disponer de una póliza de seguro de responsabilidad civil y de una póliza de seguro, de asistencia o de accidente para la que se exige una cuantía mínima de 30.050 euros, sin que la franquicia supere los 602 euros. Dada la liberalización en el desarrollo de estas actividades, para el caso de empresas que ya estén legalmente establecidas en otras Comunidades Autónomas y ejerzan su actividad en el territorio del Principado de Asturias, se indica que solo deberán cumplir los requisitos establecidos en su lugar de origen en materia de seguros. La particularidad de las actividades desarrolladas por estas empresas estriba en parte en que las actividades ofertadas pueden no ser guiadas. Para estos casos se indica que «*aunque estas empresas tengan la obligación de contratar una póliza de seguros de asistencia y accidente, la aplicación de los efectos de esta será objeto de contratación opcional por parte del cliente, siendo obligatorio informar por escrito de esta opción al cliente*». También debe tenerse en cuenta que existen empresas de esta categoría cuyo objeto se centra en exclusiva en alquilar el material para efectuar la actividad, en cuyo caso, las obligaciones referentes a la contratación de seguro de asistencia o accidente no les serán exigibles. En relación con este aspecto, pueden verse, entre otras, la STS, Sala Primera, de 30 de noviembre de 2009 (responsabilidad civil contractual y extracontractual por accidente de quad sufrido en excusión contratada con una agencia de turismo activo), la SAP Madrid, de 27 de abril de 2021 (reclamación de daños y perjuicios ocasionados por el fallecimiento de un turista por el ataque de un elefante en un viaje programado a Etiopía como consecuencia de la negligencia profesional de la agencia de viajes organizadora del mismo), la SAP Zaragoza, de 11 de noviembre de 2020 (sobre reclamación de indemnización por fallecimiento del turista de trekking en plena actividad cuando tenía lugar el descenso del mirador a donde habían llegado a través de la vía ferrata, dadas las circunstancias meteorológicas reinantes ese día, en el que había aviso de alerta con nivel amarillo) y SAP Cuenca, de 8 de mayo de 2018 (sobre reclamación de indemnización de lesiones sufridas por accidente al montar a caballo en supuesto de bono adquirido a través de plataforma digital de internet cuya actividad debía ser realizada por empresa no inscrita en el Registro de empresas y establecimientos turísticos autonómico, caso en el que se reconoce la responsabilidad de la plataforma, aunque actuara como mero intermediario, por incluir entre las sugerencias de empresas prestadoras de servicios a una que no reunía los requisitos legales, entre ellos el de tener contratado un seguro de responsabilidad civil).

Es destacable también la exigencia de una **póliza de seguros de actividades electrónicas** a empresas de mediación turística que presten servicios turísticos de la sociedad de la información [art. 6.1.3, letra c) del Decreto núm. 301/2002, de 17 de diciembre].

En el ámbito turístico, el seguro de responsabilidad civil se podría calificar, por tanto, como un **seguro de actividad de carácter obligatorio**, exigido a los operadores por la normativa turística autonómica. Esto lleva a destacar que uno de los principales inconvenientes que presenta el desarrollo de actividades turísticas a través del denominado «consumo colaborativo» (especialmente alojamiento), es precisamente que el cliente no cuenta con la garantía de la cobertura de un seguro por parte de quién desarrolla la actividad.

Al margen de las previsiones que aparecen en la normativa turística, debe mencionarse el hecho de que la suscripción de los seguros en relación con las actividades turísticas puede venir exigida también en **contratos de colaboración**. Así ocurre, por ejemplo, en el caso de las franquicias, en cuyos contratos se suele incluir una cláusula que contiene esta obligación por parte del franquiciado.

Un aspecto importante a destacar, es la finalidad de estos seguros como medida de protección de los consumidores. Así, en relación con el seguro de responsabilidad civil, el artículo 131 TRLGDCU dispone que *«el Gobierno, previa audiencia de los interesados y de las asociaciones de consumidores y usuarios, podrá establecer un sistema de seguro obligatorio de responsabilidad civil derivada de los daños causados por bienes o servicios defectuosos y un fondo de garantía que cubra, total o parcialmente, los daños consistentes en muerte, intoxicación y lesiones personales»*.

El régimen de responsabilidad previsto en la normativa de consumidores *«comprende los daños personales, incluida la muerte, y los daños materiales, siempre que éstos afecten a bienes o servicios objetivamente destinados al uso o consumo privados y en tal concepto hayan sido utilizados principalmente por el perjudicado»* (art. 129).

El turismo es un sector de servicios, por lo que tiene especial importancia este aspecto (indemnización por daños o perjuicios causados por los bienes o servicios). Hay que recordar que tanto los seguros como el turismo y la hostelería son calificados como **servicios de uso o consumo común ordinario y generalizado** según la normativa de consumo [ver Anexo I, letra C) del *Real Decreto 1507/2000, de 1 de septiembre, por el que se actualizan los catálogos de productos y servicios de uso o consumo común, ordinario y generalizado y de bienes de naturaleza duradera, a efectos de lo dispuesto, respectivamente, en los artículos 2, apartado 2, y 11, apartados 2 y 5, de la Ley General para la Defensa de los Consumidores y Usuarios y normas concordantes*].

La imposición de este carácter obligatorio a determinados seguros, como los que se observan en el sector turístico, permiten poner de manifiesto la importante **función social** que desempeñan los seguros, lo que ha permitido concluir que la imposición de seguros en beneficio del turista es una de las medidas tuitivas y de protección de la parte contratante más débil (VARGAS VASSEROT). El seguro en el sector turístico es, cada vez más, un servicio valorado y de consumo generalizado. A esta mayor presencia ha contribuido la tecnología, y más concretamente una nueva forma de presentar los seguros como prestaciones accesorias que complementan el bien o servicio turístico que se compra online por el consumidor dentro de la operación global, pero de manera diferenciada con una casilla o click independiente.

3. Los seguros de crédito y caución como medida de protección frente al riesgo de insolvencia

Según la normativa general reguladora del contrato de seguro, *«por el seguro de caución el asegurador se obliga, en caso de incumplimiento por el tomador del seguro de sus obligaciones legales o contractuales, a indemnizar al asegurado a título de resarcimiento o penalidad los daños patrimoniales sufridos dentro de los límites establecidos en la Ley o en el contrato» (art. 68 LCS).*

Esta modalidad de seguro se mencionaba en la derogada normativa reguladora de las agencias de viajes (*RD 271/1988, de 25 de marzo, que regula el ejercicio de las actividades de las Agencias de viajes*), al imponer a las agencias la obligación de constituir una fianza para **responder del cumplimiento de las obligaciones derivadas de la prestación de sus servicios** (art. 5.1). Entre las alternativas que se ofrecían para formalizar la fianza, se daba la opción de hacerlo mediante una póliza de caución. Actualmente, es la normativa autonómica reguladora de la actividad de las agencias de viajes la que puede exigir estas garantías. Así, por ejemplo, en el caso de Andalucía, sí se permite también que la garantía individual o colectiva pueda consistir en *«seguro de caución contratado con compañía aseguradora autorizada para operar en el ramo»* (art. 11.2 Decreto 301/2002, de 17 de diciembre, modificado por el Decreto 60/2018, de 27 de febrero).

Con un objetivo distinto, en este caso como medida tuitiva de los intereses económicos de los consumidores, el artículo 25.2 primer párrafo de la *Ley 4/2012, de 6 de julio, de contratos de aprovechamiento por turno de bienes de uso turístico, de adquisición de productos vacacionales de larga duración, de reventa y de intercambio y normas tributarias (LAPBUT)* establece la obligación del propietario que constituya el **régimen de aprovechamiento por turno** sobre un inmueble en construcción de contratar a favor de los futuros adquirentes de derechos de aprovechamiento por turno un seguro de caución celebrado con entidad autorizada para operar en dicho ramo en cualquier Estado miembro de la Unión Europea, **que garantice la devolución de las cantidades entregadas a cuenta para la adquisición del derecho**, si la obra no ha sido finalizada en la fecha fijada o no se ha incorporado el mobiliario descrito en la escritura reguladora cuando el adquirente del derecho opte por la resolución del contrato. El contrato de seguro no podrá extinguirse mientras no esté inscrita el acta notarial donde conste la finalización de la obra (art. 25.2, tercer párrafo).

La misma normativa aseguradora tipifica otra figura contractual distinta para prever riesgos de impago. Así, *«por el seguro de crédito el asegurador se obliga, dentro de los límites establecidos en la Ley y en el contrato a indemnizar al asegurado las pérdidas finales que experimente a consecuencia de la insolvencia definitiva de sus deudores»* (art. 69 LCS). Es paradigmático en el sector turístico el denominado «**seguro de crédito hotelero**», mediante el cual la empresa hotelera se protege del riesgo de la declaración de concurso o impagos de los operadores (mayoristas o minoristas) con los que contrata (VARGAS VASSEROT). Se cita como ejemplo característico el denominado «*Seguro ZONTUR*» que cubre no sólo impagos derivados de las situaciones de insolvencia, sino que también se extiende a otras irregularidades en el pago, pudiendo ofrecer además otros servicios adicionales como la defensa jurídica. Adaptando el contenido del artículo 69 a este supuesto, se puede afirmar que la compañía de seguros se compromete a indemnizar al hotel asegurado (empresa hotelera) las pérdidas que tengan por causa la insolvencia de agencias de viajes, touroperadores u otros intermediarios turísticos, por lo que no cabe duda de que esta modalidad aseguradora lo que intenta proteger es un daño en el patrimonio hotelero (VARGAS VASSEROT). Es indudable la importancia de esta modalidad de seguro en las circunstancias económicas actuales, en las que en nuestro país se han producido concursos de gran importancia en este sector, como el del *Grupo Marsans* o el *Grupo Orizonia*.

4. El seguro de defensa jurídica. Peculiaridades

La LCS define el seguro de defensa jurídica como aquel por el que «*el asegurador se obliga, dentro de los límites establecidos en la Ley y en el contrato, a hacerse cargo de los gastos en que pueda incurrir el asegurado como consecuencia de su intervención en un procedimiento administrativo, judicial o arbitral, y a prestarle los servicios de asistencia jurídica judicial y extrajudicial derivados de la cobertura del seguro*» [art. 76 a)].

En el sector que se analiza, deben ser destacadas las exclusiones legalmente previstas. Así, el apartado 2 del artículo 76 g) establece que «*los preceptos contenidos en esta Sección no serán de aplicación: ... a la defensa jurídica realizada por el asegurador de la asistencia en viaje*». Aunque no se trata de una exclusión absoluta, sino que la propia norma aclara que «*en este caso, la no aplicación de las normas de esta Sección quedará subordinada a que la actividad de defensa jurídica se ejerza en un Estado distinto del de la residencia habitual del asegurado; a que dicha actividad se halle contemplada en un contrato que tenga por objeto única y exclusivamente la asistencia a personas que se encuentren en dificultades con motivo de desplazamientos o de ausencias de su lugar de residencia habitual, y a que en el contrato se indique claramente que no se trata de un seguro de defensa jurídica, sino de una cobertura accesoria a la de asistencia en viaje*». Por ello, en caso de que no se den estas circunstancias, se aplicarán las normas de la LCS también a la defensa jurídica en este caso de asistencia en viaje (VARGAS VASSEROT). Es interesante destacar la Sentencia del Tribunal Supremo 101/2021, de 24 de febrero, que resuelve sobre el contrato de seguro que contiene cláusulas lesivas para el asegurado, concretamente, respecto de la limitación del importe relativo a la cobertura de defensa jurídica cuando los profesionales sean elegidos libremente, por ser la cobertura tan exigua e irrisoria (600 € como honorarios máximos de letrado) que vacía de contenido su prestación.

B. Los seguros de personas

En relación con los seguros de vida, la LCS contiene también unas reglas generales aplicables a todas las modalidades y después unas disposiciones específicas de observancia exclusiva para cada tipo. Los seguros de personas se clasifican legalmente en seguros sobre la vida, seguro de accidentes y seguros de enfermedad y de asistencia sanitaria. Según el artículo 80, «*el contrato de seguro sobre las personas comprende todos los riesgos que puedan afectar a la existencia, integridad corporal o salud del asegurado*». En cuanto al modo de celebrarlo, el artículo 81 LCS dispone que este tipo de seguro podrá celebrarse con referencia a riesgos relativos a una persona o a un grupo de ellas, debiendo estar delimitado el grupo por alguna característica común extraña al propósito de asegurarse. Por último, como prescripción general, figura la prohibición de que el asegurador, aún después de pagada la indemnización, se subrogue en los derechos que correspondan al asegurado contra un tercero como consecuencia del siniestro, exceptuándose únicamente el supuesto relativo a los gastos de asistencia sanitaria (art. 82 LCS).

El seguro de vida se define como aquel por el que «*el asegurador se obliga, mediante el cobro de la prima estipulada y dentro de los límites establecidos en la Ley y en el contrato, a satisfacer al beneficiario un capital, una renta u otras prestaciones convenidas, en el caso de muerte o bien de supervivencia del asegurado, o de ambos eventos conjuntamente*» *(art. 83 LCS).*

Respecto al seguro de accidentes se entiende por tal «*la lesión corporal que deriva de una causa violenta súbita, externa y ajena a la intencionalidad del asegurado, que produzca invalidez temporal o permanente o muerte*» (art. 100 LCS). Ocurre con frecuencia que este riesgo puede estar cubierto por diversos seguros. En este caso, la LCS exige que el tomador comunique al asegurador la celebración de cualquier otro seguro de accidentes que se refiera a la misma persona (art. 101).

IV. TIPOLOGÍA ASEGURADORA EN EL SECTOR TURÍSTICO

A. Los seguros vinculados a la contratación de viajes

El antecedente en esta materia es el que se ha denominado «***seguro para turistas extranjeros***», que fue regulado en el *Decreto 3404/1964, de 22 de octubre, por el que se articula el Seguro Turístico*. Se configuraba como una modalidad de seguro privado que podía ser concertado libremente para cubrir los riesgos que en su persona o patrimonio pudieran sufrir las personas que traspasaran las fronteras y cubría los siguientes riesgos: accidentes individuales, enfermedades y asistencia sanitaria, defensa jurídica, repatriación de vehículos y ocupantes, y equipajes. Estos riesgos podían ser cubiertos a elección de los asegurados de forma independiente o de manera conjunta, mediante una póliza combinada. Se permitía también que la cobertura del riesgo de responsabilidad civil de automóviles se incorporara a la póliza de seguro turístico.

En la regulación actual del **contrato de viaje combinado** (Libro IV del TRLGDCU), podemos encontrar una doble referencia a la contratación de seguros. Así, entre la información adicional que debe ofrecerse al consumidor contratante del viaje, figura la relativa a la **suscripción facultativa** de un contrato de seguro que cubra los **gastos de cancelación** por el consumidor y usuario (si decide poner fin al contrato), o de un **contrato de asistencia** que cubra los gastos de repatriación o traslado al lugar de origen, en caso de accidente, enfermedad o fallecimiento [art. 153.1, letra h)]. Por tanto, se trata de dos seguros distintos que podrá suscribir directamente el cliente de forma opcional o facultativa. A estas prescripciones, hay que añadir otra incluida como novedad tras la reforma del TRLGDCU por el Real Decreto-ley 23/2018, de 21 de diciembre, de transposición de directivas en materia de marcas, transporte ferroviario y viajes combinados y servicios de viaje vinculados que incorpora la Directiva (UE) 2015/2302 del Parlamento Europeo y del Consejo, de 25 de noviembre de 2015, relativa a los viajes combinados y a los servicios de viaje vinculados, por la que se modifican el Reglamento (CE) nº 2006/2004 y la Directiva 2011/83/UE del Parlamento Europeo y del Consejo y por la que se deroga la Directiva 90/314/CEE del Consejo. Se trata de la previsión contenida en los artículos 164.1 (organizadores y minoristas de viajes combinados establecidos en España) y 167.1 (empresarios que faciliten servicios de viaje vinculados) relativa a la garantía que deben prestar frente a la insolvencia, que podrá constituirse en ambos casos mediante la contratación de un seguro.

El seguro de cancelación podría incluirse entre los seguros de daños y dentro de ellos en el ramo de «*pérdidas pecuniarias diversas*», previsto en el artículo 6.1.a) 16 de la LOSSP. No está regulado en ninguna norma y puede ser definido como aquel mediante el cual el consumidor se procura la cobertura de los eventuales daños derivados de la denuncia unilateral del contrato, sobre el que no sólo se ha puesto en duda su propia licitud, sino que se ha destacado que se trata de un seguro cuya cobertura es en gran medida inexistente (LA CASA GARCÍA). La AP Barcelona (Sección1ª), en sentencia núm. 153/2013 de 20 marzo (AC 2013\1205) señaló que el seguro de cancelación es un gasto no rembolsable, pues la póliza se activa al formalizar la reserva de los viajes para cubrir precisamente el riesgo de su cancelación. Así lo ha sostenido también la AP Barcelona (Sección 16ª), en sentencia núm. 214/201): «la cobertura garantizaba el reembolso de los gastos asociados a la cancelación del viaje, no la devolución de la prima satisfecha por razón de un contrato distinto como era el seguro de cancelación».

En este ramo del seguro estarían también incluidas las pérdidas pecuniarias derivadas del «*mal tiempo*», circunstancia de especial importancia en el sector turístico, dado que al viajar se asume el riesgo de que éste transcurra en condiciones meteorológicas adversas. En este sentido, la cobertura de este riesgo parece que ha sido utilizada como estrategia publicitaria por alguna compañía aérea extranjera, comprometiéndose a pagar una indemnización a quién se encontrara con tiempo de lluvia en el destino turístico elegido y cubierto por el seguro.

También en relación con los seguros por retrasos y cancelaciones de vuelos, cobra cada vez mayor relevancia la oferta de productos aseguradores utilizando la tecnología *blockchain* que permiten el cobro inmediato de la indemnización correspondiente si se produce el riesgo objeto de cobertura. AXA lanzó la solución de seguro paramétrico para vuelos retrasados, FIZZY, en el año 2017 bajo la cadena de bloques Ethereum con el fin de automatizar los procesos de reclamos bajo contratos inteligentes, pero finalmente dejó de prestar esos servicios a finales de 2019.

El seguro de asistencia en viaje se reconoce como ramo, pero carece de regulación específica en la LCS, circunstancia que se ha justificado en el hecho de tratarse de un seguro multirriesgo que no encaja bien en las dos categorías previstas en la norma general (PÉREZ ALBUQUERQUE). Siguiendo lo fijado en la ya derogada Orden de 27 de enero de 1988, puede definirse como «*aquellas operaciones de asistencia en las que se garantice la puesta a disposición del tomador o asegurado de una ayuda material inmediata, en forma de prestación económica o de servicios, cuando éste se encuentre en dificultades como consecuencia de un evento fortuito en el curso de un viaje fuera de su domicilio habitual, en los casos y condiciones previstos en el contrato*». Lo peculiar, por tanto, de este contrato, no son los riesgos en sí mismos cubiertos por la póliza, sino que éstos transcurran fuera del domicilio habitual, la inmediatez en la prestación por parte del asegurador y la corta duración del mismo, que viene determinada por la del viaje (RIVERO ALEMÁN; MARTÍNEZ SANZ). Los riesgos más frecuentes que quedan cubiertos por esta modalidad contractual son: 1º) riesgos sobre los equipajes; 2º) riesgos sobre el vehículo; 3º) retrasos; 4º) cancelación del viaje por el usuario; 5º) riesgos sobre las personas y 6º) defensa jurídica y responsabilidad civil (MARTÍNEZ SANZ).

La Sentencia del Tribunal Supremo 905/2023, de 7 de junio reconoce de manera expresa que « El seguro de asistencia en viaje no tiene una regulación específica en la Ley de Contrato de Seguro (LCS), posiblemente porque como dicha norma distingue entre seguros de daños y seguros de personas, un seguro como éste, que tiene componentes de ambas modalidades, era de difícil encaje sistemático en la Ley. No obstante, aunque no tenga regulación en cuanto a sus efectos privados o contractuales, sí que está reconocido como ramo del seguro en nuestro Derecho desde el año 1982 [...] Y también está reconocido en el ámbito comunitario desde el año 1984 [...] En todo caso, que esta modalidad de seguro no esté expresamente prevista en la LCS no quiere decir que no le sea aplicable.»

B. Los seguros vinculados a la prestación del servicio de transporte

1. El seguro obligatorio de viajeros en el transporte terrestre

El ***Real Decreto 1575/1989, de 22 diciembre, por el que se aprueba el Reglamento del Seguro Obligatorio de Viajeros***, contiene la regulación de una modalidad especial de seguro que tiene por finalidad indemnizar a los viajeros o a sus derechohabientes, cuando sufran daños corporales en accidente que tenga lugar con ocasión de desplazamiento en un medio de transporte público colectivo de personas (art. 1). Quedan amparados por tanto todos los viajeros que utilicen medios de locomoción destinados a este tipo de transporte y es compatible con cualquier otro seguro concertado por el viajero (art. 2).

La cobertura de este seguro comprende, exclusivamente, las indemnizaciones pecuniarias y la asistencia sanitaria cuando se produzca muerte, invalidez permanente o incapacidad temporal del viajero (art. 3). Una de las peculiaridades de este tipo de seguro es que la protección que otorga alcanza no sólo *«a todos los usuarios de medios de transporte público colectivo español de viajeros, urbanos e interurbanos contemplados en la Ley 16/1987, de 30 de julio, de Ordenación de los Transportes Terrestres, en tanto circulen por territorio nacional y en todos los viajes que tengan su principio en dicho territorio, aunque sin limitación de destino»*, sino también a *«todos los usuarios de medios de transporte marítimo español, en todos los viajes que realicen y tengan su principio en territorio nacional, sin limitación de destino»* (art. 4).

En el contrato de seguro obligatorio de viajeros, el transportista será el tomador del seguro, que podrá contratarlo con cualquiera de las Entidades aseguradoras que estén autorizadas por el Ministerio de Economía y Hacienda para operar en el ramo de accidentes individuales (art. 5). Como asegurados se incluyen no sólo toda aquella persona que en el momento del accidente esté provista del título de transporte, de pago o gratuito (art. 6.1) sino también los menores de edad que estén exentos del pago de billete y el personal de la empresa transportista (art. 6.2 y 6.3). Los riesgos cubiertos se extienden a *«las lesiones corporales que sufran éstos a consecuencia directa de choque, vuelco, alcance, salida de la vía o calzada, rotura, explosión, incendio, reacción, golpe exterior y cualquier otra avería o anormalidad que afecte o proceda del vehículo»*. Es muy importante conocer el verdadero alcance de la cobertura del seguro en relación a los accidentes (artículos 8 y 9) y a los medios de transporte (arts. 10 y 11) que quedan incluidos y excluidos.

De entre las obligaciones adicionales que corresponden al transportista además de las fijadas con carácter general en la LCS, cabe destacar la relativa al pago de la prima, cuyo importe repercutirá al viajero incorporándolo al precio del transporte [art. 12.1, letra a)].

En el ámbito comunitario, deben citarse los Reglamentos que regulan la protección de pasajeros en medios de transporte terrestres. Así, de una parte, el ***Reglamento (UE) nº 181/2011, de 16 de febrero de 2011, sobre los derechos de los viajeros de autobús y autocar y por el que se modifica el Reglamento (CE) nº 2006/2004***, que remite a la regulación contenida en la Directiva 2009/103/CE del Parlamento Europeo y del Consejo, de 16 de septiembre de 2009, relativa al seguro de la responsabilidad civil que resulta de la circulación de vehículos automóviles, así como al control de la obligación de asegurar esta responsabilidad (cdo. 4). Y de otra, el ***Reglamento (CE) n° 1371/2007 del Parlamento Europeo y del Consejo, de 23 de octubre de 2007, sobre los derechos y las obligaciones de los viajeros de ferrocarril***, que contiene normas aplicables a la responsabilidad de las empresas ferroviarias y a sus obligaciones en materia de seguros para los viajeros y sus equipajes (arts. 1 y 12).

2. El seguro en el transporte marítimo

La ***Ley 14/2014, de 24 de julio, de Navegación Marítima*** (LNM) regula en sus artículos 287 y ss. en relación con el contrato de pasaje una nueva modalidad de seguro obligatorio. Según el artículo 300.1 LNM, «*el porteador efectivo que ejecute el transporte en un buque que transporte más de doce pasajeros estará obligado a suscribir un seguro obligatorio de responsabilidad por la muerte y lesiones corporales de los pasajeros que transporte, con un límite por cada pasajero y cada accidente no inferior a lo que establezcan los convenios y las normas de la Unión Europea. Reglamentariamente se regularán los detalles de este seguro obligatorio y del certificado que los buques deberán llevar obligatoriamente a bordo*».

En relación con la categoría de «seguros marítimos», el artículo 406.1 LNM establece que «*están sujetos a esta ley los contratos de seguro que tienen por objeto indemnizar los daños producidos por los riesgos propios de la navegación marítima*», siendo aplicable en lo no previsto en ella la Ley de Contrato de Seguro, permitiéndose que las partes del contrato puedan pactar libremente las condiciones de cobertura que juzguen apropiadas, salvo que expresamente se disponga de otra forma (art. 407). En esta categoría quedan incluidos los seguros de embarcaciones dedicadas al deporte o recreo, que «*se regirán por lo dispuesto en la Ley de Contrato de Seguro, sin que valga pacto en contrario*» (art. 406.2 LNM).

Por otra parte, el ***Reglamento (CE) nº 392/2009 del Parlamento Europeo y del Consejo, de 23 de abril de 2009 sobre la responsabilidad de los transportistas de pasajeros por mar en caso de accidente***, también contiene disposiciones a tener en cuenta, ya que establece el régimen comunitario de responsabilidad y seguro aplicable al transporte de pasajeros por mar (art. 1). Como establece el artículo 3.1, «*el régimen de responsabilidad con respecto a los pasajeros, sus equipajes y sus vehículos, y las normas sobre el seguro u otra garantía financiera, estarán regidas por el presente Reglamento y por los artículos 1 y 1 bis, el artículo 2, apartado 2, los artículos 3 a 16 y los artículos 18, 20 y 21 del Convenio de Atenas, que figuran en el anexo I, y por las disposiciones de las directrices de la OMI que se especifican en el anexo II*». El régimen del seguro obligatorio se encuentra en el artículo 4 bis, según el cual «*cuando los pasajeros viajen a bordo de un buque matriculado en un Estado Parte que esté autorizado a transportar más de doce pasajeros, y el presente Convenio sea aplicable, cualquier transportista que efectúe de hecho la totalidad o parte del transporte habrá de mantener un seguro u otra garantía financiera, tal como una garantía bancaria o de entidad financiera similar, que cubra su responsabilidad en virtud del presente Convenio con respecto a la muerte y lesiones de los pasajeros. El límite del seguro obligatorio u otra garantía financiera no será inferior a 250.000 unidades de cuenta por pasajero en cada caso concreto*» (apartado 1). El «**Anexo del Convenio de Atenas**» contiene el «*certificado de seguro o de otra garantía financiera con respecto a la responsabilidad por muerte o lesiones de los pasajeros*», estableciendo determinadas directrices y fijando la obligación de los Estados Parte de expedir certificados de seguro basándose en la promesa de un asegurador de cubrir los riesgos de guerra y en la de otro asegurador que cubra los riesgos que no sean de guerra, siendo cada asegurador responsable sólo por su parte.

3. El seguro en el transporte aéreo

La ***Ley 48/1960, de 21 de julio, sobre Navegación Aérea*** (LNA) contiene un capítulo dedicado a los seguros aéreos. Se consideran como tales aquellos que «*tienen por objeto garantizar los riesgos propios de la navegación que afectan a la aeronave, mercancías, pasajeros y flete, así como las responsabilidades derivadas de los daños causados a tercero por la aeronave en tierra, agua o vuelo*» (art. 126).

Dentro de esta categoría, el seguro de pasajeros se configura como un seguro obligatorio (art. 127), por lo que «*no se autorizará la circulación por el espacio aéreo nacional de ninguna aeronave extranjera que no justifique tener asegurados los daños que pueda producir a las personas o cosas transportadas o a terceros en la superficie. Estos seguros podrán sustituirse por una garantía constituida mediante depósito de cantidades o valores, o por una de las fianzas admitidas por el Estado*» (art. 128).

Es de destacar también que las indemnizaciones que esta Ley establece en concepto de reparación de daños causados a personas o cosas se considerarán créditos preferentemente privilegiados sobre la aeronave o sobre la indemnización que corresponda, en caso de seguro (art. 133), figurando este crédito en cuarto lugar. El propio precepto establece que «*los privilegios y el orden de prelación establecidos en los apartados anteriores regirán únicamente en los supuestos de ejecución singular*» y que «*en caso de concurso, el derecho de separación de la aeronave previsto en la Ley Concursal se reconocerá a los titulares de los créditos privilegiados comprendidos en los números 1.º a 5.º del apartado primero»*.

También, la DF 3ª de la LNA establece que «*quedan excluidas del Seguro Obligatorio de Viajeros, ampliado por Ley de veintiséis de septiembre de mil novecientos cuarenta y uno, las Empresas de transporte aéreo que acrediten tener constituido el correspondiente Seguro de Viajeros conforme al artículo ciento veintisiete de la presente Ley, deduciéndose, en este supuesto, del precio del billete en el transporte aéreo nacional, el importe de la prima del indicado Seguro Obligatorio. En todo caso la indemnización se hará efectiva en el plazo máximo de treinta días*».

Por otra parte, en el **Reglamento (CE) nº 889/2002 del Parlamento Europeo y del Consejo de 13 de mayo de 2002 por el que se modifica el Reglamento (CE) nº 2027/97 del Consejo sobre la responsabilidad de las compañías aéreas en caso de accidente**, también se incluyen disposiciones relativas a la obligatoriedad del seguro (art. 3.2), requisito que implica que las compañías aéreas comunitarias deberán estar aseguradas hasta un nivel adecuado para garantizar que todas las personas con derecho a indemnización reciban el importe íntegro a que tienen derecho. En esta norma se hace referencia también a la preocupación por dar información suficiente al pasajero sobre las reglas de responsabilidad para que valoren cuándo les conviene contratar un seguro adicional (cdos. 12 y 16).

El Convenio aplicable en este caso es el ***Convenio de Montreal sobre la responsabilidad de las compañías aéreas*** (1999), que regula la responsabilidad de estos operadores en caso de daños a pasajeros, equipaje y mercancías durante viajes internacionales y recoge la obligatoriedad del seguro de las compañías aéreas.

LECTURAS COMPLEMENTARIAS

BENAVIDES VELASCO, P., «La obligación de las agencias de viaje de prestar las garantías contempladas en la directiva de viajes combinados», *International journal of scientific management and tourism*, vol. 4, núm. 2, 2018, pgs. 93-114.

GONZÁLEZ BARRIOS, I. D., «Agente de viajes que se apropia del dinero destinado a las aerolíneas. Cobertura del seguro de responsabilidad civil ante conductas dolosas del asegurado: STS 15/11/2021», *Revista de responsabilidad civil, circulación y seguro*, nº 2, 2022, pgs. 53-53.

GONZÁLEZ CABRERA, I., «Medidas de protección del consumidor frente a la insolvencia de los operadores turísticos: seguros, fianzas y otras garantías», *Revista de derecho bancario y bursátil*, núm. 152, 2018, pgs. 201-248.

LA CASA GARCÍA, R., «Algunas cuestiones sobre el seguro de anulación de viajes», *Revista española de seguros*, nº 113-114, 2003, págs. 45-86.

MARTÍNEZ ESPÍN, P., «El Seguro de viaje», *Revista CESCO de Derecho de Consumo*, nº 2, 2012 (Ejemplar dedicado a: Vacaciones y Derecho de consumo), págs. 142-145.

MARTÍNEZ SANZ, F., «El seguro de asistencia en viaje», en *Lecciones de derecho del turismo* (coord. Mª V. Petit Lavall), 2000, págs. 357-374.

RIVERO ALEMÁN, S., *Seguro turístico y de asistencia en viaje*, Bosch, 1998.

ROJO ÁLVAREZ DE MANZANEDA, R. P., «La gestión del riesgo derivado de la no realización de un viaje combinado a través del seguro de anulación de viajes: especial consideración a la situación generada por la pandemia del covid-19», *El derecho mercantil y la pandemia: algunos problemas del pasado, la crisis coyuntural y las perspectivas futuras: libro homenaje a Agustín Madrid Parra* (coord. Mª J. Blanco Sánchez; dirs. Mª J. Guerrero Lebrón y L. Alvarado Herrera), Colex, Madrid, 2023, pgs. 849-860.

SÁNCHEZ CALERO, F., «Incidencia de la Ley de Contrato de Seguro en la nueva regulación del Seguro Obligatorio de Viajeros», *Revista española de seguros*, nº 62, 1990, págs. 63-76.

SANZ ACOSTA, L., «Imposibilidad de que un vendedor de viajes aéreos a través de Internet incluya por defecto un seguro de anulación de vuelo en la venta de billetes de avión: a propósito de la Sentencia TJUE 19 julio 2012», *Actualidad civil*, nº 19-20, 2012.

VARGAS VASSEROT, C., «Los seguros turísticos», *Papers de Turisme*, núm. 28, 2000, págs. 237-252.

VÁZQUEZ RUANO, T., «Consecuencias de la cancelación de un vuelo. El derecho de reembolso del billete y el seguro de viaje», en *Derecho de seguros: nuevas realidades y nuevos retos* (coords. F. J. Valenzuela Garach, F. J. Pérez-Serrabona González; dir. J. L. Pérez-Serrabona González), Marcial Pons, Madrid, 2021, pgs. 489-504.

VEIGA COPO, A. B., *Guía práctica del seguro ante el COVID-19*, Thomson Reuters Aranzadi, 2020.

LECCIÓN 10
NUEVAS FORMAS DE FINANCIACIÓN Y SITUACIONES DE INSOLVENCIA DEL EMPRESARIO TURÍSTICO

Enrique Moreno Serrano
Profesor Titular de Derecho Mercantil
Universidad Rey Juan Carlos

SUMARIO:

I. INTRODUCCIÓN

La situación económica de los empresarios turísticos puede ser analizada desde una doble perspectiva: una primera, que atiende a las formas de financiación; y una segunda, centrada en los problemas económicos o crisis del empresario.

En efecto, por un lado, los empresarios turísticos, al igual que cualquier otro empresario, requiere de financiación para el ejercicio de su actividad. Esa financiación se ha realizado tradicionalmente por vías típicas, ya sean externas —por ejemplo, acudiendo a entidades bancarias—, o internas, como podría ser mediante un aumento de capital. No obstante, en los últimos tiempos está teniendo cada vez una mayor importancia práctica acudir a métodos alternativos de financiación, entre los que destaca el crowdfunding.

El crowdfunding es un término con el que se hace referencia a la financiación de un determinado proyecto por una pluralidad de personas a través de una página web. Las distintas formas de financiación se pueden encuadrar en crowdfunding de inversión y de no inversión, dependiendo de si las personas que realizan la aportación esperan un retorno económico (por ejemplo, en forma de dividendos, o de intereses por préstamos) o no, lo cual a su vez lleva implícito un mayor riesgo, de ahí que en los últimos años se haya procedido a regular algunas modalidades del crowdfunding de inversión.

En lo que respecta al turismo son muchas las opciones que ofrece el crowdfunding, ya no sólo por la pluralidad de actividades que pueden estar vinculadas al turismo, sino también porque existen incluso plataformas específicas de crowdfunding, demostrando como en la actualidad es una vía muy a tener en cuenta de cara a financiar un determinado proyecto de naturaleza turística.

La segunda parte de este capítulo se centra en la otra cara de la moneda en lo que respecta a la situación económica. Así, mientras con el crowdfunding se tratan formas de financiar para llevar a cabo actividades, en la segunda parte se analiza qué ocurre cuando un empresario turístico se encuentra en una situación de insolvencia, o cercana a la insolvencia, pudiendo optar por acudir a un procedimiento concursal, o intentar una solución preconcursal ejecutando un plan de reestructuración, siendo también posible que, si es una microempresa, se acoja a un procedimiento especial para poner fin a esa situación.

La sistemática de esta parte comienza situando al empresario turístico dentro del marco de sujetos que pueden ser declarados en concurso para, a continuación, examinar las distintas opciones que tienen ante una situación de insolvencia. Posteriormente, se analiza el procedimiento concursal en su totalidad desde la declaración hasta la conclusión, haciendo especial hincapié en las especialidades que se plantean cuando el concurso es de un empresario turístico, en cuestiones contractuales, de protección de los consumidores o la gestión empresarial.

II. LA FINANCIACIÓN MEDIANTE CROWDFUNDING DEL EMPRESARIO TURÍSTICO

A. Concepto, origen y desarrollo del crowdfunding

En los últimos años se está produciendo un cambio en el modelo socioeconómico con una evidente vuelta del ciudadano a participar en la actividad económica, ya no como un mero sujeto pasivo, sino también activo, debido principalmente a dos hechos como son, de un lado, la generalización del uso de la tecnología en prácticamente todos los sectores de la sociedad, y de otro lado, la crisis económica que azotó a las economías occidentales iniciada en la primera década del presente siglo. Respecto al primero porque, gracias a Internet, personas con unos mismos intereses, pero que podrían no conocerse, tienen la oportunidad de tener más información, interactuar, así como más libertad para realizar determinadas actividades en conjunto e implicarse en iniciativas de distinto tipo, incluso aun cuando se encuentren a cientos o miles de kilómetros de distancia.

Junto a este componente tecnológico, no podemos obviar que la crisis económica dificultó las posibilidades de financiación tradicional de distintas iniciativas empresariales y no empresariales por cuanto las entidades financieras limitaron el número de créditos que se concedían en comparación con los años previos, además de exigir a los interesados un mayor número de requisitos, provocando así que sólo obtuvieran crédito aquellos que presentaran mayores garantías de devolución.

Esta reducción de la financiación *clásica*, junto con unos elevados índices de paro laboral, provoca la necesidad de reorientar la búsqueda de financiación, y de encontrar métodos distintos para llevar a cabo una determinada actividad, y de otro lado, que se priorice el uso de bienes infrautilizados ya adquiridos por otros sujetos antes que realizar una nueva adquisición en propiedad, vinculada también esta última cuestión a una mayor preocupación por el medio ambiente. Estos hechos provocan que el ciudadano empiece a dejar de lado el individualismo y se reoriente a actuar en iniciativas comunes o colectivas, siendo así como el *crowdfunding* surge y se desarrolla tal y como actualmente lo conocemos.

No obstante, **desde un punto de vista jurídico, el crowdfunding no tiene traducción legal, esto es, no es o puede ser traducido a una concreta figura jurídica**. En efecto, **se trata de un término con el cual se hace referencia a que un colectivo, una pluralidad de personas (*crowd*), financia (*funding*) un concreto proyecto de índole empresarial o no (léase social, cultural, educativo, humanitario...), a través de una página web**. Lo relevante, desde el punto de vista jurídico, es cómo se lleva a cabo esa financiación, de ahí que se tienda a diferenciar entre el crowdfunding de inversión (por ejemplo, préstamos o adquisición de acciones o participaciones) y de no inversión (donaciones, *recompensas*...), dependiendo de si el *crowd* realiza sus aportaciones en la espera de obtener un beneficio económico o no, y ello es lo que puede llevarnos a considerar las diferentes variables jurídicas.

Ahora bien, ninguna de las formas de financiación (adquisición de acciones o participaciones, préstamos, *recompensas*, donaciones...) que se utilizan en el marco del crowdfunding son novedosas. Novedosa es la presencia de Internet por la incidencia que tiene para anunciar un proyecto y para facilitar la financiación, principalmente por la presencia de una página web que va a dar soporte tanto al proyecto como a la gestión de la financiación.

De ahí que sea importante diferenciar el crowdfunding, de lo que en el fondo existe tras lo que ahora se llama crowdfunding, por cuanto mientras el crowdfunding como tal apenas cuenta con una década de existencia, y tiene como factor diferencial Internet, el fondo, esto es, que una pluralidad de personas financie voluntariamente un determinado proyecto y que alguien gestione esas aportaciones, puede ser imposible de fijar en el tiempo.

En efecto, el término *crowdfunding* fue acuñado por Michael Sullivan en 2006, cuando lanzó *Fundavlog*, con la que quería crear una incubadora de proyectos y eventos relacionados con el videoblog, bajo los principios de reciprocidad, transparencia, intereses compartidos y, sobre todo, la financiación por la multitud de personas (crowdfunding). Se trataba, por tanto, de aplicar al ámbito de la financiación los distintos modelos de cooperación entre varias personas para realizar una concreta actividad (*crowdsourcing*).

No obstante, el desarrollo del término *crowdfunding* se produjo con posterioridad, con Kiva —que se había constituido en octubre de 2005 en San Francisco, como la primera plataforma que permitía a los emprendedores de países en vías de desarrollo conseguir dinero por préstamos, *crowdlending*—, y sobre todo con las plataformas de crowdfunding IndieGoGo (fundada en 2008) y Kickstarter (fundada en 2009), que incluyeron la recompensa (*reward*) para los financiadores como factor diferenciador. A ellas debemos añadir EquityNet (fundada en 2005), GrowVC (fundada en 2010), Profounder y Crowdcube (fundadas en 2011), o Seedrs (fundada en 2012) que fueron las primeras y principales plataformas que comenzaron a intermediar en operaciones de *equity-based crowdfunding*, para financiar a startups tecnológicas y ayudarles a conseguir financiación inicial.

Como puede observarse, **Internet es el elemento diferenciador clave tanto en el origen del término como en el desarrollo del mismo**. De hecho, en base a esta importancia de la Red podemos señalar como uno de los primeros ejemplos de lo que en la actualidad denominamos como crowdfunding el caso del grupo de rock británico Marillion, que consiguió recaudar 60.000 dólares en 1997 para una gira por Estados Unidos utilizando el listado de correos electrónicos de sus fans. Aquí podemos ver, aunque en menor desarrollo, los elementos que conforman actualmente el crowdfunding: proyecto de un promotor (la banda Marillion), pluralidad de personas (fans, como *crowd*) que financian voluntariamente el proyecto (gira), y utilización de los recursos de Internet (correo electrónico) para hacer la promoción y canalizar las aportaciones.

Cuestión distinta es lo que existe bajo el crowdfunding, esto es, la financiación voluntaria de un determinado proyecto o iniciativa por una colectividad de personas existiendo una persona física o jurídica que la centraliza, ya sea el propio titular del proyecto o un tercero que actúa como intermediario entre los solicitantes de los fondos y quienes realizan sus aportaciones. La financiación con estas características (pluralidad de personas y un sujeto que centraliza las aportaciones) ha sido frecuente a lo largo de la Historia, tanto para iniciativas públicas como privadas. Por ejemplo, con colectas para realizar una investigación médica o científica, para la construcción de monumentos (como la construcción del pedestal de la Estatua de la Libertad cuyos fondos se consiguieron en 1884, o el monumento a Alfonso XII en el Parque del Buen Retiro de Madrid inaugurado en 1922), o para participar en distintas iniciativas empresariales mediante la adquisición de acciones de una sociedad anónima.

En consecuencia, resulta imposible determinar cuándo fue la primera vez que se realizó una financiación colectiva, con independencia de la modalidad que ésta adopte (préstamos, donaciones, compras...). Esto es, si nos centramos en las modalidades más habituales de crowdfunding (realizar donaciones, prestar dinero, comprar productos, recibir servicios, adquirir acciones o participaciones de una sociedad de capital, comprar deuda, participar en la distribución de *royalties*...) podemos ver que ninguna de ellas ha surgido gracias al crowdfunding, sino que Internet le da unos nuevos matices que jurídicamente tienen una serie de consecuencias distintas a la financiación de la misma naturaleza pero realizada fuera de la Red. Por ello, podemos afirmar que el crowdfunding permite hacer de un modo distinto algo que ya existía.

Ahora bien, el interés del ciudadano en participar en actividades de inversión empresarial lleva consigo un claro riesgo de pérdida de lo aportado —que es consustancial a toda actividad empresarial—, en algunos casos motivado por falta de información o conocimiento del concreto mercado en el que operan los sujetos en los que invierte, pero también puede producirse una pérdida de lo aportado por campañas fraudulentas, de ahí que en los Estados de nuestro entorno económico, y también en el nuestro se haya procedido en los últimos años a regular el llamado crowdfunding de inversión, como veremos posteriormente.

B. Las distintas modalidades de financiación mediante crowdfunding y su aplicabilidad al turismo

La distinta posición en la que se encuentran los financiadores en los diferentes tipos de crowdfunding y la diferente normativa aplicable a cada caso, hacen que debamos referirnos a las clases más habituales para, dentro de ellas, hacer referencia a algunos ejemplos de proyectos de crowdfunding vinculados con el turismo.

Como hemos apuntado anteriormente, el crowdfunding implica financiación colectiva, luego cualquier forma de financiación que pueda ser realizada por una pluralidad de personas para un concreto proyecto podría encontrar cabida en el mismo. No obstante, a efectos de delimitar el fenómeno, podemos tomar como referencia la clasificación de UK Crowdfunding Association, que diferencia las siguientes clases de crowdfunding: *rewards/donation* (recompensas/donaciones), *equity* (adquisición de acciones o participaciones) y *debt* (deuda). Junto a ellas podemos hacer mención a otras clases de crowdfunding como los préstamos sin interés, o la financiación mediante contrato de cuenta partícipe. **No existe, como puede observarse, una limitación a figuras cerradas dentro de lo que puede considerarse que es crowdfunding.**

Sin embargo, el crecimiento del crowdfunding ha motivado en Estados de nuestro entorno económico como EEUU, Italia, Reino Unido, Países Bajos, Austria, Francia, o Alemania, o en España con la *Ley 5/2015, de 27 de abril, de fomento de la financiación empresarial* (en adelante, LFFE) la necesidad de acercarse a la figura y regular algunas de sus clases de inversión (principalmente *equity* y *lending*), para proteger a los inversores y que no sean objeto de algún tipo de fraude, estafa, o que la inversión se utilice con alguna finalidad delictiva.

En concreto, la LFFE, que fue modificada con la Ley 18/2022, de 28 de septiembre, de creación y crecimiento de empresas (Ley «Crea y Crece»), para adaptarla al Reglamento (UE) 2020/1503 del Parlamento Europeo y del Consejo, relativo a los proveedores europeos de servicios de financiación participativa para empresas, regula el crowdfunding de inversión en su Título V «Régimen jurídico de las plataformas de financiación participativa», diferenciando la Sección 1.ª «Relativa a las plataformas de financiación participativa armonizadas por el derecho de la Unión Europea», y la Sección 2.ª «Plataformas de financiación participativa no armonizadas por el derecho de la Unión Europea». Lo anterior conlleva que debamos tener en consideración como Derecho aplicable tanto el Reglamento, como lo señalado en la LFFE.

En lo que respecta a las primeras («plataformas armonizadas»), intervienen en el crowdfunding de inversión que se instrumenta mediante (i) préstamos, o (ii) mediante la emisión de valores negociables (acciones, obligaciones...), e instrumentos admitidos para la financiación participativa, como es el caso de las participaciones. Por su parte, las «plataformas no armonizadas» pueden intermediar en proyectos en los que el promotor sea consumidor, o en aquellos proyectos que superan la cuantía de cinco millones de euros.

En relación al contenido, se establecen requisitos para las sociedades que intermedian («plataformas de financiación participativa», en adelante PFP), los promotores y los proyectos, y establece medidas para proteger a los inversores, entre las cuales se encuentra la supervisión, inspección y sanción por parte de la CNMV, además de establecer que la Autoridad Europea de Valores y Mercados (AEVM) lleva a cabo una actuación de publicidad de las autorizaciones concedidas por las autoridades nacionales, como es el caso de nuestra CNMV.

No obstante, este régimen jurídico debe completarse con la normativa aplicable de forma subsidiaria, como puede ser la Ley de Sociedades de Capital, el Código de Comercio, el Código Civil, o la normativa de consumidores, sin obviar la normativa de carácter tributario que también se aplicará dependiendo del tipo de crowdfunding y de quienes sean los sujetos que participan, lo cual también habrá que hacer para las modalidades que no tienen una normativa específica —como el Reglamento 2020/1503 y la LFFE—, en cuyo caso habrá que ver la naturaleza jurídica de la relación que se establezca para aplicar una normativa u otra.

1. Ejemplos de crowdfunding turístico en las modalidades de no inversión

Las principales modalidades de crowdfunding de no inversión son las donaciones y las recompensas. En las donaciones (*Donation-based crowdfunding*) el integrante del *crowd* (aportante/financiador) realiza su aportación pero no percibe ningún bien o servicio a cambio si no, en su caso, un reconocimiento. En efecto, la modalidad de **donaciones** está orientada a proyectos de carácter principalmente solidario o humanitario, promovidos por asociaciones, ONG´s... aunque nada impide que se realicen proyectos de otra naturaleza bajo esta modalidad. **Aquí, los interesados en colaborar con el proyecto realizan sus aportaciones dinerarias sin esperar nada a cambio, léase un producto, servicio o un retorno económico**. El aportante, por el mero hecho de participar ya se siente gratificado, y sobre todo si se consiguen los fondos precisos para llevar a cabo el proyecto al tratarse habitualmente de iniciativas de carácter social, cultural, educativo..., sin perjuicio de que en algunas ocasiones se incluyan algunas menciones honoríficas como puede ser publicar el nombre de los aportantes en un listado concreto como mecenas.

En materia de turismo, son interesantes las plataformas especializadas *Fundmytravel* y *Honeyfund*, ambas orientadas a la consecución de fondos para viajar mediante donaciones, con la especialidad de que la segunda es para viajes de luna de miel, donde quienes se van a casar realizan el registro del regalo que quieren entre los propuestos en la web, y los invitados a la boda realizan su aportación.

A diferencia de las donaciones, **en la modalidad de recompensas** (*Reward-based crowdfunding*) **las personas realizan sus aportaciones a cambio de una determinada «recompensa», que normalmente será uno o varios productos o servicios, pero que también puede incluir experiencias** que impliquen, por ejemplo, una participación de las personas que aportan su dinero en la elaboración del concreto producto, e incluso también donaciones. Se trata, por tanto, de una modalidad interesante cuando se está empezando un determinado negocio para probar qué recepción tienen los productos o servicios.

Las recompensas, por tanto, no son traducibles a una concreta figura jurídica, sino que es un término que puede dar cabida a distintas realidades, dando lugar así a una pluralidad de vínculos y contraprestaciones de distinta naturaleza en un mismo contrato. De ahí la importancia de determinar la naturaleza jurídica de la recompensa (prestación de servicios, donaciones, compraventa de esperanza, compra con precio adelantado, donación modal...), para fijar la posición jurídica de las partes, con la incidencia que ello tiene para saber cuáles serían las vías de protección del financiador ante el posible incumplimiento del promotor (por ejemplo, las establecidas en la Ley 34/2002, de 11 de julio, de Servicios de la Sociedad de la Información y el Comercio Electrónico, en la normativa de protección de consumidores, o en el Código Civil si se trata de una donación modal); y también para establecer cuáles serían los impuestos a pagar (IVA, ITP-AJD...).

Ciertamente la amplitud de sectores vinculados al turismo (alojamiento, transporte, restauración, museos...) y la gran difusión del crowdfunding a nivel internacional impide tener un listado completo de todos los proyectos de crowdfunding vinculados con el turismo, lo cual no impide que podamos señalar algunos ejemplos de su utilización en sede de recompensas.

Así, ya en 2013, *Viemocions*, una agencia de viajes online especializada en rutas enoturísticas, publicitaba en la plataforma *Seed & Click* sus proyectos durante un período de tres meses, detallando en qué consistían, el dinero que necesitaban y las recompensas que ofrecían. Con los fondos obtenidos pretendían desarrollar técnicamente su portal web para que fuese el primero en agrupar la oferta enoturística de las denominaciones de origen de Cataluña, así como consolidar e incrementar su presencia en el mercado ruso.

En el ámbito hotelero, *Awakening*, en México, realizó una campaña en 2017 a través de Indiegogo para obtener 50 mil dólares. Considerado el primer hotel eco-boutique en el mundo enfocado en el bienestar y la felicidad, las recompensas previstas en su campaña incluían un certificado como cofundador, la grabación del nombre en una obra de arte en el lobby, acceso a un Seminario de Felicidad, una ceremonia maya, estancias con desayuno, o sesiones de sanación.

En sede de restauración hemos de mencionar a la web *Foodstart*, una plataforma de crowdfunding de San Francisco que desde 2012 ayuda a restaurantes y *food trucks* a conseguir fondos, de forma que con pequeñas aportaciones se pueden obtener recompensas como descuentos de por vida, camisetas, catering, talleres de cocina, tener mesas con reserva garantizada, o que se ponga el nombre de los que aportan dinero a un plato. En España, también en restauración, podemos hacer referencia a *Salad Planet*, restaurante de comida rápida, que, a través de *Lánzanos*, consiguió la financiación requerida ofreciendo como recompensas menciones en las redes sociales, pegatinas, camisetas o vales por menús.

Otros ejemplos de campañas de éxito serían el libro «Del hospitium al turismo 4.0», escrito por Francisco Rodríguez y que, a través de *Libros.com* en 2018, ofrecía como recompensas el libro en papel, e-book, dedicatoria, el nombre de los mecenas en el libro, logo de patrocinadores, pruebas de imprenta o copia del manuscrito. El libro analiza el turismo realizando un estudio histórico para tratar las nuevas formas de alojamiento, transporte y experiencias. Por su parte, *Tourist Walk* en 2012 consiguió 3.130 € a través de *Verkami* para un proyecto de fotografía documental crítico con el turismo masivo irresponsable, y que tenía como recompensas el propio libro, la firma del autor, un reconocimiento con el nombre del mecenas en el libro, o un cartel promocional. Asimismo, el «Cortijo La Tenada» consiguió parcialmente la financiación que buscaba para llevar a cabo una serie de mejoras, entregando como recompensas libros, y descuentos en actividades y estancias.

Además, si echamos un vistazo a *Kickstarter*, la principal plataforma mundial de crowdfunding de recompensas, podemos ver proyectos de zapatillas, chaquetas y pantalones para viajar, trípodes para viajar, equipajes, o tiendas de campaña, junto a otros productos específicamente orientados a los viajes.

No obstante, también hay campañas vinculadas al turismo que no consiguieron ser un éxito. Así, la campaña de *Burdinkleta* en *Goteo*, no consiguió la financiación esperada con un proyecto para el que se promovía el turismo activo y saludable con bicicletas adaptadas a personas con algún tipo de discapacidad.

2. Ejemplos de crowdfunding turístico en las modalidades de inversión

Junto a las modalidades de no inversión que hemos mencionado anteriormente (donaciones y recompensas), la clasificación de la UK Crowdfunding Association se refiere a *equity* y *debt*, que son las modalidades de inversión, esto es, aquellos modelos caracterizados porque los integrantes del *crowd* esperan un retorno económico por sus aportaciones. En *equity* (*Equity-based crowdfunding*), los inversores adquieren acciones o participaciones en una fase temprana de negocio y esperan que la cantidad aportada les reporte dividendos y que crezca el valor de la compañía a efectos de obtener ganancias en una posterior venta de su participación, de ahí que sea una modalidad del llamado «*Investment based crowdfunding*».

Por su parte, dentro de «Debt» se incluyen tres modalidades: en primer lugar, el «invoice trading», esto es, inversión en descuento de facturas y pagarés. En segundo lugar, el «peer to peer lending», que configura el llamado «Loan based crowdfunding» o «Crowdlending», esto es, préstamos con los que el financiador/prestamista espera percibir un interés por la cantidad prestada, ya sea en relaciones P2P, es decir, en préstamos de particulares a otros particulares, o en préstamos P2B, esto es, préstamos de particulares a empresarios, que no están en una fase temprana de negocio, sino que ya están en expansión. La tercera modalidad de financiación dentro de «Debt» sería «debt securities», esto es, títulos de deuda, normalmente en forma de obligaciones emitidas por una sociedad de capital, por los que los financiadores esperan obtener aquí una ganancia, de ahí que se le considere también una modalidad del «investment based crowdfunding».

En materia de crowdfunding de inversión podemos mencionar como ejemplos, en primer lugar, la financiación en España del hotel «Hotel Premium BCool» a través de *Housers*, mediante la modalidad de préstamos, y que consiguió 1,8 millones de euros en 2017, siendo en ese momento el proyecto inmobiliario que más fondos obtuvo en crowdfunding. Un antecedente de esta operación fue la financiación en 2014 del Hard Rock Hotel de Palm Springs, que consiguió 1,5 millones de dólares. También en el ámbito inmobiliario es destacable la actividad de *Brickstarter*, plataforma de inversión especializada en apartamentos turísticos, y que garantiza a los inversores que no habrá impagos de los inquilinos porque estos pagan por adelantado.

Otros casos de crowdfunding de inversión, en concreto a través de *Sociosinversores*, fueron el de *Tours por Málaga*, que consiguió los 10.000 € que necesitaban para poner en marcha esta empresa turística centrada en rutas guiadas por Málaga; el *Hotel Gran Canaria*, que consiguió 28.000 € para ampliar su negocio; la agencia de viajes online, que consiguió 24.000 € ofreciendo un 30% de las participaciones y la posibilidad de incorporarse como socio-trabajador al proyecto; o *Viajes para singles*, que consiguió 120.000 € para crear una empresa centrada en viajes orientados a personas solteras.

C. Los sujetos que intervienen en una operación de crowdfunding

Cuando se piensa en una financiación llevada a cabo mediante cualquier tipo de crowdfunding se parte de la participación de tres partes: primero, los autores o promotores del futuro proyecto, esto es, los solicitantes de la financiación que se comprometen a realizar la actividad tras recibir los fondos solicitados y, en su caso, a efectuar la contraprestación. En segundo lugar, el *crowd*, es decir, la pluralidad de sujetos que realizan las aportaciones para financiar el concreto proyecto. Por último, el titular de la plataforma de crowdfunding (página web) a través de la cual se realiza el anuncio del proyecto durante el tiempo pactado describiendo las características del mismo y que, al actuar como intermediario, percibirá un porcentaje de la recaudación. Junto a estos tres sujetos debe tenerse en cuenta en los supuestos de crowdfunding de inversión la participación de entidades supervisoras, como es el caso de la CNMV.

Esta modalidad típica de crowdfunding sería **el «crowdfunding indirecto»**, en el sentido de **hacer referencia a que la financiación se lleva a cabo mediante la participación de un intermediario que sería el titular de la página web por la que se canalizan las aportaciones**. Por su parte, el «crowdfunding directo» implica que el propio promotor es el titular de la plataforma de crowdfunding, teniendo configurada en su propia Web la tecnología necesaria para percibir los fondos, además de plasmar toda la información precisa. El aspecto relevante, por tanto, del **«crowdfunding directo»** es que **el promotor y la plataforma sean un mismo sujeto que gestiona directamente la recepción de las cantidades económicas**.

En principio, elegir entre una plataforma especializada, que ofrece confianza en el mercado y tiene ya una reputación por interesados en el crowdfunding, con buena visibilidad en buscadores, que reduce los costes de transacción e información entre promotor y aportantes, o bien optar por nuestra propia página web o blog, dependerá de si tenemos claramente determinada nuestra comunidad y sabremos llegar a ella para conseguir la financiación.

1. La «plataforma de crowdfunding»

Las plataformas son el elemento más característico de la financiación por medio de *crowdfunding*, y del crowdfunding indirecto en particular. En efecto, la llamada plataforma de crowdfunding es el medio utilizado, la página web, en la que se anuncian los proyectos que requieren financiación, qué características tienen, qué percibiría a cambio el aportante, durante cuánto tiempo se pueden realizar las aportaciones, si éstas se están produciendo y en qué grado, permiten saber quién es el promotor, cómo se puede contactar con él, así como señalan cómo se hará el desembolso de las aportaciones.

Las plataformas de crowdfunding no son, por tanto, personas físicas o jurídicas, sino un medio, una página web, cuyo titular puede ser una persona física o jurídica —sociedad de capital o no—, y que sirve para realizar mediante ellas la función de intermediación, al ser la parte principal de la organización orientada a promocionar el producto, servicio o evento de los promotores, y a facilitar las inversiones. Así, el análisis y selección de los proyectos, la celebración y en su caso negociación de los contratos, o el asesoramiento a los promotores tanto de tipo jurídico, económico o publicitario, entre otras, vendrían a conformar el conjunto de actividades que desarrolla el intermediario persona física o jurídica titular de la plataforma, más allá de los actos que pueda realizar por medio de ésta.

Por tanto, las plataformas de *crowdfunding* son el instrumento principal y más reconocible en el mercado de la organización empresarial del intermediario, pero no es la empresa en su totalidad, sino una parte de la misma, y tampoco puede llevar a identificar a la plataforma de *crowdfunding* con su titular, esto es, el intermediario entre el promotor y los financiadores.

De ahí que sea preciso diferenciar a las conocidas como plataformas de crowdfunding de las «Plataformas de financiación participativa», o «Proveedor de servicios de financiación participativa», que son las denominaciones que el Reglamento 2020/1503 y la LFFE prevén para las sociedades autorizadas a intermediar en el crowdfunding de las modalidades de inversión señaladas, cuando cumplen con los requisitos jurídicos, administrativos y financieros señalados en estas normativas, los cuales tienen su razón de ser en el hecho de que son consideradas como un nuevo operador en los mercados de intermediación financiera, por cuanto mediante ellas se realiza la inversión en espera de recibir una remuneración dineraria.

Esto justifica, por tanto, las distintas medidas que regulan el acceso a la actividad, las normas de conducta de los administradores, la supervisión de las PFP, la protección de los inversores o el régimen sancionador, ya que se trata de inversiones que en sí mismas tienen un elevado riesgo y los efectos de un posible fracaso serán mayores que en las aportaciones habituales en el crowdfunding de no inversión, lo que también explica que los titulares de plataformas que intermedian en estas modalidades no estén sometidos a tales requisitos. No obstante, no podemos obviar en este punto que existen modalidades de inversión a las que hemos hecho antes referencia (*invoice trading*, cuenta partícipe) que no están sometidas al marco regulatorio mencionado y, en consecuencia, no cumplen con los requisitos y controles administrativos y económicos de las PFP.

2. El promotor

Los promotores del proyecto que requieren financiación pueden ser tanto personas físicas como jurídicas, sociedades de capital o no. No obstante, en el caso de las PFP armonizadas los promotores no pueden ser consumidores, por cuanto los proyectos de financiación a consumidores están excluidos del ámbito de aplicación del Reglamento; así como también están excluidos aquellos mediante los que se quiera obtener más de cinco millones de euros. Sí podrían, por el contrario, financiarse por una PFP no armonizada.

El Reglamento 2020/1503 señala en su Anexo I, que el promotor debe informar sobre su identidad, forma jurídica, titularidad, puestos directivos y datos de contacto, las actividades principales a las que se dedica, sus productos o servicios ofrecidos, sus estados financieros más recientes, sus principales cifras y coeficientes financieros anuales de los tres últimos años. Además, debe informar de las principales características del proceso de financiación participativa y, en su caso, condiciones para captar capital o tomar prestados fondos;

los factores de riesgo; informar sobre la oferta de valores negociables y a los instrumentos admitidos para la financiación participativa; si existe alguna entidad instrumental; los derechos del inversor; comunicaciones específicas en el caso de préstamos; las tarifas, información y vías de recurso; y sobre el servicio de gestión individualizada de carteras de préstamos que presten los proveedores de servicios de financiación participativa.

3. El *crowd*

La propia esencia del crowdfunding implica que cualquier persona física o jurídica puede realizar aportaciones a un proyecto de crowdfunding, por cuanto precisamente lo que se quiere es que la financiación la realice una colectividad de personas, el *crowd*. No obstante, la distinción señalada entre las modalidades de crowdfunding de inversión y de no inversión tiene su incidencia a la hora de valorar los requisitos que un sujeto debe cumplir para poder realizar sus aportaciones.

Así, para las modalidades de no inversión no se exige ningún requisito legal específico puesto que no hay norma especial para ello, por lo que cualquier sujeto puede financiar un proyecto, con independencia de donde radique su domicilio, o cuál sea su nacionalidad, salvo que una concreta ley extranjera lo impida. En el caso de crowdfunding de inversión también podría participar cualquier persona con independencia de que sea persona física o jurídica, su nacionalidad o domicilio, o si es pública o privada. De hecho, el Reglamento 2020/1503 tiene como una de sus características el hecho de que se otorga una licencia para operar en toda Europa, por lo que cualquier sujeto comunitario puede ser inversor.

Sin embargo, se diferencia entre dos clases de inversores —experimentados y no experimentados—, que vendrían a corresponderse con los acreditados y no acreditados a que se refería la redacción anterior de la LFFE.

Inversor experimentado, según el Reglamento, es «cualquier persona física o jurídica que tenga la consideración de cliente profesional, bien por cumplir con lo previsto en el anexo II, sección I, puntos 1, 2, 3 o 4, de la Directiva 2014/65/UE; o bien porque disponga de la aprobación de la PFP para ser tratada como inversor experimentado de conformidad con los criterios y el procedimiento establecidos en el anexo II del Reglamento»; mientras que inversor no experimentado es, por exclusión, el que no cumple los requisitos para ser considerado «experimentado» (art. 2.1.j) y k) Reglamento).

Las PFP también deben hacer una prueba inicial de conocimientos y simulación de la capacidad de soportar pérdidas, para comprobar si los servicios son adecuados para los inversores no experimentados, a los cuales no se fija un límite máximo de inversión como sí hacía antes la LFFE de 3.000 € por proyecto como máximo y no superar los 10.000 € en un período de doce meses, en proyectos publicados por una misma PFP (antiguo art. 82 LFFE), sino que se darán mayores garantías para confirmar que efectivamente el inversor conoce el riesgo cuando quiera invertir más de 1000 € o el 5% de su patrimonio neto, calculado en base a sus ingresos regulares y totales, sus activos y compromisos financieros. Por tanto, no se fija un límite de aportación, pero sí que si quieren superar ciertos umbrales deben ser advertidos del riesgo, y dar su consentimiento expreso a la PFP.

También se debe fijar un periodo de reflexión precontractual, de forma que los inversores puedan revocar su oferta de inversión sin justificación ni penalización; facilitar una ficha de datos fundamentales de la inversión y a nivel de plataforma (cuando la PFP preste el servicio de gestión individualizada de carteras de préstamos), que complementan los artículos 51 y 52 LFFE; el establecimiento de un «tablón de anuncios» como «mercado secundario»; así como el establecimiento de una serie de deberes para las PFP, como el asegurarse que los clientes tienen acceso a los registros de los servicios prestados.

Estos límites, que se justifican, de un lado, por los propios fines de la normativa, que busca proteger a los inversores a la hora de realizar determinadas inversiones por medio de crowdfunding, y de otro lado, por la responsabilidad que recae sobre las autoridades por la actividad de autorización, vigilancia y control de las PFP, implican un efecto negativo por cuanto pueden hacer que el crowdfunding de inversión en España no sea una medida adecuada para proyectos que requieran de una cuantía económica superior a cinco millones de euros, como podría ser la construcción de un rascacielos, a diferencia de lo que sucede en otros Estados como Estados Unidos o Colombia donde sí es posible.

III. LA INSOLVENCIA DEL EMPRESARIO TURÍSTICO

A. Las opciones de un empresario turístico ante una situación de insolvencia

Al margen de las nuevas opciones de financiación que permite el crowdfunding para la actividad del turismo, hemos de hacer referencia también en este capítulo a la situación contraria, esto es, a los problemas económicos que pueden llevar a un empresario a solicitar la declaración de concurso o a intentar un acuerdo previo de refinanciación con sus acreedores.

El sector del turismo no es ajeno a él como se ha demostrado en los últimos años con los concursos de Grupo Orizonia, Viajes Marsans, Spanair, Air Madrid, Air Comet o Monarch. En efecto, la actividad realizada por un empresario turístico implica que celebre distintos contratos de los que derivan obligaciones, siendo deudor en unas situaciones, del mismo modo que en otros casos es acreedor de otros sujetos, y tanto unos como otros deberán abonar lo debido en la fecha o fechas pactadas como plasmación lógica del funcionamiento del crédito en el mercado.

No obstante, cuando el pago de esas obligaciones vencidas y exigibles no se produce por no poder hacer frente a las mismas, y existen varios acreedores frente a un mismo deudor, se origina un procedimiento concursal como plasmación del principio *par condicio creditorum*. Esto es, se pretende que todos los acreedores sufran en la misma medida el hecho de serlo de un mismo deudor, y así evitar las situaciones injustas que se podrían producir si uno de ellos por estar más próximo o informado percibiese lo que se le adeuda con prioridad a los demás acreedores y en perjuicio de éstos, por cuanto el patrimonio del deudor se habría visto reducido al satisfacer en su totalidad lo adeudado a un acreedor.

El procedimiento concursal, regulado en la actualidad en el Real Decreto Legislativo 1/2020, de 5 de mayo, por el que se aprueba el texto refundido de la Ley Concursal (en adelante, TRLC), que derogó a la Ley Concursal de 2003 (en adelante, LC) se configura así como la solución para esa situación de insolvencia del empresario que no puede hacer frente a lo debido a varios acreedores. Ahora bien, hemos de puntualizar que si bien todo empresario privado (agencias de viajes, restaurantes, hoteles, transportes privados...) podría ser declarado en concurso, no ocurre así con los empresarios vinculados al Derecho Público por cuanto los organismos públicos y demás entes de Derecho público no pueden ser declarados en concurso (art. 1.3 TRLC).

En efecto, en lo que respecta a los organismos públicos, están bajo la dependencia o vinculación de una entidad territorial, y pueden ser, a su vez, organismos autónomos, que realizan actividades de fomento, prestacionales o de gestión de un servicio público, de ahí que no sean declarados en concurso ya que se rigen por el Derecho administrativo; o entidades públicas empresariales que realizan actividades prestacionales, gestionan servicios o producen bienes de interés público susceptibles de contraprestación, no pudiendo ser declarados en concurso ya que, aun cuando se someten al Derecho privado, son entidades que pueden ejercitar potestades públicas.

Por su parte, dentro de «demás entes de derecho público» hay una gran diversidad tanto en su naturaleza jurídica como en materia de funciones que pueden llevar a cabo. Así, hay una serie de entidades, las llamadas sociedades mercantiles estatales, que aun cuando sean de Derecho público sí pueden ser objeto de declaración de concurso ya que se rigen íntegramente por el ordenamiento jurídico privado salvo en las materias en que les sean de aplicación la normativa presupuestaria, contable, patrimonial, de control financiero y contratación, sin que en ningún caso puedan disponer de facultades que impliquen el ejercicio de autoridad pública.

Por tanto, en lo que respecta al turismo, dada la existencia de un elevado número de entidades creadas o participadas por la Administración Pública estatal, autonómicas o locales que actúan de un modo directo o indirecto sobre la actividad turística, se ha de analizar con detalle su concreta naturaleza para determinar si podrían ser o no declaradas en concurso.

Al margen de esta puntualización sobre los sujetos que pueden ser declarados en concurso, el procedimiento concursal se inicia con la declaración de concurso, a la que sigue una «fase común», que desemboca en la terminación del procedimiento concursal, ya sea mediante un acuerdo con los acreedores (convenio) o mediante la liquidación del patrimonio del deudor. No obstante, desde 2009 se realizaron distintas reformas en la LC para intentar adelantar las soluciones a las situaciones de insolvencia, e incluso poder evitar el procedimiento concursal, mediante acuerdos de refinanciación de deuda y acuerdos extrajudiciales, ampliando así las posibilidades que tiene un deudor insolvente. En la actualidad, ese llamado Derecho preconcursal integra el Libro Segundo del TRLC (artículos 583 a 684 TRLC), que regula en detalle la posibilidad de llevar a cabo un plan de reestructuración. Además, en el caso de las microempresas existe un procedimiento especial y específico regulado en el Libro Tercero del TRLC (artículos 685 a 720 TRLC).

1. Concurso de acreedores

Cuando un empresario turístico no puede hacer frente con su patrimonio, ni acudiendo al crédito, a las deudas exigibles, se encuentra ante una situación de insolvencia, que le obliga a solicitar su declaración de concurso en el plazo de dos meses desde que conoció o debió conocer esa situación. Si transcurre ese plazo de dos meses, también se puede solicitar la declaración de concurso, pero el incumplimiento de haberlo hecho durante ese plazo es una presunción de existencia de dolo o culpa grave a la hora de calificar el concurso, con las consecuencias que veremos más adelante.

A efectos de facilitar ese conocimiento de la situación de insolvencia, se presume que el deudor ha debido conocerla cuando acaeció alguno de los «hechos externos» que pueden servir de fundamento a una solicitud de concurso por un acreedor y tras ellos acontezca una situación de insolvencia. Esto es, los «hechos externos» no significan que el empresario *esté* en insolvencia, sino que *puede estar* en insolvencia, son indicios de ese estado de imposibilidad de pagar.

Esos hechos son los siguientes: en primer lugar, cuando existe una previa declaración judicial o administrativa de insolvencia del deudor, producida en un anterior e independiente procedimiento administrativo, siempre que sea firme; en segundo lugar, cuando existe un título ejecutivo, judicial o extrajudicial, por el cual se haya despachado mandamiento de ejecución o apremio sin que del embargo hubieran resultado bienes libres conocidos bastantes para pagar el crédito del acreedor y la cantidad que se reclame en la demanda en concepto de principal e intereses vencidos, más los que se devenguen durante la ejecución y las costas de ésta.

En tercer lugar, porque existan embargos por ejecuciones pendientes que afecten de una manera general al patrimonio de la sociedad. Esto es, no es preciso que todo su patrimonio esté afectado por embargos, sino que esté prácticamente embargado con independencia de las cantidades de las que pueda ser objeto cada ejecución.

En cuarto lugar, el sobreseimiento generalizado en el pago corriente de las obligaciones de la sociedad deudora. Esto es, cuando la sociedad deja de pagar sus obligaciones exigibles de un modo general. Por tanto, no basta con incumplir uno o varios pagos aislados, esporádicos u ocasionales. Así, por ejemplo, en el concurso de *Air Madrid* se consideró que desde el momento en que la deudora decidió suspender su actividad se produjo el sobreseimiento general en el pago corriente de las obligaciones del deudor consistentes en su obligación de transportar a los viajeros.

También es un hecho externo, en quinto lugar, los sobreseimientos sectoriales, esto es, el incumplimiento generalizado de obligaciones tributarias exigibles durante los tres meses anteriores a la solicitud de concurso; las de pago de cuotas de la Seguridad Social y demás conceptos de recaudación conjunta durante el mismo periodo; las de pago de salarios e indemnizaciones y demás retribuciones derivadas de las relaciones de trabajo correspondientes a las tres últimas mensualidades. Este hecho externo encuentra su sentido en la importancia de cumplir con estas obligaciones públicas (tributos, cuotas de Seguridad Social) y laborales (salarios), pero también porque la experiencia demuestra que los sujetos que son posteriormente declarados en insolvencia dejan de hacer frente a los créditos públicos antes que a los créditos privados.

Un sexto hecho externo es el alzamiento —esto es, la salida u ocultación del patrimonio de la sociedad con la finalidad de que los acreedores no vean satisfechos sus legítimos derechos de cobro—, o la liquidación apresurada o ruinosa de sus bienes por la sociedad, es decir, que se realice con prisa y conlleve una grave pérdida patrimonial por realizarse, por ejemplo, por precio muy inferior al de mercado, lesionando así los intereses de los acreedores.

Como antes hemos señalado, la concurrencia de estos hechos permite presumir que el empresario conoce su situación de insolvencia, no obstante, la solicitud de concurso podría basarla en otros motivos diferentes que también demostraran la existencia de la situación de insolvencia. Sin embargo, los acreedores no conocen la realidad de la situación económica del empresario deudor, por eso se establecen estos hechos externos como únicas razones por las cuales pueden solicitar la declaración de concurso.

Asimismo, **el TRLC permite al deudor que solicite la declaración de concurso aun cuando no esté todavía en insolvencia pero prevea** que, de forma inminente, en un corto plazo, no podrá cumplir regular y puntualmente sus obligaciones exigibles. De este modo, se faculta al deudor para que se adelante a la situación de insolvencia y, mediante el procedimiento concursal, eluda una crisis irreversible y evite que el deterioro patrimonial impida o dificulte las soluciones más adecuadas para satisfacer a los acreedores.

De ahí que se hable de un derecho-deber: derecho a solicitar la declaración de concurso, cuando el deudor está en insolvencia inminente; deber de solicitar la declaración de concurso, cuando el deudor está en insolvencia actual.

2. Planes de reestructuración

Junto a ese derecho-deber de solicitar la declaración de concurso, los empresarios también pueden intentar alcanzar un acuerdo con los acreedores para llevar a cabo un plan de reestructuración del pago de la deuda para evitar así el concurso de acreedores, que no pueden ser realizados a la vez: si se quiere alcanzar un acuerdo con los acreedores, se aplaza la obligación de solicitar la declaración de concurso; si se solicita la declaración de concurso, no se puede intentar un acuerdo para llevar a cabo un plan de reestructuración.

La regulación de los planes de reestructuración tienen su origen en las reformas realizadas a la LC desde marzo de 2009 tendentes, de un lado a evitar la tardía solicitud de los concursos de acreedores, y de otro a aligerar la duración de los mismos, por cuanto la práctica pone de manifiesto que los concursos se piden tarde, no en ese plazo de dos meses señalado, y además, tienen una duración excesiva que acaba provocando que los concursos terminen principalmente en liquidación y no en convenio (que es la solución preferida por el legislador concursal), haciendo así imposible los fines de la LC: conservación de la actividad empresarial y, sobre todo y principalmente, la satisfacción de los acreedores.

Con los planes de reestructuración se pretende que, previo acuerdo entre deudor y acreedores, se modifiquen los términos aplicables a las deudas existentes por otros que sean más factibles de ser cumplidos por parte del deudor, permitiéndole así continuar la actividad empresarial. Por ejemplo, el acuerdo puede consistir en ampliar el crédito disponible, prorrogar el plazo de vencimiento, o adquirir nuevas obligaciones financieras que sustituyan a las previamente contraídas. La ejecución del plan, por tanto, también puede ser realizada cuando ya se ha producido una situación de insolvencia, cuando se prevea inminente, es decir, cuando el deudor prevea que dentro de los tres meses siguientes no podrá cumplir regular y puntualmente sus obligaciones; e incluso, cuando sea probable, esto es, cuando sea objetivamente previsible que, de no alcanzarse un plan de reestructuración, el deudor no podrá cumplir regularmente sus obligaciones que venzan en los próximos dos años.

La comunicación al juzgado competente para la declaración de concurso del inicio de las negociaciones con los acreedores o la solicitud directa de la homologación de un plan de reestructuración puede formularse en cualquier momento antes del vencimiento del plazo de dos meses desde que se tuvo o debió tener conocimiento de la situación de insolvencia, y va a suponer que el deber de solicitar la declaración de concurso se amplié hasta un máximo de cuatro meses.

Así, desde que se notifica al juzgado comienza un plazo de tres meses para negociar con los acreedores, sin que éstos puedan solicitar la declaración de concurso. Transcurrido ese plazo de tres meses, en el mes siguiente, el deudor debe solicitar la declaración de concurso si no alcanzó un plan de reestructuración, salvo que no se encontrara en estado de insolvencia actual. También en ese mes los acreedores pueden solicitar la declaración de concurso, pero sólo se proveerán si transcurre el mes y el deudor no solicita el concurso de acreedores.

Por tanto, el empresario deudor debe solicitar la declaración de concurso cuando continúa la situación de insolvencia una vez transcurridos los tres meses desde que se notificó el inicio de las negociaciones con los acreedores. Así, por ejemplo, en el caso de *Cantoblanco Catering Service*, se presentó la notificación del acuerdo extrajudicial en junio de 2014 y en octubre del mismo año solicitó la declaración de concurso.

3. Procedimiento especial de microempresas

La Ley 16/2022, de 5 de septiembre, llevó a cabo una importante modificación del TRLC, entre las cuales se encuentra el procedimiento especial de microempresas, que integra actualmente el Libro Tercero del TRLC. Se trata de un procedimiento específico para quienes tengan la categoría de microempresas, y especial, en el sentido de que plantea especialidades respecto al régimen concursal y preconcursal mencionado anteriormente.

Las microempresas, por tanto, ni pueden quedar sujetas al concurso de acreedores, ni pueden tampoco celebrar un plan de reestructuración, sino que les son aplicables las disposiciones del Libro tercero, lo cual plantea la necesidad de determinar qué deudores son considerados microempresas. Así, según el art. 685.1 TRLC, el procedimiento especial para microempresas es aplicable a los deudores que sean personas naturales o jurídicas que lleven a cabo una actividad empresarial o profesional y que reúnan las siguientes características: 1.ª Haber empleado durante el año anterior a la solicitud una media de menos de diez trabajadores, entendiéndose cumplido este requisito cuando el número de horas de trabajo realizadas por el conjunto de la plantilla sea igual o inferior al que habría correspondido a menos de diez trabajadores a tiempo completo; y 2.ª Tener un volumen de negocio anual inferior a setecientos mil euros o un pasivo inferior a trescientos cincuenta mil euros según las últimas cuentas cerradas en el ejercicio anterior a la presentación de la solicitud. En caso de grupo de empresas, el apartado segundo del mismo artículo señala que los criterios fijados se computarán en base consolidada.

Este procedimiento es aplicable a las microempresas que se encuentren en probabilidad de insolvencia, en estado de insolvencia inminente o en insolvencia actual, y se puede tramitar como procedimiento de continuación de la actividad empresarial, o como procedimiento de continuación o como procedimiento de liquidación con o sin transmisión de la empresa en funcionamiento.

B. Declaración de concurso y fase común

1. La continuidad de la actividad empresarial durante un procedimiento concursal

Como hemos señalado en el apartado anterior, **la declaración de concurso la puede pedir el propio deudor** (esté en insolvencia actual o inminente) **o sus acreedores** (cuando acrediten la existencia de un hecho externo indiciario de la situación de insolvencia), aportando los documentos señalados en el TRLC, con los cuales el juez del concurso analizará si concurre la situación de insolvencia alegada, declarando el concurso o no.

La declaración de concurso da inicio a la llamada «fase común» que terminará en convenio o liquidación, para **satisfacer a los acreedores, que es la finalidad principal del concurso**. No obstante, junto a esta finalidad principal, **el TRLC también intenta que, en la medida de lo posible, se conserve la actividad empresarial o profesional del concursado** y, en consecuencia, los puestos de trabajo. De ahí que la declaración de concurso no conlleve, por sí sola, la paralización de esta actividad, que se prefiera el convenio sobre la liquidación y, si se llega a la liquidación, que ésta se realice del conjunto de las unidades productivas, o al menos de las unidades en su conjunto.

Estos fines concursales ponen de manifiesto la necesidad de proteger el patrimonio del deudor ya que con él se va a pagar a los acreedores. Para ello se nombra a **la administración concursal**, como órgano subordinado al Juez concursal, al que se atribuyen un conjunto heterogéneo de funciones y competencias que tienen como fin común la realización del interés del concurso.

La administración concursal **está integrada, salvo casos especiales, por un único sujeto que es un abogado o un especialista económico**. Se trata, por tanto, de especialistas en las materias relacionadas con la actividad propia del procedimiento, que actúa como un órgano auxiliar técnico y entre cuyas funciones se encuentra la de intervenir o sustituir al deudor en el ejercicio de sus facultades patrimoniales. La intervención y la suspensión **no suponen que el deudor esté inhabilitado o incapacitado, ni que se sustituya al deudor en la titularidad de la propiedad**. Se trata de unas figuras peculiares del concurso de acreedores con las que se pretende evitar una mala administración o la asunción de riesgos innecesarios que podrían perjudicar al patrimonio y, en consecuencia, a las expectativas de cobro de los acreedores.

En principio, si el deudor insta el concurso se acuerda la intervención; y si el concurso se declaró a instancias de un acreedor, sustitución. No obstante, se deja libertad al juez para acordar la suspensión en caso de concurso voluntario o la intervención en concurso necesario, motivando en el acuerdo los riesgos que se pretendan evitar y las ventajas que se quieran obtener. Así sucedió, por ejemplo, en el concurso de la aerolínea *Air Madrid* donde, si bien se declaró a instancias de un acreedor, el juez fijó un régimen de intervención porque la deudora solicitó la declaración de concurso antes de ser judicialmente emplazada, también por el apoyo financiero de su sociedad dominante, pero especialmente por la complejidad del negocio aéreo.

Estas medidas de intervención y suspensión implican también que la sociedad de capital en concurso mantiene a su órgano de administración y a la junta general durante el concurso. No obstante, se establecen algunas especialidades que afectan a su funcionamiento como la necesidad de convocar a la administración concursal a las reuniones de los órganos colegiados (junta general y consejo de administración), o el hecho de que los deberes y derechos propios del procedimiento concursal —como es el de colaborar con los órganos concursales— van a recaer sobre los administradores.

2. Los efectos de la declaración de concurso: su incidencia en los contratos vinculados al turismo

La declaración de concurso no supone, como hemos señalado, que cese la actividad empresarial o profesional del deudor. Al contrario, se pretende que continúe ya que se estima que es la mejor manera para que los acreedores puedan percibir una mayor cuantía de sus créditos fallidos.

La continuidad de la actividad empresarial se realizará en el marco de los regímenes de intervención y suspensión antes señalados. Así, en intervención, y con el fin de facilitar la continuación de la actividad profesional o empresarial del deudor, la administración concursal puede determinar los actos u operaciones propios del giro o tráfico de aquella actividad que, por razón de su naturaleza o cuantía, quedan autorizados con carácter general. En caso de suspensión, corresponde a la administración concursal adoptar las medidas necesarias para la continuación de la actividad profesional o empresarial.

La continuidad de la actividad conlleva que la masa activa se tenga que conservar del modo más conveniente para los intereses del concurso, de ahí que no se puedan enajenar o gravar bienes o derechos sin autorización del juez hasta que se apruebe un convenio o se abra la fase de liquidación, salvo que se trate de actos de disposición indispensables para garantizar la viabilidad de la empresa, de actos de disposición de bienes que no sean necesarios para la continuidad de la actividad cuando se presenten ofertas que coincidan sustancialmente con el valor que se les haya dado en el inventario (por ejemplo, si una compañía de autocares tiene una flota integrada por veinte autocares y por un descenso en el servicio sólo precisa diez, puede vender los otros diez para evitar que su valor disminuya y eludir también los costes de mantenimiento), o sean actos de disposición inherentes a la continuación de la actividad del deudor.

Íntimamente vinculada la continuidad de la actividad empresarial se encuentra la continuidad de los contratos con obligaciones recíprocas pendientes de cumplimiento tanto a cargo del concursado como de la otra parte. Por ejemplo, un contrato de franquicia, de catering, de reserva hotelera, de vuelo chárter, o de reserva de alojamiento en régimen de contingente.

Estos contratos van a seguir vigentes durante el procedimiento concursal siendo consideradas las prestaciones a que esté obligado el concursado como deudas de la masa. **La declaración de concurso, por tanto, no justifica poner fin a los contratos**. De hecho, se tiene por no puesta la cláusula que prevea la posibilidad de resolución contractual o la extinción del contrato por ser declarada en concurso una de las partes.

No obstante, esta prohibición tiene una excepción en los casos en los que una ley así lo prevea, esto es, que permita poner fin al contrato porque la otra parte fue declarada en concurso. Así ocurre con el art. 26 de la Ley de Contrato de Agencia que faculta a la parte no declarada en concurso para notificar al concursado la terminación del contrato. Por tanto, salvo que haya una ley que así lo estipule, el contrato va a seguir durante el procedimiento concursal ya se haya celebrado con otros empresarios o con consumidores.

Asimismo, también se prevén especialidades cuando se trata de contratos celebrados con Administraciones Públicas, diferenciando el TRLC entre contratos administrativos —que se regulan de acuerdo a la legislación especial administrativa— y contratos privados —que se rigen por el TRLC—. Los contratos administrativos son los contratos de obra, concesión de obra pública, gestión de servicios públicos, suministro, y servicios, así como los contratos de colaboración entre el sector público y el sector privado, así como los contratos que estén vinculados al giro o tráfico específico de la Administración contratante.

El régimen aplicable a los **contratos administrativos** diferencia entre deudores **concursados**, que **no pueden contratar con una Administración Pública**; y **deudores que son declarados en concurso** estando vigente una relación contractual con una Administración Pública, donde se **diferencia si la sociedad** está en fase de liquidación concursal o no. Si **no está en liquidación, la Administración está legitimada para resolver el contrato; si se abre la fase de liquidación, el contrato termina automáticamente**.

En este sentido, la actividad de un empresario turístico declarado en concurso puede verse afectada si éste está vinculado con una Administración pública mediante algún tipo de contrato de los arriba señalados. No obstante, entiendo que la licencia para actuar y que se otorga, por ejemplo, a las agencias de viajes o a los alojamientos turísticos, no es en sí misma un contrato con una Administración, por lo que la pérdida de la concreta autorización dependerá de su normativa reguladora, que suele centrarse en los requisitos de su concesión. Por tanto, el concurso en sí mismo no provoca la retirada de la licencia, pero si el desarrollo del procedimiento lleva a que el empresario no cumpla con los requisitos derivará en la pérdida de la licencia administrativa.

Finalmente, un aspecto de especial interés es la incidencia que tendría el concurso en los consumidores y usuarios de un empresario turístico, para lo cual utilizaremos como ejemplo el contrato de transporte aéreo. Como ya hemos señalado, el concurso no implica el cese de la actividad empresarial, por tanto deberán ejecutarse los contratos celebrados previamente con consumidores, y éstos podrán viajar y hospedarse de acuerdo a lo contratado. No obstante, puede suceder que los consumidores hubiesen abonado el viaje con antelación, el concurso se declarara antes del inicio del viaje, y éste no se prestase.

En este caso, la normativa del *Reglamento (CE) nº 261/2004 del Parlamento Europeo y del Consejo, de 11 de febrero de 2004, por el que se establecen normas comunes sobre compensación y asistencia a los pasajeros aéreos en caso de denegación de embarque y de cancelación o gran retraso de los vuelos*, debe aplicarse de forma coordinada con el TRLC. Así, si se cumple con lo señalado en el Reglamento habría o no derecho a una compensación. Si existe derecho a una compensación económica, la calificación que tendrá ese crédito será como crédito concursal ordinario, ya que el cliente pagó con antelación a la declaración de concurso, pero no se realizó la contraprestación por el empresario turístico por lo que, como dice el art. 157 TRLC, en los contratos celebrados por el deudor, cuando al momento de la declaración del concurso una de las partes (en el ejemplo, el cliente) hubiera cumplida íntegramente sus obligaciones y la otra (el empresario) tuviese pendiente el cumplimiento total o parcial de las recíprocas a su cargo, la deuda que corresponde al deudor se incluirá en la masa pasiva del concurso.

Igualmente, si la cancelación se produjo antes de la declaración de concurso y no se compensó al viajero, este crédito será clasificado como crédito concursal ordinario, ya que el empresario debía haber cumplido con anterioridad a que el juez declarase el concurso.

No obstante, a efectos de proteger el interés de los consumidores existe una garantía que es aplicable antes de que se declare el concurso, de ahí que podamos considerarla como un privilegio extra-concursal, dado el interés del legislador en proteger el interés de los consumidores como la parte más débil del contrato de adhesión con el empresario turístico, especialmente por la posible indefensión ante la que se podrían encontrar en caso de insolvencia de un operador turístico, sobre todo cuando el viaje combinado ya se hubiera iniciado.

En efecto, de acuerdo al art. 167 TRLGDCU los empresarios que faciliten servicios de viaje vinculados deben constituir una garantía (mediante la creación de un fondo de garantía, la contratación de un seguro, un aval u otra garantía financiera) para el reembolso de todos los pagos que reciban de los viajeros en la medida en que uno de los servicios de viaje que estén incluidos no se ejecute a consecuencia de su insolvencia, y si dichos empresarios son la parte responsable del transporte de pasajeros la garantía debe cubrir también la repatriación de los viajeros.

El apartado tercero no vincula la insolvencia a una declaración judicial de concurso, o al concepto recogido en el TRLC, sino que la vincula a «falta de liquidez». Así, la insolvencia se entiende producida tan pronto como sea evidente que por la falta de liquidez de los empresarios los servicios de viaje dejen de ejecutarse, no vayan a ejecutarse o vayan a ejecutarse solo en parte, o cuando los prestadores de servicios requieran a los viajeros viajar por ellos. Una vez que se produce la insolvencia, de acuerdo a lo mencionado, la garantía debe estar disponible para que el viajero pueda acceder fácilmente a la protección garantizada, pudiendo efectuarse sin demora indebida —previa solicitud del viajero— los reembolsos correspondientes a servicios de viaje no ejecutados.

D. Soluciones y posible calificación del concurso

1. El informe de la administración concursal

La fase común del concurso termina dentro de los quince días siguientes al de la presentación del informe de la administración concursal, abriéndose la fase de convenio o de liquidación, que son las dos soluciones del concurso, pudiendo ser alternativas o consecutivas. En efecto, son alternativas, ya que el deudor puede intentar un acuerdo de convenio o bien optar por la liquidación cuando prevea que no se alcanzará un convenio o no podrá cumplirlo; son consecutivas, porque si presenta una propuesta de convenio durante la fase común y posteriormente no se aprueba, o no se cumple el acordado, se abrirá la fase de liquidación. No obstante, si antes de ponerse fin a la fase común no se presenta una propuesta de convenio, se abrirá la fase de liquidación.

Esto último es una modificación efectuada con la reforma de 2022, ya que antes de ella se abría la fase de convenio, salvo que el concursado hubiera solicitado la liquidación.

El final de la fase común implica, por tanto, que la administración concursal presente su informe, en el cual se adjunta el inventario de la masa activa y la lista de acreedores, junto al análisis de la memoria que acompaña a la solicitud de concurso, el estado de la contabilidad del deudor, y una memoria de las principales decisiones y actuaciones de la administración concursal. A estos datos se une, en su caso, el escrito de evaluación de la propuesta de convenio.

A la hora de realizar el inventario de bienes y derechos hay que tener en cuenta dos operaciones que delimitan la masa activa como son el derecho de separación y las acciones de reintegración. Con el **derecho de separación**, los **bienes de propiedad ajena que estén en poder del concursado** y sobre los cuales éste no tenga un derecho de uso, garantía o retención se entregarán por la administración concursal a sus legítimos titulares, a solicitud de éstos. Esto es, esos bienes y derechos **se «separan» del patrimonio del deudor para que no formen parte del destino de su patrimonio**. En un sentido inverso, **con las acciones de reintegración vuelven al patrimonio del deudor los bienes y derechos que hubieran salido** mediante un acto perjudicial para la masa activa, aunque no hubiera existido intención fraudulenta.

Como puede observarse, la información que incluye el informe de la administración concursal tiene una gran importancia ya que va a permitir saber qué activo tiene el empresario concursado, qué viabilidad tiene su actividad empresarial, o quiénes son sus acreedores, cuántos créditos, y de qué cuantía son cada uno de ellos, así como la clasificación que les otorga. Esta información relativa a los acreedores es la que provoca principalmente que se realicen las impugnaciones al informe, ya que dependiendo de cómo se clasifiquen los créditos así serán las posibilidades de percibir lo que a uno le adeudan.

En efecto, **los créditos se pueden clasificar en créditos concursales y créditos contra la masa**. En líneas generales, son créditos concursales los anteriores a la declaración de concurso, y son créditos contra la masa los que surgen tras la declaración de concurso.

Los créditos contra la masa se pagan de forma inmediata (p. ej., créditos por salarios correspondientes a los últimos treinta días de trabajo efectivo anteriores a la declaración de concurso y en cuantía que no supere el doble del salario mínimo interprofesional), o a su vencimiento (gastos de la administración concursal, los generados por la continuidad de la actividad, prestaciones a cargo del concursado en contratos con obligaciones recíprocas...).

Los **créditos concursales, a su vez, se clasifican en privilegiados, ordinarios y subordinados**, siendo esta clasificación relevante tanto para acordar un convenio como para la liquidación, ya que los créditos debidos se pagarán de acuerdo a esta clasificación.

Los créditos privilegiados se clasifican, a su vez, en créditos con privilegio especial (créditos garantizados con hipoteca, con prenda sin desplazamiento, créditos por cuotas de arrendamiento financiero...) y créditos con privilegio general (créditos tributarios, créditos por salario que no tengan la consideración de créditos contra la masa ni reconocido privilegio especial...).

Los créditos ordinarios tienen una consideración residual, esto es, son aquellos créditos concursales que no son ni privilegiados ni subordinados. Por último, son créditos subordinados, entre otros, los créditos por recargos, por multas, o de los que sea titular una persona especialmente relacionada con el deudor.

Si éste es persona física tienen esta consideración sus familiares directos, y las personas jurídicas controladas por el deudor o por sus familiares más cercanos. Si el deudor es persona jurídica, son personas especialmente relacionadas, los socios y administradores.

2. El convenio

El convenio de acreedores es un acuerdo entre deudor y acreedores en el que se estipula cómo se va a abonar lo adeudado. Para el deudor es preferible terminar el concurso cumpliendo un convenio ya que de este modo no tendrá que liquidar su empresa, y si es una sociedad anónima o limitada va a poder continuar existiendo tras el concurso. Para los acreedores, el convenio también suele ser preferible ya que les permitirá obtener un mayor importe de sus créditos fallidos que si se procede a la liquidación, donde los titulares de créditos subordinados no suelen percibir nada lo que se les adeuda, y los titulares de créditos ordinarios no suelen percibir la totalidad de lo adeudado.

En el convenio, a su vez, debemos diferenciar dos partes: la fase de tramitación y la fase de ejecución. En la primera, se presentan propuestas de convenio por el deudor y/o los acreedores, se deliberan y votan, y cuando son aprobadas por los acreedores y posteriormente por el juez, se pasa a la siguiente fase, que es la fase de ejecución donde se lleva a la práctica lo previamente aprobado.

El convenio puede consistir en quitas, en esperas, o en ambas. Las quitas son rebajas en la cuantía debida, esto es, en lugar de pagar todo lo adeudado se acuerda pagar una cuantía inferior; las esperas son un aplazamiento en el pago, de forma que el acreedor consiente que se le pague en un momento posterior (que podría llegar a ser en varios años, pero no superior a diez años), y en una o varias veces. Cuando el convenio consiste en quitas y esperas, los acreedores aceptan percibir una cantidad inferior a la debida en un momento posterior. La propuesta de convenio también puede incluir una oferta para convertir el crédito en acciones o participaciones, esto es, el acreedor se convierte en socio de la sociedad concursada; o bien para convertir la deuda original en un instrumento de financiación distinto; y se pueden incluir proposiciones de enajenación del conjunto de bienes y derechos afectos a la actividad empresarial, o sólo de determinadas unidades productivas, así como también una modificación estructural (fusión, escisión o cesión global de activo y pasivo). Por el contrario, la propuesta no puede consistir en la liquidación global del patrimonio, ni alterar la cuantía o clasificación de créditos. En todo caso, la propuesta debe acompañarse de un plan de pagos y de un plan de viabilidad.

Cuando una propuesta es aprobada por la mayoría de los acreedores y por el juez, adquiere eficacia y cesan los administradores concursales, así como los efectos de la declaración de concurso salvo el deber de colaboración y son sustituidos por los que se fijen en el convenio. Además, cada seis meses, el deudor debe informar al juez del concurso del cumplimiento del convenio, y cuando estime íntegramente cumplido el mismo solicitará al juez la declaración judicial de cumplimiento, lo que pone de manifiesto que **el concurso no termina por aprobarse un convenio, sino** que una de las formas de conclusión del concurso es **el cumplimiento del convenio previamente acordado**.

3. La liquidación

La liquidación es la fase concursal en la que los bienes y derechos que integran la masa activa se convierten en dinero para pagar a los acreedores por el orden legalmente establecido. La liquidación concursal se abre cuando así lo solicita el deudor, o bien cuando fracasa la vía de convenio, esto es, porque no se presentan propuestas de convenio, no se aceptan las que se propongan, se rechace por el juez la aprobada por los acreedores, o se incumpla el convenio previamente aprobado.

La apertura de la fase de liquidación supone que el deudor pasa a un régimen de suspensión en el ejercicio de las facultades patrimoniales, y si es persona jurídica los administradores de la sociedad son sustituidos por la administración concursal salvo para representar a la sociedad en el procedimiento concursal, y la sociedad es disuelta. La disolución implica que cuando termine la liquidación concursal la sociedad se va a extinguir. Por tanto, una sociedad que está en concurso que termina en liquidación no tiene posibilidad de subsistir, a diferencia de los casos de convenio.

La liquidación se realiza de acuerdo a las reglas que el juez considere oportunas y, en caso contrario, si el juez no establece nada, el administrador concursal realizará los bienes y derechos de la masa activa del modo más conveniente para el interés del concurso, de acuerdo a las reglas legales supletorias señaladas en el propio TRLC. La idea es que, en la medida de lo posible, se realice la enajenación unitaria del conjunto de los establecimientos, explotaciones y cualesquiera otras unidades productivas de bienes o de servicios del concursado, salvo que se considere más conveniente para los intereses de los acreedores la realización aislada de algunos bienes, o de alguna unidad productiva.

Desde que se abre la apertura de la fase de liquidación la administración concursal debe emitir al juez un informe trimestral sobre el estado de la liquidación, la cual no debería durar más de un año salvo que haya una causa que lo justifique por cuanto, si no hay causa que justifique la dilación, se puede separar de su cargo a los administradores concursales.

En la liquidación se procede, primero, al pago de los créditos contra la masa y posteriormente de los créditos concursales, de acuerdo a la clasificación antes señalada: acreedores con privilegio especial, acreedores con privilegio general, acreedores con créditos ordinarios, y acreedores con créditos subordinados.

El pago de los créditos concursales se hace del siguiente modo: primero, los créditos con privilegio especial, con cargo a los bienes y derechos afectos, ya sean objeto de ejecución separada o colectiva; después, los créditos con privilegio general, por el orden legalmente establecido y, en su caso, a prorrata dentro de cada número; en tercer lugar, los créditos ordinarios, a prorrata, conjuntamente con los créditos con privilegio especial en la parte que éstos no hubieren sido satisfechos con cargo a los bienes y derechos afectos; y, finalmente, cuando se hayan satisfecho íntegramente los créditos ordinarios, se pagan los créditos subordinados por el orden legalmente establecido y, en su caso, a prorrata dentro de cada número.

4. La calificación del concurso.

La calificación del concurso se realiza para analizar las conductas del deudor, sus representantes, los administradores y liquidadores en el caso de personas jurídicas, que hubieran provocado o agravado el estado de insolvencia.

La calificación se ordena en el mismo auto que pone fin a la fase común, por tanto, en todos los concursos, a diferencia de la regulación anterior donde la calificación sólo se abría en aquellos concursos **que terminan con un convenio especialmente gravoso, o bien en liquidación**. Por tanto, los concursos que terminaban con el cumplimiento de un convenio que no fuera especialmente gravoso no daba lugar a la apertura de la sección de calificación. Se consideraba que un convenio no era especialmente gravoso cuando estableciera, para todos los acreedores o para los de una o varias clases, una quita inferior a un tercio del importe de sus créditos o una espera inferior a tres años.

El concurso puede ser calificado como fortuito o culpable, siendo el concurso fortuito una calificación residual respecto al concurso culpable. Esto es, si se abre la sección de calificación y no se considera que el concurso pueda ser culpable, se trata de un concurso fortuito y no llevará aparejada ninguna consecuencia.

El concurso se califica como culpable cuando en la generación o agravación del estado de insolvencia hubiera mediado dolo o culpa grave del deudor o, si los tuviere, de sus representantes legales y, en caso de persona jurídica, de sus administradores o liquidadores, de hecho y de derecho, apoderados generales, y de quienes hubieren tenido cualquiera de estas condiciones dentro de los dos años anteriores a la fecha de declaración del concurso.

Para facilitar la determinación de cuando el concurso es culpable, el TRLC establece una serie de presunciones: Cuando el deudor se hubiera alzado con la totalidad o parte de sus bienes en perjuicio de sus acreedores o hubiera realizado cualquier acto que retrase, dificulte o impida la eficacia de un embargo en cualquier clase de ejecución iniciada o de previsible iniciación; cuando durante los dos años anteriores a la fecha de la declaración de concurso hubieran salido fraudulentamente del patrimonio del deudor bienes o derechos; cuando antes de la fecha de declaración del concurso el deudor hubiese realizado cualquier acto jurídico dirigido a simular una situación patrimonial ficticia; cuando el deudor hubiera cometido inexactitud grave en cualquiera de los documentos acompañados a la solicitud de declaración de concurso o presentados durante la tramitación del procedimiento, o hubiera acompañado o presentado documentos falsos; cuando el deudor legalmente obligado a la llevanza de contabilidad hubiera incumplido sustancialmente esta obligación, llevara doble contabilidad o hubiera cometido en la que llevara irregularidad relevante para la comprensión de su situación patrimonial o financiera; y cuando la apertura de la liquidación haya sido acordada de oficio por incumplimiento del convenio debido a causa imputable al concursado.

Además, se incluyen otras presunciones de concurso culpable, salvo prueba en contrario, como es que el deudor o, en su caso, sus representantes legales, administradores o liquidadores, hubieran incumplido el deber de solicitar la declaración del concurso; hubieran incumplido el deber de colaboración con el juez del concurso y la administración concursal, no les hubieran facilitado la información necesaria o conveniente para el interés del concurso, o no hubiesen asistido, por sí o por medio de apoderado, a la junta de acreedores, siempre que su participación hubiera sido determinante para la adopción del convenio; o si, en alguno de los tres últimos ejercicios anteriores a la declaración de concurso, el deudor obligado legalmente a la llevanza de contabilidad no hubiera formulado las cuentas anuales, no las hubiera sometido a auditoría, debiendo hacerlo, o, una vez aprobadas, no las hubiera depositado en el Registro mercantil o en el registro correspondiente.

La calificación del concurso como culpable va a suponer que los administradores o liquidadores de la sociedad de capital, de hecho o de derecho, apoderados generales, y quienes hubieren tenido cualquiera de estas condiciones dentro de los dos años anteriores a la fecha de la declaración de concurso, que hubiesen ocasionado o agravado con su actuación la situación de insolvencia, sean inhabilitados para administrar los bienes ajenos durante un periodo de dos a quince años, y para representar a cualquier persona durante el mismo período. La duración concreta queda en manos del juez quien tendrá que decidir de acuerdo a la incidencia que la actuación o actuaciones hubiesen ocasionado o agravado la situación de insolvencia.

Además, estas personas perderán cualquier derecho que tuvieran como acreedores concursales o de la masa. Así, por ejemplo, si son administradores de la sociedad y ésta les debe algunas retribuciones, la calificación del concurso como culpable hará que pierdan esas cantidades.

También pueden ser condenados a devolver los bienes o derechos que hubieran obtenido indebidamente del patrimonio de la sociedad deudora o de la masa activa, e indemnizar los daños y perjuicios causados por esa obtención de bienes o derechos de forma indebida.

Finalmente, el principal pronunciamiento de la sentencia que califica el concurso como culpable es la posible responsabilidad concursal. En efecto, cuando la sección de calificación hubiera sido formada o reabierta como consecuencia de la apertura de la fase de liquidación y el concurso hubiera sido calificado como culpable, el juez podrá condenar, con o sin solidaridad, a la cobertura, total o parcial, del déficit a todos o a algunos de los administradores, liquidadores, de derecho o de hecho, o directores generales de la persona jurídica concursada que hubieran sido declarados personas afectadas por la calificación en la medida que la conducta de estas personas que haya determinado la calificación del concurso como culpable hubiera generado o agravado la insolvencia. A estos efectos se considera que existe déficit cuando el valor de los bienes y derechos de la masa activa según el inventario de la administración concursal sea inferior a la suma de los importes de los créditos reconocidos en la lista de acreedores. Además, si hay pluralidad de condenados a la cobertura del déficit, la sentencia deberá individualizar la cantidad a satisfacer por cada uno de ellos, de acuerdo con la participación en los hechos que hubieran determinado la calificación del concurso.

Esto es, estos sujetos podrían tener que responder por todas o parte de las deudas que la sociedad no hubiese abonado en la liquidación concursal, integrándose en la masa activa del concurso las cantidades que se obtengan en ejecución de la sentencia de calificación.

Así sucedió, por ejemplo, en los concursos de *Viajes Crisol*, *Tiempo Libre* y *Rural Tours Viajes*, filiales del Grupo Marsans, donde se impuso una inhabilitación de quince años y se impuso una responsabilidad concursal por el déficit patrimonial. Las razones por las cuales se calificó el concurso como culpable fueron la existencia de irregularidades contables relevantes para la comprensión de la situación patrimonial o financiera de la entidad, inexactitudes graves en la documentación aportada con la solicitud del concurso, la salida fraudulenta de bienes de patrimonio, actos jurídicos dirigidos a simular una situación patrimonial ficticia, y retraso en la solicitud de la declaración de concurso.

Por su parte, el concurso de *Spanair* se calificó culpable por retraso en la solicitud de la declaración de concurso, y se fijó para los sujetos afectados una inhabilitación fue de dos años y la responsabilidad no se extendió a todo el pasivo.

BIBLIOGRAFÍA

CASTRATARO, D. - WRIGHT, T., *Crowdfunding. Come finanziarsi online. Introduzione al finanziamento collaborativo sul web*, 2014, Greenbooks editore, e-book.

GÓMEZ LOZANO, Mª M. - GONZÁLEZ CABRERA, I., «La garantía de la responsabilidad contractual de las agencias de viajes en concurso», *Revista de derecho concursal y paraconcursal*, núm. 13, 2010, págs. 341-348.

GONZÁLEZ CABRERA, I., «Medidas de protección del consumidor frente a la insolvencia de los operadores turísticos: seguros, fianzas y otras garantías», *RDBB*, núm. 152.

GUERRERO LEBRÓN, Mª J., «El concurso de las aerolíneas españolas. La protección del turista en los casos recientes», *Revista Latinoamericana de Derecho Aeronáutico*, 2011.

MUÑOZ PAREDES, Mª L., «El derecho de separación de las compañías aéreas de los fondos que obran en poder de agencias de viajes declaradas en concurso obtenidos por la venta de billetes por cuenta de aquellas», *Anuario de Anuario de Derecho Concursal, núm. 26, 2012, págs. 11-50.*